国家社会科学基金教育学一般课题
"我国当代青少年公益行为研究"（BHA140080）研究成果

温州大学 学术精品文库

青少年公益行为研究

胡 瑜 郭仁露 巩彦平 / 著

推荐序

林崇德

公益慈善的思想源远流长,我国自古以来就有"互助互济、扶弱济困"的优良传统,老子在《道德经》写道:"吾有三宝:一曰慈,二曰俭,三曰不敢为天下先。"三宝之首的"慈"就是公益慈善,可见古人早就知道公益慈善的重要性,此外,孔子"仁者爱人"的观点,孟子"守望相助,疾病相扶持"的主张,墨子"兼爱"的思想等,都是古人表达的公益慈善观念。近年来,党中央、国务院高度关心、重视志愿服务事业。习近平总书记先后给"郭明义爱心团队""本禹志愿服务队""南京青奥会志愿者"回信,肯定志愿者作出的贡献,勉励广大志愿者与祖国同行、为人民奉献,为实现中国梦有一分热发一分光。党的十九大报告明确提出要推进"志愿服务制度化",2017年,国家颁布实施《志愿服务条例》。2019年新年伊始,习近平总书记称赞志愿者是为社会作出贡献的前行者、引领者,充分肯定了志愿者和志愿服务事业的重要地位和作用。2019年7月,在中国志愿服务联合会第二届会员代表大会期间,习近平总书记鼓励广大志愿者、志愿服务组织、志愿服务工作者立足新时代、展现新作为,弘扬奉献、友爱、互助、进步的志愿精神,以实际行动书写新时代的雷锋故事。

公益行为是文明社会所倡导的一种行为方式,体现的是奉献、友爱、互助、进步的志愿服务精神,强调的是现代社会公民之间的互济互助。新时代公民道德建设将以社会公德等作为着力点,推动践行以文明礼貌、助人为乐、爱护公物、保护环境为主要内容的社会公德,鼓励人们在社会上做一个好公民。公民之所以姓"公",就在于每一个公民都有相应的公民权利和责无旁贷的社会责任,现代公民都应该参与一定的社会公益活动。因此公益行为必将成为新时代社会所关注的热点,必将成为新时代学术研究所关注的话题。

公益行为已成为多学科研究的对象,然而在心理学中却刚刚起步。与大量的利他行为和亲社会行为的心理学研究文献相比,公益行为的心理学研究成果寥寥无几。胡瑜教授团队把公益行为引入到心理学,借鉴心理学中亲社会行为和利他行为的研究范式,持续近五年的时间,深入系统地开展了青少年公益行为的研究,完成了国家社科基金教育学项目《我国当代青少年公益行为研究》的研究任务,形成专著《青少年公益行为研究》,纵观全书,主要有以下几个特点:

第一是综合性强。公益行为是社会学、伦理学、经济学、政治学等多学科研究的对象,如何综合各个学科的立场和观点来探讨青少年的公益行为一直是研究者思考的问题,最终这本书的作者选择了以科学性更强的心理学研究这一基本立场，尽量汲取其他学科的营养。第二是系统性强。整本书都是紧扣"青少年公益行为"这一主题，从研究基础、研究取向、理论解释、动机分析、行为倾向、发展现状、影响因素、教育功能和干预促进等九大方面进行了全面而系统的阐述，形成一个相对完善的系统。在实证研究方面，也是围绕"青少年公益"展开了一系列实证研究，深入揭示了青少年公益行为的内在特征和内在联系。第三是前沿性强。尽可能地选用相关领域（如亲社会行为领域）最新的成果，反映国内外该领域的最新动态，本书还按照社会生态系统最新的分类来分析影响青少年公益行为的关键因素，并在此基础上来展开青少年公益行为促进的探讨；另外，本书选用社会心理学最新的启动研究范式来对青少年公益行为进行实验研究也是前沿性的体现。第四是现实性强。本书不仅仅是对青少年公益行为作出理论解释，而且还针对青少年公益行为的实际问题展开探索，这些实际问题包括我国当代青少年公益行为发展现状如何？关键性因素有哪些？做公益到底能给青少年带来什么？如何对青少年进行促进和干预？等等，都可以在书中找到答案。

胡瑜教授的这本专著，让我回想起我给他的第一本专著写序的情形，那是一本围棋心理学研究方面的专著，听说后来还相继获得浙江省哲学社会科学优秀成果二等奖和教育部高等学校科学研究优秀成果（人文社科）三等奖。和胡瑜教授的第一本专著一样，这本专著也是通过心理学的方法和技术去研究一些有趣的主题，不过这次的公益行为主题更具有现实性，也更有实践价值和社会价值，相信这本专著也将成为哲学社会科学研究的一项优秀成果。

我向中国教育界推荐这本专著，也向对公益感兴趣的各位社会人士推荐这本专著，更希望大家一起来关注和探讨青少年的公益行为问题，一起来研究并促进我国青少年公益行为的发展。

是为序。

2019 年秋于北京师范大学

前　言

从小学到大学,我们都参加过很多的公益活动,诸如救灾捐款、志愿服务、暑期支教、去敬老院做义工等,尽管我们那时还不明白"何为公益",但却已经知道做这些事情的时候看到对方快乐自己也很快乐,已经有了"助人为乐"的体验。参加工作后,我们支部一起捐过善款,交过特殊党费,结对帮助过学生,我本人也多年来一直致力于帮助贫困地区的学生,还参加了一些社会公益活动,这些经历让我们对公益活动产生了浓厚的兴趣。2014年,我在美国访学期间近距离发现,美国学校对青少年参加公益活动是有要求的,而且有明确的学分规定,并作为高校录取的重要指标。基于兴趣和比较,回国后我立即收集国内对青少年公益方面的研究文献,惊讶的是,国内在这方面的文献还真的不多,当时就决定以这个选题申报课题,幸运的是,我们获得了国家社科基金教育学项目立项。

研究公益行为或许与我所在的单位有关,我所任教的温州大学经常举办社会公益活动,学校首创的"预备党员五十小时义工制"还得到时任中央政治局委员刘延东同志等领导的肯定性批示。学校有一支"心翼"暑期社会实践队,这是一支由心理学系学生发起的公益类社会实践队,旨在关爱自闭症儿童,组建第一年就入选"人民网"全国大学生社会实践公益50强、浙江省第五届大学生暑期社会实践十佳团队等,足见当今社会、政府和组织对公益的重视,我作为指导老师也充分感受到公益的力量。此外学校还有好几位博士也在研究公益慈善,还组建了公益慈善研究院。

研究公益行为或许还与我所在的城市有关,我所在的温州是七星级慈善城市,以"商行天下"而闻名,遍布全球的温州人用自己独创的慈善方式,凝聚世界温州人的地缘、情缘、商缘,善行天下。温州有非常多的公益组织,"世界温州人微笑联盟"就是其中的一项公益活动组织,这个由170家全国地市级温州商会、248家海外温州人侨团联手推出的计划,旨在全方位救助全国贫困唇腭裂患儿。

本书是国家社科基金教育学一般项目《我国当代青少年公益行为研究》(项目号:BHA140080)的结题成果。全书共分9章。第一章总体概括地介绍了公益行为研究的思想渊源、历史与现状,并对公益行为的概念、特征和分类进行分析;第二章全面总结并归纳了各学科研究公益行为所采用的基本取向,即主要内容和主要方法,特别是心理学的分支学科研究公益行为所采取的基本立场,并展望了公益行为未来的研究趋势;第三章在整合各种理论模型的基础上,介绍了对公益行为的解释最有说服力的3种心理学理论;第四章侧重于公益行为的动机模型分析，编制了青少年公益动机问卷，并初步调查了青少年公益行为的动机；第五章从行为倾向的视角来探讨青少年的公益行为，着重调查了青少年公益心的内隐观和发展特点；第六章分析了个体在儿童早期和青少年时期两个不同阶段所表现出来的公益行为特点，并重点探讨公益行为本身的发展阶段和发展的关键时期；第七章按照社会生态系统理论，分别考察了影响青少年公益行为的微观系统因素、中观系统因素和宏观系统因素；第八章重点考察了公益行为的后果变量，探讨了参加公益活动对青少年的社会性发展所产生的教育功能和积极作用；第九章在前面研究的基础上，就如何培养和促进青少年的公益行为这个问题进行探索，并对青少年的公益行为进行了干预研究。

在本书的撰写过程和课题研究过程中，得到了全国教育科学规划办公室和温州大学的资助和支持，得到了著名心理学家林崇德先生的提携和鼓励，得到了恩师孔克勤的栽培和肯定，得到了乐国安先生、梁宁建先生等国内很多专家的扶持和指导，得到了学校领导和同事的帮助和关心，得到了课题组成员的协助和配合，得到了调查对象和实验被试的配合，得到了朋友和家人的支持和理解。课题组的成员有：郑信军、卓高生、潘从义、徐平、周奇、邓权忠、吴素珍、潘权威、郭仁露、刘欢，参加过该项目的还有：徐淑慧、孙玮玮、巩彦平、王茹新、魏兴、范明惠、宇朝霞、张帝、黄崇蓉、蔺晓露、罗余军、杨月华、胡益霞、张佩群、冯婧、朱芸、严婷婷、洪梦月、张晓露、顾珂艳、陆丹红、倪微、王境锋、马丹洁、周彬彬等；在参阅李丹、寇彧、迟毓凯等国内外很多学者的相关研究成果的过程中，也得到了启发，在出版过程中，还得到了上海社会科学院出版社社长佘凌女士和杜颖颖主任的帮助。在此对上述单位和个人表示诚挚感谢！

胡　瑜

2019 年秋于温州大学

目　　录

总引 …………………………………………………………………………………… 1

第一章　公益行为研究概述 ………………………………………………………… 3
　第一节　公益行为的思想渊源 …………………………………………………… 3
　第二节　公益行为的涵义与类别 ………………………………………………… 9
　第三节　公益行为研究的历史与现状 …………………………………………… 19

第二章　公益行为的研究取向 ……………………………………………………… 22
　第一节　公益行为的各学科研究取向 …………………………………………… 22
　第二节　公益行为的心理学研究取向 …………………………………………… 30
　第三节　公益行为的未来研究取向 ……………………………………………… 48

第三章　公益行为的理论解释 ……………………………………………………… 52
　第一节　进化心理学的解释 ……………………………………………………… 52
　第二节　行为学习论的解释 ……………………………………………………… 54
　第三节　社会认知论的解释 ……………………………………………………… 58

第四章　公益行为的动机分析 ……………………………………………………… 65
　第一节　公益行为的动机模型 …………………………………………………… 65
　第二节　青少年公益动机的测评 ………………………………………………… 69
　第三节　我国青少年公益动机的特点 …………………………………………… 73

第五章　青少年公益行为倾向 ……………………………………………………… 82
　第一节　青少年公益心的内隐观 ………………………………………………… 82
　第二节　青少年公益心的测评 …………………………………………………… 89
　第三节　我国青少年公益心的发展特点 ………………………………………… 97

第六章　青少年公益行为的发展 ... 103
第一节　儿童早期的公益行为发展 ... 103
第二节　我国青少年公益行为发展现状 ... 107
第三节　公益行为的发展阶段及关键期 ... 117

第七章　青少年公益行为的影响因素 ... 130
第一节　影响公益行为的微观系统因素 ... 131
第二节　影响公益行为的中观系统因素 ... 152
第三节　影响公益行为的宏观系统因素 ... 162

第八章　青少年公益行为的教育功能 ... 174
第一节　公益行为具有教育功能的理论探讨 ... 174
第二节　公益行为具有教育功能的实证研究 ... 177

第九章　青少年公益行为的促进和干预 ... 194
第一节　营造一个公益的社会氛围 ... 194
第二节　家庭和学校在青少年公益行为养成中的双核作用 ... 198
第三节　青少年公益行为养成策略 ... 204
第四节　青少年公益行为的干预研究 ... 209

参考文献 ... 215

附录：研究工具和材料 ... 229

作者介绍 ... 269

总　　引

公益的故事要从我国公益的元年——2008年开始讲起，2008年对于中国来讲注定是不平凡的年份，南方遭遇冰冻灾害、汶川发生特大地震、北京举办盛世奥运，在这些重大社会事件中，来自全国各地的数百万志愿者积极投身到抗震救灾、志愿服务中，他们的杰出表现引起了社会各界的广泛关注和认同，掀起了人们讨论公益的热潮，也引发了学者研究公益的热情。因此，2008年被称之为中国公益的元年。

2008年之后，在2010年的玉树大地震、上海世博会和广州亚运会，2011年深圳世界大学生运动会，2014年南京青奥会，2016年G20杭州峰会等场合，都能见到志愿者忙碌的身影，这些大型事件都需要大量的志愿者。近年来，我国的志愿人数也快速上升，据中国社会科学院社会政策研究中心和社会科学文献出版社共同发布的《慈善蓝皮书：中国慈善发展报告（2018）》显示，2017年中国志愿者总数为1.58亿人，占全国人口的11.37%，经测算，实际有6093万名活跃志愿者通过131万家志愿服务组织参与了志愿服务活动，服务时间达17.93亿小时，志愿者贡献价值为547.97亿元。

近年来，党中央、国务院高度关心、重视志愿服务事业。习近平总书记先后给"郭明义爱心团队""本禹志愿服务队""南京青奥会志愿者"回信，肯定志愿者作出的贡献，勉励广大志愿者与祖国同行、为人民奉献，为实现中国梦有一分热发一分光，并在党的十九大报告明确提出要推进"志愿服务制度化"，2017年，李克强总理颁布实施《志愿服务条例》。2019年新年伊始，习近平总书记走进天津社区，称赞志愿者是为社会作出贡献的前行者、引领者，充分肯定了志愿者和志愿服务事业的重要地位和作用。2019年7月，习近平总书记致信祝贺中国志愿服务联合会第二届会员代表大会召开，鼓励广大志愿者、志愿服务组织、志愿服务工作者立足新时代、展现新作为，弘扬奉献、友爱、互助、进步的志愿精神，以实际行动书写新时代的雷锋故事。

在我国众多的志愿者中，青少年志愿者已经成为主体，他们已在各种社会实践活动和平台中发出了志愿活动的最强音。各种各样的青少年公益行动源自于共青团中央实施的中国青年志愿者行动，广大青少年志愿者在助老助残、扶贫开发、社区建设、环境保护、大型活动、抢险救灾、社会公益等各个领域都践行着"奉献、友爱、互助、进步"的志愿精神，倡导时代新风正气，积极推动我国社会主义道德建设。

10年前,中国关心下一代工作委员会在京发布中国青少年公益认知和行为蓝皮书——《2009当代中国青少年公益认知与行为调查报告》,这是我国第一个关于青少年公益行为的全国性调查报告。报告揭示了在四川汶川特大地震的抗震救灾中我国青少年在公益认知和行为方面的几个主要特点,剖析了青少年在公益行为和公益认知方面的表现和特征,并分别从个性、家庭、同辈、学校、大众媒体和陌生人因素对影响青少年公益认知和行为的因素进行讨论,建立了青少年参加公益活动频率的影响因素综合模型。调查结果来自河北、浙江、黑龙江、陕西、湖南等14个省、自治区、直辖市随机抽取的6210个青少年样本。

然而,正如蓝皮书主编、中国青年政治学院青年发展研究院院长陆士桢在报告中所分析的那样,该报告主要揭示了当时的14～28周岁(约为1980—1994年出生)的青少年,更多的是"80后"这代人的公益认知和公益行为表现和特征;对青少年公益行为的考察还需要心理学者的参与。那对于1990—2004年出生的青少年群体,他们的公益行为表现是不是不一样?另外,从心理学的视野来研究公益行为,研究的框架和内容侧重点会不会也不一样?因此,至少可以多个侧面来揭示青少年公益行为。

谨以此书献给
中华人民共和国成立七十周年;
中华人民共和国社会公益事业;
《中华人民共和国公益事业捐赠法》施行二十周年;
中国青少年发展基金会"希望工程"三十周年;
中国青少年公益认知和行为蓝皮书发布十周年。

第一章 公益行为研究概述

现代公民之所以姓"公",就在于每一个公民都有相应的公民权利和责无旁贷的社会责任,因此现代公民都需要也都应该参与一定的社会公益活动,公益并不是少数人的专利,而是大多数公民共同的事业。目前我国的公益事业正乘着党的十九大的东风和"新时代"的巨轮,驶向"人人公益""时时公益""处处公益"的"公益时代"。时代呼唤公益行为,时代需要公益行为研究。

第一节 公益行为的思想渊源

公益之观念蕴含于东西方传统文化中已有数千年。在我国传统思想中,儒家、佛家、道家、墨家等都有着自己的公益观念和不同的行善方式。而西方三大传统公益伦理思想包括古希腊古罗马时代的共同体精神、宗教的博爱精神和人道主义精神。每一种公益伦理思想决定着社会公益事业的不同价值取向,也决定着该社会公益制度的性质及其实现方式。分析公益事业伦理思想的发展历程、思想脉络和流派渊源,对指导当今社会公益事业的发展,构建社会公益事业的伦理体系,都有非常重要的意义。

一、我国传统公益伦理思想

(一)儒家的公益伦理思想

儒家的公益伦理思想形成于春秋战国时期,是一个以"仁爱"为中心而展开的思想体系,内容十分丰富,而仁者爱人、天下大同则是其主要内容。"仁"或"仁爱"范畴作为儒家学派的核心范畴,其内容极其复杂。儒家学派的创始人孔子常常针对不同的条件作出非常灵活的解释,其后继者孟子等历代大儒对此均有独特的阐述(彭柏林,2010)。

孔子从道德的基础出发,用"爱人"解释"仁",提出"仁者爱人"这一观点,并把"爱人"看作是人的本性,要求人们在处理社会交往的人际关系中要爱所有人,把设身处地为他人着想、宽怀容人、恩惠助人等当作"仁",爱一切人,做到和一切人友善,建立起一种人人相亲相爱的和谐关系。这种理念可以看作是儒家公益慈善思想的重要动力。孔子把"仁爱"用于社会政治生活方面，提出了"大同思想"。在孔子看来，社会安定和谐很大程度上取决于财富的平均，没有了贫富的差距，人们才能和谐相处，才可以让"老者安之，朋友信之，少者怀之"。后来，在儒家重要经典《礼记·礼运篇》中，孔子把"大同世界"描绘为："大道之行，天下为公。选贤与能，讲信修睦，故人不独亲其亲，不独子其子，使老有所终，壮有所用，幼有所长，鳏寡孤独废疾者皆有所养；男有分，女有归。"这是对大同理想社会的经典描述，这种"天下为公"的大同思想促使后人自觉地投身于扶弱济贫的慈善活动，同时，也推动了公益慈善事业的发展。

孟子在孔子仁学思想的基础上，创立了"性善论"，这是其"仁政"学说的基础，也是孟子慈善思想的基本出发点。"人性善"是指人天生就具备向善的要求和为善的能力，孟子曾说："人性之善也，犹水之就下也，人无有不善，水无有不下。"人天生就有善端，孟子以"四心"为"人性善"的出发点，进一步将人性善归结到仁、义、礼、智四种德性上，认为人性本善是人们与生俱来的一种共同的本性，他解释道："恻隐之心，人皆有之；羞恶之心，人皆有之；恭敬之心，人皆有之；是非之心，人皆有之。"在孟子看来，所有慈行善举都来自于人们的内心深处，正所谓"仁，人心也"。孟子的"仁"也就由"恻隐之心"的道德感情发展成了一种道德行为，使之成为一种趋善的道德价值。孟子的"民为邦本"思想，要求君主应推恩于民，尤其是要关心鳏、寡、孤、独等社会下层的困难群体，因为"此四者，天下穷民之无告者。文王发政施仁，必先斯其四者"。君主要对这些困难群体给予充分的帮助和关爱，拔民之苦，救民于水火。

这样，从孔子的"仁爱"思想到孟子的"仁政"，儒家思想中关于公益的思想理论便逐步得到了丰富和完善，为后世的慈善理论提供了有价值的基础，成为历代统治者实行慈善救济的思想渊源。如兴修水利，治理河患；储粮备荒，建立仓储制度（平仓、义仓、社仓）；赈济、以工代赈、调粟等多种赈灾济民措施；民间社会也由这类慈善观衍生出邻里互助、尊老爱幼、济人危难、助人为乐等中华民族的道德品质，进而促进了乐善好施风尚的形成，在各个历史阶段都出现了数不胜数的公益群体和公益活动。

（二）佛家的公益伦理思想

佛教诞生于古印度，在西汉末年由西域传入我国，并在我国境内得到迅速发展。佛教在弘扬精神解脱的同时，还担负着劝善化俗的宗教使命。佛教教义里的慈悲观、因缘业报和修缮方式对我国公益事业的发展起到了很大作用。

慈悲观是佛教的核心教义。在梵文中，"慈"指纯粹的友爱之情，"悲"有同情、哀怜之意。佛教要求信徒以慈悲为怀，用慈爱之心给予他人幸福，以怜悯之心驱除他人痛苦。慈心是希望他人能够获得快乐，慈行是帮助他人取得快乐；悲心是希望受苦之人可以解除痛苦，悲行是帮助受苦之人解除痛苦。由此可以看出，佛教的慈悲观是一种完全利他的道德观，是从事公益行为的出发点。佛教自传入我国后，通过寺院自办、发动募捐、动员信徒参与、与官绅及地方政府合办等方式,设立悲田养病坊、施药治病、扶孤助残、护生戒杀等慈善活动,在我国古代公益慈善事业发展史中发挥了积极的作用。

佛教提出"因缘业报"说来实现劝善化俗的目的。东晋名僧慧远,大力弘扬佛教的因果报应论(慧远,1922),他认为:"业有三报:一曰现报,二曰生报,三曰后报。现报者,善恶始于此身。生报者,来生便受。后报者,或经二生、三生、百生、千生,然后乃受。"慧远的三报思想影响了历来就相信命运的中国人,所以人们愿意为来世的美好在今世做善事。这成为了人们自觉参与慈善事业的内在动力,在客观上推动了我国慈善事业的发展。佛教有其特殊的行善方式,如"修福田""布施"等。所谓"福田",指行善犹如农民在田播种,行善布施撒下利人救济的种子,好比有秋收之利,能受诸福报于后。为圆成福德,福田又分为敬田和悲田。敬田即护持佛教,尊重人伦师道,对三宝父母师长的供养等;悲田是对鳏寡孤独、病人及动物的爱护与收养,以及有利于他人的公共福利事业等。"福田说"劝告世人多做善事、积功德,是佛教教义中有关慈善思想的最有影响力的内容之一,唐宋时期的悲田病坊、福田院之名都直接源于此。对于"布施",佛教这样解释道:"言布施者,以己财事分与他,名为布;辍己惠人,名之为施。"(佛教象法决疑经,1985)布施分为:财施、法施和无畏施。财施又分内财布施和外财布施,把自己的金钱财物施舍给别人是外财布施,把自己的肉体甚至生命施与他人是内财布施;法施即顺应人们的请求,说法教化,破迷开悟;无畏施是指急人所急、难人所难、能够给他人排忧解难。布施完全是出于行善者的怜悯之心、同情之心和慈悲之心,没有任何功利性的目的,具有利他的性质,这与当代慈善所具有的自愿性和利他性的特点不谋而合。

(三) 道家的公益伦理思想

道家形成于春秋时期,其创始人是老子,著有《老子》(彭柏林,2014)。道家的公益慈善伦理思想主要集中在《老子》这本著作中,概括起来主要有以下几个方面。

1. "损有余而补不足"的公益慈善伦理观

《老子》第二十五章说:"有物混成,先天地生。寂兮,寥兮!独立而不改,周行而不殆,可以为天下母。吾不知其名,字之曰道。""道",原义为具有一定指向的道路,《尔雅·释宫》中有:"一达谓之道路。"《说文》云:"道,所行道也。"道又引申为人物所必经之途,也就是有了所必须遵循的规律的意思。"在老子这里,道不再是某种具体的事物,而是超越了事物的具体形态的一般性质,是对于万物本质或本原的哲学抽象。"(陆玉林,1996)在阐释了"道"的概念以后,《老子》以天道来规范人道,援人道入天道,追求天人合一的最高境界。老子认为,天道是天、地、人的共同法则。"道大,天大,地大,人亦大。域中有四大,而人居其一焉。人法地,地法天,天法道,道法自然。"(《老子》第二十五章)此处的"自然",并不是专指自然界,而是指自然而然,与"人为"相对。以道为法则,也就是合乎自然,顺从人与万物的自然本性,不以人为的造作来扭曲事物的本性。由此出发,老子提出了"损有余而补不足"的公益慈善伦理观。《老子》的这一"损有余而补不足"的公益慈善伦理观经过进一步的引申与升华,便成为后人力行公益慈善的道德基础。

2. "无为"而善的慈善伦理原则

《老子》第三十七章说:"道常无为而无不为。""无为"是道之常,是"道"作为宇宙最高法则的基本规定,就是"生而不有,为而不恃,长而不宰"。(《老子》五十一章)因此,道能"善贷且成","无为而无不为"。老子这里讲的"无为",并不是说什么事都不要做,而是指要顺其自然、无意于为,没有自己的目的和追求,老子称此是道之"玄德",实际上是对自然界的无意志、无目的的本质属性的一种概括。老子认为,道的这种德性应为包括人在内的世界万物所效法,而人能"无为",就是法"道"而有所得,他称之为"常德"。就人类道德生活的整体性与个体性、客观性与主观性来看,"道"是社会的道德原则和道德规范,"德"是个人的道德品质、修养和德性。根据"无为"与"有为"的对立,老子把德分为"上德"和"下德"。"上德"正体现了"无为"的原则,它不自恃有德,所以有德;"下德"则体现了"有为",它处处表现自己有德,唯恐失去得到的"善名",这样的"德",只是形式上的,实即无德。《老子》认为"圣人后其身而身先,外其身而身存,非以其无私耶? 故能成其私"(《老子》第七章),要求人们效法天道,顺应自然,不偏私、不占有、不尚奢华,多予少取,在社会生活中广行善事,特别是要矜老恤孤,怜悯贫病;在作出慈善之举时,不要执着于此,不要有因此而自我炫耀的意识,而应像圣人一样为而不恃,功成而不居,随时随地作出善行而不自夸、不自矜持。《老子》第八十一章说:"既以为人己愈有,既以与人己愈多。"这就是说,只有一心为他人着想,不断地给予他人,自己才能增长德性,从而与道相合。

3. 把从事公益慈善伦理活动看作是"体道"和"入道"的重要途径

从"尊道贵德"的思想出发,《老子》一方面提出善恶报应观,认为"道"不仅是世界的本原,世间万事万物赖以产生的根据,而且还能赏善罚恶,使善人得福、恶人遭殃,主张"善者吾善之,不善者吾亦善之"(《老子》第四十九章)。另一方面提出了"为道日损"的"体道"功夫,把从事慈善伦理活动看作是"体道"和"入道"的重要途径。《老子》第四十八章说:"为学日益,为道日损,损之又损,以至于无为,无为而无不为。"为了体道和入道,道家不仅要求进行身心训练,而且要求把行善积德作为"长生之本"。道家认为我命由我不由天,人生的命运掌握在每一个人自己手上。若要长寿乃至体道悟道,必须以善为本,唯善是从。只有以他人的生命和利益为重,解除他人的疾苦,才能有利于自己从崇尚生命价值的视角出发,把争名夺利、损害他人生命的行为看作是极不道德的行为。主张扶危济困、见义勇为,救人性命于水火,只有广积德行,济物救世,才能使自己的生命得到拯救。

(四) 墨家的公益伦理思想

"兼相爱"是墨家伦理思想文化的核心和精华,也是墨家最基本的公益伦理原则。所谓"兼相爱",即指不分人我,不分亲疏,以及不别贵贱、强弱、智愚、众寡地彼此相爱(彭柏林,2013)。墨子提出"兼相爱"的公益伦理原则有其特定的历史背景。墨子所处的时代战争频繁,天下处于乱世之时,"大国之攻小国也,大家之乱小家也,强之劫弱,众之暴寡,诈之谋愚,贵之傲贱"(《墨子·兼爱下》)。在墨子看来,这些都是"天下之大害"。墨子认为,这些天下之害都是由"别相恶""不相爱"所造成的。所谓"别相恶",即彼此分别对立,不能容纳对方,"也就是只爱己、利己,而不爱人、利人,作为一种观念就是自私自利"(朱贻庭,2003)。《墨子·兼爱下》说:"别士之言曰:吾岂能为吾友之身,若为吾身,为吾友之亲,若为吾亲?是故退睹其友,饥即不食,寒即不衣,疾病不侍养,死丧不葬埋。"墨子"兼相爱"的公益伦理原则在后期墨家那里得到了进一步的阐述和发挥。一方面,后期墨家在墨子的"爱人者,人必从而爱之"的基础上提出了"体爱为仁"的观点。另一方面,后期墨家将墨子的"兼爱"进一步发展为"周爱人"。《墨子·小取》说:"爱人,待周爱人而后为爱人,不爱人,不待周不爱人,不周爱,因为不爱人矣。"

从"兼相爱"的公益伦理原则出发,墨家提出了"交相利"的公益伦理实践路径,认为"兼相爱"的公益伦理原则必须通过"交相利"的行为来实现。"交相利"问题实质上是一个如何处理义和利的关系的问题。与儒家贵义贱利的主张不同,墨家主张把义和利结合起来。"交相利"主要指人与人之间应该相互帮助,不能只顾自己不管别人,更不能损人利己。墨子认为,"利人"还是"害人","利天下"还是"害天下",是区别义与不义、善与恶的唯一标准。一切行为之善或恶的道德价值就在于行为本身对于他人和天下所产生的是利还是害的功效。可见,在墨子的"交相利"观念中充满着乐善好施、扶危济困的公益伦理精神。墨子的"交相利"思想在后期墨家那里又作了进一步的阐述。首先,后期墨家阐释了什么是"利"与"害",认为利是"所得而喜",害是"所得而恶"。其次,后期墨家强调爱、利统一,反对"有爱而无利",认为"爱"就是以天下事为自己的分内事,使天下人都能得到利益。最后,后期墨家认为,仁爱与私爱、利爱是不相容的,主张"仁而无利爱"(《墨子·大取》),强调在个人利益与他人之利、天下之利发生冲突时牺牲个人利益。

墨家从"兼相爱"的公益伦理原则和"交相利"的公益伦理实践路径出发,提出了"志功统一"的公益伦理评价观。"志",即行为的动机;"功",即行为的实际功效。后期墨家进一步发展了墨子的"志功统一"公益伦理评价观。首先,后期墨家认为,动机善是行为善的前提,善的行为首先要有善的动机,否则就不可能有善的行为。其次,真正的公益行为既要有好的动机,还要使人们得到实际利益,获得好的效果,即所谓"志工(功),正也"(《墨子·经说上》)。最后,后期墨家提出了"志功为辨"的观点(彭柏林,2010)。

(五)韩非的公益伦理思想

韩非公益伦理思想的核心理念是欣然爱人,是完全超脱于自身利益的利他主义价值观;它以遵守法律为前提,实现路径是扩充物质基础和尊重人性。"公益伦理的核心是利他主义价值观,就其精髓而言,就在于个人要充分领悟自己对他人、社会,特别是弱势群体肩负着不可推卸的责任,充分认识博爱、给予、利他、济世的社会价值"(彭柏林,2007)。韩非的公益伦理思想是通过其对"仁"这一概念的定义中体现出来的,他认为:"仁者,谓其中心欣然爱人也。"概而言之,仁就是内心喜悦地为他人谋幸福,是利他主义的价值观。

"欣然爱人"结果善的达成,还需要利他行为符合国家的政治秩序与法律法规,才能使利他的行为在法律保护与政治支持下具有持久的生命力。公益慈善行为不能冲击现有的政治秩序与法律法规,只是弥补国家在执行意志时的不足,"仁义者,不失人臣之礼,不败君臣之位者也"(《韩非子·难一》)。

尊重人性与扩充物质基础是韩非公益伦理思想实现的功利路径。首先,施善者自身的实力会影响到利他行为的力度、广度与持久性。"故饥岁之春,幼弟不饟;穰岁之秋,疏客必食;非疏骨肉爱过客也,多少之心异也"(《韩非子·五蠹》)。其次,要产生利他的结果,还需掌握受助者功利人性的具体特性,使其能将获赠之物变成利己之物,这样才能真正增进受助者的幸福,减少受助者的苦难。"韩非在分析了个体道德的功利性之后,反而对社会伦理抱以更大的期待,认为个体的道德本性恰恰是维持社会良性秩序的基础。"(张伯晋,2010)

二、西方传统公益伦理思想

西方近代公益伦理(Public Welfare ethic)各理论流派种种,分类繁多,表现形式多样,在时空和派系间呈现动态发展、彼此交错的局面,辩证和动态地共同推进着西方近代公益伦理思想的发展。通过考察西方公益伦理思想的主体精神,我们可以发现3种传统西方公益伦理思想:城邦公益传统的古希腊罗马时代共同体精神、宗教公益传统的博爱精神、人文公益传统的人道主义精神。

(一)城邦公益传统:古希腊罗马时代共同体精神

现代公益的许多原则、概念追根溯源,都与古希腊罗马时代的公益观有重大渊源(秦晖,1999)。柏拉图(Platon,前427—347)在《理想国》中认为,私有制和私有观念是导致国家一切灾难的根本原因,一个符合正义与公道的社会,决不应该是一个贫富悬殊很大的社会。他认为,财富是奢侈放纵的父母,贫困是卑鄙龌龊的双亲。理想国并不是为了某一个阶级的单独突出的幸福,而是为了全体公民的最大幸福。为此,他主张实行禁欲主义的"共产制"。亚里士多德则认为,善与德性是有着普遍的社会关联意义的,一个有着共同利益(善)及其共同追求的共同体,是传统德性赖以存在的基本社会条件。古希腊罗马时代最著名的慈善理论家西塞罗则认为:"没有什么比仁慈和慷慨更能够体现人性中最美好的东西了"(西塞罗,1987)。西塞罗把个人的善行与个人的道德责任联系在一起,慷慨行善是个人道德责任的构成要素,它得以发生的基础是自然法。换言之,承担道德责任是人之为人的自然法则(唐娟,2004)。

(二)宗教公益传统:博爱精神

有些宗教是建立在"爱"的基础上的,"爱是无可比的""没有爱就算不得什么"。纵观宗教的公益慈善历史，可以发现博爱精神是宗教公益精神的核心。基督教把爱作为所有信条中的支配原则，并提出了爱欲、友爱、忠爱、神爱4个层面的概念系列。"爱欲"指灵魂对至善的追求，上帝是神圣爱欲的典范；"友爱"指平等的爱，即在上帝面前人人平等的博爱，是一种亲密的仁爱之情；"忠爱"指对上帝之爱，这是基督教诸多教义中最为重要的一条；"神爱"指上帝的爱，上帝以自发的、无限的爱创造万事万物，没有神爱就没有一切。总之，宗教公益精神在相当长时期内是西方公益伦理的核心精神，宗教信仰对西方公益伦理精神的形成和发展具有极为重要的意义。

（三）人文公益传统：人道主义精神

宗教的慈善道德包含了神道掩饰之下的人道主义思想，而随着文艺复兴运动的兴起，神道的公益道德观在不断的"祛魅"过程中隐退，而人道的公益道德观逐渐成为社会公益慈善事业主线。人道主义对人的尊严、自由、平等的推崇，一方面张扬了人性的高贵和人类价值与目的的重要性，从而使人有尊严地、幸福地生活成为一种人权的要求，一种对社会、政府的公益权利；另一方面，人道主义树立了全新的社会道德规范和人际关系准则。

第二节 公益行为的涵义与类别

一、公益与公益行为

在当代中国，人们对"公益"一词并不陌生。作为世界上最古老和普遍的一种公众思想，公益一直为世人所颂扬，并一直被认为是亟待开发和延续的博爱资源；公益不仅是人类精神文明进步的重要标尺，也是国家整体素质的重要提升途径。公益这一概念的含义，无论是在学术界还是新闻媒体中均有过广泛探讨，但在不同的领域或时代背景下存在诸多分歧，还未形成统一精确界定。

"公益"一词，严格意义上来讲是一个"舶来品"，在中国古代汉语体系中并不常见。与现代诸多词汇一样，公益是自19世纪经由西方泊到日本再由日本学者转译而来，在《慈善问题》一书中，日本学者留冈幸助始将"public welfare"译为公益（秦晖，1999），后来公益这个术语逐渐为汉语体系所采用，作为一种文化符号，传遍中国的大街小巷。"public"一词的涵义具有双重来源：一是希腊词"pubes"，大致可英译为"maturity"（成熟、完备）；二是希腊词"koinon"，意指"care with"（关怀、关心）。因此，其不仅是强调客观上量的集合，更有主观上的一种共同的、集体主义关怀。"welfare"一词译为"益"，但其与经济学领域的"经济利益"存在着本质的差异，可理解为水漫出来、利益，好处富裕、增加、更等意思，

"welfare"一词在英语中饱含着人类对健康(good health)、幸福(happiness)、繁荣(prosperity)等的美好追求。将"公"和"益"组合起来形成公益,意指公共利益或共同利益,是以人类幸福为终极价值目标的价值体系与行为机制(李春成,2003)。

立足于词源学的视角分析,东西方对于公益一词的理解表现出相似性,即都是追求公共利益的活动或者追求共同善。在现实中,"公益"一词含义可宽可窄,伦理学、政治学、法学、法律、经济学等基于不同的研究旨趣对"公益"一词进行了不同的解释,亦是各取所需,导致至今为止学界仍没有统一的界定。《中华人民共和国公益事业捐赠法》对"公益"的范围进行了规定,即包括救助灾害、科教文化、环保、其他促进社会进步的福利事业等。基于以上多角度的阐释,公益生动而又丰富的形象才初现于学界,国内学者卓高生、白列湖、彭小兵等都对公益的概念做出了详细清晰的界定,即都认为公益可以从广义和狭义的角度去解释,广义的公益概念过于泛化,指一切涉及公共利益的活动或行为,狭义上的公益涉及跟博爱、慈善、仁爱相联系的慈善公益领域(彭柏林,2014;陆玉林,1996)。沈贵鹏将公益理解为是慈善、健康、救助、福利、安全等的人们所追求的利益总称(沈贵鹏,2013)。张志红在其研究中指出公益就是指社会个体走出私人空间进入公共空间,通过参加、合作和服务等途径创造公共利益的过程(张志红,2013)。综上所述,结合本课题的研究方向,公益既包括广义上的涉及一切公共利益的活动或行为,也包括狭义上的与"博爱、慈善、仁爱"相联系的能够促进社会公共福利或福祉的慈善公益。

关于公益行为,许多学科如社会学、伦理学、宗教学和文化学等都对公益行为展开了研究,但各学科对其有不同的理解。李占霞(2009)从伦理学的研究视角出发,根据公益行为的特性对其进行定义,认为公益行为是人类有意识有目的的以非政府名义进行的、非盈利、非强制的、奉献性和救助性的活动。由于公益行为主体之间的相互关联性决定其社会性,公益行为被该研究员称作社会公益行为。而其其格(2011)则从社会学的研究视角出发,根据公益行为本身的分类来定义,认为公益行为是一定的组织和个人向社会捐赠财物、时间、经历和知识等活动。唐娟(2004)、李占霞(2009)和其其格(2011)都认为公益行为的形式主要包括慈善行为和志愿服务两种。关于慈善行为,各学科对其有不同的定义,一种较为普遍接受的解释为通过捐赠财物、提供无偿的相关服务或其他爱心活动来减轻人类的苦痛和灾难,促进社会公共福利事业的持续发展,从而改善人类生活的质量;而志愿服务作为一个现代词汇,它一直是慈善行为的一种体现。然而,随着社会的不断发展,慈善捐赠成为了当今慈善行为的主要内容。在 20 世纪 70 年代第三部门理论兴起,志愿服务作为一个专门词汇从慈善行为概念中独立出来,它特别强调公民为了其他社会公众或社会生产生活而自觉自愿地提供资源、技术和时间等。因此,慈善捐赠成为了当代慈善行为的主要意蕴。本研究中提到的慈善行为也仅仅指个人或社会团体为他人或社会公共事业捐赠财物的行为。近 30 年以来,志愿服务被广泛定义,但对它的界定基本一致。如凯利·劳(Kelly Lau)将志愿服务定义为"人们自由选择为某项事业贡献时间和才智"(丁元竹,江讯清,2011)。而美国全国社工人员协会通过定义非盈利组织来定义志愿服务,他们认为:"非盈利组织是以追求公共利益为目标,根据个人自由意愿和兴趣结合而成的团体,而团体中的工作人员就是志愿者,他们的工作就是志愿服务。"(江明修,1999)

事实上公益行为是一个复杂的概念,以至于不同的学科对其有不同的理解。综合各学科的观点,我们把公益行为界定为个人或社会团体以公共利益为目标,基于一定的关怀和利他意识而面向特定社会群体或人类发展共同关注的问题而进行的非盈利性、非强制性和奉献性的行为。它有两个层次的内容:一是行为,二是行为背后的动机。

综合各位学者的分析,结合现代公益的特征,我们认为,现代公益行为具有以下 3 个基本特征。

(1) 自觉自愿性。自觉自愿性指公益行为是发自内心的自动自发的行为,没有外力强制,优先考虑他人的需要。之所以说公益行为具有自觉自愿性,主要有两点依据:一是因为公益行为所依托的公益组织不具备政府的强制行政权力,公民自愿做出公益行为,且所有的公益组织都是依据一定的契约建立起来的、不具有强制性,契约靠自觉自愿遵守(杨超,唐亚阳,2015);二是因为志愿原则是中国市民社会的极其重要的特征,它是以高度尊重个人选择自由为前提基础的(陈新民,2010)。

(2) 无偿利公性。无偿利公性指公益人本身不谋求任何经济利益,以社会公共福利为追求目标,它是判断是否为公益行为的一个重要指标。公益行为是一种无偿性的活动,其宗旨在于促进社会的进步与发展而不是追求财富和利润的最大化,无偿性是公益行为的本质特征(白列湖,尚立富,2012)。做公益是在道德意识支配下履行道德义务,它是以牺牲个人或多或少的利益为前提的,以不获得任何物质回报和社会性权利为出发点。公民在做公益之后获得社会尊重、赞赏和表扬,其实也是一个公平的社会对于行善行为的合理补偿。从公益行为的价值目标可以看出其利公性,它植根于社会公众,理应以社会公众福利的最大化为最终目标,而不是追求极少数人或个人福利的最大化(彭柏林,2010)。

(3) 组织社会性。组织社会性即现代社会的志愿服务、慈善行为是有组织、有计划、有目标和规范的社会性服务。一方面,公益行为具有组织性,所有的公益组织在体制上都独立于政府且有其自身的纪律和契约,是由民间自发组建、拥有自身组织理念和运作机制的社会自组织系统,政府不直接介入公益组织的管理过程,公民在有组织、有计划、有目标的前提下做公益才能实现公益事业的可持续发展。另一方面,公益行为起源于社会,社会公众的广泛参与是公益事业发展的不竭动力,公益行为主体的相互关联性决定其社会性;公益行为的受益对象具有广泛性和公共性,面向公众提供服务或帮助,因此组织社会性亦是它的一个重要特征。

二、公益行为与相关概念辨析

在我国,与公益行为相似相近的有慈善行为、利他行为、亲社会行为与道德行为等几个概念,这些概念往往是交织在一起的,在实践操作领域也很难作出精确的区分,但在学术研究领域,为了厘清概念,概念辨析是必要的,下面就公益行为与慈善行为、利他行为、亲社会行为以及道德行为等概念进行辨析。

1. 公益行为与慈善行为

从字面意思来看,公益行为和慈善行为这两个词都表达的是对人的关怀,究其终极价值都是指向共同的"善"。因此公益行为与慈善行为常常被混为一谈,其实公益行为和慈善行为存在很大的区别。首先,这两种行为的基本特征有所差异。公益行为是个人或社会团体基于一定的关怀和利他意识而面向特定社会群体或人类发展共同关注问题做出的行为,组织社会性是其重要特征;但慈善捐赠是一种怜悯、同情,是一种情感性的释放,表达的是个体性的特征。其次,二者所针对的对象和预期效果也不相同。慈善行为常被描述为"针对那些贫困、受苦或危难中的人的慷慨与帮助"。慈善起源于家长式统治的社会,在这样的社会中,富人的捐赠是用来表明他们对有需要的穷人的同情、怜悯。慈善只能提供给弱势群体一时的经济上或物质上的帮助,而不是帮助人自立。美国人传统观念中的公益行为不是慈善行为,而是一些个人或者机构的主动或者参与性的行动,其目的是帮助那些处于危难中的人自助、寻找对社会问题的实际解决办法。老子的名言能够帮助我们区分二者的不同:慈善行为是"授人以鱼",用来维持他们的现状,而公益行为是"授人以渔",助人自立(艾斯,2014)。丹尼尔·吉尔曼解释了慈善行为与公益行为的不同,他认为慈善行为是给穷人提供暂时的帮助,而公益行为是给予大多数人的帮助。公益行为是全国范围内的,并且旨在寻找贫困的根源。公益的重点不是通过捐赠来满足穷人或者受困者的需要,而是通过创建和支持那些将为个人或民众的进步提供机会的机构来"最大化人的潜能"。卡耐基也认识到,公益行为不是慈善捐赠,而是一种为那些愿意自助的人提供支持的方法。卡耐基相信公益是市场经济体制下处置财富的唯一恰当的办法,因为它的职能是帮助维持社会秩序和为创业的努力提供方向。最后,从公益行为和慈善行为的外延来看,公益行为是慈善行为的上位概念。慈善行为是公益行为的一种表现形式,慈善行为只有通过组织化产生社会效应才能称为公益行为。显然,慈善和公益是有区别的,但是它们之间也存在着密切的联系。大多数公民从一颗慈善之心开始接触公益,然后推动个体转化为亲社会行为,这时的行为是个人慈善行为,但是个人慈善行为被组织系统化管理后就变成了社会性公益行为。

2. 公益行为与利他行为

利他行为最早是法国哲学家、社会学家孔德所提出的。利他行为是指自己付出代价而让他人获得利益的行为(Batson, D. C., Powell, A., 2003)。利他行为是一种不求得到任何回报的、对别人有好处,而对自己没有任何明显益处的、自觉自愿的亲社会行为(沙莲香,2011)。现在对利他行为的普遍定义是一种不期待任何回报的自觉自愿地有益于他人的行为,利他行为发起者只关心他人的利益、毫无自私自利之心。它本质上属于亲社会行为连续体,利他者通过利他行为体验到愉悦、满足和骄傲。就公益行为与利他行为的共通之处来说,二者在以下两个方面具有相似性。首先,公益行为和利他行为具有共同的特征。这两种行为都是自觉自愿发起的、以帮助他人为目的非盈利行为,自觉自愿性、无偿利他性是二者共同的特征。虽然二者存在相似之处,但也有很大的区别。从概念方位上来看,利他行为是上位概念,而公益行为是下位概念。公益行为的高尚之处在于它的"无私奉献",这也折射出了它的一个特殊品质——利他。毫无疑问,公益行为是一种利他行为(李占霞,2009)。从行为背后的动机来看,公益行为背后的动机多元复杂,而利他行为不期待任何形式的回报或奖励。由此可见,公益行为与利他行为是相互联系的,但又存在着很大的区别。

3. 公益行为与亲社会行为

1972年,美国学者威斯伯在《社会行为的积极形式考察》中初创亲社会行为一词,它包括所有的与侵犯相对立的否定性行为,如分享、奉献、合作、互助、同情、捐赠等。这些行为所处的情境、外在表现形式各异,但共同的目标是使得他人乃至包括自己在内的社会受益(金雪莲,张丽红,2010)。对于亲社会行为,不同的研究者有不同的看法,科莱波斯(Krebs,1994)等人结合不同研究者的观点,创造性地提出可以把亲社会行为设想成为行为的连续体,一端是最大限度地增加自我利益的朝向,即助人行为;另一端是最大限度地增加他人利益的行为朝向,即利他行为。在这个行为连续体中,某个行为利他成分的量根据两个标准来衡量:①行为的方向是直接朝向有益于他人的方向;②行为中所包括的利益总量。由于不同研究者对亲社会行为、利他行为和助人行为的动机意见不统一,难免会对三者之间的关系持有不同的看法(陈新民,2010;白列湖,尚立富,2012;Krebs,Hesteren,1994)。本研究亦认同科莱波斯用发展变化的眼光去看待亲社会行为,认为亲社会行为受动机、环境因素、行为者对环境的认知以及可供选择的行为反应等变量的影响。

从二者的最终目的来看,亲社会行为和公益行为都是为了使社会受益、提高大众福祉。从行为动机的角度考虑,这两种行为的动机都是非常复杂的,有可能是出于责任、义务,也有可能是利他动机、利己动机、多元动机,更多的时候人们的行为是一个动机体系在发挥作用。根据公益行为和亲社会行为的目的和动机来看,两者似乎是相同的,实际上存在一定的差异。就亲社会行为和公益行为的外延来说,亲社会行为包括分享、奉献、合作、互助、同情、捐赠等所有与侵犯相对立的否定消极行为,如寇彧、付艳、张庆鹏(2007)发现有43类亲社会行为,分别是:帮助、亲缘利他行为、忠诚、体谅他人、同情、家庭养育行为、联谊行为、拾物归还、关心他人、遵从习俗、照顾、遵规行为、公德行为、宜人、利群体行为、安慰、救助、宽容、责任义务行为、发起友谊、道歉、爱护动物、谦让行为、环保行为、感激、协调关系、接纳行为、义气行为、体力支持、不伤害、借出物品、完善自身、分享、公益行为、提供信息、赠送、慷慨行为、合作、赞美、赞扬、英勇行为、发展技能、积极建议捐赠。而公益行为主要包括慈善捐赠和志愿服务,如乡村支教、做义工、捐款等对社会和他人有益的行为。本研究认为亲社会行为包括公益行为,公益行为是亲社会行为的一种类型,公益行为处于亲社会行为连续体中的某些特殊位置。

4. 公益行为与道德行为

道德行为是指在一定的道德意识支配下表现出来的对他人和社会有道德意义的活动,它包括符合道德原则和规范的道德的行为和违背道德原则和规范的不道德的行为。亲社会行为和利他行为作为道德的行为的代表是心理学和社会学研究的重点,攻击行为和反社会行为作为不道德的行为的代表也是学术界高度关注的问题。

从公益行为和道德行为的相似之处来看,自觉和自由选择是两者的共同特征,都不是在外界压力的影响之下做出的。毫无疑问,公益行为和道德的行为都是符合道德原则和规范的,都是和不道德的行为对立的。那么,公益行为和道德行为之间的区别是什么呢?从概念方位来看,道德行为属于上位概念,而公益行为属于下位概念,道德行为包括道德的行为和不道德的行为,公益行为属于道德的行为。就行为的结果而言,道德行为的结果有可能是有利于他人或社会的,也有可能是违背社会期望和道德规范要求的,而公益行为则是为了公民共同的福祉。

三、公益行为的分类

在公益事业领域,从古至今都存在公民自愿或者志愿提供社会公共事务或者社会福祉,这也是人类生存法则中最重要的制度安排。按照国家有关公益事业相关法规对公益事业的分类,公益行为主要包括下列4种类型:①表现在救灾、扶贫、扶残等困难的社会群体和个人的公益行为;②表现在教育、科学、文化、卫生、体育事业方面的公益行为;③表现在环境保护、社会公共设施建设方面的公益行为;④为了促进社会发展和进步的其他社会公共和福利事业的行为。

学者们还根据自身的学科和研究旨趣对公益行为进行分类。在伦理学领域,李占霞根据主体在公益行为活动中的表现方式,将公益行为划分为慈善捐赠和志愿服务两种类型。慈善捐助是通过捐财捐物帮助陷入各种灾害和不良处境中的人摆脱困境,而志愿服务特别强调人们自觉自愿地提供时间、精力和劳务,目的是为了其他社会成员和其他公共事业(李占霞,2009)。在社会学领域,有研究者根据公益行为的具体外部表现对其进行划分,认为公益行为可包括慈善公益、环境公益、人际公益、科学公益等。这种划分方法没有涉及公益行为背后的促进性因素分析。而唐娟则从行为动因出发,将公益行为分为4类,即道德型公益行为、计较型公益行为、带动型公益行为、疏离型公益行为。道德型公益行为主要受主体自我道德意识和道德责任感的驱使,个体自主性较强,是一种自动自发的、积极的和最纯粹的奉献;计较型的公益行为涉及对利益回报的期待和理性盘算,其获得与否关系到行动发生与否;带动型公益行为是一种被动的公益行为,来自外在力量的临时驱使,这种外在因素包括群体压力、跟风、性别促进等,也可能是内部的感动因素;疏离型公益行为同样是受外在力量驱使,是一种强制性的公益行为,同样是一种被动公益行为,受或明或暗的外在力量强制,如政府、上司的动员,个体自主自愿性被剥夺(唐娟,2004)。唐杰也从进行公益行为的动机出发,将公益行为分为理想动机型公益行为、回报动机型公益行为、学习动机型公益行为、交往动机型公益行为、盲目动机型公益行为。理想动机型公益行为特别看重主体自我价值的实现(唐杰,2008);回报动机型公益行为主要着眼于主体对国家和社会的回报;学习动机型公益行为侧重于个人能力的提升和发展;交往动机型公益行为倾向于社会关系和人际交往;盲目动机型公益行为则是源于外在诱因。

在对公益行为进行分类时,除了公益行为的外部表现形式和行为产生的动因等标准外,还有必要综合这些内外因素去探索公益行为本身内在的维度和结构。学者对亲社会行为和利他行为就尝试过这种分类。亲社会行为曾被Carlo(2002)从利他的、依从的、情绪性的、匿名的、公开的、紧急的这6个维度进行划分,这种分类方式考虑到行为主体的认知能力、情绪情感特征以及特定的家庭和社会背景对行为的影响。而利他行为则根据主体行为的纯度、程度、广度及频度4个维度分为软利他和硬利他行为。亲社会行为和利他行为的这种利用维度来探究的方式对公益行为的分类有借鉴意义。

通过查阅、整理和分析早期学者关于青少年公益行为的研究,初步推断公益行为应当包含多个维度,继而通过心理学的方法和技术,结合青少年公益行为的特征和开放式问卷,我们构建了青少年公益行为的4个维度。

(1) 道德性。在道德人格特质或者道德责任感驱使下的这类行为中,个体自觉自愿从事公益事业,参加各种公益活动。无论这种道德责任感来自于宗教信仰,还是产生于行动主体本身,所促发的行为都是最积极、最纯粹的奉献,此类行为具有志愿性、无偿性、利他性、非营利性等特点。

(2) 报偿性。在以报偿观念驱动的这类行为中,存在着不同程度的对收益回报的期望和理性盘算,这种期望既包括对物质回报的希冀,也包括对非物质回报的企盼,即行为的主体希望在帮助别人的同时,获得心理上的痛苦程度的减轻或者希望在自己需要帮助的时候别人也能给予帮助,具有报偿性、互利性、回报性等特点。

(3) 情境性。由情境条件驱动下的这类行为,并非由行为主体自觉自愿发出,是在外部力量的临时鼓动或影响下,一时为之。内在的考虑可能是出于感动,或是希望与所属群体保持一致,抑或是其他临时的念头,具有情境性、情绪性、紧急性等特点。

(4) 盲目性。主体意识缺乏和盲目观念驱动下这类行为,往往是在外部力量或明或暗的强制和逼迫之下发生的,如家长、学校、群体的动员,个体无法拒绝不得已而为之,但内心对这种性质的行为并不认同,具有依从性、强制性、组织性等特点。

四、互联网时代的新型公益行为————微公益

进入信息时代,随着互联网技术的迅速发展,公益的传播进一步拓展到网络世界中,公益的内涵也因此得到进一步的扩展,出现了像微公益这样的公益类型。所谓微公益即微小的公益,指从微不足道的小事入手,强调聚少成多的公益行为。这仅仅是从现实公益

的角度来对微公益进行界定。从微公益的传播渠道来看,微公益是指以公益网站、微博、微信等微媒介为传播途径,由网民发起或响应的一种新型公益模式,其主要目的在于促进公益价值和公益理念的传播,塑造人们的公益习惯。由于微公益以网络平台为主要传播方式,网民成为微公益活动的参与主体。青少年作为网络媒介使用的主力军,在微公益活动的参与中发挥着不可忽视的作用。

微公益与传统公益相比有其独到的特点,主要表现在4个方面。

(1) 微公益的"微"特征。微公益依托微媒介,以微小举动传递公益爱心,是一种新型的公益模式,"微"特征是其首要特征。微公益具有"四微"特征,即传播渠道微、参与内容微、参与主体微、参与目标微,是一种简单有效的公益形式。"传播渠道微",微公益以网站、微博、微信等网络媒介为主要方式,通过"微"渠道开展微公益活动,快捷传播微公益;"参与内容微",微公益从微小的公益做起,聚少成多,将无数微小的力量凝聚成巨大的社会力量;"参与主体微",微公益的参与主体主要指向社会普通大众,其中包括大多数热心公益的青少年,这些普通大众用自己微小的力量奉献公益爱心,传递着公益正能量;"参与目标微",微公益的目标小而具体,简单可实施,主要针对的是具体的人和事,因此具有较强的针对性和目标性。

(2) 微公益的"低门槛"。与传统遥不可及的"富人公益"不同,微公益参与门槛低,人人皆可参与,因此广受青少年群体的欢迎。青少年群体大多以在校学生为主,消费水平比较低,经济尚未独立,微公益低门槛的特点使青少年可以在力所能及的条件下参与公益活动。微公益倡导从细微的小事做起,从一滴水、一粒米、一条微信朋友圈做起,每个人皆可参与其中,每个人皆能奉献自己的力量。也许只是十分微小的付出,但依旧能够得到大众的认可,这种聚小成多的公益特点往往能够潜移默化地影响青少年的公益理念和公益行为。

(3) 微公益的快捷性。在信息时代下,人们的生活因网络变得更加方便快捷。从电脑的出现到智能手机的研发,信息的载体变得越来越灵活、传播速度越来越快、范围越来越广,从而使得微公益活动的参与变得越来越快捷。一个微公益活动的发起不再仅仅依赖成本昂贵的电视、电台广告,人们参与微公益活动有了更多的选择,通过电脑或手机很快捷就能完成一次微公益:如"茶缸"微公益互动微博社区,通过微博网站的形式开展微公益活动,注册、转发微博、填答问卷可以换成不同量大米的捐赠,平时只需点击鼠标或点击屏幕就可以完成一次微公益。

(4) 微公益的多样性。微公益较之传统公益更多地依赖于网络媒介,内容形式也更加广阔灵活,有社交网站公益、微博公益、微信息公益、开放信息平台公益等,内容涵盖了社团活动、知识传播、环境保护、援助他人、青年服务以及慈善等。既有像"壹基金"那样慈善类型的微公益,又有像"果壳网"这样的知识传播型微公益;既有像"地球一小时"那样的环境保护型微公益,又有像"免费午餐"那样援助他人的微公益。由于这些微公益的信息源大多与我们亲眼所见或者亲身体验的事件相似,因而比传统公益更贴近我们的生活,更具有说服力和号召力,也更受参与人的欢迎。

此外，微公益借助网络平台的优势为青少年提供了更多的参与途径，使得青少年群体可以广泛地参与到微公益活动中来。据中国互联网信息中心发布的统计报告显示，截至2012年6月底，我国的网民人数已达5.38亿，网民规模迅速激增，这也为微公益活动的开展开辟了一个全员参与的绿色通道。

微公益按其组织运作模式可以分为线下微公益和线上微公益。

1. 线下微公益

线下微公益主要立足于现实公益，从组织者的角度来看主要包括社会团体、企业和个人。由社会团体开展的微公益活动主要由学校和共青团组成，学校开展的公益活动如爱心捐赠，学生在校园里组织的爱心义卖活动等。共青团组织的微公益活动如近来温州市教育局、共青团温州市委、温州市慈善总会等主办的"公益彩色跑——为抗癌开跑"活动，活动为宣传"运动、健康、公益、快乐"的理念，呼吁广大市民重视肿瘤致病因素，关爱肿瘤患者。企业在获取利润的同时也会通过参与微公益的形式回馈社会，承担自己的社会责任。如农夫山泉2001年实施的"一分钱工程"，每销售一瓶矿泉水就从中提取一分钱支持北京奥运，2002年开展"阳光工程"继续提取一分钱支持贫困地区的教育发展，2010年捐赠价值1 300万元人民币的天然饮用水帮助云南旱灾地区人民渡过难关。个体微公益的典型则是玉米基金的设立，玉米基金是在李宇春的支持与众多"玉米"的倡导下建立的公益基金，也是我国第一个由歌迷创立的公益基金[5]。玉米基金为青少年有组织地参与微公益活动提供了一个良好的平台，有助于青少年更好地表达他们的公益心声，实现心中的公益梦想。

2. 线上微公益

随着网络时代的发展，线上微公益越来越盛行，线上微公益以互联网为主要平台，形式主要为网站微公益、微博微公益以及微信微公益。

(1) 网站微公益。公益网站作为信息载体为青少年提供了一个参与平台，使得更多青少年可以多途径地参与到公益活动中，成为公益活动的一员。腾讯网是我国首个设立公益慈善基金的互联网企业，腾讯基金会以支持青少年教育事业为主，开展助学兴教、扶困济贫等各种公益事业。腾讯以其强大的互联网运营实力向更多青少年传递公益文化和爱心理念，使他们通过网络更便捷地参与公益活动，营造良好的公益氛围。如李连杰创办的"壹基金"，借助腾讯月捐平台，号召广大网民参与微公益活动。"壹基金"倡导"每1人＋每1个月＋每1元＝1个大家庭"的公益理念，借助腾讯及QQ品牌的影响力让更多的人方便、快捷、持续性地加入到微公益活动中，促进社会对弱势群体的关注。

(2) 微博微公益。随着社交网络的发展，微公益借助微博的力量为更多人群所知。根据新浪微博数据中心发布的最新《2018微博用户发展报告》数据显示，2018年第四季度微博月活跃用户达4.62亿，连续3年增长超过7 000万，其中30岁以下的人群占到81%，这个人群在微博用户中占据绝对主体地位。新浪微博是青少年使用最多的社交网站，也是青少年参与微公益的主要途径。新浪微博开设有"微拍卖""大爱清尘""微博打拐""免费午餐"等60多个项目,其中影响最大的是"免费午餐",如沃尔沃集团通过新浪微博发起为贫困学童提供免费午餐的号召,微博用户每转发一次,公司相应地就捐赠1元钱,给贫困学童提供免费午餐之用。此外,名人参与微公益也成为一种风尚,如香港艺人梁咏琪在其生日时发出的一条微博捐赠倡议,号召粉丝转发,每转发一次她就向香港联合国儿童基金会捐赠1港元,结果此倡议在三天内被粉丝转发约8万次,她最后捐出8万港元。

(3)微信微公益。微信公众平台自2012年开放以来,许多公益活动纷纷进入微信,利用微信公众平台传递公益信息,开展公益活动。2014年,微信微公益又增加了"感同身受"式的传播形式——众筹,在众筹平台上,各种微公益活动进行得如火如荼,如2014年风靡全球的冰桶挑战,挑战者必须在24小时内接受冰桶挑战,否则就要为"肌肉萎缩性侧索硬化症"患者捐出100美元,这种基于名人之间点名传递的公益众筹方式可以更好地为患者募集善款。微信众筹平台最常见的一种方式是"轻松筹","轻松筹"基于微信朋友圈,以熟人之间朋友圈的相传,最终达到为筹款者筹款的目的。在微信公众号里"轻松筹"分为3个板块,分别是"发现筹款""发起筹款"和"我的筹款"。"发现筹款"板块下又分为3个部分,分别是"精选项目""尝鲜预售"和"梦想清单";"发起筹款"也是针对上述3个部分;"我的筹款",包括"发起的项目""支持的项目"以及"关注的项目"。"轻松筹"公益平台的出现,使得"众筹公益"成为公益活动的另一种新形式。此外,"亲青筹"也是微信众筹的一个新兴公益平台,由共青团浙江省委、浙江省青少年发展基金会、浙江省青年企业家协会共同发起设立,通过网络进行爱心众筹,凝聚社会各界力量,为在教育、医疗等方面有困难的青少年提供帮助和服务。"亲青筹"公益平台的建立有助于促进青少年成长成才,维护社会和谐发展,同时,作为共青团深化改革的一个突破口,"亲青筹"也是共青团互联网转型的一个新载体。

微公益作为一种新兴的公益模式,在社会中存在的时间还不够长,在青少年中的影响力还不够深,一些青少年对于微公益的认识还不够全面,这严重影响了青少年参与公益活动的积极性。所以,学校应该积极拓宽公益的宣传途径,加强对微公益活动的宣传。青少年群体由于生活经验不足、价值观还未完全形成,容易受到各种文化思想的冲击和影响,因此教师在青少年思想教育的过程中起着举足轻重的作用。学生是教育过程中的主体,也是微公益活动的参与主体,因此培养学生的公益意识至关重要。青少年学生不仅要热爱学习,也要热爱生活、热心公益,对微公益等新鲜事物保持浓厚的兴趣,积极参加学校组织的各种微公益活动,在参与过程中培养自己的公益意识,提高自身的道德素养。同时,对于教师开展的各种与微公益主题相关的教学工作,学生要认真配合、积极参与,养成良好的道德习惯,在学习微公益相关知识、参与微公益相关活动中潜移默化地接受微公益的影响,提高自身的思想道德水平。青少年正处于学习阶段,校园是青少年的主要活动场所,校园文化对青少年的日常行为习惯会产生深刻的影响,潜移默化地影响青少年的行为方式、生活态度以及价值观念,因此建设充满公益精神的校园文化显得至关重要。无论是外显知识还是内在精神,积极向上、健康优良的校园文化对青少年公益精神的培育和思想道德品质的完善都有正面的导向和激励作用。

第三节 公益行为研究的历史与现状

公益行为的研究始于亲社会行为和利他行为的研究,20世纪60年代,亲社会行为研究在西方逐步兴起,70~80年代出现了大量的研究,也出版了一些经典的亲社会行为研究专著,如巴塔尔的《亲社会行为:理论与研究》、艾森伯格的《亲社会行为的发展》。到了20世纪80年代,我国的亲社会行为研究也逐步展开,周宗奎、张文新、俞国良、桑标、辛自强等学者都在各自的儿童社会性发展专著中报告了亲社会行为方面的研究结果,后来,李丹、寇彧、张庆鹏、迟毓凯等学者更是进行了长期的研究,如寇彧、付艳、张庆鹏(2007)等人曾对青少年亲社会行为展开研究,他们采用焦点群体访谈法,以焦点小组讨论的方式,让青少年报告了他们所认同的亲社会行为。研究发现,青少年报告的1 000多项亲社会行为可大致分为43类。这43类亲社会行为不仅涉及传统意义上的亲社会行为,如助人、安慰、分享、合作、同情、利他等(大约占44%),还涉及协调交往关系、个人特质、维护公众利益和亲情养育等行为(大约占56%)。他们(张庆鹏,寇彧,2006)在另一项研究中发现,青少年认同的亲社会行为主要包括利他性亲社会行为、特质性亲社会行为、关系性亲社会行为以及遵规公益性亲社会行为四大类。利他性亲社会行为是指传统德育中比较重视的一类行为,多数是基于个人付出自我代价的助人行为,最接近利他性亲社会行为原型的是"帮助他人"(如在同学有困难的时候伸出援助之手而不求报答、见义勇为等);特质性亲社会行为是指个体通过提升自我修养或积极的个人品质来达到"亲社会"目的的行为,最接近特质性亲社会行为原型的是"待人忠诚"(如为朋友保守秘密、与人为善等);关系性亲社会行为是指个体通过提升自己与他人之间的关系质量来达到"亲社会"目的的行为,最接近关系性亲社会行为原型的是"增进友谊"(如跟朋友互相倾吐心事、回报他人等);遵规公益性亲社会行为则特指那些维护公共利益、遵守社会规范与公德的行为,最接近遵规公益性亲社会行为原型的是"亲情行为"(如尊敬长辈、孝敬父母、遵守社会规则等)。这些学者都相继出版了有关亲社会行为的专著,特别有影响的如李丹2002年出版的《儿童亲社会行为的发展》、迟毓凯2009年出版的《亲社会行为的启动效应研究——慈善捐助的社会心理学探索》和寇彧、张庆鹏2016年合著的《青少年亲社会行为促进:理论与方法》等。至今亲社会行为研究方兴未艾,仍然是发展心理学和社会心理学领域的热门选题,出现了大量的研究成果,如中国公众的公益观调查报告(黄智宽、郭尧,2017),这些成果都为我们研究青少年公益行为提供了借鉴。

据中国关心下一代工作委员会(简称"关工委")2009年发布的调查数据显示,我国有86%的青少年参加过公益活动,而且在抗震救灾中,青少年表现积极,94.7%的青少年以各种方式支持过救灾活动。时任团中央书记处书记汪鸿雁表示,截至2013年,中国注册青年志愿者已达4 043万,这些来自各种不同领域的志愿者们用他们践行的公益行为,弘扬着"奉献、友爱、互助、进步"的公益精神。青少年志愿者已成为我国现代公益慈善事业的重要组成部分。与青少年高涨的公益热情相比,有关青少年公益行为的研究却相对滞后。

在国内,《当代中国青少年公益认知与行为调查报告》是我国第一份针对青少年的以公益为主题的全国性调查报告,是陆士桢等学者(2009)在全国范围内对我国青少年公益行为展开大规模调查的基础上所撰写的大型调查报告;其其格(2011)继续对青少年公益行为进行调查分析,发现青少年之间参加公益活动的频率十分不同,经常参加的较少,偶尔参加的较多。后来李莉(2012)、任园和徐圣龙(2015)分别就青少年公益活动和都市青少年公益参与行为进行了调查研究,结果发现青少年对公益活动的认识和理解不够深入全面,捐款捐物、文化艺术活动、环境保护是大多数青少年通常理解的公益行为,而社会治安、国际合作等都不在公益行为的外延范围之内;李楠(2015)还就微公益这一新的公益类型对大学生微公益参与现状进行调查;最近,杨琳和张秀英(2018)还结合互联网时代特征对我国微时代互联网+公益现状进行了调查,结果表明65.41%的公众是通过社交网站了解微公益的信息,微信、微博是大多数公众了解微公益信息的重要渠道。

尽管国内外许多学科如社会学、伦理学、政治学和文化学等也都对公益行为展开了研究,但这些研究主要集中在4个方面:①"为什么做",有学者(唐娟,2004)把公益动机归纳为责任或义务论、利己论、利他论、多元动机论等4类,更多的学者(M. Hudson, 1995; Tschirhart, 2001;唐杰,2008;吴江,2008)持多元动机论,认为在公益参与的背后,实际上隐藏着复杂的动机,青少年参加公益没有这么复杂,显然这些公益动机研究不是针对青少年展开的;②"现状如何",美国中学生参与公益活动的形式内容丰富多彩,主体性、趣味性强,参与的积极性和主动性较强(王淑玉,Michelle Zhang, 2012),而在国内,青少年参与公益的方式呈现多样化,并且具有较强的集群性和活动性(陆霓,2011),依靠互联网进行微公益活动已成为了目前青少年参与微公益活动的主要途径(宋爽,2013);③"哪些因素",家庭、学校和大众传播媒介是影响青少年公益的主要因素(宗君,夏建中,2009),其中学校组织公益活动对青少年公益行为的影响最大,中观家庭层面如父母以身作则对青少年是否参加公益活动影响较大,而微观个人层面对青少年公益行为的影响较小(其其格,陆士桢,2011);④"如何培养",在美国,学校肩负着培养公益行为的重任,学校对学生参与公益慈善活动有明确的计入学分规定,学校定期组织学生到社区参加公益慈善活动,美国在高校录取新生时,重视学生参与公益慈善活动的情况并作为重要指标(王淑玉,Michelle Zhang, 2012);国内学者(王淑玉,2012;李莉,2012)主要从国家层面、法律法规、社会资源、学校家庭等多层面来探讨对策,培养青少年的公益慈善意识和公益精神。

不同学科及其学者基于各异的研究旨趣和视角取得了一定的研究成果,但也存在着一些不足和亟待解决的问题。①研究对象以青年初期的大学生为主,很少有关于中小学生公益行为的实证研究,与大学生相比,中小学生的可塑性更大,这个阶段是优秀品质、良好行为习惯和世界观、人生观及价值观形成的重要时期。因此这不仅关系到年轻一代价值观和行为模式的形成,而且深远地关系到未来社会的和谐稳定和公民素质。②研究方法简单,研究技术尚需加强。多数研究为思辨探讨,即使是实证研究,也多采用问卷调查法,研究方法单一且缺乏创新,亟待增加更为高信效度的研究技术和手段,如采用编制的标准化青少年公益行为量表,深入公益行为发生的内部机制展开公益行为的理论与实践研究;而且还需要道德行为的特殊方法如故事法,才能更好地揭示青少年的公益行为特点;作为一个跨学科的新兴领域,也需要从更多学科的角度和方法去探讨。③对策干预还需要加强针对性和可操作性,很多对策都是在理论和政策侧面进行探讨,需要针对目前青少年公益行为的问题以及青少年的身心发展特点来进行,这样才更具有针对性和可操作性。

基于上述问题,本书将从各学科综合的视角,借鉴心理学研究的基本思路和框架,主要通过问卷测量、教育实验、启动实验、故事法等研究方法,对我国青少年公益行为展开系统研究,揭示青少年公益行为的发展特点,深入探索各种因素对青少年公益行为影响的机制,分析公益行为对青少年产生怎样的社会功能,并构建有针对性和可操作性的教育策略。因此本课题的系列研究具有重要的理论意义和实践价值。①在理论上,不仅可以丰富公益行为的理论研究,提高理论深度,而且可以进一步丰富青少年道德行为的研究,还有助于多学科交叉与融合,从而生成更多更广阔的视阈和研究领域。②在实践上,一方面可以为青少年的社会公益实践活动提供参照和指引,另一方面也为传统德育内容注入了新鲜血液,为学校德育工作创新提供新的思路,有利于改善学校德育的实际效果;另外对经济发达地区的青少年公益行为研究还可以为经济不发达地区的公益发展提供经验和教训。

另外,对整个社会和时代来说,对公益行为的研究还有利于促进社会公益事业的发展,在一定程度上缩小贫富差距,缓解社会矛盾,稳定社会秩序,促进和谐社会的构建。因此在新时代从事公益研究,还具有一定的时代意义和紧迫感。

第二章 公益行为的研究取向

公益行为的研究取向是指在公益行为研究领域,不同研究者所持有的基本研究信念、研究视角、研究内容和研究范式的综合体现,各个学科对公益行为或利他行为都有不同的理解,都从不同的角度去揭示公益行为的实质和特征,探索公益行为的发生和发展机制。

第一节 公益行为的各学科研究取向

一、社会学取向

从社会学的视角来看,公益着眼于公众的共同利益,且能够提升大众的整体福利水平,具体表现为社会保障、社会工作、社会福利、社会救济等。法国社会学家奥古斯特·孔德(A. Comte)认为,人都有利他和利己的本性,但在人类生存发展中,需要利用利他行为去克服自身的利己行为,才能更好地解决遇到的问题。英国社会学家赫伯特·斯宾塞(Herbert Spencer)提出了有限的利己主义和合理的利他主义,相信利他和利己两种力量在社会长期持续的发展中是不可缺少并且共同作用的。因此,随着人类文明的发展,无私利他的公益精神将会更好地推动社会的进步。

从研究内容来说,社会学取向主要是从整体上分析公民的公益行为特征,也会从整体上去分析影响公益行为的诸多因素,分析公益行为的动机。比如唐娟(2004)从理论的角度分析了有关公民公益行为的动机,主要有责任论、利己论、利他论、多元论等观点,并从各种争议中发现,无论出自何种动机,公民的公益行为都应该是出于自由意志的行为。陆士桢等学者(2009)在全国范围内对我国青少年公益行为展开大规模调查,揭示了我国当代青少年公益认知和行为的表现与特征,分析了影响青少年公益认知和行为的因素,比较了不同群体青少年参与公益活动的差异,最终撰写出我国第一份针对青少年的以公益为主题的全国性调查报告《当代中国青少年公益认知与行为调查报告》。蒋小民(2011)从个人捐赠水平较低的现状分析入手,从经济因素、社会因素、文化因素、伦理因素和组织因素等角度,深入分析了制约和影响着个人参与慈善捐赠的具体因素,并通过实地调查研究对这些因素加以考证。南方、罗微(2013)从社会学的视角,采用抽样调查的数据,依据社会资本理论,控制了性别、年龄、教育程度、婚姻状况、社区居住时间、生活幸福感、健康状况、家庭经济状况以及社区服务等变量后,考察社会网络和社会信任对个人慈善捐赠行为的影响,得出广泛参与社会活动,社会关系更多的居民,其捐款的优势更高;随着居民社会信任得分(包含信任社区干部、积极参与社区活动和帮助社区里的其他人这3个方面)的增加,其捐款优势也明显提高的结论。

从研究方法来说,公益研究主要侧重理论分析和实地调查。按照江立华和王斌(2016)的归纳,社会学中传统的公益慈善研究方法可划分为两类:一是通过历时性的视角来梳理史料,从中搭建出慈善事业兴衰的历史过程,这一方法可细分为阶段法、流派法、人物法以及组织机构法(周秋光,曾桂林,2006);二是立于共时性的维度、以实证的方式来描述当前的慈善事业现状,进而总结经验、分析问题并探求出路,其方法选择既能是定性的,又可为定量的。此外,公益研究还有"案例分析"和"类型比较"的方法,这是因为"中国的善人以不同的风格、不同的方式在做善事,我们要好好总结出来,将来那些有责任感的企业家会以进入这个资料库为荣,这个叫 case study,我觉得是很重要的。"(杨敏,黄家亮,邵占鹏,2015)

二、政治学取向

政治学是一门以研究政治行为、政治体制以及政治相关领域为主的社会科学学科。现代政治学注重研究政治主体和现实政治问题,如政治制度、国家法律、政治行为、政治决策等。作为政治主体,政府组织参与公益行为的价值出发点是构建和谐社会这一公共利益,它的行为逻辑是发挥社会管理职能、履行社会治理基本义务。其主要参与公益行为的方式就是政策支持和意识形态宣传。因此,政治学取向主要从国家政策和国家意识形态等方面对公益行为作了诠释。

在国家政策方面,目前我国已经颁布了一系列的法律法规来规范公益慈善行为,如《基金会管理办法》(1988年)、《中华人民共和国公益事业捐赠法》(1999年)、《基金会管理条例》(2004年)、《救灾捐赠管理办法》(2008年)、《中华人民共和国慈善法》(2016年)等。研究发现,国家法规、税收政策与公益慈善捐赠行为密切相关(郭家华,刘明,2007;谭韵,2009)。国家慈善法规、税收政策等条文中还明确规定了纳税与公益捐赠行为之间的联系,如《企业所得税法》中规定企业用于公益慈善捐赠部分的费用可以在规定的比例内免税。这类法规通过在税收上实行慈善抵税制度、在财政杠杆上给公益慈善捐助以激励等手段,鼓励和推动了民间的公益慈善热情。研究者(Brooks,2006;蔡继明,2010)认为政府可以通过再分配政策支配收入不平等程度以及制定因势利导的政策而影响慈善行动。

在意识形态方面,国家一直是主导者,因为作为政治工具,国家必须引导整个社会的文化意识形态,否则就会有意识形态所引发的政治风险。国家主导的意识形态会影响行动者的行动(Ma,2006;Cao,2007),因为公民将国家主导的价值观内化后生成公益慈善的内在驱动力。在我国,政府非常重视意识形态的宣传,我国所采取集体动员方式,一直都发挥着强势的召唤作用,如社会主义核心价值观就是一个典型的例子。国家作为社会意识形态的引领者,可以借助媒体、教育等渠道,做道德、规范和价值观体系的全社会灌输,树立榜样,将官方修辞话语内化于民,影响人们的公益慈善捐赠行为。意识形态还包括对社会主义核心价值观的普及和对传统向善文化的推崇及坚持。

另外相关研究还证实,个体的政治参与、党员身份与公益行为密切相关,政治信仰也会影响个体的公益行为。与普通群众相比,中共党员更可能积极投入更多的公益活动,而且表现公益行为的多少也是衡量能否入党的重要依据之一,有些地方还设立了"预备党员50小时义工制",就是要求党员有更多的公益行为。还有研究发现,政治身份与慈善捐赠行为呈正相关关系(Pipes,2002)。正式成为中共党员之后,党组织能够通过内部话语(如为人民服务的宗旨)、规范和不断开展正式或非正式活动,提升其成员,使其具备高于普通公民的社会责任,影响成员为社会积极做贡献。

最后,国家和政府还通过资金和表彰来支持公民的公益行为,对优秀公益践行者给予物质奖励和精神奖励。国家在这方面的举措可以有效地强化公民的公益行为,从而促进整个社会公益氛围的形成。

三、经济学取向

在经济学的理性人假设中,每个人通常都是比较理性的,一般情况下,个体的行为会和自己的利益挂钩,人们追求利益最大化是人们行为的最主要的目的。然而公民的公益行为却是在追求他人的利益,这似乎与这种理性人假设相矛盾。美国经济学家贝克尔(G. Becker)成功地解决了这个矛盾。他首先承认,人们的各种行为都符合经济学中的理性人假设,人的活动目的只有一个,那就是追求效用最大化,然后从经济学上对利他主义予以肯定,认为利他行为是达到效用最大化、避免损失的关键环节。比如在家庭中,利他行为可以提高家庭成员抵御灾变和其他不测事件的能力,分散风险和损失,带来较大的收益。即使自私的家庭成员有时对其他成员也会采取利他行为。威尔逊(E. Wilson)和贝克尔的观点一致,认为亲缘关系中的利他行为可以增强种族生存能力,不至于被淘汰,具有很大的经济价值。贝克尔还指出,利他的范围不仅仅限于亲戚、家庭之中,人类利他行为大量存在。公益慈善活动就没有考虑到受施对象与施惠者的亲缘关系。人类之所以要选择利他行为和公益行为,就是因为公益行为可以在广泛的市场与社会交换中增加信用,减少成本支出,避免欺诈,有助于交易的成功,避免交易双方的损失,从而有可观的经济效益。

因此,经济学家不得不把公益行为也纳入效用最大化的框架(贝克尔,1995)。从经济学取向看来,公益慈善行为也是得到自己的利益目标最大化,公益行为是一种满足于精神需要的特殊产品,可以满足自己的虚荣心,得到更高的名望,或者减少愧疚感,得到相应的精神安慰。

经济学取向对捐赠行为做了较多的研究和解释。在对捐助动机的经济学传统解释中,捐助首先是一种基于对个体成本—收益进行衡量的理性选择,而非道德实践。公益捐助是一种"善良消费"(Steinberg, 1997),给捐助者也带来收益,如"声誉收益"(Harbaugh, 1998a)。在宏观解释上,经济学将慈善公益视为公共物品。这种公共物品总供给的增加,创造出非竞争性、非排他性的收益(Jones, Posnett, 1993)。罗公利、李怀祖(2007)从经济学视角指出个人捐赠是一种集道德、法律和经济于一体的行为,具有自主决策性特征,个人捐赠者符合经济人的特征,捐赠行为给捐赠者带来的效用,包括:①社会影响力的提高;②心理和精神上的满足;③机会主义目的的实现。此外,研究还发现,国家财政的利好政策对于个人慈善的捐赠行为有极大的刺激作用,慈善的个人存款多少和慈善捐赠的多少呈现正比关系。

在对企业捐赠行为的解释中,经济学取向侧重在捐赠行为的经济理性方面,将企业的慈善捐助看作是期待回报的商业投资行为。企业通过慈善捐赠,能够获得更多的物质资源,改善与繁荣企业经济(Navarro, 1988)。这类观点强调,慈善捐赠只是企业的战略营销行为,企业做慈善是给市场一个信息,表明企业自身对未来经济收益抱有足够信心,资本运行良好。通过这样一个市场信号,企业间接地获得了投资者的信任,以确保进一步在市场中获得物质资本,成为其物质资本发展的一个重要保障(Phillips, 2002)。企业慈善行为的回报同样体现于无形资本,企业通过慈善捐赠,实现货币资本向无形资本的转化,以实物资本换得无形的道德声誉地位(Brooks, 2006)。当企业达到一定规模后,多数企业会通过慈善捐赠,将有形的货币资本转化为关系的社会资本、体现企业精神的文化资本、标示企业地位的象征符号资本。通过媒体和自身等的宣传,企业将自身包装成具有社会责任感的社会成员,使其声誉和品牌效应得到进一步提升,在实现资本转化过程中包装、打造企业自身的社会声誉和品牌,进一步推动其经济持续增长(Brooks, 2007)。

另外,经济学取向的研究还注意到企业的规模等属性与企业捐赠行为有关(Brown, 2006)。综合规模大的企业相对于综合规模小的企业来说有更多的实力进行捐赠,所以捐赠力度较高。此外,企业的类型与企业管理权的集中度相关,也会直接影响企业的捐赠决策。另一方面,企业当年的盈利水平决定了企业当年可支配的收入,所以对企业的捐赠行为也有直接影响(葛道顺,2007;李骏,2003;卢汉龙,2002)。

四、伦理学取向

伦理学以道德现象为研究对象,不仅包括道德意识现象(如个人的道德认识和道德情感等),而且包括道德活动现象(如道德行为等)以及道德规范现象等。公益行为作为一种道德现象,必然成为伦理学的研究对象。

伦理学视野中的公益行为是一种崇高的利他精神和高尚的利他品德,不允许有丝毫的利己色彩掺杂其中,以免玷污了道德的纯粹,认为只有无私利他才是善的、道德的,而只要目的利己便是恶的、不道德的。这样,无私利他便成为评价社会成员一切伦理行为的唯一标准。伦理学把社会公益行为的开展看成是整个社会道德水平的提高,人性的张扬与人们精神素质的升华。

伦理学取向非常看重公益行为的伦理蕴涵和价值诉求,分析发现,社会公益行为的伦理意蕴包括其道德信仰与责任,向善避恶心理以及道德的社会历史性;社会公益行为的伦理价值诉求是以爱与被爱为前提,互尊互助为原则,以追求幸福为目的,以人类和谐为目标(李占霞,2009)。

在对公益行为相近的利他行为进行研究时,Eisenberg 和 Mussen(1996)提出利他行为是指行为者帮助他人或为他人利益而做事的目的并不是期望得到表扬和利益,也不是为了避免受到批评和惩罚,而是不期望得到任何回报而自觉自愿地去帮助他人的一种行为。安德伍德(Underwood)和摩尔(Moore)认为,利他行为是对其他人有利多过对于自己的行为。巴-塔尔(Bar-Tal)和雷费(Raviv)把利他行为定义为不期望外在他人的奖赏,而是一种高水平的、自觉自愿的帮助,也是道德公正信念的结果。霍夫曼(Hoffman,1981)认为,利他行为是行为者未有意识地关心自己的个人利益,而去促进他人幸福的一种帮助和分享行为。

公益伦理是伦理学研究公益时经常提及的概念。公益伦理是指在公益活动中调节公益行为主体和客体各方面关系的道德原则和规范的总和,它是公益活动中各种道德意识、道德行为、道德心理的综合体现。《中华人民共和国公益事业捐赠法》规定"救助灾害、救助贫困、扶助残疾人等困难的社会群体和个人的活动"是公益活动的首要范围。由于公益事业产生和存在的最基本的依据是社会弱者或弱势群体的存在,对社会弱者的无偿救助是公益行为道德性的最集中体现,所以社会弱势群体是公益行为的主要客体。

道德责任是伦理学的基本范畴,因此伦理学取向非常重视公益伦理领域道德权利的主体责任,对公益行为来说,不仅有公益行为主体,还要有公益行为客体。公益行为主体拥有自由选择权、知情权、获得回报权、澄清自我为主要内容的获得理解权等若干道德权利(于馥颖,2016)。公益行为主要客体即社会弱势群体应该享有的"过上合乎人类尊严的生活"的权利、私域权和"自由选择权"以及"参与推动及享受社会发展"的基本道德权利(张韧韧,2014)。大力保障公益行为主体和客体的道德权利,不仅有利于公益事业持续健康发展,还能够促进集体善和社会道德共识即促进社会知恩图报、公正、宽容和信任等伦理原则、伦理精神的成长。

即使是英国经济学家亚当·斯密也认为人是有同情心的,人类可以凭借想象力将自己置身于当事人所处的位置,产生与当事人相似的情感反应,从这点上说,当公益者在帮助别人的时候,他其实是设身处地地考虑了对方的处境,并把自己代入,他会在别人得到快乐的同时自己也感受到快乐，他道德行为的目的是为了让他人得到幸福和快乐，他把实现自身的社会价值而得到的心理满足视为幸福，这就是他们对道德目的的追求。

五、生物学取向

生物学取向首先把公益行为看作是种族的本能。著名奥地利动物学家洛伦茨(K. Lorenz)通过观察发现动物也有友好合作的客观表现，动物也会出现求和而避免双方损失等行为，比如在脊椎动物的争战中，激烈的竞争中不伤到较弱者，鸽子、鹦鹉也希望自己是喂养者而不是被喂养者，这充分显示了动物的无私。人类在继承动物相互合作方面发扬光大，用社会标准和一整套仪式系统来强化道德力量，迫使自身执行对团体有益的无私行为。

即使是把公益行为看成是社会行为，生物学取向还会用生物学的观点来研究这种社会行为，当代美国学者威尔逊(E. Wilson)认为，当一个个体以牺牲自己的适应性来增加、促进和提高另一个个体的适应性时，那就是利他主义行为。当一个个体为另一个完全陌生的个体作出克己的牺牲时，就是彻底的利他主义行为，是"高尚"的公益行为。

生物学取向的研究者还尝试利用先进技术探索亲社会行为(包括公益行为)的产生机制，相继提出了亲社会行为的生物情感理论和脑机制模型。生物情感理论认为，生物具有先天的亲社会情感，如共情反应是个体在注意到他人的情绪状态时自动激活了自身对这种情绪的表征，因而体验共情的倾向能够促使个体表现出助人等亲社会行为(Preston, 2007)。有研究发现在婴儿出生后的第一年，个体就能对他人的痛苦表现出共情似的反应(Brownell, 2013; Roth-Hanania, Davidov, Zahn-Waxler, 2011)；在婴儿出生后的第二年，个体就能表现出安慰、分享、帮助等亲社会行为，并且这些行为不是为了奖赏、回报等利益(Warneken, Tomasello, 2009)。这些研究间接证明了亲社会行为有可能是通过遗传获得的，是先天的。脑机制模型解释了合作的产生机制，研究发现，认知控制系统和社会认知系统通过调节奖赏系统来影响合作决策；而外部诱因和信任等情境因素则是通过认知系统和社会认知系统影响由奖赏系统产生的合作意愿；社会认知活动会影响亲社会行为表现(丁芳，郭勇，2010)。这两个理论共同的假设是，个体的亲社会表现不是反射性的，而是基于躯体、情感或动机状态，即个体的亲社会表现具有一定的生物基础，如基因、神经基础等。

生物学取向还会利用功能磁共振成像(fMRI)技术去试图探寻人类公益捐赠行为的神经基础(Moll 等，2006)。研究者发现，当人们匿名捐赠时，中脑的腹侧被盖区、背纹体和腹侧纹体都会被激活，而这些区域正是人在获得金钱奖赏时被激活的脑区，即所谓的中脑边缘奖赏系统。这说明对于人类来说，捐赠与自己获得金钱都是一种奖赏或满足，它们在脑区结构中分享着相同的奖赏系统，且因为这一区域是当被试在匿名捐赠情况下被激活的，即人们会由于捐赠这一举动本身而获得内在满足(不因他人的看法)，所以这一发现与捐赠行为的"光热"效应假说相一致。

六、宗教学取向

从第一章第一节公益行为的思想渊源里,我们发现,无论是佛教、道教,还是基督教,很多宗教都蕴含着丰富的公益思想。实际上,很多宗教人士都是公益活动的积极参与者,在很多方面都表现出了公益行为;很多宗教场所也都属于民间非营利组织(NPO),都是成立公益慈善的重要场所。因此,公益行为的宗教学取向侧重于从宗教教义、宗教信徒、宗教组织和宗教场所等方面来探讨公益行为,来寻求与公益慈善的关系。

首先,宗教教义对慈善行为有着积极的作用。在宗教教义对于道德伦理的阐释中,"爱"作为核心概念,积极鼓励人将信仰转化为实践,将"财富""爱"与"奉献"这一具体行为联系在一起,影响信仰者的日常生活方式,使之形成"慈善的习惯"。虽然不同的宗教教义、宗教文化和规定对公益慈善的看法存在不同的话语(Cohen,2005),但是各种宗教都基于自己教义和话语,阐发积善行善的公益思想,兴办救人济世的慈善事业。佛教文化是中国慈善事业劝善话语的重要组成部分,其中"慈悲观念""因缘业报说""积大功德"及"慈善业功"等慈善理念都让信徒劝善化俗;道教则通过"赏善罚恶,善恶报应""积善余庆,积恶余殃"等思想影响信徒。其次,宗教信徒是公益行为的主体,研究发现,信仰者越虔诚,教义对其行为约束效果越明显,对人们从事慈善捐赠的激励作用也更直接(赵乐,2008)。再次,宗教组织是公益慈善捐助的直接载体,构成宗教关怀社会的重要渠道(Wuthnow,2005)。宗教信徒对宗教组织和宗教慈善团体这一实体形式的捐赠比世俗论者多。最后,宗教活动场所在社会慈善公益上发挥了重要作用,朱家成(2017)分析了宗教场所慈善行为的影响因素,结果表明场所宗教差异与场所社会捐赠收入比对其慈善行为有重要影响。在此基础上提出场所慈善行为的实践逻辑,即"场所对社会捐赠依赖越大—策划慈善行为越多—场所社会声誉上升—未来获得更多社会收入",场所的收入来源越是依赖社会捐赠,则其越需要慈善行为来扩大其社会声誉,从而在未来获得更多社会捐赠收入。

关于公益行为的动力问题,从宗教的视角来看,信仰和价值才是公益慈善捐助的驱动力(Wilson,2003),表现为有信仰者比无信仰者更乐于参与慈善与志愿者活动,以及慈善捐助的程度随着信仰差异变化。

在企业层面,宗教如何影响公益慈善行为呢?研究发现,宗教通过影响企业主精神和价值观,而进一步影响企业的公益慈善捐助,它通过形成企业内部独特的企业精神和企业文化而使企业做出慈善捐赠的决策(Brown,2006)。可见,宗教解释不论在个体层面,还是在企业组织层面,都把宗教看成是一种规范性的力量,或通过个体的伦理道德,或通过企业精神和责任,促使企业主慈善行为的达成。

七、心理学取向

心理学是研究心理和行为的科学,一般来说,心理学是从行为的发生和发展的角度去探讨行为,行为的发生涉及行为的动机和行为的引发;行为的发展则关系到行为的发展阶段和影响因素,以及行为的形成和干预。

从研究内容上来说,目前心理学领域对公益行为的研究相对较少,主要集中在公益行为的动机、公益行为的引发和公益行为的影响因素等3个方面。第一个方面是关于人们"为什么做公益"的问题,其他学科也会探讨公益行为的动机问题,相比而言,心理学往往更能深入揭示潜藏在公益行为之下的内部动机,不仅从生理需要和内驱力的角度去探讨公益行为的外显动机,还从社会需要和潜意识动机的角度去挖掘公益行为的内隐动机。第二个方面是关于"公益行为如何引发"的问题,一般来说,心理学研究又从人格和情境两个角度以及两者的相互作用去探讨社会行为的启动(Smeester 等,2003)。首先,人格因素是公益行为的重要预测变量,这里面又包括认知因素、情感因素和个性因素,因为一个人如何认知自己、思考自己,如何看待自己和别人的关系,如何解释他人的社会行为,能否意识到他人的需要等,这些因素都会对人的公益行为产生影响。其次,情境因素是公益行为的重要预测变量,情境因素既包括客观的社会情境,也包括个体如何认知、体验这一情境等对情境的主观知觉,都是引发公益行为的重要因素。再次,人格因素与情境因素的相互作用也会对公益行为产生影响,不同人格特质的个体之于不同的情境中,其效果并不一致。迟毓凯(2009)就做了关于人格特质与情境启动是如何通过相互作用而对亲社会行为产生影响的实验研究。在此基础上,心理学专家还会进一步探讨公益行为的影响因素,即第三个方面,也就是"哪些因素会影响公益行为?"的问题。对于这个问题,研究者发现,个人层面对青少年公益行为的影响较小(其其格,陆士桢,2011),家庭、学校和大众传播媒介则是影响青少年公益的主要因素(宗君,夏建中,2009),其中学校组织公益活动对青少年公益行为的影响最大,父母以身作则对青少年是否参加公益活动影响较大。

另外,心理学有个杀手锏就是深入探求公益行为的心理机制问题。Bekkers 和 Wiepking(2011)曾总结以往关于研究公益捐赠行为的心理机制,发现公益捐赠行为有最重要的8种心理机制,分别是:①认识到必要性(awareness of need),即给予他人帮助的意识;②劝募(solicitation),即被说服募捐;③成本与收益(costs and benefits);④利他主义(altruism);⑤声誉(reputation);⑥心理获益(psychological benefits),即捐赠行为之后所获得的心灵喜悦及道德提升感;⑦价值观(values),即具有重视履行社会责任、亲社会价值观、利他主义等;⑧效用(efficacy),即慈善捐赠对他人和社会产生的作用。

从研究方法来看,心理学研究取向经常采用测量法和实验法来展开对公益行为的研究。国外圣地亚哥(SanDiego)大学的研究者(1984)用情境实验证明了"上门募捐活动(Door-to-door campaign)""即使只捐一分钱(Even 3 penny will help)"等社会心理学策略有促进捐赠的效果。魏勇刚等人(2008)采用典型的心理学实验法,研究"主观价值判断对学前儿童捐赠行为的影响";杜雪等(2011)利用 fMRI 技术研究了创伤后应激障碍(PTSD)人群的捐赠行为和捐赠的脑神经机制;定险峰和易晓明(2011)研究了群体灾难这一社会情境下的捐赠行为,探索人格特质、情景强度、捐赠关系和共情这些因素对捐赠行为的影响;谢晔和周军(2012)采用实验法探讨了不同决策框架下不同类型即时情绪对个人捐赠行为的影响等。谢晔(2013)还进一步通过情景实验具体考察利他人格以及情境因素对于个体捐赠决策的影响,结果证明他人导向的认知和情感趋向、观点采择(即理解他人的认知观点或情感情境)、社会责任以及责任归属等利他因素与慈善组织的有效性、其他捐赠者的捐赠水平等情景因素均与捐赠态度和捐赠水平呈正相关,并证明了高利他者的捐赠决策对慈善组织的有效性更加敏感,低利他者对其他捐赠者的捐赠水平更敏感。

总之,不同学科的研究者从各自的视角关注公益行为。而心理学界重在探索公益行为的动机、影响因素和作用机制等,并用实证研究的结果为其他学科领域提供有力的支持。我们将在下一节继续探讨心理学分支学科对公益行为的研究。

第二节 公益行为的心理学研究取向

心理学有很多分支学科,各个分支学科也都有各自的研究侧重点,在对公益行为或者利他行为、亲社会行为的心理学研究中,可以归纳为人格与心理测量学取向、社会与实验心理学取向、发展与教育心理学取向 3 种取向,分别介绍如下。

一、人格与心理测量学取向

人格心理学可简单理解为研究一个人所特有的行为模式的心理学分支学科。人格心理学在描述一个人在各种情境下的行为表现时,经常采用人格特质这个概念,人格特质就是在不同的时间与不同的情境中保持相对一致的行为方式的一种倾向。在公益行为的研究中,人格心理学创造出利他人格、亲社会人格和公益心来解释人们的公益行为及其差异。

利他人格的确可以解释现实生活中那些需要付出代价的助人行为上所存在的个体差异。人格心理学家认为正是由于存在利他人格这样一种个体差异变量,在面临他人的求助时,一些人才会毫不犹豫地伸出援手,热情帮助,而另一些人则袖手旁观,漠然视之;也正是由于这种稳定的人格特质,年幼时乐于与人分享的孩子,成年后才会慷慨大方,富于同情心。利他人格的提出是在 20 世纪 80 年代,Oliner 等人对"二战"期间曾营救犹太人的援助者进行的一项回溯性研究发现,援助者身上存在着一系列不同于非援助者的人格特质,这些特质结合起来构成了利他人格这一更宽泛、更具概括性的人格概念。利他人格是指考虑他人福祉、关心他人、在行动上处处为他人着想的持久倾向(Penner, Finkelstein, 1998),也是慷慨、助人、仁慈等人格特质的组合(Rushton等,1981)。近年来,利他人格这一概念得到越来越多研究者的认可和关注,一方面是因为找到了救援者与非救援者之间人格差异的证据,也就是说,那些付出巨大代价帮助他人的个体与不肯救助他人的个体相比确实拥有不同的人格(钟华,郭永玉,2008);另一方面是因为利他行为有跨时间的稳定性和跨情境的一致性,比如研究发现,利他倾向作为一种个体差异变量在童年早期就已经出现,并在15年之后仍保持稳定(Batson, Powell, 2003)。关于利他人格的内在结构,有研究者通过对乐于帮助他人者和不提供帮助者的人格特质的比较,确定了这两类人的人格差异,指出利他人格是一系列与强化或妨碍亲社会反应有关的人格特质的组合体,主要包括同感能力、同情、称许需要、人际信任、社交性、亲社会图式、情绪稳定性、公平信念、社会责任、内控、低自我中心、发展关注、自主性、低马基亚维利主义等(巴伦,伯恩,2003)。

亲社会人格或亲社会行为倾向也可以用来解释表现出亲社会行为的个体所具有的内在特征及其差异。为了探索亲社会人格的内在结构,倪霞玲和寇彧(2007)收集亲社会人格的形容词编成问卷,并借助探索性因素分析和验证性因素分析的方法,研究发现,亲社会人格的结构包括利他人格、内敏人格和社交人格3种成分。其中利他人格包括诚信、正义感、宽容性、随和、利他和自律性等特质;内效人格包括勤奋、情绪性和低调等特质;社交人格包括开放性和乐观性两个特质。

为了更好地解释青少年的公益行为,我们采用公益心这个概念,并从人格心理学的角度对公益心进行界定,把公益心理解为个体在公益行为中所具有的比较稳定的人格特征。这个角度的界定有助于我们探寻公益心的结构和基本特征,从而进一步研究公益行为。

人格心理学在提出利他人格、亲社会行为倾向和公益心的概念之后,都会采用心理测量学的技术和方法来编制问卷,用于测量这些人格概念。如汤舒俊等人(2015)编制了《利他人格自陈量表》;较有影响的亲社会行为倾向问卷有Carlo等人的《亲社会行为评定量表》、马庆强编制的《青少年行为问卷》(张璐斐等,2002)和寇彧等人修订的《亲社会倾向测量》(PTM)(寇彧等,2007)。《亲社会倾向测量》是由6个维度共23个项目构成的5点量表,分别测试公开的、匿名的、利他的、依从的、情绪性的和紧急性的6类亲社会倾向。我们编制的《青少年公益心问卷》详见第五章第二节,在本节我们介绍自编的《青少年公益行为量表》。

1. 研究方法

1.1 研究对象

采用简单随机整群抽样的方法,选取浙江、陕西、湖南、山东、山西、江西等省6所中学480名中学生为被试,回收有效问卷436份。其中初一77人、初二83人、初三69人、高一75人、高二79人、高三53人;男生164人,女生272人,详见表2-1。

表2-1 正式调查被试基本情况一览表

基本信息	类别	预调查	占比(%)	合计
性别	男	164	37.6	—
	女	272	62.4	—
独生与否	是	156	35.7	—
	否	280	64.3	—
家庭所在地	城镇	295	67.7	—
	农村	141	32.3	—
年级	初一	77	17.6	—
	初二	83	19.0	—
	初三	69	15.8	—
	高一	75	17.2	—
	高二	79	18.1	—
	高三	53	12.2	—
合计	—	—	—	436

1.2 研究工具

根据建构的青少年公益行为结构维度,结合开放式问卷收集的青少年公益行为的特征、类型以及参与动机资料,对建构的4个维度分别编制9～13个能够体现该维度本质的陈述句,对各个维度编制的陈述句进行汇总和整理,共得到43个题项。其中道德性维度包含13个题项、报偿性维度包含11个题项、情境性维度包含10个题项、盲目性维度包含9个题项。以此形成青少年公益行为初始问卷,量表采用5级计分,要求被试根据自己对"公益行为"的理解,或者根据自己参与公益活动的实际情况对这些描述公益行为的陈述句的符合程度进行评价,从"完全不符合"到"完全符合",分别计1～5分。

2. 研究结果

2.1 青少年公益行为结构维度项目区分度分析

区分度(item discrimination)也称为鉴别力,是测量学中的专有名词,作为衡量题目质量的主要指标之一,它是指测验项目对被试的心理特性的区分能力,是在编制测验时筛选题目的依据。

本研究主要从以下两个指标考察青少年公益行为各维度及题项之间的区分度。①临界值比较检验,对被试在每个项目上的得分进行汇总,并进行降序排列,按照高低27%的比例进行分组,对高分组和低分组进行独立样本t检验;②题总相关系数,考察每个题项与量表总分的相关,详见表2-2。

表 2-2 青少年公益行为测评项目区分度分析汇总表

分量表	题目编号	高低组的 t 检验	题目与各分量表的相关
道德性	A1	12.452**	0.678**
	A9	13.621**	0.720**
	A14	16.142**	0.752**
	A16	15.355**	0.602**
	A18	12.147**	0.636**
	A20	12.769**	0.611**
	A22	14.900**	0.680**
	A24	15.254**	0.702*
报偿性	A2	4.362**	0.652**
	A5	6.524**	0.500**
	A10	10.725**	0.635**
	A12	8.326**	0.678**
	A19	7.691**	0.685**
	A23	5.710**	0.598**
	A25	4.238**	0.422**
情境性	A3	3.154**	0.503**
	A7	−6.457**	0.502**
	A11	−4.225**	0.654**
	A13	9.758**	0.485**
	A15	10.355**	0.503**
	A17	5.648**	0.554**
	A26	8.975**	0.558**
盲目性	A4	3.694**	0.621**
	A6	−3.663**	0.689**
	A8	−3.120**	0.481**
	A21	−3.564**	0.589**
	A27	−1.233**	0.658**

注：**表示 $p<0.01$。

临界值比较检验结果显示,青少年公益行为各维度高低组均达到显著($p<0.01$)。题项与各测评维度的相关均达到显著($p<0.01$),且相关系数介于 0.422~0.752,表明该

测验质量良好。

2.2 青少年公益行为量表的信度检验

为了检验量表的可靠性,本研究采用3种方法来检验共信度。①同质信度、即内部一致性α系数(Cronbach α),②分半信度(Spearman-Brown)和③重测信度。各指标系数见表2-3。

表2-3 青少年公益行为量表信度

测评维度	同质信度	分半信度	重测信度
道德性	0.825	0.800	0.831
情境性	0.781	0.725	0.772
报偿性	0.709	0.698	0.701
盲目性	0.674	0.712	0.726
公益行为总	0.829	0.785	0.836

结果显示,青少年公益行为总量表的内部一致性系数为0.829,4个维度的同质信度0.674～0.825,分半信度0.698～0.800,八周重测信度0.700～0.831。除了盲目性维度的同质信度和报偿性维度的分半信度在0.700以下,各维度其他3种指标系数都在0.700以上,基本达到了测量学的要求,表明此量表具有良好的信度。

2.3 青少年公益行为量表的效度检验

效度(validity)即有效性,通俗讲就是编制的测量工具在多大程度上能准确测得所要测的目标。效度是评价量表准确性的重要指标之一。

内容效度(content validity)又称逻辑效度(logical validity),是指项目对欲测的内容或行为范围取样的适当程度,即测量内容的适当性和相符性。一个测验要有良好的内容效度必须具备两个条件:首先要有定义完好的内容范围,即一个明确具体而有限的题目总体,也可以是具体的知识和技能,也可以是复杂的行为;其次是测验项目应该是已界定的内容范围的代表性样本。如果把所有的内容视为一个总体,那么测验项目可以视为一个样本,这个样本要具有代表性,这个样本能够代表总体的程度就是内容效度,在正式编制测验时,要做到这一点非常不容易。内容效度主要通过同行专家的审阅、修订和规范等来保证,本研究请教了2名心理学专业老师和3名同级心理学专业研究生就问卷条目与所在维度的关联性进行了判断和考量,从同行专家评价的视角来看,青少年公益行为量表具有较高的内容效度。本研究基于青少年公益行为相关论述确定了公益行为的操作性界定,通过开放式问卷收集资料,力求涵盖青少年公益行为研究的主要方面,并邀请了同行专家对开放式问卷的设计及研究主体方向进行了分析和修订,尽量让青少年公益行为各测评维度的项目表述简明扼要,通俗易懂,且能准确表达各维度的内容,适合青少年阶段的个体理解,以上步骤基本上保证了青少年公益行为量表具有较好的内容效度。

构想效度(construct validity)由克龙巴赫和米尔于1955年提出,也称结构效度、构念效度或建构效度,是一种严谨的效度检验方法。构想效度需要以理论的逻辑分析为基础,反映问卷是否能够测量到某一理论构思或心理品质,需要根据实际的数据和资料来进行检验和验证,本研究主要采用验证性因素分析和相关分析来进行验证。经过项目分析和探索性因素分析得到青少年公益行为四因素测评维度,此维度模型是否合理,还需进一步进行验证,由于验证性因素分析已进行验证,结果显示,青少年公益行为各指标均达到测量学的要求,显示出青少年公益行为量表具有良好的构想效度,这里不再赘述。

相关分析(correlation analysis)是研究现象之间是否存在某种依存关系,并对具体有依存关系的现象探讨其相关方向以及相关程度,是研究随机变量之间的相关关系的一种统计方法。测量学理论中,如果各维度之间相关太高,可能导致各维度出现彼此重合,界定不清晰的现象;如果各维度之间相关太低,可能意味着维度与想要测量的内容并不相同。Tucker和Lewis认为,一个良好的量表各维度之间的相关最好在0.10~0.60,各维度与总量表的相关最好在0.3~0.8。本研究相关分析结果显示,青少年公益行为各维度之间的相关在0.445~0.561之间,各维度与总量表的相关在0.592~0.802之间,这些指标反映出青少年公益行为四因素结构模型具有良好的构想效度,详见表2-4。

表2-4 青少年公益行为各测评维度及与总量表的相关矩阵(r)

	道德性	情境性	报偿性	盲目性	公益行为总量表
道德性	1				
情境性	0.445**	1			
报偿性	0.475**	0.561**	1		
盲目性	−0.456**	0.560**	0.419**	1	
公益行为总量表	0.592**	0.802**	0.866**	0.639**	1

注:**表示$p<0.01$。

效标关联效度又称实证效度(empirical validity)、预测效度(predictive validity),是指测评结果与某种标准结果的一致性程度。效标是用来衡量测评有效性的参照标准,需要与所要测的心理品质或特质相关,一般我们会选取经典或者权威的量表或者量表中的某个维度。效标关联效度主要通过计算各维度得分与效标得分之间的相关来衡量,主要用相关系数表征,相关系数越高表明模型的效标关联效度越高,相关系数越低则表明模型的效标关联效度越低。本研究采用的是与公益行为相关的由Carlo编制的《亲社会行为倾向量表》(PTM)来验证量表的效标关联效度。青少年公益行为各维度与亲社会倾向总量表的相关分析结果显示,青少年公益行为各维度与青少年亲社会行为之间的相关均达到显著性水平($p<0.01$),公益行为总分与亲社会行为总量表之间的相关也达到显著性

水平($r=0.632$, $p<0.01$),表明公益行为对青少年亲社会行为倾向具有一定的预测作用,详见表2-5。

表2-5 青少年公益行为与亲社会行为的相关矩阵(r)

青少年公益行为量表	道德性	情境性	报偿性	盲目性	公益行为总量表
青少年亲社会行为总量表	0.814**	0.533**	−0.592**	−0.517**	0.632**

注：**表示$p<0.01$。

3. 讨论

3.1 青少年公益行为量表编制与构成

本研究在整理和查阅相关文献研究基础上,结合开放式问卷调查和自己的研究旨趣,对青少年公益行为结构进行了探索,以构建和探索青少年公益行为结构为切入点,使用预测问卷展开大样本调查,以此来验证我们初次构建的公益行为四因素模型,即道德性、报偿性、情境性、盲目性,进而形成青少年公益行为正式调查量表。在整个研究过程中,无论是在初始维度建构,还是在维度的探索和验证过程,我们都严格遵循心理测量学的要求和标准,遵循问卷编制的一般流程,遵循数据统计方法的规则。在初测项目的建立过程中,《青少年交换行为量表》《亲社会行为量表》以及《亲社会倾向测量》等量表和相关的结构理论对本研究的构思和设计有积极的启发、提示以及引导作用,各个维度的题目也是经过心理学相关专家的鉴定和修改,以确保每道题目能反映该维度真实的特征,对探索出的维度进行命名的过程中,我们尽可能使每一个因素能够全面地涵盖所有题项的意义,这就为后期正式量表的信效度检验提供了更好的可能性。

研究经过项目分析、探索性因素分析及验证性因素分析等统计方法,最终得到了青少年公益行为的四因素结构模型。第一个维度是道德性,由8个项目组成,道德特质或者道德意识在促发行为发生过程中占有很大的比例,受主体的道德意识、无私奉献意识、责任意识、集体意识、仁爱思想等驱使促发这类行为。在道德特质或道德意识驱动下这类行为是青少年公益行为中最为核心的因素,这也是当代青少年道德教育中必须强调和践行的。第二个维度是报偿性,由7个项目组成,由报偿观念促发的此类行为并非是最纯粹的奉献,主要受主体的回报意识、互利意识、报偿意识的影响。第三个维度是情境性,由7个项目组成,在情境条件或者外部环境驱动下做出的这类行为并非由行为主体自觉自愿发出,而是在外部力量的临时鼓动或影响下,或者在一些紧急关头,抑或是觉得对方可怜一时而为之。第四个维度是盲目性,由5个项目组成,主体意识缺乏和盲目观念驱动下的这类行为,是在外部力量或明或暗的强制和逼迫之下发生的,如家长、学校、群体的动员,个体无法拒绝不得已而为之,但内心对这种性质的行为并不认同,完全是被动性的行为。这类型为也是在当代青少年公益行为发展中最不愿意看到的,但其存在的意义巨大,这也给未来的道德素质教育一些启示,道德教育任重而道远,我们需要不断完善和推进。

3.2 青少年公益行为量表的信度和效度

任何一种测评工具如果没有对其信效度进行检验,那么用它得来的任何结果都是经不起推敲的,其使用的可靠性、稳定性和延伸性会得到很大的限制。如前所述,本研究采用同质信度、分半信度和重测信度3种方法来检验其信度。结果显示,青少年公益行为总量表的同质信度为0.829,四个维度的同质信度在0.674~0.825,分半信度在0.698~0.800,八周重测信度在0.700~0.831。除盲目性维度的同质信度和报偿性维度的分半信度在0.700以下,各维度其他3种指标系数都在0.700以上,基本达到了测量学的要求。

有了良好的信度,如果没有测得真正想要测量的东西,无疑是半途而废,做了无用功。效度是评价量表准确性的重要指标之一,如果测量的结果与所要考察的内容越吻合,则效度越高。研究主要从两种测量指标来反映此量表的效度,即内部效度和外部效度。内部效度通常是指研究的有效性、真实性和准确性,其包括内容效度和构想效度。内容效度主要是邀请同行专家进行审阅、修订和规范等来保证,本研究请教了2名心理学专业老师和3名同级心理学专业研究生就问卷条目与所在维度的关联性进行了判断和考量,从同行专家评价的视角来看,青少年公益行为量表具有较高的内容效度。构想效度主要基于验证性因素分析的结果和相关分析结果来考量,3类主要指标分析结果显示,此结构模型拟合较好。相关分析结果也表明青少年公益行为量表具有良好的构想效度。外部效度的考察主要是对研究推论的正确性进行衡量,可通过效标关联效度进行判断,研究通过与亲社会行为进行效标关联分析,结果显示青少年公益行为维度与青少年亲社会行为之间、公益行为量表总分与亲社会行为总量表之间相关均达到显著性水平,这也间接的证明此模型具有较好的构想效度。

4. 小结

本研究采用项目分析、验证性因素分析以及信效度检验等,对构建和探索出的青少年公益行为量表进行了检验和验证,可得出以下结论:①青少年公益行为量表由四个因子构成,即道德性、情境性、报偿性、盲目性,共27个项目;②公益行为正式调查量表基本达到的心理测量学的标准,其具有较好的信效度,能真实反映其所要测量的行为或者心理特征,是可以应用于后续的相关研究的。

二、社会与实验心理学取向

社会心理学是研究个体和群体的社会心理现象的心理学分支。在社会心理学中,亲社会行为是一个重要的研究主题。与人格心理学侧重从人格的角度考察亲社会行为不同,社会心理学侧重从情境的角度去考察亲社会行为,或者从人格和情境因素的交互作用去考察社会行为。公益行为作为亲社会行为的一种,其研究范式和模式同样可以延伸到公益行为研究中。我们认为,和其他社会行为一样,公益行为也是人格和情境因素互动的结果,换句话说,公益行为是人格和情境的函数。在社会心理学中,亲社会行为可以根据发生的情境划分为紧急情况下的亲社会行为和非紧急情况下的亲社会行为(迟毓凯,2009),研究发现,紧急情况下和非紧急情况下,人们的助人行为是不一样的。

从方法来说,社会心理学主要采用实验的方法来研究亲社会行为,有相当多的实验都是实验室实验和现场实验。如何设置更好的实验情境对亲社会行为进行研究,一直以来都是社会心理学家们关注的焦点。因为亲社会行为常常与社会道德紧密相关,如果实验的情境设置太过明显,让被试看出研究者的真正目的,那么,被试常常会顺应研究者的需要来反应。如果实验情境的设置满足了隐蔽真实目的的要求,但又偏离真实生活情境太远,那么得出来的结论又缺乏外部效度,因为在这样的情境设置内,被试的反应不能说明真实生活中的表现,则发现的规律也不一定符合生活的实际。社会心理学家们为此设计了一系列实验,有些情境是紧急任务,有些情境不包含紧急任务,按照实验情境是否紧急的标准,这些设计大致可以分为以下两类。

(1) 紧急助人情境设计。

紧急助人情境设计的思想从最初的亲社会行为实验就开始了,20世纪60年代,为了寻找人们在危急时刻袖手旁观的原因所在,社会心理学家拉坦和达利开始了一系列的实验研究,不仅拉开了社会心理学对旁观者冷漠效应研究的序幕,也开创了社会心理学对亲社会行为的实验研究,成为亲社会行为的研究经典之作。这些实验均设计了与真实突发事件相似的场景,以便观察和记录旁观者的行为。

最初的一个实验是癫痫发作情境设计,实验者先告诉那些来参加实验的大学生,想了解一些个人问题;实验中他们只能听见他人的声音,而看不到他人的表现。每次只允许一名学生发言,然后轮到下一位,实验期间会安排一个说自己有癫痫病史的人发言(其实是研究者事先安排好的录音),对于被试而言,这显然是一次突发事件,这名突然发病的学生需要立刻得到帮助,看在不同的被试安排中,即看二人组、三人组和六人组里的被试,哪一个更可能去对突然发病的人实施帮助。后来,拉坦和达利(1968)修改了紧急突发情境,采用冒烟事件情境设计,在他们的实验中,大学生自愿来参加一项"讨论在城市大学生中的一些生活问题"的访谈。但在接受访谈之前被试被安排在一个房间里等候,并要求他们填写一份预备问卷。几分钟后,等候的房间事先准备的"烟"开始冒出来,这些烟是一种特殊的化学混合物,对被试不造成任何危险。很快"烟"变得越来越浓,以至房间内的一切都开始变得模糊。主试从开始冒烟计时,看被试会过多长时间才把冒烟的情况报告给主试。紧接着,Staub(1970)也设计了紧急事件情境,这个设计以小学儿童为研究对象,让他们在实验室进行一种复杂的游戏,并告诉他们隔壁房间有儿童也在做这种游戏。实验不久,隔壁传来一阵儿童的哭声并伴随"我的手指头受伤了!疼啊!"看在这种紧急情境下,两组儿童跑去隔壁帮助受伤者的比例会不会有差异。

在紧急情境设计中,大部分场景都会出现紧急情况,诸如突然生病、突然失火、突然受伤等,这些都属于需要立刻得到帮助的情境,然后观察被试能否出手相助。在紧急情境设计中,研究者为了考察出被试的真实反应,在被试参加实验的时候,研究者对实验的真实目的进行隐瞒。对于亲社会行为研究而言,这是经常不得已而必须如此的办法。但是,欺瞒手段的采用不符合伦理原则,为了确保被试的尊严,研究者在采用欺瞒手段的研究中,在实验结束之后必须对被试进行事后解释,在研究完成之后,对被试进行关于实验真正目的的说明,尽量消除由于欺瞒给被试心理带来的不良影响。而且有趣的是,对大多数参加了欺瞒实验的被试而言,他们的感觉是,与那些没有欺瞒的实验相比,这样的实验设计更加"新奇"和"有趣"。

(2) 非紧急助人情境设计。

非紧急助人情境设计主要考察研究对象在特定的、非紧急的情境中的助人行为和助人倾向,有的属于现场实验,也有的只是想象情境。有学者(迟毓凯,2009;帅琳,2014)总结了非紧急助人情境设计,主要技术有丢失信件技术、错误号码技术、公共汽车让座、互联网助人情境、实验求助任务、慈善捐助任务、录音带求助、超市里掉文件等。

公共汽车让座。Nelson 等(2005)在研究中设计了公共汽车让座的情境。不过并没有让被试去体验这种情境,而是让被试评估自己在这类情境中行为的可能性,实验中让普林斯顿大学的学生阅读如下段落:"一个老妇人登上了一辆拥挤的地铁,你恰好也在车上。尽管所有的座位都坐满了人,很多人还站着没有座位,但是你却有一个座位。问题是,与大多数的普林斯顿的学生相比较,你将座位让给老妇人的可能性如何?"然后研究者要求被试在 1~15 之间做出选择,其中 1 表示可能性少得多,8 表示与他人相同,而 15 则表示可能性大得多。这种技术可以方便地测量研究对象的助人行为。

慈善捐助任务。与公共汽车让座技术一样,慈善捐助任务也是让被试评估自己在这种情境中行为的可能性,Gacia 等(2002)在实验中要求被试阅读如下的内容:"想象你已经从大学毕业很长时间了。在你每年的税后收入中,你愿意将收入的多大百分比捐献给慈善事业?"被试能够选择的范围有 1%或更少、2%~3%、4%~5%、6%~10%、11%~15%、16%~20%、21%~25%、25%以上。我们可以以慈善捐赠任务中被试的选择作为衡量其后续社会行为的一个重要指标,一方面因为慈善捐赠是公益行为中最具代表性的一种,另一方面,考虑到在研究中实际的研究设计,研究者更需要一些实际和具体的衡量指标来考察各因素之间的关系,恰好慈善捐赠就可以很好地设计可记录可以度量的指标体系。我们在考察道德与情境因素对青少年公益行为的影响研究中就采用了慈善捐赠任务作为公益行为的衡量指标,其慈善捐赠任务如下:"现在,想象你已经毕业离开学校,并且你的经济收入处在一个比较理想的状态,现在有一家慈善机构正在募捐善款,你愿意把你每年收入的多大比例捐赠给这个机构呢?"请你在 1(0%)到 8(25%)之间做出你的选择(A. 1%或更少、B. 2%~3%、C. 4%~5%、D. 6%~10%、E. 11%~15%、F. 16%~20%、G. 21%~25%、H. 25%以上)。

慈善捐赠任务虽然克服了很多现场研究的难点,也在一定程度上减少了研究误差,但是对于捐赠任务本身的设置也是摆在研究面前的一个重要难点,不光要考虑到实际的研究构思,还要考虑到研究对象的属性,即他们是否适合用慈善捐赠作为衡量指标,同时也要根据实际的情况对慈善捐赠任务的选项进行合理制定。在实际的研究中，需要排除研究者是否明白研究意图对研究结果的影响，所以在实际的实验结束后需要对研究被试进行回访，明确其是否对实验的目的觉察，从而避免自我提高的误差。同时，考虑公益行为的范围过大，为防止设置的作为因变量的指标体系出现偏差，可以综合实际中对于公益行为的概念界定，多设置几个研究相关的任务，以便更大程度上提高研究的内外效度。

互联网助人到互联网公益。互联网助人这种技术最开始是观察在互联网这种虚拟的人际空间中是否存在旁观者效应。时至今日，互联网已经成为人们获取信息、交流沟通、工作学习、消遣娱乐的重要工具，互联网公益凭借技术手段的便捷性也快速兴起，成为公益事业中最重要的一个组成部分。作为一种特殊的研究方法，互联网助人技术在未来公益相关研究中必定会带来很多丰硕的结果。互联网助人技术主要以网络为载体，通过设置的助人情境或者公益情境，以全体社会公民为研究对象，考察人们的助人行为。在一项关于助人的研究中，研究者设置了两种助人情境，一种是给出了需要帮助人的具体信息，包括姓名、性别、年龄、家庭住址、主要患病的详情，最后陈述需要的资助事宜；另一种情境只阐述关于患者的宏观信息，通过这两个情境来考察人们是否会伸出援助之手，研究结果表明，在给出具体信息的背景下人们更愿意做出助人行为，且捐赠的比例较给出宏观信息的情境高。在公益研究中，我们同样可以采用此类研究范式，通过网络深化公益行为相关研究。但是在助人情境的设计上，我们不得伪造救助人相关信息，更不可以将公益捐助所得据为己有，我们需要以社会大众为主要考察对象，以现实中那些真实的需要救助的个体事件为材料，在此基础上结合自己的研究进行探讨。

互联网助人技术克服了研究范围的局限性，在一定程度上增加了样本的代表性，提高了研究的内外效度，增加了研究的说服力，同时能够为社会公益事业发展政策的制定提供理论参考。目前我国的"网络公益"大都以成立网上社区公益联盟的形式存在，公益联盟可以为热心网络公益事业的网友提供广泛的平台，与广大网友携手推进公益事业。除此之外，一些公益网站的发起人还建议，应搭建一个纯粹的、开放的公益资讯平台，整合各种公益资源，力所能及地为各类公益组织的网络推广出一份力，并在有合适的人、有合适的需求的基础上积极尝试开展公益活动。这些将成为未来公益相关研究更为成熟的研究素材，也是未来公益研究的主要信息来源。当然，目前网络团体开展社会公益活动也存在一些问题，比如组织者经验匮乏、经费欠缺、参加人员流动性过大等，这些发展中出现的问题需要在发展中逐渐加以解决和克服。在这方面，有关专家建议，相关政府部门应该更充分地发挥引领作用，对青年网络团体从事社会公益事业进行指导和规范，使之健康发展，成为培养青年的载体、建设和谐社会的助力。互联网公益依托互联网的互动性、无地域限制特点，以及网络在团结和凝聚个体参与公益活动方面具备的天然优势，正逐步搭建起一个低门槛、透明化、方便快捷且高效互动的网络公益大平台，更重要的是把原来由少数企业、团体或个人参与的慈善活动，变成了人人便于参与的社会公益全民运动。

社会心理学除了用传统技术来研究亲社会行为之外，还借用认知心理学的启动技术来研究社会行为。Bargh 及其同事(1996)首先用启动实验发现了复杂的社会行为也受偶然的知识激活的影响,开创了自动化社会行为的研究。随后引发一系列自动化社会行为的研究,研究者们从不同角度检验了各种社会知识(如特质、刻板印象、行为信息、背景信息)的激活都会对社会行为产生单一或复杂的影响。因此,当前社会心理学研究者认为,即使是复杂的社会行为,也是自动形成的,它由记忆中所偶发激活的知识结构所引发。

采用启动技术来研究社会行为有一个基本的范式。首先,研究者一般先呈现启动任务,启动任务包括多种方式,混合句子任务是常见的一个。在这个启动任务中,表面上的任务是让被试从混杂的词汇中整理出符合语法的句子,但启动刺激就包含在这些句子之中。然后,呈现与被试行为相关的任务并对被试的行为进行测量,同时让被试感觉到,当前的因变量测量与前面的启动刺激之间是没有关系的。最后,研究者在实验的结尾,一般会检验被试是否对启动任务和随后行为任务之间的关系产生怀疑。

在过去的 20 年里,启动(priming)技术在社会心理学领域一直备受瞩目。甚至有学者发现,跟那些不关注启动效应的社会心理学研究者相比,主要研究启动效应的研究者每年会发表更多的文章,且他们的文章也更容易被学术期刊接收(Bones, Gosling, 2009)。启动效应的研究几乎覆盖了所有社会心理变量,如态度、刻板印象、印象形成、目标、动机和社会行为等。其中亲社会行为的启动实验研究相对比较成熟,也取得了可观的研究成果,如在专著《亲社会行为的启动效应研究——慈善捐助的社会心理学探索》中,迟毓凯(2009)采用启动技术对亲社会行为(主要是捐赠行为)展开了一系列实验启动,得到了一系列颇有价值的研究结果。

启动技术根据启动所激活的对象进行分类,可将社会心理学领域的启动范式分为 3 类:①概念启动(concept priming),指对某种概念所代表的心理表征的激活,这是使用最多的启动范式;②心理定势启动(mindset priming),它是对心理过程的启动;③序列启动(sequential priming),主要是对两个表征之间自我传播的激活。具体见表 2-6。

表 2-6 3 种启动范式的特点、常用技术和操作重点

启动范式	特点	常用技术	操作重点
概念启动	激活对象:概念 特点:被动激活目标相关概念	1. 阈上启动 (1) 句子拼接测验(最常用) (2) 找词游戏 (3) 阅读材料 (4) 同音异形异义字启动	意识核查:检查被试是否意识到 (1) 实验目的 (2) 启动刺激与目标概念的关联性 (3) 自己的反应
		2. 阈下启动 (1) 视觉探测任务 (2) 可与因变量测量任务结合	3 项原则: (1) 启动项呈现极短的时间 (2) 掩蔽启动刺激 (3) 检查是否意识到启动刺激

续 表

启动范式	特点	常用技术	操作重点
心理定势启动	激活对象：心理过程 特点：心理过程的主动和有意执行	1. 启动特定思维：根据要求撰写或评价一个方案 2. 启动动机：阅读材料 3. 启动解释水平： (1) 原因/手段任务 (2) 归纳/举例任务	要尽可能地伪装成两个完全独立的实验任务，并检查被试将两个任务关联在一起的程度
序列启动	激活对象：表征间的联结 特点：结果非常稳健	1. 评价启动任务 2. 刺激异步性技术	因变量通常是对一个中性任务的潜在反应

在自动化行为研究中我们常采用概念启动的研究范式，其中采用句子组合测验类的启动范式较为常用，概念启动指在一个情境中某种心理表征的激活，对后续无关情境中的行为反应产生了被动的、无意识的影响（Bargh, Chartrand, 2000）。这种方法的启动效应来源于被启动的概念，而非特定心理过程，这区别于心理定势启动和序列启动。概念启动根据被试是否能意识到启动刺激可分为阈上启动（supraliminal priming）和阈下启动（subliminal primin）。在阈上启动中，向被试呈现的启动刺激是意识任务的一部分。被试可以意识到启动刺激，但不能意识到被启动的潜在心理模式或启动刺激的潜在影响（Bargh, Chartrand, 2000）。需要注意的是，在阈上启动实验全部结束后，必须要进行意识核查。因为当被试意识到前一个任务，也就是启动任务可能影响后一个任务时，他们就会在因变量测量任务中校正自己的行为（Bargh, Chartrand, 2000）。如果被试猜出实验目的或其答案会影响结果，则需要剔除该被试的数据，当猜出实验目的的被试比率高于5%则说明实验的启动方法存在问题。意识核查程序包括3个问题：①让被试猜测实验目的，以考察被试是否意识到实验目的或是否意识到启动任务与因变量测量任务存在关联；②检测被试是否觉察到启动刺激与目标概念有关，如要求被试回答句子拼接测验所用单词与哪些概念有关；③考察被试是否意识到自己的反应，如询问被试是否认为自己对人物的评价更积极，或是否意识到自己步速比平时更慢（Doyen, Klein, Pichon, Cleeremans, 2012）。与阈上启动相比，被试对阈下启动刺激的知觉是无意识的，即他们没有意识到启动刺激的存在。

阈下启动技术主要遵循3个原则（Bargh, Chartrand, 2000）：①启动项呈现极短的时间。知觉阈限通常是以毫秒为单位，并且存在个体差异，所以无法确定统一的呈现时长。研究者可以选择一个对大部分被试来说足够短的时间，并在实验后进行意识核查来筛除那些知觉到启动刺激的被试。②利用其他刺激进行即时掩蔽。掩蔽刺激应与启动刺激呈现位置相同、呈现时间相同或更长、包含相同特征以及对应相同的感觉器官。③检查被试是否意识到启动刺激,可行的方法是考察被试是否可以在实验结束后报告出启动刺激。阈下启动也可与因变量测量任务相结合。如在 Shah 和 Kruglanski(2002)的研究中,也是告知被试他们需要完成两个实验任务,但不同的是,第一个任务既是启动任务也是因变量测量任务。这在实际的研究中需要根据研究者的实际构思和研究目的选择怎样设置启动任务或者选择怎样的研究范式。但同时,启动效应的研究也一直备受争议,主要问题是其研究结果往往难以重复(Kahneman, 2012)。此外,在启动研究中还存在将启动方法与一般的实验操纵相混淆和实验者效应等问题。以往有关启动的综述性文献主要集中于介绍启动方法的某一方面,如某种启动范式,缺乏对启动方法的总体性介绍与评论。

总之,启动的研究可以获得很多有趣又有价值的结果,但这需要研究者正确理解启动的概念,严格按照启动的标准程序进行实验,而启动范式的改善与推进则需要更多研究者的共同努力。

我们采用启动范式,探讨了道德特质启动对青少年公益行为影响。具体研究如下。

1. 研究方法

采用分层随机抽样选取温州地区两所中学 68 名中学生为被试,其中初一 10 人、初二 9 人、初三 12 人、高一 14 人、高二 10 人、高三 13 人;男生 32 人,女生 36 人,平均年龄 15.5 岁。

本研究中,我们借鉴了学者迟毓凯在其博士后研究工作报告《人格与情境启动对亲社会行为的影响》中的实验材料和设计方案,结合本研究的研究目的,对道德特质与青少年公益行为之间的关系进行了探讨。

1.1 实验设计

研究采用单因素被试间设计,以纸质问卷的形式给被试呈现实验材料,告知两组被试他们参加的是一个关于"言语理解和应用差异"的实验任务,被试完成个人基本信息填写之后开始启动试验。

1.2 实验材料

启动实验部分采用组合句子测验技术(Srull, Wyer, 1979),测验共 30 个项目,每一个项目包含 5 个顺序打乱的词汇或者短语,要求被试用其中的 4 个词组成一句符合语法的句子。如"他、农村、偏远的、来自、城市"中,被试可形成"他来自偏远的农村"。启动实验包括两个不同的测验版本——道德启动版和非道德启动版。前者有 15 个项目包含真诚的、孝顺的等道德特质词汇,其余 15 个项目包含清澈的、整齐的等中性词汇;后者 30 个项目所含内容均是与道德无关的中性词汇。

1.3 公益行为水平测量

我们将公益行为定义为:个人或社会团体基于一定的关怀和利他意识而面向特定社会群体或者人类发展共同关注问题而做出的行为,如施舍、救助、捐赠、志愿服务等行为。为了使研究结果更具体化,更容易操作,我们选取慈善捐赠比例作为公益行为水平的衡量标准,本研究也是借鉴了学者迟毓凯的研究材料和任务设置内容,在此基础上我们做了修改,最终将公益行为水平测量任务确定为:"现在,想象你已经毕业离开学校,并且你的经济收入处在一个比较理想的状态,现在有一家慈善机构正在募捐善款,你愿意把你每年收入的多大比例捐赠给这个机构呢?"请在1(0%)到8(25%)之间做出你的选择[92]。在被试完成整个实验后,我们对每一位被试进行回访,让他们回答一些我们提前设置的与本研究有关的问题,以此来考察被试是否觉察到启动程序和后续的公益行为水平任务之间的联系,如果被试发现,实验数据作废。本研究回访结果显示,我们选取的被试均没有发现题目设置和公益行为水平任务之间的联系,数据均可以作统计分析之用。使用 SPSS 20.0录入、管理和分析数据,主要采用描述性统计分析,独立样本 t 检验。

2. 研究结果

对两组被试在不同启动条件下的公益行为水平进行独立样本 t 检验,结果见表 2-7。

表 2-7 不同启动条件下被试的公益行为水平差异比较($n=68$)

启动条件	助人水平			t	p
	M	SD	n		
特质启动组	4.543	1.268	35	3.411	0.001
控制启动组	3.606	0.966	33		

不同启动条件下的公益行为水平独立样本 t 检验结果表明,道德启动条件下,被试的公益行为水平显著高于控制启动($t=3.411$,$p<0.01$),表明道德特质启动对随后的公益行为具有促进作用。

3. 讨论

道德在中国这个大的文化背景下独具特别的意义,无论是对社会还是对个人其意义无疑都是不可忽视的,研究即立足于上述现状。青少年公益行为各维度的描述性统计结果显示,由道德特质或者道德意识促发的公益行为在各因子中占比较大,量表中其解释量也是最大的,这说明道德相关因素在促进青少年公益行为发展中具有重要的意义,这也是此研究的研究目的。

研究借鉴了亲社会行为的相关启动实验研究,通过设置实验材料,随机选择青少年群体被试随机分组,通过纸质测验的方式让被试分别完成不同启动方式的题目,随后测量其公益行为水平,进而探究道德对青少年公益行为的影响。在随后的公益行为水平测量中,为了使结果更好地展现二者之间的关系,使测量结果更具体化和更容易操作,我们选择了青少年公益行为中的典型行为,即用慈善捐赠作为衡量指标,通过被试的捐赠比例来呈现被试的公益行为水平,进而通过对比道德特质启动组和控制启动组的被试捐赠比例差异,来探究道德相关因素和青少年公益行为的关系,研究结果表明,道德特质启动对随后的公益行为具有促进作用。但是关于公益行为的启动实验研究缺乏,我们很难将此研究结果与前人的研究结果进行横向比较,这也表明公益行为相关实验研究是后续研究的一个亟待挖掘的领域。

在自动化行为的启动实验研究中,亲社会行为的实验研究相对比较成熟,也取得了可观的实验结果。在迟毓凯的《人格与情境启动对亲社会行为的影响》研究中,其就道德特质与亲社会行为的关系进行了探讨,结果表明道德特质启动对青少年公益行为具有促进作用。在公益相关概念辨析中,公益行为是属于亲社会行为的一个子类,以此本研究结果可以推论到亲社会相关研究中。本研究的研究发现与亲社会的启动实验研究结果一致,这表明道德这一因素在青少年公益行为个影响因素中具有不可忽视的作用,这也给未来道德素质教育提供了实质性的理论参考。

4. 小结

不同启动条件下青少年公益行为水平的差异结果显示,道德特质启动对随后的公益行为具有促进作用。

三、发展与教育心理学取向

发展心理学是从种系和个体的视角去关注心理现象发生与发展的学科,其内容包括动物(比较)心理学、儿童心理学、中年心理学和老年心理学等,其中儿童(含青少年)心理学又是发展心理学的主干内容。教育心理学则是研究在教育情境下人类的学习、教育干预的效果、教学心理,以及学校组织的社会心理学。其重点是把心理学的理论或研究成果应用在教育上。对个体来说,发展和教育是两个相辅相成的重要任务,因此这两个心理学分支经常组合起来,形成发展与教育心理学二级学科,该学科有着相对独特的研究模式。

从研究原则来说,发展与教育心理学取向特别强调发展性原则和教育性原则,发展性原则要求研究者将人的心理活动看成是一个变化发展的过程,在发展中研究个体在不同年龄阶段上心理的发生和发展。在发展中研究心理活动时,不仅要求阐明个体已经形成的心理品质,而且还要求阐明那些刚刚产生、处于形成状态的新的心理品质。还要求从主体意识发展、个性心理发展以及环境和教育条件变化等不同方面,揭示青少年的公益心理和行为发生和发展的规律。教育性原则要求在进行公益行为和公益心理研究时,研究的选题、使用的方法和程序不应损坏被试(即被研究者)的身心发展,不应该采取任何对被试身心发展不利的措施,不允许向被试出示与教育目的和任务相矛盾的问题、作业或者图片材料,更不允许有与道德教育相违背的任何形式的现象出现,特别是当被试是青少年时,由于他们的身心正处在发展阶段,认识能力较差,而且善于模仿,研究者更要注意这个问题。所以以个体为对象进行心理研究时,在选择方法和程序时不能只考虑对所需要研究的问题是否有利,还要考虑所用的方法对青少年的身心是否产生不良的影响。

从研究内容来说,发展与教育心理学取向不仅关注公益行为的发展阶段,关注青少年公益行为的发展特点,还关注影响青少年公益行为发展的各种因素,以及学校如何对青少年公益行为进行促进和干预。

从研究方法来说,发展与教育心理学取向在研究青少年的道德行为时经常采用故事法、教育实验、个案法等多种研究技术,这里我们仅介绍这一取向中最独特的方法,即故事法,故事法又可细分为两种,即对偶故事法和两难故事法。

(一)对偶故事法

对偶故事法是皮亚杰研究道德判断时采用的一种方法。通过向被试讲述包含着道德价值内容的故事,然后让被试判断研究者所涉及哪些行为类型向儿童提问。利用这种难题测定儿童是依据对物品的损坏结果还是依据主人公的行为动机作出道德判断。由于皮亚杰每次都是以成对的故事测试儿童,因此,此方法被称为对偶故事法。下面就是其中的一组对偶故事。

(1) 一个叫约翰的小男孩在他的房间时,家里人叫他去吃饭,他走进餐厅。但在门背后有一把椅子,椅子上有一个放着15个杯子的托盘。约翰并不知道门背后有这些东西。他推门进去,门撞倒了托盘,结果15个杯子都撞碎了。

(2) 从前有一个叫亨利的小男孩。一天,他母亲外出了,他想从碗橱里拿出一些果酱。他爬到一把椅子上,并伸手去拿。由于放果酱的地方太高,他的手臂够不着。在试图取果酱时,他碰倒了一个杯子,结果杯子倒下来打碎了。

皮亚杰对每个对偶故事都提两个问题:①这两个小孩是否感到同样内疚?②这两个孩子哪一个更不好?为什么?通过被试的反应,皮亚杰发现,儿童的道德判断是从早期的注重行为结果的评价向注重行为的动机发展,其道德认知水平从"他律"向"自律"发展。考察了儿童对游戏规则的认识和执行情况,对过失和说谎的道德判断以及儿童的公正观念等方面的问题,并据此概括出儿童道德认识发展的3个阶段。

第1阶段:前道德阶段。此阶段大约出现在4~5岁以前。处于前运算阶段的儿童的思维是自我中心的,其行为直接受行为结果所支配。因此,这个阶段的儿童还不能对行为作出一定的判断。

第2阶段:他律道德阶段。此阶段大约出现在4、5岁至8、9岁之间,以学前儿童居多数。此阶段儿童对道德的看法是遵守规范,只重视行为后果(打破杯子就是坏事),而不考虑行为意向。故而称之为道德现实主义。

第3阶段:自律道德阶段。自律道德始自9~10岁以后,大约相当于小学中年级。此阶段的儿童,不再盲目服从权威。他们开始认识到道德规范的相对性,同样的行为,是对是错,除看行为结果之外,也要考虑当事人的动机,故而称之为道德相对主义。按皮亚杰的观察研究,个体的道德发展达到自律地步,是与其认知能力发展齐头并进的。因此,对一般儿童来说,自律阶段大约跟形式运算阶段(11岁以上)同时出现。

此研究也是皮亚杰道德研究中最具代表的杰作。公益行为从属于道德行为的一种，对于公益行为的研究同样可以采用此研究范式，通过构建公益行为的概念，研究构想和研究主题，根据现有的研究材料进行修订和改编，寻找皮亚杰道德发展阶段与公益行为发展的联系和契合点。借鉴此研究范式，对公益行为发展阶段进行探索，不仅能够丰富公益研究的内容，同时能够为未来公益教育体系或者政策制定提供理论参考和借鉴。

（二）两难故事法

两难故事法是美国发展心理学家科尔伯格（L. Kohlberg）研究儿童和青少年道德认知发展模式的一种研究方法。在科尔伯格关于道德认知发展模式的研究中，其要求个体考虑是非价值，对不可能圆满解决的假设性情境做出困难的决策。它们是以故事形式描述的两难情境，让被试者对进退两难的道德问题做出回答，从而研究不同文化、阶层、年龄的人在道德认识、道德标准、道德判断上的特点和规律。最早科尔伯格编制了9个道德两难故事，让被试者评价故事中的人物行为。不仅要求儿童回答是非，还要讲出依据。根据被试者的回答，对儿童的道德水平进行划分，并把这一水平的划分作为量表，用来测试儿童的道德发展水平。

科尔伯格使用的一系列两难推理故事中，最典型的是"海因兹偷药"的故事：欧洲有个妇人患了癌症，生命垂危。医生认为只有一种药能救她，就是本城一个药剂师发明的镭。制造这种药要花很多钱，药剂师索价还要高过成本十倍。他花了200元制造镭，但竟索价2 000元。病妇的丈夫海因兹到处向熟人借钱，一共才借得1 000元，只够药费的一半。海因兹不得已，只好告诉药剂师，他的妻子快要死了，请求药剂师便宜一点卖给他，或者允许他赊欠。但药剂师说："不成，我发明此药就是为了赚钱。"海因兹走投无路，最后撬开商店的门，为妻子偷来了药。讲完这个故事，主试就向被试提出了一系列的问题：这个丈夫应该这样做吗？为什么应该？为什么不应该？法官该不该判他的刑？为什么？等等。儿童对科尔伯格所编制的两难故事中的问题既可做肯定回答，又可做否定回答。科尔伯格真正关心的不是儿童做出哪一种回答，而是儿童证明其回答时提出的理由。因为在科尔伯格看来，儿童提出的理由（即儿童的推理思路）是根据其内部逻辑结构而来的，所以，根据儿童提出的理由就能确定出儿童的道德判断水平。

科尔伯格采用两难故事法研究了儿童的道德认知，提出了他的关于儿童道德判断发展的3个水平6个阶段理论。这一理论在道德研究中为大多数研究者所认同，很多道德相关的研究也是基于此理论。同样，在公益行为研究中，研究者也希望有一个更为科学和详细的理论基础。因此，在公益研究中，我们可以借鉴此研究模式，探索和建构公益认知的发展模式，只有掌握了人们公益认知的发展阶段和模式，才能够更精确地把握人们公益行为背后的因素，才能够为后续公益行为研究的更加深入研究提供更为科学合理的理论基础，从而实现公益研究更为长远的全面性和丰富性。

第三节　公益行为的未来研究取向

与利他行为和亲社会行为研究相比,公益行为的研究相对较少,目前还处于起步阶段。不过,公益行为的研究发展迅速,各个学科都从自身的视角对公益行为展开研究,研究数量和质量都有明显提升,研究内容也在不断全面展开和深入细化,研究方法也出现一些新的趋势。

一、全面深化取向

全面深化取向主要是从研究内容上来说的,其主要意思是,对公益行为的研究将全面展开,从个人层面延伸到企业层面和社会层面,从表面现象发展到深层机制研究,从本土研究扩展到跨文化比较。从目前来看,以下几个趋势已比较明显。

一是有关企业公益行为的研究将逐步兴起。很多研究对人为什么做公益展开探讨,解决了公益动机问题,但对于"企业家为什么做慈善"这一问题并不能很好地回答。过去学者们在研究企业家慈善动机上,都是基于"利己"或"利他"的心理因素的分析。但是都是进行独立研究,没有考虑过"主观利己、客观利他"和"主观为他、客观为我"各自的效应。此外,企业是企业家成长的摇篮,企业家的慈善行为必定会对企业产生影响。一方面,公司通过战略捐赠吸引和挽留了价值员工(Michael, Robert, 2010)。另外,大量的研究显示:企业家的行为对企业品牌形象起着重要的决定性作用(Gaines, 2000; Mazur, 1999; Sauerhaft, Atkins, 1989)。原因在于企业品牌化的过程中,企业家给企业品牌个性注入了他们的精神、价值观和人格化特征,这些都会成为企业品牌形象发展的奠基石(Rode, Vallaster, 2005)。但是,已有的研究大多是企业家行为与组织内部交互的视角,而相对于企业家在组织内部的经营管理行为而言,企业家慈善行为是外显的,更多的交互对象是公众。何志毅和王广富(2005)通过实证研究,结果表明,企业家形象属性与企业品牌形象之间存在正向关系。这些研究提示我们,企业家的公益慈善行为会对品牌形象产生作用,这也可能成为企业家公益行为的另一动机。

二是公益行为的跨文化研究越来越受到重视。第一章公益的思想渊源可见,东西方文化中都有公益思想。在中国传统文化中,反映慈善美德的思想非常普遍。如孔子提倡的仁爱观,孟子主张的"恻隐之心,人皆有之",墨子的兼爱论以及左传中"慈谓爱之深也"等内容,以丰富的历史内涵阐释中国古代的人文关怀。西方文化关于慈善的观念突出体现在英语词汇 beneficence, charity, philanthropy 等的巨大包容性上。企业家从事慈善,在国外会被视为义举。而在中国,无论是 2008 年万科董事长王石遭遇的"捐款门"事件,还是福耀玻璃董事长曹德旺的捐股风波,抑或是陈发树的"83 亿",还是陈光标的高调慈善,越来越多的事例似乎说明:中国企业家的公益慈善之路很艰难。Acs 和 Dana(2002)提出了美国式慈善和中国式慈善两种慈善模式,并将两者进行比较。结果表明,美国人的慈善试图提升人们的生活条件,并不考虑种族和语言,讲究的是平等性。相比之下,中国模式下的公益慈善以种族关系为中心,根据种族和语言进行社会细分,强调面子,富裕的企业家通过接济穷人能"购买"声誉和领导地位。但是,随着全球化和新经济时代的到来,政府承担了以前受这些关系资助的某些角色(如教育和对新兴企业家的扶助),慈善、政府和企业家精神之间似乎存在关系。Acs 等人(2002)的研究告诉我们,中美慈善方式存在差异,但是并没有告诉我们,在各自的文化体系下,哪一种方式才是最匹配的。和美国企业家相比,是中国企业家不够慈善、不懂如何做慈善?还是中国消费者不够宽容、道德身份不高?抑或是我们的慈善体制不够完善?此外,面对我们的慈善文化,外资企业应如何适应?围绕企业家慈善行为有很多需要探讨的问题,这些都是未来重要的研究方向。

三是公益行为的内部机制问题将逐步揭示。这些内部机制包括公益行为产生的心理机制、社会机制和神经生理机制等。Bekkers 和 Wiepking(2011)曾总结以往关于研究公益捐赠行为的心理机制,发现公益捐赠行为有最重要的 8 种心理机制。尽管总结得很丰富,但还是有很多争议,比如这些心理机制是怎样作用的呢?其间还存在哪些调节变量和中介变量?因此有关公益行为产生的心理机制还得进一步探索、验证和确认。相对来说,公益行为产生的社会机制探索研究还相当缺乏,公益行为产生的社会机制还不够清晰明朗,有待进一步深入调查并建构模型。在对公益行为心理机制进行探索的基础上,一些学者也开始探索公益行为的神经生理机制。在生物学取向里面,我们曾介绍亲社会行为的脑机制模型和 Moll 等人(2006)曾试图探寻人类公益捐赠行为的神经基础的研究;另外 Paulus 等人(2012)发现婴儿表现出工具性帮助行为和安慰行为时出现了不同的神经生理激活模式:在安慰任务中,左侧前额叶的激活水平更高,而在工具性帮助行为中,右侧颞叶的激活水平更高。这说明帮助和安慰这两种亲社会行为的神经基础不同。此外,合作和利他惩罚同样都属于亲社会行为,但从 Declerck 等人提出的两个模型来看,两种行为也涉及不同的系统、激活不同的大脑区域。受亲社会行为的神经生理机基础研究的启发,公益行为的神经基础是否也存在差异?并且 Paulus 等人的这项研究仅限于婴儿,婴儿的大脑发育还不成熟,那么对于逐渐完善的青少年和已经发育完善的成人来说是否也存在相同的神经基础?这些问题还需要设计更巧妙的实验来回答,同时需要更完善的理论来涵盖这些研究结果。

二、实践取向

实践是主客观统一的基础,是检验真理的唯一标准。实践取向是指人们在进行公益行为的过程中,必须参与实践,必须在实践中探讨和促进公益行为的进一步发展,在实践中检验公益行为理论研究的正确性。没有实践,公益行为的发展就失去了动力,就不会有公益行为的养成目标。一个只知道公益活动如何重要的人,不去参加实践活动,如看望孤寡老人、救助儿童、参加无偿献血等,其公益行为的发展是不完整的,也是不合格的。具体来说,实践取向又包括两个方面,即理论和实际相结合、公益行为的促进和干预训练。

许多学者都对公益行为的产生和形成提出了很多理论和模型,尽管这些理论和模型都是基于以往的研究文献和实践所提出来的,但有些还只是理论上的推论,有些还只是学者提出的假说,都需要在实践中去验证,在实践中去修改,在实践中去完善。还有的理论和模型是直接从国外搬过来的,不能确定是否符合我国的实际情况,是否适合我们的文化背景,是否能解释国人特别是青少年的公益行为,这都需要在国内展开实践。另外一些理论是针对大多数人或者一般人群来讲的,至于某个实际的个体,则可能无法解释,因为对个体而言,由于遗传、环境、教育和经历的不同,很可能导致他产生公益行为的关键因素和别人不一样。

公益行为的养成和认知发展是不一样的,认知侧重于对公益的理解,养成则侧重于行为的形成。在青少年道德行为发展过程中,认知和行为脱节的现象很容易出现,这就需要我们重视青少年公益行为的养成实践。具体地说,公益行为的养成包括公益行为的促进和干预训练。促进和干预首先要重视社会环境,因为良好的社会风尚引领着青少年的行为方向;其次要从学校和家庭入手对青少年的公益行为进行干预训练,学校和家庭在青少年公益行为的发展中起着双核心作用,很多青少年参加公益活动就是因为学校的组织和家长的传帮带,学校德育还可以把公益教育和公民教育纳入到德育目标之中,对青少年进行德育实践训练。最后还要对青少年的公益行为进行干预,干预可以通过认知训练、情感体验、榜样示范、行为强化等方式来进行。亲社会行为的促进和干预在最近几年才逐步展开,受亲社会行为的促进和干预实践的启发,我们相信,青少年公益行为的促进和干预也会逐步开展。

三、融合取向

公益行为是多学科研究的对象,在本章第一节我们较为详细地介绍了社会学、政治学、经济学、伦理学、生物学、宗教学和心理学等学科研究公益行为的主要观点、主要内容和主要方法。应该说,各个学科在研究和探讨公益行为时因为旨趣不一样,因此各有侧重,都从各自学科的视角探讨了公益行为的某一方面。在第二节我们更加详细地介绍了心理学各分支学科对公益行为的研究,各个心理学分支学科也是从不同的视角探索了公益行为的某个侧面,这些研究对最终揭示公益行为的奥秘是有帮助的,但在发现公益行为背后的机制和规律的路上还处于起步阶段,还需要各个学科逐步融合,共同完成任务。其实从国内外研究的情况来看,当前对公益行为的研究已经出现了跨学科融合的趋势,出现这样的研究趋势,究其原因是在于公益行为涉及整个社会系统的很多部分。由于现代社会人与人之间、人与组织乃至人与社会之间的联系复杂多样。公益行为在表面上看来只是一个个体的行为,但是由于个体与社会的联系,其中体现出来的公益行为一般性规律则更倾向从社会解释水平来理解行为。在这样的大背景下,各个学科研究者不仅要继续对已有的各学科的主题进行学科探索,还要对核心主题进行深化研究,如心理学对影响公益行为的典型因素(如认知、情绪、人格因素)的研究,继续深入了解捐赠行为中的心理机制,还应该放宽专业视野从社会层面和生理层面来探讨公益行为的机制。公益行为作为一种典型的社会性行为,将其研究放在心理层面、社会层面和生理层面来进行无疑是适合的,但还要从政治层面、经济层面、宗教层面等多个层面展开,从多个视角来理解公益行为会使得我们对于公益行为的理解更为全面。更为关键的是要整合这些研究成果,融合各个学科在现实的社会背景中去审视公益行为。当代的大数据技术和建模技术等已经为各个学科融合提供了可能性,期待在未来可以真正揭示人类公益行为的奥秘。

第三章 公益行为的理论解释

行为的产生机制一直是心理和行为研究的热点,因此有关亲社会行为和利他行为的理论模型非常之多,这些模型从生物学、经济学、社会学和心理学等各个学科的视角来解释亲社会行为和利他行为的发生。公益行为属于亲社会行为和利他行为的一种,部分亲社会行为和利他行为的理论模型可以对公益行为进行合理的解释,本章将对这些能解释公益行为的亲社会行为和利他行为理论进行梳理和整合,并考虑到心理学科的分类,将其概括为进化心理学理论(选择理论、社会进化论等)、行为学习论(强化理论、观察学习论等)和社会认知论(唤醒—代价回报模型、社会信息加工模型、帮助决策模型、艾森伯格的助人模型)。

第一节 进化心理学的解释

研究者们最初从进化的角度来解释动物及人类表现出来的助人行为,这些观点逐渐形成一个进化理论体系(West, Griffin, Gardner, 2007;肖凤秋,郑志伟,陈英和,2014),该体系包括选择理论和社会进化模型,加上最新的进化社会心理学观点、进化人格心理学观点和进化文化心理学观点,我们采用逐渐成熟的"进化心理学"来统摄这些理论观点。这些理论以自然选择理论为基础,从遗传适应角度来研究动物和人类的社会行为,把助人行为看作是遗传的适应产物来加以解释。

一、选择理论

选择理论包括亲缘选择理论(kin selection theory)和群体选择理论(group selection theory)。亲缘选择理论从个体的角度对助人行为进行解释,群体选择理论则解释了群体层面的助人行为。亲缘选择理论认为,为了更好地使自己的基因得到繁衍,个体会首先帮助那些与自己有血缘关系的人,亲缘关系越近,助人倾向越强(Hamilton, 1964)。这一理论较好地解释了"母亲更愿意帮助自己的孩子""相对于无关的人,个体更倾向于帮助亲属"的现象(Barrett,Dunbar,Lycett,2002)。但不能合理解释个体对群体内和群体外成员表现出来的助人行为差异。群体选择理论则能对这个差异做出解释,该理论认为,相对于群体外成员,群体内成员更容易被看成是与自己相似的,这种相似性促进了助人行为。因此,处于同样的需求情境时,个体更愿意帮助群体内成员;资源共享时,人们更愿意和群体内成员合作,而不是群体外成员。(De Dreu 等,2010)。

两个选择理论都能解释一定的助人现象,也都得到了一些研究的支持,但是无论是亲缘选择理论,还是群体选择理论,都无法解释发生在彼此毫无关联的人之间的助人行为,特别是那些没有亲缘关系、也没有在一个群体里的陌生人之间的帮助现象。于是就出现了新的理论。

二、社会进化模型

社会进化模型是坎贝尔(1976)在前人的基础上提出来的,该理论认为,在人类发展和文化进步中,人类将选择性地进化那些能增进社会福利的技能、信念和技术,助人行为对社会有益,因此也在进化中得到发展,从而成为社会责任规范、互惠规范和社会公正规范等人类基本规范的部分内容。正是由于人们意识到有责任和义务去帮助他人,并在这个过程中实现互惠,人们之间的助人行为和利他行为才成为可能。

人类社会有3种基本规范。第一种是社会责任规范,它指示我们有责任有义务去帮助那些应该帮助的人。很多的志愿者就是把助人行为当作一种责任,当被问到为什么会做那些和艾滋病有关联的志愿者工作时,志愿者常常回答那是他们"帮助他人的人道主义责任"(Snyder,Omoto,1992)。第二种是互惠规范,与之相关的理论有互惠利他理论、强互惠理论和间接互惠理论。在这种规范的指导下,人们更可能去帮助那些曾经帮过自己的人。互惠规则保证了双方都能受益,这种双赢模式为助人行为提供了可能;只要助人者能够在将来某个时候从受惠者那里得到回报,助人行为就很可能发生,如我曾经帮助过的那个人在我需要帮助时也会帮助我,或者在提供帮助的同时能够提高该个体在其所在群体的地位和荣誉(Wedekin,Braithwaite,2002)。那些最可能生存的个体会与他们的邻居发展关于互惠的相互理解:"我现在将帮助你,是确信当我需要帮助的时候,你将有所回报。"当然有时助人行为不会带来即时的利益,以后可能也不会有回报,因此在实际生活中,我们会帮助陌生人,但不期望得到任何回报;互惠有时候也是间接的,不一定都是来自受惠者的回报,而是其他人,因此当旁边有人围观时,我们会表现得格外慷慨;乐于助人的人也最容易获得别人的帮助(Nowak,2006)。第三种规范是社会公正规范,这是一种关于公平公正地分配资源的规范,按照这种规范,如果两个人的贡献相同,其中一人比另外一人得到的酬劳多,为了恢复公平,他们会重新分配。

这3种基本规范,即社会责任规范、互惠规范和社会公正规范为助人行为提供了社会基础,这些规范解释了我们为什么要去帮助那些陌生人,同时也可以解释人们为什么更可能去帮助亲朋好友,因为我们不仅感觉到帮助他们是我们的责任,而且认为他们在我们需要的时候也会帮助我们。

三、进化心理学分支学科的解释

进化人格心理学认为,在人类的进化过程中,个体的重要差异是存在的,这些重要的差异因为起到作用而被保存下来(Buss,1994)。在人格特质的五因素模型中,宜人性是反映个体适应环境的重要维度,宜人性得分高的人往往乐于助人、富有同情心和爱心、利他、友好,因此会表现出更多的助人行为和公益行为。

进化文化心理学认为,文化可以分为唤起的文化和传播的文化,唤起的文化是指那些因外部环境的不同而产生群体差异的现象。在狩猎—采集部落的不同群体中发现了食物共享的文化模式,即捕获的肉类是由整个群体共同分享的。如在Ache部落,打猎者把他们获得的食物交给一个分配者,由分配者按照比例分配给不同的家庭。因此,今天你与一位没有打到猎物的个体分享猎物,当你空手而归的时候会得到回报,助人行为也就这样发生了。

进化社会心理学认为,女性在选择长期的伴侣时,非常看重具有利他和慷慨特征的男性(Barclay,2010),因为这样的男性通常意味着拥有丰富的资源(Miller,2007)、愿意向女性提供资源(D. M. Buss,1994)、可以成为好伴侣和好父亲(Buss,2008)。因此,为了得到更多被选择机会,很多男性表现出更多的助人行为和利他行为。

进化心理学的解释是把助人行为看作是遗传的适应产物,这种理论提出了一种让人感兴趣的可能性,那就是并不是像我们想象的那样,保存自我是压倒一切的本能,自私和攻击的生物倾向与助人和照料的生物倾向有可能是共同存在的(Bell,2001;Kottler,2000)。然而帮助他人是遗传决定的观点仍然饱受争议,特别是来自行为学习论的反对。

第二节 行为学习论的解释

行为学习论的基本观点是,行为是后天习得的。个体在后天环境中通过学习而获得某种行为,这种行为逐渐成为习惯,当我们面临类似的情境时,个体就倾向于以同样的习惯化行为行动。行为的习得主要有3种机制:①联结或条件作用,巴甫洛夫和华生都是这种观点,认为行为是条件化的反应,是通过条件反射而学习得来的;②强化,斯金纳等人认为,某一行为之后若出现满意的刺激,则个体就将学会这种行为;③观察和模仿,人们经常是通过观察他人而习得社会行为,当个体不仅观察而且重复榜样的行为时,模仿就发生了。对于助人行为,行为学习论认为,助人行为也是在后天环境中不断学习而形成的,不过助人行为更多的是社会行为,对助人行为的解释并不对应于上述3种机制,我们归结起来主要有以下3种观点。

一、强化理论

强化是斯金纳用于解释行为习得的一个重要概念,是指能够增强反应频率的效果。按照斯金纳的解释,当有机体表现出某种行为之后,如果出现的某一事件或刺激能使该行为出现的概率增加,那么该事件或刺激对该行为就具有强化作用。按照强化理论的解释,儿童学会帮助他人可能是由于他(她)与同伴分享玩具时得到了父母的表扬,或者在帮助别人时得到了他人的称赞,因为父母的表扬和他人的称赞都对儿童的助人行为起到了强化的作用。

研究发现,如果在帮助他人之后能够得到奖励,孩子们更倾向于帮助别人或和别人分享更多的东西。在一项实验研究中,4岁的孩子更可能和另外的孩子分享弹球,如果他们能因为这种慷慨行为而被奖励泡泡糖的话(Fischer,1963),在日常生活中,父母和老师更可能用表扬的方式来奖励我们的助人行为,而不是简单的泡泡糖。研究还发现,赞扬的不同形式也会产生不同的强化作用。受到性格赞扬的儿童,强调他们是乐于助人的人,明显地比受到一般的赞扬或者是根本没有被赞扬的孩子更愿意和他人分享。研究者认为,性格赞扬看起来比普通的形式更有效,可能是因为这种赞扬会让儿童把自己看成是将来仍会继续帮助他人的人。

强化理论揭示了行为习得的一种非常重要的机制,能够解释计较型志愿公益行动(唐娟,2004)和报偿性公益行为(巩彦平,2018),体现的是公益行为受利益、报偿等驱动的程度,其实质是反映了公益行为的无偿利公性等特点。因为理想的公益行为是无偿的、不求个人利益回报的,但仍然存在少数以利益观念驱动的公益行为,行为主体对物质或者非物质的回报存在着一定程度的期望(胡瑜,张帝,王茹新,2019)。很多学习理论都是在这个强化原理的基础上建立的,比如接下来的模仿学习论和观察学习论。

二、模仿学习论

多拉德和米勒(1941)曾经提出模仿学习理论,该理论认为,模仿是一种社会学习,它有3种基本形式:第一种形式是相同行为,指的是在同一种情境下两个或者两个以上的个体所做出的行为反应相同,这些人可能彼此并不认识,但会不约而同地采取相同的行为反应;第二种形式是仿同—依附行为,指的是观察者盲目重复他人的个体行为,青少年常常会效仿他们崇拜的偶像,表现出与偶像相类似的行为;第三种形式叫翻版行为,指的是在他人指导或示范下所做出的与指导者或示范者相一致的行为。模仿学习一定要有模仿的对象,那么究竟是哪些人容易成为人们模仿的对象呢?或者说人们模仿的对象究竟有什么重要特征呢?多拉德和米勒认为,年龄较长的人、智商高能力强的人、社会地位高的人和各个领域的权威或专家最容易成为别人效仿的对象,对青少年来说,偶像也是他们最容易模仿的对象。

模仿学习论也很容易解释助人行为和公益行为,很多青少年所表现的公益行为就是他们模仿父母、老师或者偶像等的结果,父母做公益活动往往会带动孩子也去做公益。从模仿行为的3种形式来看,相同行为这种模仿行为的形式能够解释公益行为的情境性,有时候青少年的公益行为是由情境条件所驱动的,具情境性、情绪性、紧急性等特点;仿同—依附行为和翻版行为这两种模仿行为能够解释带动型志愿公益行动和疏离型志愿公益行动(唐娟,2004),以及公益行为的盲目性(巩彦平,2018)。很多时候,青少年是在主体意识缺乏和盲目观念驱动下所产生的公益行为,他们其实根本就不清楚行为的目的和意义,这种公益行为具被动性、强制性、组织性等特点(胡瑜,张帝,王茹新,2019)。另外,模仿学习论还提醒我们,如果青少年所崇拜的青春偶像去做公益活动的话,青少年更容易模仿他们,从而表现出更多的公益行为。

需要指出的是,模仿学习只是强化理论的一种特例(多拉德,米勒,1941),和其他行为一样,模仿学习过程离不开报酬或强化,如果得到强化,模仿学习就会得到巩固;反之,如果得不到强化,模仿学习也会消退,因此模仿学习论也是以强化理论为基础的所展开的,只不过模仿学习有别于其他形式的行为,而且能较好地解释青少年公益行为的产生,所以我们单列出来。

三、观察学习论

在模仿学习理论的基础上,班杜拉(1952)提出了观察学习理论。班杜拉指出,早期的行为学习理论无法解释人类的观察学习现象,不能解释为什么个体会表现出新的行为,以及为什么个体在观察榜样行为后,这种已获得的行为可能在数天、数周甚至数月之后才出现等现象(Bandura,1969)。班杜拉认为,人的行为,特别是人的复杂行为主要是后天习得的,行为习得有两种不同的过程:一种是通过直接经验获得行为反应模式的过程,班杜拉把这种行为习得过程称为"通过反应的结果所进行的学习",即我们所说的直接经验的学习,包括前面的强化学习和模仿学习,是直接强化的结果;另一种是通过观察示范者的行为而习得行为的过程,班杜拉将它称之为"通过示范所进行的学习",即我们所说的间接经验的学习,班杜拉所称的观察学习。

观察学习是指人们仅仅通过观察别人的行为就能学会某种行为,又称替代学习。在观察学习中,学习者不必直接做出反应,也无需亲身体验强化,只要通过观察他人在一定环境中的行为,并观察他人接受一定的强化便可完成学习。因此,观察学习并不依赖直接强化,但替代性强化和自我强化起着重要的作用。替代性强化是指观察者因看到榜样受到强化而受到的强化。如当同学们看到一个学生表现出助人行为,之后得到学校的表扬和奖励,同学们因此受到激励,这种激励就是替代性强化的作用。自我强化则是个体依据某一行为标准对自己表现出来的行为进行自我奖励,当个体的行为表现符合甚至超过这一标准时,他就感到愉悦,这就是自我强化的表现。另外,观察学习不等同于模仿。模仿仅指学习者对他人行为的简单复制,而观察学习指的是从他人的行为及其后果中获得信息,观察学习既可能包含模仿,也可能不包含模仿。

班杜拉认为,观察学习要经历4个连续的过程,即注意过程、保持过程、动作再现过程和动机过程。注意过程是观察学习的起始环节,在这个过程中,示范者行动本身的特征、观察者本人的认知特征以及观察者和示范者之间的关系等诸多因素影响着学习的效果。在保持阶段,示范者虽然不再出现,但他的行为仍给观察者以影响。要使示范行为在记忆中保持,需要把示范行为以符号的形式表象化。通过符号这一媒介,短暂的榜样示范就能够被保持在长时记忆中。观察学习的第三个过程是把记忆中的符号和表象转换成适当的行为,即再现以前所观察到的示范行为。这一过程涉及运动再生的认知组织和根据信息反馈对行为的调整等一系列认知的和行为的操作。能够再现示范行为之后,观察学习者(或模仿者)是否能够经常表现出示范行为要受到行为结果因素的影响,这就是观察学习的第四个阶段——动机过程。行为结果包括外部强化、自我强化和替代性强化。班杜拉把这3种强化作用看成是学习者再现示范行为的动机力量。

观察学习是通过观察榜样的示范行为进行的,因而榜样的条件会影响学习。班杜拉认为理想的榜样应具备5个条件:①榜样的示范要特点突出、生动鲜明,才能引起学习者的注意;②榜样的示范要符合学习者的年龄特征;③榜样的行为对于学习者来讲要具有可行性,即学习者能够做得到,这是最基本的条件;④榜样的行为要具有可信任性,即相信榜样做出某种行为是出自自身的要求,而不是具有另外的目的;⑤榜样的行为要感人,使学习者产生心理上的共鸣,这时学习者才会表现出相类似的行为。榜样的作用也得到了国内外学者的证实,国内芦咏莉等(1998)对1 640名青少年的调查发现,社会榜样和青少年社会关系的质量与社会行为显著相关,对积极社会榜样高度认可的青少年,其社会观念和社会行为也更加积极。国外的研究也表明,观看亲社会电视节目的孩子和那些不看此类节目的孩子相比较,前者更可能做出亲社会反应(Forge, Phemister, 1987)。同时这也说明,媒介对于助于人榜样的宣传也有助于鼓励助人行为的产生。

研究者们通过实验发现了观察学习在助人行为中的作用。在一项实验中,让7～11岁的儿童观看成人滚木球的游戏,游戏完毕成人会把赢得的部分奖品捐赠出来作为救助贫穷儿童的基金。实验发现,那些单独玩这种游戏的儿童也会把部分奖品捐赠出来,而且捐赠的数量远远超过没有观看成人榜样的控制组儿童,几个月后实验组儿童仍表现得更慷慨(Rushton, 1975),这个实验表明,儿童的助人行为和公益行为是可以通过观察榜样而学习的。在另外一项现场实验(Bryan, Test, 1967)中,一个年轻女子的车胎漏气了,她将车子停在路边等待援助。这时如果来往的车辆看到有位旁观者正在帮助这位汽车出了故障的女士,那么在这种情况下,人们更有可能停下车来参与救助。这说明,一个乐于助人的旁观者可以起到社会模范的作用,结果会促进其他的旁观者也投入到助人行为之中。

　　观察学习也能很好地解释人们的助人行为和公益行为。地震、台风等灾难过后,一些热心肠的人或社会公益组织会举办各种慈善募捐活动,这其中,能得到很多善款的活动常常是某些大型的慈善晚会。晚会中人们所崇拜的偶像明星边表演边捐款。而这些明星的粉丝也随后为慈善活动毫不吝惜地拿出了自己的心意。明星们之所以捐钱,可以用传统的行为主义的强化来解释,因为这样做可以得到更多民众的支持,而粉丝们捐钱的原因,则用观察学习理论的解释比较恰当(迟毓凯,2009)。20 世纪六七十年代出生的人还记得小时候学雷锋的事,当一个社会将雷锋作为一个榜样所赞扬的时候,很多人并不需要得到什么直接的强化便会悄悄地做好事。可见,榜样的力量在助人行为的传播中是无穷的。

　　行为学习论特别强调学习对帮助别人行为的重要性(Batson, 1998),的确,有些青少年的公益行为是通过直接的强化而习得的,有些青少年则是通过观察和模仿父母、老师和同学习得公益行为的。但是当青少年长大以后,助人行为会发展为一种内在的价值观,他们会明白应该帮助哪些人,他们也会权衡利弊,之后再决定是否出手相助,这时候就需要认知理论的解释了,其实在班杜拉的观察学习论里面就包含了认知的成分。

第三节　社会认知论的解释

　　社会认知理论根植于学习理论,最初被称为社会学习理论,社会认知理论注重人类行为的社会性起源和认知思维过程在人类机能各方面——动机、情绪、行为的重要性,认为有机体和外界环境之间总是存在一个相互作用的过程。自 20 世纪 80 年代以来,社会认知领域迅速发展。研究者开始关注助人行为发生的认知过程,认为助人行为是更理性的行为,并力求在实验情境中证明这一假设,从而催生了一些从社会认知角度解释助人行为的理论。

一、唤醒—代价回报模型

　　唤醒—代价回报模型(The arousal: cost-reward model)的核心观点是,移情性的唤醒激发了助人倾向,而代价回报的分析则决定了助人行为。其中移情性唤醒是由另外一个人的苦恼而引起的,旁观者不愉快的情感经历也由此而生,进而会激发旁观者去想办法减少这种不愉快的情感,因为一个人正常而有效地减少这种不愉快的方式是通过助人而减少他人的苦恼来实现的。但最终帮助与否很大程度上决定于行为实施者对提供帮助将带来的代价、奖赏,以及不提供帮助可能带来的损失之间的比较(Dovidio, Piliavin, Gaertner, Schroeder, Clark, 1991)。如果帮助别人带来的代价过大,那么助人的可能性就会降低。唤醒—代价回报模型如图 3-1 所示。

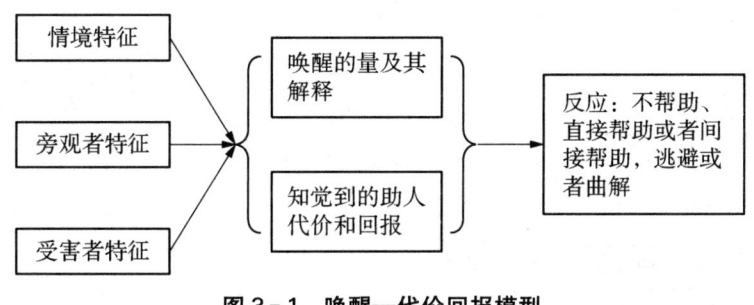

图 3-1 唤醒—代价回报模型

(资料来源：迟毓凯，2009)

在唤醒-代价回报模型里，助人的关键因素有 5 个：①对另外一个人的问题或者危机的观察将旁观者唤醒；②将唤醒归因于对一个令人不快的问题或危机的观察，而且这使得旁观者产生减少这种不快的动机；③旁观者将选择最迅速和彻底减少唤醒的反应，并且尽可能付出最少的代价；④在一个特定的环境下，在对一个紧急事件观察后，特定的人格类型迅速、冲动、非计算地、"非理性地"实施助人或者逃避行为；⑤在与情境接触结束时，唤醒将随事件而缩减，不论受害者是否得到帮助。

根据唤醒—代价回报模型，人们在提供帮助之前会进行认知决策加工，如果人们是相对理性的，主要关注自我利益，那么在紧急情况下，潜在的帮助者会分析当前的情境，对自己的行为可能带来的代价和奖赏进行权衡，最后的决策将给自己带来最大的利益。唤醒—代价回报模型还认为人们的助人行为是为了将奖赏最大化、代价最小化。提供帮助带来的奖赏和回报可能是提高地位、获得荣誉、改善情绪等(Hilbe, Sigmund, 2010; Perc, Szolnoki, 2010)；而提供帮助可能的损失是耗费自己的时间、精力、金钱等(Dickert 等，2011)；不提供帮助的损失则可能是产生内疚、羞愧等情绪(Guéguen, De Gail, 2003)。

需要指出的是，这个模型所引发的助人其本质仍然是利己主义的，他人的苦恼也许唤醒了旁观者的助人动机，但是旁观者助人的主要目标，是减少他/她自己的不愉快状态。助人也许被看作是一种减少这一唤醒的有效方式，但是其他的方式如离开事发现场是可能的，因此从这个方面来说，它不符合公益行为的无偿利他性特征。

二、艾森伯格的助人模型

20 世纪 80 年代中期，美国心理学家艾森伯格(N. Eisenber)在广泛吸收前人研究成果的基础上，经过自己多年的助人实验研究，提出了别具一格的助人行为模型，该模型从助人行为发生的过程探索了影响助人行为的各种因素，深入揭示了助人行为的心理机制。按照艾森伯格的助人模型，助人行为产生的过程分为 3 个阶段，即对他人需要的注意阶段、助人意图的确认阶段、助人意图和行为相联系阶段分别如图 3-2、3-3、3-4 所示。

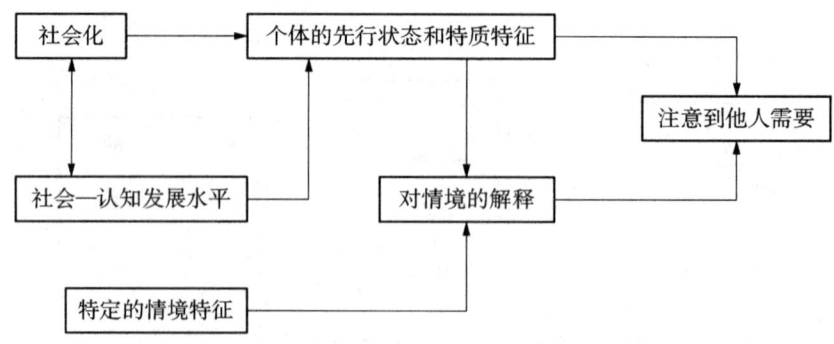

图3-2 第一阶段：对他人需要的注意阶段

（资料来源：李丹，2002）

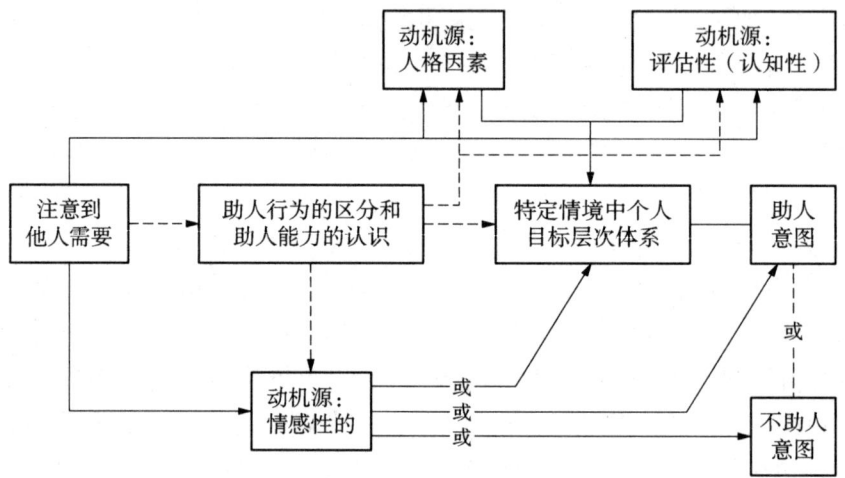

图3-3 第二阶段：助人意图的确认阶段

（资料来源：李丹，2002）

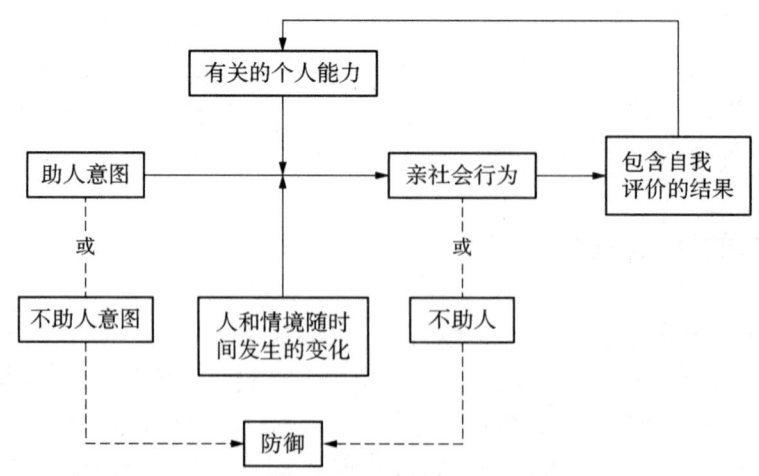

图3-4 第三阶段：助人意图和行为相联系阶段

（资料来源：李丹，2002）

一般来说,一个人要帮助别人,首先得关注到别人是否需要帮助,因此助人行为的第一阶段(初始阶段)就是对他人需要的注意。在这个阶段里,助人者必须要注意并确认他人有某种需要,至于能否注意到他人的需要则是受个体因素(个体的先行状态和特质特征等)和个体对特定情境的解释这两方面的影响。助人者一旦注意到他人的需要,就要决定是否要助人,从而进入助人行为的第二阶段,即助人意图的确认阶段。这个阶段又有两种情况,一种是在紧急情况下,情感因素如移情、同情、内疚感或个人痛苦等在意图确认中起主导作用;另一种是在非紧急情况下,认知因素和人格因素起着更重要的作用。公益行为一般是在非紧急情况下产生的,因此其意图确定更多受认知因素和人格因素的影响,按照艾森伯格的分析,对助人行为意图产生影响的认知因素又包括两个,一个是对助人行为的代价和回报的主观评估,如果助人的代价要明显大于得到的回报,即使是富有同情心、乐于助人的人,其助人的可能性也会减小;另一个是对他人需要原因的归因,如果认为受助者需要的原因是不可控制的外部因素,助人者就更可能萌发助人的动机。而对助人行为意图产生影响的人格因素则包括价值观、需要、偏好、自尊和仁慈、慷慨等特质。助人意图确定之后,接下来就是助人行为的第三阶段,即意图和行为相联系阶段。助人意图确定之后并不一定就出手相助,因为从助人意图到助人行为实施之间还有很多因素起到作用,比如个人能力和情境因素等,有些人想帮助别人,但心有余而力不足;有些人想出手助人的时候发现已经有旁人出手相助了。另外,助人方式的识别和助人能力的确认也是影响助人行为的认知因素(王美芳,庞维国,1997)。

艾森伯格的助人模型把可能影响助人行为的各种因素有机地统一在助人行为产生的整个过程之中,并对其作用机制作了较深刻的剖析,特别是对认知、情感和人格因素的作用作了详细的说明,这无疑给探讨助人行为复杂的心理机制提供了一条较新的思路。但该模型并没有把所有影响助人行为的因素一一详述,如生物学因素就没有纳入其中;另外在该模式中对各因素作用的描述也仅限于概略的、粗线条的,各因素与亲社会行为的关系多为相关性的、或然的,缺少因果关系的探讨和说明,也限制了该模型的适用普遍性(王美芳,庞维国,1997)。

三、助人决策模型

在很多时候,助人行为是个人经过更为复杂的决策过程才做出的。Schwartz 和 Howard(1982)提出,助人行为的决策过程包括 5 个系列阶段:第一个阶段是注意阶段,包括对需要、潜在行为和能力的知觉;第二阶段是动机阶段,个体产生了对助人行为起决定作用的道德义务感;第三阶段是评价阶段,在这个阶段,个体需要评价助人行为可能存在的道德和非道德付出和收益;假如个体评价的结果是代价和收益相对平衡,个体进入第四阶段即防御阶段,个体通常采用减少自己的道德义务感来减少内心冲突,然后重新定义在前几个阶段中的要素,改变有关认知,直到评价不平衡;第五个阶段是行为阶段,一旦产生评价不平衡,个体要么出手相助,要么不相助。助人行为的决策模型如图 3-5 所示。

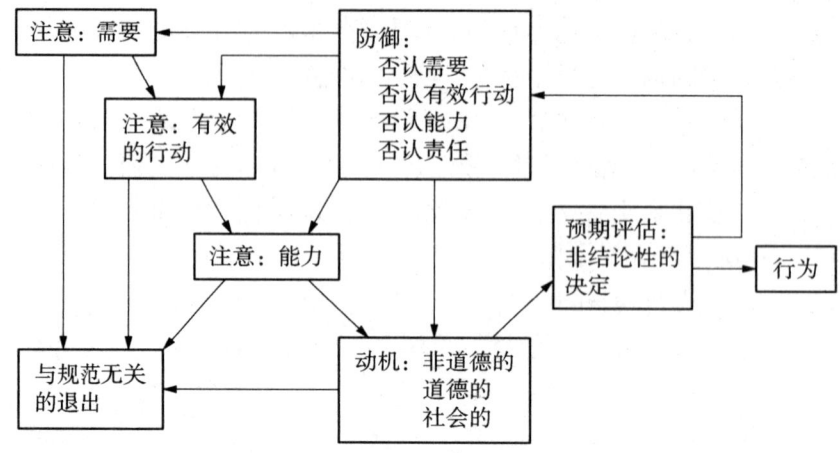

图 3-5　助人行为的决策模型

(资料来源：Derlega VJ, Grzelak J 等,1982)

　　Shelly，Letitia 和 David(2005)在总结归纳前人研究的基础上,分析了人们在考虑是否帮助他人时可能经历的步骤：第一步,首先要注意到有事情发生了,并判定有人需要帮助；第二步,如果意识到别人需要帮助,个体就会考虑自己对此承担个人责任的程度；第三步,个体还会考虑可能的得失,也就是说,出手相助是否值得？如果权衡到助人行为的收益大于不帮助的收益,那么继续下一步,即第四步,决定怎样帮助他人并采取行动,在这个环节,个体决定采用哪种形式的助人。助人行为的考虑步骤如图 3-6 所示。

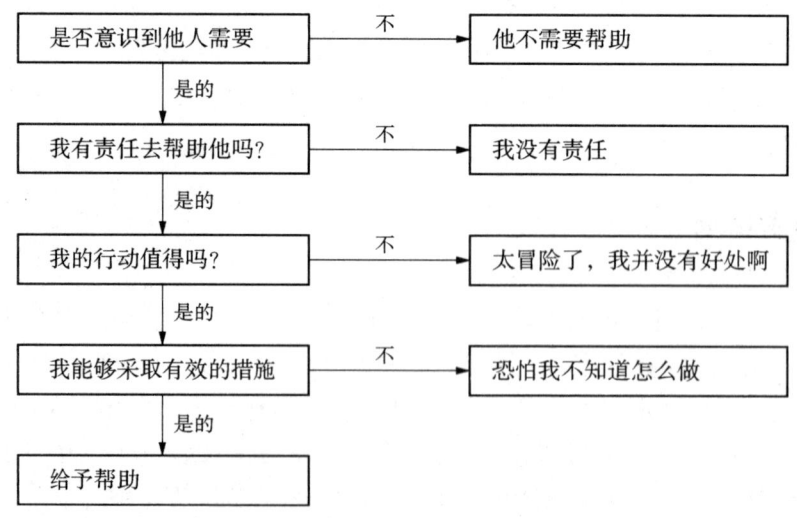

图 3-6　助人行为的考虑步骤

(资料来源：Shelly, Letitia, David, 2005)

捐赠行为也是助人行为中研究较多的行为,越来越多的学者们认识到捐赠行为的决策过程可能是多种宏观、微观因素共同作用的结果,其中 Bendapudi 和 Singh 等学者(1996)梳理了将近 20 年的捐赠行为研究成果,提出了一个整合理论框架——帮助决策模型,对帮助决策过程中涵盖的前因、调节、行为以及结果变量进行了概念上的界定和描述。

(1) 前因变量(antecedent variables)。慈善机构面向公众所发布的信息(如广告)是否能够让公众感知到信息来源是可靠的(如发布组织是否有一定的公信力)、发布的内容诉求是否能够让公众获得正面的感受,以及在发布的信息里是否留给公众选择的余地(如不设定最低捐赠数额)来影响捐赠行为。

(2) 调节变量(moderator variables)。捐助行为受到无法控制的捐助人变量和非捐助人变量的影响,这些捐助人变数包括属于持续性的认知(perception)—动机(motive)或能力(ability),以及较易变的捐助人心情、是否看到信息等,有时非捐助人的因素,如政策法规、经济状况和文化习俗等也会产生很大的影响。

(3) 捐助行为(behavior)。在劝募之下,潜在的捐助人就会做出无动于衷、积极捐助或酌情捐助的行为反应。

(4) 结果(consequence)。捐助行为可能产生的结果,首先,受惠者需求是否真的被满足;其次,慈善机构借此经验和成果订定新的计划(诱发持续性捐助行为);再次,对于整体社会产生经济、文化和社会方面的影响;最后,捐助人的认知、动机或能力等观念,也可能因而发生转变。

Dickert 等人(2011)在前人研究的基础上,提出并验证了一个关于捐赠决策的二阶模型(a two-stage model of donation decisions)。该模型认为是否捐赠以及捐赠多少是两种不同的认知决策,由不同机制管理。具体来说,捐赠行为可以分为两个阶段,最初阶段的认知决策涉及是否捐赠,后一个阶段的认知决策则与捐赠量有关。最初的认知决策受个体对自我感觉(情绪管理)的影响,后期的认知决策受个体体验他人感觉(共情)的影响。二阶模型可以被看成是社会信息加工(SIP)模型的简化,其中 SIP 模型的前两个阶段(线索编码、线索解释和表征)是二阶模型的第一个阶段,即是否要表现出亲社会行为的决策阶段;SIP 模型的后三个阶段(反应生成、反应决策、反应执行)则符合二阶模型的第二个阶段,对表现出多大程度的捐赠行为进行认知决策。二阶模型针对捐赠这种特定行为,具有很强的解释力。

我国学者蒋晶(2014)在 Bendapudi 等的帮助决策模型等理论的基础上,结合我国实际,建立了我国个人捐赠者的捐赠决策模型,如图 3-7 所示。这一模型揭示了捐赠行为的刺激→情感→动机→意向这一动态心理决策过程,其中由公益组织传递的组织形象和广告诉求经过了潜在捐赠人的评价而产生了不同的情感状态,该情感状态诱发利己动机或者利他动机继而影响其捐赠意愿。此外,个人捐赠经历与情感状态交互作用于动机并对捐赠意愿产生影响,即在个人捐赠经历多的情况下,由感知组织形象和广告诉求评价所引发的情感对于捐赠意愿的影响较小;而在个人捐赠经历少的情况下,该情感对捐赠意愿

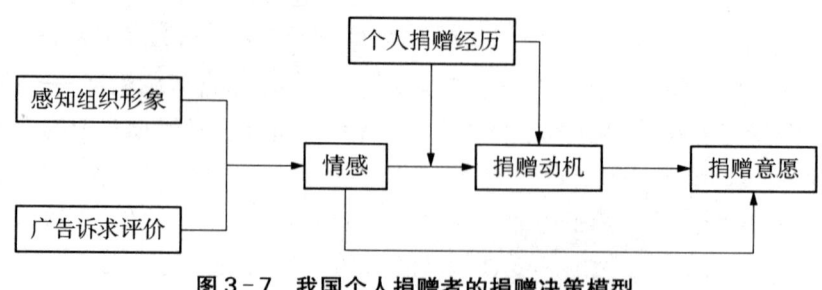

图3-7 我国个人捐赠者的捐赠决策模型

(资料来源：蒋晶，2014)

的影响较大。

助人决策模型很容易解释人们没有给予助人的原因，比如很可能是因为他们没有注意到问题；或者没有意识到他人的需求；或者觉得自己没有义务去帮助他人，或者觉得收益低于回报，或者不知道该怎么帮助等，任何一个环节出现问题就可能影响助人行为的产生。

第四章 公益行为的动机分析

人们为什么会去做公益？他们是出于生物的本能，还是由于害怕自己不帮助别人而受到惩罚？还是要补偿曾经侵占的对象而赎罪？或者是由于社会责任，坚定的使命感？为了公众的利益，为了他人的幸福？又或者是满足受到赞赏的需求，通过提供帮助陌生人而获取其他的利益？又或者是源自于内心的道德体验，无法容忍受害者痛苦的表情而情不自禁地伸出援手？究竟是什么动力在支配着公民的公益行为呢？这就是行为的动机问题，也是行为研究的首要问题。本章围绕公益行为的动机首先介绍公益行为的几种动机模型，然后聚焦青少年的公益行为动机问题，编制青少年公益行为动机问卷，并利用自编的问卷调查分析青少年公益行为的动机。

第一节 公益行为的动机模型

一、单一动机模型

1. 责任或义务论

责任或义务论源于公民理论，最早可追溯至古希腊。古希腊城邦政治生活中的核心问题是公民资格问题，它包括权利和义务两个部分，两者相比，义务优先。公民最重要的义务就是致力于公共事务，他必须不遗余力地献身于国家，必须奋不顾身地为国家的福祉而努力，由此换来参与共同体内的各种权利的分配。古罗马时代依然强调公民义务优先，与古希腊相同的是，它们都将共同体作为最高的善和公民个人充分展现德性的舞台。但是，古希腊的制度特色是公民的权利义务基于传统的习俗惯例，而古罗马却以明确的法律规定了公民的权利义务，因此古罗马的制度框架具有十分鲜明的功能性。在这样一个制度框架内，为其他需要帮助的社会成员和公共利益捐赠钱物、提供劳务，是城邦公民必须担负的道德义务，它体现着公民与城邦之间的互惠交换。由此制度的化约和规范，甚至是巧妙的强制，成为公民实施善举的重要的动因，因此在实践中，公民捐赠成习。

近年来,越来越多的人同意这样的观点:慈善捐赠和志愿服务是公民应该履行的一项社会责任。这是因为,公民责任是公民身份的标志,公民身份作为一个政治术语,意味着积极承诺,意味着责任,意味着一个人在社区、社会和国家中有某种影响。现代公民需要富有意义的社会生活,需要在工作之余、在组织之外、在自己的专业知识领域之外作出贡献,而满足这种需要的领域就是慈善领域、社区和社会服务领域,它们可以统称为社会部门。在社会部门中,公民可以以志愿者的身份承担社会责任。新公共管理运动的一些倡导者甚至认为,处于现时代的各个政体的重要使命就是恢复社会部门,恢复公民责任和公民身份。

2. 利己论

利己论主要来自于经济学的解释。这种观点认为个人进行慈善捐赠和志愿服务的内在目的,实际上是为了牟取自己的利益如金钱、地位、荣誉、权力等,至少是期望获得某种回报,包括精神上的快慰。

一些非营利机构的专家也倾向于这一观点。如美国非营利机构专家 P. B. 弗斯顿伯格就认为,来自个人或机构的资金捐赠,包含着需要得到报偿的意图,捐赠者必然从受赠的机构中获得与所给出价值相应的价值作为交换。如政府的某些机构期望能够帮助他们推进某一项计划以增进它的政治利益;某些基金会要寻求能够帮助他们实现各自目标的机构;某些公司希望达到改进他们的公共关系的目的;私人捐赠者则谋求扩大自己的影响以获得尊敬。他还指出,减税方面的好处是构成私人提供资助的一个重要原因。

另一位美国非营利组织专家 P. 科特勒也偏向于做利己主义的解释。用他的话说:这些人给出资金是为了得到某种东西作为回报,换言之,决不要把捐赠看成是资金转移,而应看成是一笔交易。从表面上看,有些人在给出他们钱财时说,他们并不期望得到什么回报,但实际上他们是有期望的,他们期望该机构有效地使用他们捐出的钱;他们期待受援者对他们表示感谢;如此等等。

这种心理需要在一些中国台湾地区学者那里得到更加深入的研究。根据陈武雄的研究,志愿者参加志愿服务更多的是基于诸多心理需求,包括归属感、参与感、方向感、新鲜感、使命感、乐趣感、自我感、激励感、成就感和荣誉感等。还有人把捐赠和志愿服务行为的发生,归因于马斯洛1969年提出的人类的第六种需求,即灵性需求,这是人类最高层次的需求,其内涵是:超越一己之私,而升华为为社会利益服务与奉献自我。捐赠和志愿服务,正是满足这种灵性需求的最佳途径。

总之,利己论强调在慈善捐赠和志愿服务行动的背后,是收获自我利益的动机,既包括获得物质层面的回报,也包括得到精神层面的满足,有的人可能试图二者兼顾,有的人可能只图其一。

3. 利他论

利他主义的解释认为,实施慈善捐赠或志愿服务的个人,往往具有理想主义的色彩,把改善社会、解决弱势群体的生活困境当作自己的一种使命。G. S. 贝克尔、K. J. 阿罗等经济学家都持这样的观点,他们认为捐赠行为的发生是因为捐献者的利他主义情结促使他们关心捐赠的受益者。R. L. 斯蒂拉特和 H. 亨克尔也是这样认为的,他们指出捐赠的动机建立在博爱的思想上,建立在承认并维持捐赠者与接受者之间的差异上。利他论者相信,大多数人的内心都怀有慈善的愿望,大多数人都愿意帮助他人,特别是帮助那些不幸的人。而人们心中的慈善愿望或利他情结,可能是来自宗教的启示,也可能是来自内在的道德良知。

二、二元动机模型

卡利罗斯基认为利他行为的动机有两种。一种是来自助人者的内心世界,称为内源性动机,这种动机主要涉及个体道德和形象维护与提升,其主要特征是,助人者行善后会体验到道德满意感;如果不帮助对方,他们将体验到内疚。内源性动机的激活可能伴随着对他人需要较低的敏感性,对他人需要的察觉极易受到歪曲,可能的帮助行为更多取决于能否减少因为拒绝帮助别人而产生的内疚感等,而非外部情境的需要。助人者往往出于"应该"而非"想要"的出发点去帮助别人,因此内源性动机所激发的助人行为有时候是不适当的,更有甚者是不受欢迎的,助人者出于好心,但受助者并不领情。

另外一种来源于外部世界,称为外源性动机,这种动机往往关注受助者的状况改善,或者防止状况的恶化;助人者通常会注意到对方目前所处的情境和需要,以及将会发生的情况。外源性动机的助推力来自两个方面:①助人者意识到受助者愿意达成自己所推崇的目标或者远离不认可的目标;②助人者和受助者之间具有某种积极的社会关系。

为了测量内源性动机和外源性动机,卡利罗斯基还编制了动机调查表,这个调查表其实是由一些小故事构成的不完全测验,所有故事中的主人公都是女孩,要求在女孩面对道德两难情境时必须决定是否出手相助。在每一个故事后面都附一份由 24 个题目组成的问卷,问卷的左边列出了赞成帮助的理由,分别由 6 个内源性动机项目和 6 个外源性动机项目组成,问卷的右边列出了反对帮助的各种理由。最后通过被试选择的内源性动机项目的数量减去外源性动机项目的数量,来确定被试的助人动机。

卡利罗斯基认为,个体助人行为的内源性动机和外源性动机也是一个发展的过程,可以通过不同的训练和干预方式来改变,有些干预方式可能促进了个体内源性动机的发展,有些干预方式则促进了外源性动机的发展。

三、多元动机模型

更多的学者认为在个人慈善捐赠和志愿服务行为的背后,实际上隐藏着复杂的动机,既存在着利己主义动机,也存在着利他主义的动机。

1. 四元动机模型

英国学者 M. 胡德森是一个复杂动机论者。他认为,每一个为第三部门组织贡献时间和努力的人都具备深层次的利他性和慈善性,没有这些价值,第三部门就不会存在。但是志愿者在为公众利益做贡献时也常常带有其他的个人动机,他把这些利己主义动机归纳为:①获得他人和社会的认可;②谋求公共的利益,通过捐款取得国家的认可,以安慰他们的良心,或谋求在团体事务之上的更大的影响;③那些贡献时间的志愿者是为了友谊和参加社会活动,以便获得有用的技能去拓展他们就业的前景,发挥他们在更为广阔的社区中的作用;④不愿意受私人部门和政府部门的限制,因而在第三部门寻找就业。

此外,雷库斯基建立了一个 4 种类型助人动机机制的理论模型。这 4 种动机分别是:功利性动机、规范性动机、内在动机和个人标准泛化动机,另外,雷库斯基认为,除了这 4 种助人动机源之外,自我也是助人动机的来源。雷库斯基不仅指出了不同动机可能导致的不同行为,以及这些行为的本质区别,还对诱发动机的前提条件、促进条件和抑制条件进行了比较分析。4 种助人动机的比较见表 4-1。

表 4-1　4 种助人动机的比较

	功利性动机	规范性动机	内在动机	个人标准泛化动机
初始条件	预期在特定情境中某种助人行为将获得某些社会奖励(表扬、物质报酬、名声等)或避免受到社会惩罚	有关规范的认识	社会需要的察觉	把对象的需要看作与自己关系密切
期待结果	个人的收获(自我利益的保护)	增强自尊感,避免自卑感	关心社会利益	关心对象利益(根据个人标准)
促进条件	强化行为对个体所带来的奖赏,或强化不执行行为将丧失奖赏的恐惧感	集中于自我和自我行为的道德部分	集中于外部社会对象的状态	适当集中于个人的标准;缩短对象和自我之间的心理距离
抑制条件	由于卷入助人行为个人损失或受到伤害的可能性	集中在与社会规范无关的自我层面	自我关注,认识到外部社会对象是能够通过其他方式来满足需要的。外部对象的可能收获与个人可能的损失之间严重失调	把对象和自我区分开来的明显特征
本质特征	对外部社会对象的真正需要不感兴趣。不能提供准确的帮助	类似自我中心	对外部社会对象的真正需要很感兴趣。能够提供准确的帮助	对外部社会对象的真正需要很感兴趣。精确度取决于外部社会对象与自我相似性程度

资料来源:Derlega VJ, Grzelak J, ed. Cooperation and Helping Behavior: Theories and Research. New York: Academic Press Co., 1982, 364(转自李丹主编《儿童亲社会行为的发展》第 36 页)

2. 五元动机模型

英国著名社会福利史学者 D. 福瑞塞总结了 19 世纪中产阶级慈善行为的如下 5 种复杂动机：①对社会革命的恐惧；②对人间苦难的人道主义关怀；③希望提高那些从慈善机构中得到帮助的人的道德；④对自己的社会地位和心理需要的满足，如通过给贫穷者的帮助来得到一种对自己社会地位优越感的认可；⑤有宗教动机，一些人出于对基督教的仁爱思想的信仰，把扶贫救弱为目的的慈善事业当作义不容辞的责任。

3. 六元动机模型

克雷布斯认为，助人的动机不外乎有 6 种：①为了获得奖赏或者避免受到惩罚；②因为互惠互利；③为了实现社会角色期待；④遵从社会规范；⑤奉行自己的行为准则；⑥出于道德原则。美国星星共同体副总裁 L. R. 法利克劳斯把个人捐赠的动机归纳为 4 种：①坚定的使命感；②联系；③具有捐赠的资源，一般是富人对穷人的捐赠；④慈善事业使人们感觉很好，因为帮助别人尤其是帮助那些不幸的人，会使帮助者感觉自己有重要的价值，并产生人类团结一家的感觉；⑤参加慈善活动的人得到了承认，因为人们通常乐于看到自己在支持某项特别的事业时榜上有名；⑥获得减税。

4. 八元动机模型

L. R. 费思克尔和 K. B. 沙夫尔也是从多元的角度探讨志愿服务的动机的，他们总结了 8 种动机，见表 4-2。

表 4-2 志愿服务的动机类型

动机类型	内容
利他的参与	帮助人、做好事与具有社会责任感，是最常见的参与动机
意识形态型的参与	因意识形态或价值观而有目的地参与
利己的参与	为了满足自我的需要，如处理内心的冲突或获得支持
实质回馈的参与	因为对自己和家人有益处，预期能得实质的物质回报
资格取得的参与	希望得到专业知识、技巧或认知
社会关系的参与	为了结交朋友，获得友谊
打发时间的参与	消磨空闲时间的活动方式
个人成长的参与	是学习、个人成长与心灵提升的机会

资料来源：L. R. Fischer, K. B. Schaffeer, Older Volunteers: A guide to Research and Practice. Newbury Park, C. A.: Sage, 1993, P44-45。

第二节 青少年公益动机的测评

在归纳总结了公益行为的动机模型之后，紧接着就是公益动机的测评问题。因为只有研制出测评公益动机的工具,才能更客观地研究青少年的公益动机,从而可以更深入地理解青少年的公益行为,更好地把握青少年的行为规律,引导青少年积极主动地参与到公益事业当中。本节重点介绍我们所编制的青少年公益动机问卷。

一、公益动机维度的确定

首先,搜索关键词如"公益""慈善""志愿"等的相关文献资料,总结出青少年公益动机的特点,罗列出各种青少年公益动机的具体内容,编制成公益动机问卷题库,每种公益动机设置1道题目,每道题设置5个选项,采用五度计分法,分别为:很符合(5分)、符合(4分)、不清楚(3分)、不符合(2分)、很不符合(1分)。

其次,对参考文献进行整合,总结出以下两点作为确定公益动机维度的参考:①国外的研究者对公益动机的分类可以主要概括为利己论、利他论、责任论、多元动机论等5类;②国内关于公益动机的分类比较有代表性的是唐杰的分类方法,即分成理想性动机、回报性动机、交往性动机、学习性动机、盲目性动机。

为了对公益动机维度的进一步确定以及补充公益动机问卷题库,笔者采访了唐山市和温州市的部分大型公益组织的负责人,如唐山市青年志愿者协会会长,温州大学橄榄枝志愿者协会会长,唐山学院青年志愿者协会会长等共8人。

综合国内外研究者对公益动机的分类以及对公益组织负责人的采访,本研究将公益动机划分为报酬性、发展性、自我实现性、义务性、盲目性5个维度。报酬性,即参与公益是抱着希望得到回报的心理的,如为了得到荣誉证书或是表扬之类的回报;发展性,即以自身能力或人际关系的发展需要为目的而参与公益,类似于人们常说的"锻炼自己";自我实现性,这类动机是从社会或他人等角度出发,不求回报、无私地为社会或他人付出;义务性,即以参与公益为公民之义务,是人人应该做的;盲目性,即参与公益活动迫于一定的压力,或是以一种凑热闹盲目跟风的心态参与公益。

以下为各个维度各举一例。

(1) 报酬性:我参加公益活动是为了获得一些荣誉称号或者证书。
(2) 发展性:我参加公益活动是为了学到一些技能(如,支教可以增加工作经历)。
(3) 自我实现性:因为我觉得参加公益活动,能在一定程度上实现我的人生价值。
(4) 义务性:参加公益是因为我觉得这是我作为一个公民应该做的。
(5) 盲目性:我参加公益活动只是去凑个数,没什么想法。

公益动机维度确定后,根据维度在公益动机测验题库中选择对应的题目,并对部分维度进行题目补充,最终得到每个维度6个题目,编制成一个题量为30题的公益动机初始问卷。

二、取样与被试

基于本书所探讨的对象为青少年,并且要求被试参与过一定量的公益活动,本研究采用的抽样方法是便利抽样,在唐山市和温州市两个地域范围内的部分学校以及青年志愿者协会等社会公益组织中共抽取387名被试进行问卷调查,年龄都在14~28周岁(即出生日期为1987年3月5日至2001年3月5日之间的人),平均年龄为19.1周岁,经测谎题分析等方式剔除无效问卷33份,最终得到有效问卷354份,问卷回收率为90.7%,男女比例为70∶107,被试具体分布见表4-3。

表4-3 研究的被试分布情况

	温州市	唐山市	合计
中学生	35	107	142
大学生	90	67	157
非学生	35	20	55
合计	160	194	354

三、问卷的项目分析和信效度分析

1. 项目分析

将公益动机初始问卷进行结构效度的分析,经分析后,再次对问卷内容进行修改,然后在温州大学各个青年志愿者协会现场发放问卷,以及温州市部分公益组织QQ群内发放问卷。问卷回收后,对问卷进行了区分度分析,本研究采用项目鉴别指数法,把每个维度的被试得分按总分递减排序,在分数分布的两端各取27%的被试,用公式 $D = P_H - P_L$ 进行计算,以3分为中间值,得出各个题目的项目鉴别力指数,见表4-4。

表4-4 公益动机问卷首次试填的项目鉴别力指数

题号	1	2	3	4	5	6	7	8	9	10
D值	0.36	0.43	0.33	0.37	0.38	0.26	0.31	0.27	0.18	0.35
题号	11	12	13	14	15	16	17	18	19	20
D值	0.29	0.34	0.23	0.33	0.05	0.36	0.32	0.32	0.27	0.22
题号	21	22	23	24	25	26	27	28	29	30
D值	0.39	0.33	0.26	0.25	0.32	0.34	0.19	0.37	0.27	0.15

由表4-4可知，多数题目的项目鉴别指数在0.2～0.38，少数题目少于0.2，因此，将项目鉴别指数少于0.2的题目剔除，并对其余题目进行一定的修改。再次进行了项目鉴别力指数分析，结果见表4-5。

表4-5 公益动机问卷第二次试填的项目鉴别力指数

题号	1	2	3	4	5	6	7	8	9	10
D值	0.44	0.43	0.38	0.52	0.50	0.39	0.35	0.38	0.45	0.47
题号	11	12	13	14	15	16	17	18	19	20
D值	0.43	0.35	0.37	0.42	0.30	0.39	0.49	0.42	0.41	0.44
题号	21	22	23	24	25	26				
D值	0.39	0.41	0.33	0.37	0.35	0.41				

经过两次试填及项目鉴别力指数分析和修改，最终确定公益动机的盲目性、报酬性、发展性3个维度均为6道题目，义务性维度只保留3道题目，自我实现性维度保留5个维度，共保留了26道题目。

2. 信度分析

研究检验了公益动机问卷的同质性信度和分半信度，具体数据见表4-6。

表4-6 公益动机问卷的同质性信度和分半信度

公益动机	n	同质性信度（α系数）	分半信度
报酬性	6	0.648	0.637
发展性	6	0.658	0.660
自我实现性	5	0.805	0.769
义务性	3	0.69	0.644
盲目性	6	0.72	0.701

由表4-6可知，公益动机问卷各个维度的分半信度和同质性信度系数都达到了0.6以上，因此，公益动机问卷的信度基本达到了心理测量学的要求。

3. 效度分析

本研究主要采用了逻辑分析法对问卷的题目进行了分析，其工作思路是将公益动机问卷的题目所要测的内容确定下来，并编制出问卷题目的双向细目表以及评定量表，请心理测量学专家对题目所定义内容范围的覆盖率进行评定，经过两次预测试填和修改，各题目对于其所定义的内容范围具有可观的覆盖率，因此，公益动机问卷具有一定的内容效度。

四、青少年公益动机问卷的组成

综合问卷的信效度以及问卷题目的区分度,最终形成了公益动机问卷,问卷由 26 个项目和报酬性、发展性、自我实现性、义务性、盲目性这 5 个因素组成。具体问卷见附录 4。

第三节 我国青少年公益动机的特点

在研制了青少年公益动机的测量工具之后,我们选取了一些青少年被试,对青少年的公益动机进行了调查和研究,得到一系列有关青少年公益动机的特点。

一、我国青少年公益动机的基本特点

1. 青少年公益动机各维度的排序

公益动机的 5 个维度的得分情况见表 4-7,由表中数据可知报酬性和盲目性这两个维度的每题平均得分较低,义务性的维度的每题平均得分最高,同时自我实现性和发展性的得分也明显高于盲目性和报酬性的得分。

表 4-7 青少年公益动机各维度的排序结果

公益动机维度	n	最小	最大	M	SD	题量	每题平均分
报酬性	354	6	30	16.56	4.047	6	2.76
发展性	354	6	30	21.11	3.612	6	3.518
自我实现性	354	5	25	19.82	3.427	5	3.964
义务性	354	3	15	12.06	2.159	3	4.02
盲目性	354	6	30	16.06	4.207	6	2.677

2. 青少年公益动机的性别差异

青少年公益动机的性别差异比较见表 4-8,从数据中可以看出青少年公益动机的 5 个维度除了发展性维度外,其他维度在性别上都有显著差异。在报酬性和盲目性上,男被试得分显著高于女被试,而在自我实现性和义务性上,女被试得分显著高于男被试,尤其是义务性得分性别差异非常显著。

表 4-8 青少年公益动机的性别差异

	男被试($n=140$)		女被试($n=214$)		F	p
	M	SD	M	SD		
报酬性	17.22	4.394	16.13	3.750	6.292*	0.013
发展性	21.38	3.992	20.930	3.150	1.307	0.254
自我实现性	19.34	4.220	20.13	2.969	4.466*	0.035
义务性	11.56	2.623	12.39	1.721	12.873***	0.000
盲目性	16.72	4.758	15.63	3.753	5.814*	0.016

注：* 表示 $p<0.05$；** 表示 $p<0.01$；*** 表示 $p<0.001$。

3. 公益动机的文化程度差异

青少年公益动机的文化程度差异比较见表 4-9，由于文化程度为小学、初中以及研究生的被试总共只有 11 人，因此，在分析公益动机的文化程度差异时，剔除了小学、初中以及研究生的数据。从表 4-9 的数据中可以看出青少年公益动机的自我实现性得分在文化程度上有显著差异，大专(高职)学生＞高中(中专)＞本科生；义务性得分在文化程度上差异非常显著，亦表现为大专(高职)学生＞高中(中专)＞本科生。

表 4-9 青少年公益动机的文化程度差异

公益动机维度	被试	n	M	SD	F	p
报酬性	高中(中专)	138	16.66	4.107	1.304	0.261
	大专(高职)	72	15.1	3.878		
	本科	133	16.96	3.536		
发展性	高中(中专)	138	21.6	3.692	0.672	0.645
	大专(高职)	72	20.93	3.636		
	本科	133	20.32	3.132		
自我实现性	高中(中专)	138	20.04	3.755	2.547*	0.028
	大专(高职)	72	20.17	3.255		
	本科	133	19.5	2.47		
义务性	高中(中专)	138	12.09	2.429	5.078***	0.000
	大专(高职)	72	12.41	2.037		
	本科	133	11.97	1.404		
盲目性	高中(中专)	138	16.3	4.461	1.76	0.120
	大专(高职)	72	14.56	3.795		
	本科	133	15.97	3.325		

注：* 表示 $p<0.05$；** 表示 $p<0.01$；*** 表示 $p<0.001$。

4. 是否独生子女与公益动机

根据表4-10数据可知公益动机的5个维度中,除了发展性,其余4个维度均在是否独生子女方面有显著差异。独生子女在报酬性、自我实现性和盲目性上的得分显著高于非独生子女,而在义务性上的得分显著低于非独生子女。

表4-10 是否独生子女与公益动机

公益动机维度	被试	n	M	SD	F	p
报酬性	是	181	17.3	4.181	1.361*	0.244
	否	173	15.78	3.758		
发展性	是	181	21.61	3.708	0.314	0.575
	否	173	20.58	3.442		
自我实现性	是	181	20.04	3.898	8.583**	0.004
	否	173	19.58	2.843		
义务性	是	181	12.02	2.528	10.537***	0.001
	否	173	12.11	1.696		
盲目性	是	181	16.61	4.612	5.912*	0.016
	否	173	15.48	3.661		

注:*表示$p<0.05$;**表示$p<0.01$;***表示$p<0.001$。

5. 被试家庭生活水平与公益动机

公益动机在富裕、一般、贫困这3种生活水平上的差异见表4-11。青少年公益动机的发展性、自我实现性、义务性3个维度在3种生活水平下的差异显著。家庭生活水平一般的被试在发展性、自我实现性、义务性3个维度的得分显著高于家庭生活水平贫困和富裕的被试。

表4-11 青少年公益动机的家庭生活水平差异

公益动机维度	被试	n	M	SD	F	p
报酬性	富裕	13	17.38	4.682	0.476	0.622
	一般	288	16.66	3.958		
	贫困	53	15.83	4.344		
发展性	富裕	13	19.62	4.519	3.218*	0.041
	一般	288	21.18	3.366		
	贫困	53	21.08	4.552		

续表

公益动机维度	被试	n	M	SD	F	p
自我实现性	富裕	13	19.23	4.729	6.538**	0.002
	一般	288	20.01	3.036		
	贫困	53	18.89	4.742		
义务性	富裕	13	11.69	2.394	12.157***	0.000
	一般	288	12.22	1.847		
	贫困	53	11.32	3.280		
盲目性	富裕	13	17.15	4.67	1.171	0.311
	一般	288	16.02	4.065		
	贫困	53	16.02	4.858		

注：* 表示 $p<0.05$；** 表示 $p<0.01$；*** 表示 $p<0.001$。

6. 家庭成员是否参与过公益活动与其公益动机的关系

家庭成员是否参与过公益活动对青少年公益动机的影响，结果见表 4-12。只有在自我实现性这一维度上，家庭成员参与过公益活动的青少年显著高于家庭成员未参与过公益活动的青少年。

表 4-12 家庭成员是否参与过公益活动与青少年公益动机

公益动机维度	被试	n	M	SD	F	p
报酬性	是	280	16.66	4.11	0.739	0.39
	否	74	16.19	3.802		
发展性	是	280	21.27	3.459	2.31	0.129
	否	74	20.47	4.106		
自我实现性	是	280	20.06	3.222	4.631*	0.032
	否	74	18.89	4.002		
义务性	是	280	12.19	2.142	0.001	0.979
	否	74	11.61	2.176		
盲目性	是	280	16.1	4.262	0.302	0.583
	否	74	15.89	4.016		

注：* 表示 $p<0.05$。

7. 青少年看公益宣传片次数与公益动机

青少年观看公益宣传片的次数分为较多、一般、较少、没有共 4 个水平，青少年公益动机在这 4 个水平上的差异见表 4-13。公益动机的 5 个维度在青少年观看公益宣传片的不同次数上差异都非常显著。观看公益宣传片多的被试在 5 个公益动机维度上的得分都显著高于观看公益宣传片少的被试。

表 4-13 观看公益宣传片次数与青少年公益动机

公益动机维度	被试	n	M	SD	F	p
报酬性	较多	45	18.38	5.267	5.294***	0.001
	一般	149	16.48	3.537		
	较少	107	16.22	3.619		
	没有	53	15.91	4.675		
发展性	较多	45	23.24	3.915	7.634***	0.000
	一般	149	21.32	2.766		
	较少	107	20.29	3.429		
	没有	53	20.34	4.879		
自我实现性	较多	45	21.31	3.288	13.308***	0.000
	一般	149	20.09	2.851		
	较少	107	19.62	2.676		
	没有	53	18.17	5.276		
义务性	较多	45	12.89	2.08	16.676***	0.000
	一般	149	12.24	1.746		
	较少	107	12.04	1.636		
	没有	53	10.92	3.441		
盲目性	较多	45	18.22	5.555	7.903***	0.000
	一般	149	15.9	4.025		
	较少	107	15.5	3.211		
	没有	53	15.81	4.699		

注：***表示 $p < 0.001$。

8. 青少年所在社区举办公益活动的次数与公益动机

探讨青少年所在社区举办公益活动次数对其公益动机的影响，研究将青少年所在社区举办公益活动的次数分为较多、一般、较少、基本没有 4 个水平，在这 4 个水平上的数据见表 4-14。公益动机的 5 个维度在这 4 个水平上的差异均为显著。

表 4-14 被试的社区举办公益活动次数与公益动机

公益动机维度	被试	n	M	SD	F	p
报酬性	较多	43	19	5.815	6.562***	0.000
	一般	148	16.61	3.628		
	较少	100	16.29	3.471		
	基本没有	63	15.21	3.712		
发展性	较多	43	23.98	3.535	2.894*	0.035
	一般	148	21.2	2.957		
	较少	100	20.74	3.19		
	基本没有	63	19.52	4.511		
自我实现性	较多	43	21.93	2.906	10.542***	0.000
	一般	148	20.22	2.694		
	较少	100	19.52	2.901		
	基本没有	63	17.9	4.812		
义务性	较多	43	13.49	1.737	19.09***	0.000
	一般	148	12.23	1.765		
	较少	100	12.09	1.505		
	基本没有	63	10.67	3.167		
盲目性	较多	43	18.58	5.989	9.957***	0.000
	一般	148	15.71	3.819		
	较少	100	15.63	3.401		
	基本没有	63	15.84	4.285		

注：* 表示 $p<0.05$；** 表示 $p<0.01$；*** 表示 $p<0.001$。

首先，根据公益动机各个维度的描述统计来看，报酬性和盲目性这两个维度的得分较低，义务性、自我实现性和发展性的得分较高，虽然这个结构在一定程度上受社会赞许效应的影响，但是，从中我们可以发现青少年参与公益是至少是带着一种发展自我、锻炼自己或是实现自己的价值的想法，而不只是单纯地觉得参与公益是献爱心、做好事。

其次，对于公益动机的性别差异，除了发展性维度性别差异不明显，在报酬性和盲目性维度上，男生得分显著高于女生；而在自我实现性和义务性上，女生得分显著高于男生。这个结果在一定程度上说明男生参与公益活动相对于女生而言是更为被动的，女生更能在参与公益活动的过程中发现参与公益的价值和意义，从而主动参与公益。

再次，对于是否独生子女与公益动机，除了发展性差异不明显，其余 4 个维度均在是否独生子女方面有显著差异。独生子女在报酬性、自我实现性和盲目性上的得分显著高于非独生子女,而在义务性上的得分显著低于非独生子女。这个结果可以从家庭关系的角度作出如下解释：非独生子女由于家庭中有兄弟姐妹,与兄弟姐妹的相处过程中,可能会加强他对义务、责任的理解,对自己所背负的责任和义务更加重视。

关于被试家庭生活水平与公益动机,分析表中的数据可知,青少年公益动机的发展性、自我实现性、义务性3个维度在3种生活水平的差异显著。并且,得分在3个维度上的规律都是家庭生活水平一般的被试得分高于富裕的和贫困的。家庭成员是否参与过公益活动与公益动机也有一定的关系,根据表4-12的数据显示,只有在自我实现性这一个维度上,家庭成员参与过公益活动的青少年显著高于家庭成员未参与过公益活动的青少年,这在一定程度上说明了家长以及兄弟姐妹们对青少年从事公益活动的引导作用,能帮助青少年更加深刻地认识到参与公益活动的价值和意义。

被试观看公益宣传片次数与公益动机的关系,根据表4-13的数据,公益动机的5个维度在青少年观看公益宣传片的不同次数上差异都非常显著,观看公益宣传片次数多的被试得分显著高于观看公益宣传片次数少的被试。也就是说观看公益宣传片能在一定程度上强化青少年的公益动机,增强青少年参与公益的愿望。

另外,关于被试所在的社区举办公益活动次数与公益动机的关系,公益动机的5个维度得分在这4个水平上的差异均为显著,所在社区举办公益活动多的被试得分显著高于所在社区举办公益活动少的被试。因此,社区举办一定量的公益活动在一定程度上也能增强青少年参与公益的愿望。

二、青少年公益动机与人格特质的关系

探讨过公益动机的基本变量之后,我们来重点关注一下公益动机与青少年个性的关系,我们主要从人格特质的角度来考察这一层关系。公益动机与人格特质,从两者的定义上看,公益动机是人们参与公益活动时的一种内在驱动力,能使人朝着所期望的目标前进。人格是个体在社会化过程中形成的给人以特色的心身组织,表现为个体在适应环境时在能力、情绪、需要、动机、兴趣、态度、价值观、气质、人格和体制等方面的整合,具有动态的一致性和连续性(林崇德,杨治良,黄希庭,2003)。青少年所具有的这些独特的心身组织往往会在参与公益活动的时候体现出来,并且,在参与公益活动的过程中逐步形成的特点又会内化成为人格的一部分。另外,从测量工具的角度来看,公益动机问卷能够测量青少年在参与公益活动的过程中的动机的5个维度,可以分别测量追求报酬的程度、追求自我发展的程度、追求自我实现的程度、把参与公益视为义务的程度、参与公益的盲目程度。大五人格量表简式版本可以测量人格的5个维度,即宜人性、尽责性、外倾性、神经质、开放性。可见青少年公益动机与人格特质确实存在某种关联。具体研究结果如下。

1. 公益动机与人格特质的相关分析

研究首先采用了相关分析考察公益动机与人格特质的关系,公益动机与人格特质的

相关矩阵见表4-15,如表所示,报酬性与尽责性呈显著正相关($p<0.01$),发展性与神经质、外倾性、尽责性均呈显著正相关($p<0.01$),与宜人性呈显著负相关($p<0.01$),自我实现性与神经质、外倾性、尽责性呈显著正相关($p<0.05$),与开放性、宜人性呈显著负相关($p<0.05$),义务性与神经质、外倾性、尽责性呈显著正相关($p<0.01$),与开放性、宜人性呈显著负相关($p<0.05$),盲目性与神经质呈显著负相关($p<0.01$),与尽责性呈显著正相关($p<0.01$)。

表4-15 公益动机与人格特质的相关矩阵

	报酬性	发展性	自我实现性	义务性	盲目性
神经质	-0.098	0.292**	0.472*	0.471**	-0.145**
外倾性	0.009	0.236**	0.240**	0.241**	-0.003
开放性	0.062	-0.045	-0.129*	-0.131*	0.099
宜人性	-0.078	-0.283**	-0.350**	-0.336**	-0.041
尽责性	0.291**	0.189	0.147**	0.108	0.259**

注：* 表示 $p<0.05$；** 表示 $p<0.01$。

2. 人格特质与公益动机的回归分析

在相关分析的基础上,我们采用回归分析技术来考察人格特质对公益动机各个维度的作用,即以人格特质为自变量,公益动机为因变量,进行回归分析,结果见表4-16。在人格特质中,神经质、尽责性进入了解释报酬性的回归方程,神经质、外倾性、尽责性、宜人性进入了解释发展性和自我实现性的回归方程,神经质、外倾性、宜人性进入了义务性的回归分析,神经质、尽责性、开放性进入了盲目性的回归分析。

表4-16 人格特质对公益动机的回归分析

	报酬性	发展性	自我实现性	义务性	盲目性
神经质	-0.1*	0.15***	0.269***	0.17***	-0.137**
尽责性	0.363***	0.176**	0.12*	0.049	0.341***
外倾性	0.02	0.141**	0.091	0.059*	0.03
开放性	0.079	0.082	0.028	0.015	0.107*
宜人性	-0.104	-0.19***	-0.188***	-0.112***	-0.088

注：* 表示 $p<0.05$；** 表示 $p<0.01$；*** 表示 $p<0.001$。

公益动机与人格特质的相关分析显示,报酬性与尽责性呈显著正相关($p<0.01$),并且在回归分析中发现,尽责性对报酬性的解释作用也是非常的显著($p<0.001$),由此可见尽责性对报酬性具有很好的预测力。

在相关分析中,发展性与神经质、尽责性、外倾性、宜人性等4种人格特质均呈现显著相关($p<0.01$),在回归分析中发现,这4种人格特质均能很好的解释发展性,而且宜人性和神经质的作用比尽责性和外倾性更为显著。

在相关分析中,自我实现性与人格特质的5个维度均呈现显著相关($p<0.05$),而在回归分析中开放性的作用不显著($p>0.05$),由此可见,开放性不能有效预测自我实现性。另外尽责性和外倾性($p<0.05$)可以在一定程度上预测自我实现性,但其效果却不及神经质和宜人性($p<0.001$)显著,因此,预测自我实现性最有效的人格特质是神经质或宜人性。

在相关分析中,义务性和人格特质的5个维度均呈现显著相关($p<0.05$),但在回归分析中,只有神经质、外倾性、宜人性能够进入解释义务性的回归方程,外倾性($p<0.05$)能在一定程度上预测义务性,而效果最为显著的是神经质和宜人性($p<0.001$),因此预测义务性最有效的人格特质也是神经质或宜人性。

在相关分析中,盲目性和神经质、尽责性显著相关($p<0.01$),在回归分析中,神经质也可以显著预测盲目性($p<0.01$),而预测效果最为显著的是尽责性($p<0.001$),因此预测盲目性最好的人格特质是尽责性。

通过上述对公益动机和人格特质的关系分析,可以发现尽责性可以有效地预测报酬性和盲目性,宜人性、神经质可以有效地预测发展性、自我实现性和义务性,而外倾性可以有效预测发展性以及在一定程度上预测自我实现性和义务性。开放性在5种人格特质预测公益动机中起到的作用最不显著,只能在一定程度上预测盲目性。

第五章 青少年公益行为倾向

在上一章,我们分析了青少年公益行为的动力机制,解答了"青少年为什么做出公益行为"的问题。事实上,除了上一章所分析的公益动机之外,还有不少因素与青少年公益行为的诱发有各种直接或间接的关系,如个体特征等。在探讨个体的行为表现的时候,人们经常会从行为倾向这一角度去考查,我们也将从公益行为倾向这一因素来探讨青少年的公益行为。在平常生活中讨论公益行为倾向的时候,人们常常想起那些热心公益、经常性参与志愿服务活动的人,说他们具有"公益心",具有公益行为倾向。因此本章将围绕"公益心"这一行为倾向展开研究。

第一节 青少年公益心的内隐观

关于公益心的理解,一种说法认为:公益心是一种单一的概念,等同于一种品质、一种规则,如有的研究研究中认为可将公益心理解为具有"关怀品质"——学会关心,关心自我、关心他人,关心社会和关心大自然(Bozeman, 2010;蔡辰梅等 2015);而有的研究将公益心理解为怀有一颗公众利益之心,人们需做到为自律增加砝码、为秩序护航与为公益而较真(Chelimsky, 2014;Schudson, 2002;王玉初,2015),这是大众对公益心的一种朴素理解。另一种说法来自公益教育界,将公益心理解为一种综合的概念,如沈贵鹏(2013)和刘蓉(2013)把"公益心"理解为谋他人利益、公共利益之心,表现为个体对待他人和公共利益的良心、善心、同情心、责任心、仁爱之心、奉献之心等。但上述学者对公益心概念的界定过于理论抽象化,为了便于实际的操作与研究,我们从人格心理学的角度来定义公益心的概念,界定如下:公益心是个体在公益行为中所具有的比较稳定的人格特征,具有内隐性。这个角度和界定有助于我们去探寻公益心的结构和基本特征。

然而关于公益心的内涵、特点和成分等内容,国内外的研究却是众说纷纭,无法达成共识(Raab, 2012;Roberts, 2008;沈贵鹏,2013),其根本原因就是相关的研究偏向于现象上的描述和理论上的探讨,没有采用实证研究方法来探索公益心的内在结构。对于像公益心这样一些具有内隐性的概念的结构研究,探索其内在结构其实就是探索公益心内隐观结构。就像人格结构研究对人格研究的重要性一样,探索青少年学生公益心内隐观的结构是青少年公益研究的首要问题。因此,探讨公益心内隐观的结构不仅是公益研究的理论需要,而且也是公益教育的实践需要。

我们从全国6个地区(嘉兴、晋江、北京、西安和温州)的共6所中学抽取各年级共924名中学生参加实验,年龄在12~18岁,分两批参加实验。第一批被试参加公益心的词汇符合度评定预调查,实际有效被试435名,其中男生194名,女生241名。第二批489名被试参加公益心的词汇符合度评定正式调查,实际有效被试351名,其中男生167名,女生184名。我们的调查分为预调查和正式调查两个阶段。第一阶段(预调查),该阶段为开放式调查,要求学生根据自己的理解,尽可能多地用形容词或短语列出做出公益行为的人所具有的特征或特点。然后对回收的开放式调查问卷结果进行整理、同义词合并和汇编,按各个特征词出现的频词高低进行排序。从上述选词原则整理出的词汇表中,筛选出频数高于3的前80个形容词或短语,以随机排列的形式制成《青少年学生公益心内隐观调查问卷》,该问卷采用李克特式五级计分,要求青少年根据自己的理解对这些形容词用来描述做出公益行为的人的特征或特点的符合度进行评分,1~5分表示从"比较符合"到"非常不符合"。第二阶段(正式调查),要求被调查者对公益心问卷中的各项特征变量与做出公益行为的人的特征或特点的符合程度进行评定。接着由每个班级的当班老师进行指导,集体施测,填完问卷并当场回收。在数据分析的时候,首先采用Excel软件对调查回收的数据进行管理和预处理,然后采用SPSS 17.0软件进行探索性因素分析等统计分析,用AMOS 19.0软件进行验证性因素分析。

研究结果如下。

首先,将435名青少年对做出公益行为的人的特征描述词汇的频数高于3的词从高到低进行排列,结果见表5-1。

表5-1 青少年描述的做出公益行为的人的特征词汇表

序号	描述词	序号	描述词
1	善良的	11	热情的
2	乐于助人的	12	待人友善的
3	有爱心的	13	积极向上的
4	慷慨大方的	14	关爱家人
5	待人诚恳的	15	诚实守信的
6	无私奉献的	16	善解人意的
7	平易近人的	17	富有的
8	社会责任感强	18	温柔体贴的
9	有同情心的	19	将心比心的
10	心胸宽广的	20	心灵美的

续　表

序号	描述词	序号	描述词
21	坚强勇敢的	51	有公德心的
22	勤劳朴实的	52	吃苦耐劳的
23	关爱社会	53	保护环境的
24	公平正义的	54	懂得与人分享
25	邻区关系好	55	独立的
26	纯洁真诚的	56	明事理的
27	细心的	57	公众意识强的
28	文明理性的	58	有主见的
29	换位思考	59	爱好和平的
30	环保意识强烈	60	自尊的
31	质朴淳厚的	61	遵纪守法的
32	品德高尚的	62	勤俭节约的
33	性格阳光的	63	聪慧的
34	热情让座	64	明辨是非的
35	有能力的	65	激情奔放的
36	礼貌待人的	66	善于倾听的
37	热爱集体的	67	无偿献血
38	人际关系和谐	68	自信的
39	遵循道德准则	69	敬业乐业
40	感恩社会的	70	不乱扔垃圾
41	节约用水的	71	活泼可爱的
42	爱国的	72	为社会做贡献
43	默默无闻的	73	嘘寒问暖的
44	有耐心的	74	有教养的
45	淡泊名利的	75	乐观开朗的
46	谦让的	76	集体荣誉感强
47	家庭和睦的	77	尊重他人的
48	乐于捐款	78	乐于参与公益活动
49	热爱生活的	79	有上进心的
50	稳重的	80	团结友爱的

其次，进行探索性因素分析的适用性检验。KMO 统计量为 0.916,大于 0.9,表明研

究所抽取被试的数据适用做探索性因素分析检验；且 Bartlett 球度检验值为 4 637.597（$df=210$，$p=0.000$），说明应该拒绝各变量独立的假设，各个变量之间存在较强的相关，研究所抽取的数据是适合进行探索性因素分析的。采用主成分分析法正式调查所抽取的 489 名被试样本的数据进行探索性因素分析检验。主成分的方差解释结果见表 5-2，表中数据显示，特征值大于 1 的因素有 4 个，结合碎石检验规则，我们决定抽取 4 个因素，这 4 个因素可以解释总方差的 59.531%。

表 5-2 青少年学生公益心主成分的方差解释结果

成分	初始特征值			提取平方和载入		
	合计	方差的(%)	累积(%)	合计	方差的(%)	累积(%)
1	7.650	36.430	36.430	7.650	36.430	36.430
2	2.380	11.332	47.762	2.380	11.332	47.762
3	1.442	6.866	54.628	1.442	6.866	54.628
4	1.030	4.903	59.531	1.030	4.903	59.531
5	0.877	4.178	63.709			
6	0.758	3.609	67.318			
7	0.731	3.483	70.801			
8	0.640	3.049	73.851			
9	0.626	2.982	76.833			
10	0.579	2.759	79.592			
11	0.558	2.658	82.249			
12	0.525	2.499	84.748			
13	0.482	2.295	87.043			
14	0.437	2.082	89.125			
15	0.435	2.070	91.194			
16	0.379	1.803	92.997			
17	0.342	1.631	94.628			
18	0.333	1.587	96.215			
19	0.299	1.423	97.637			
20	0.281	1.340	98.977			
21	0.215	1.023	100.000			

然后，对抽取的 4 个因子进行方差最大的正交旋转检验，得到了各自因素负荷的初步结果。然后，根据因子负荷就高(大于 0.4)、题项不在两个因子上负荷过高且相近等原则进行探索性因素分析，累计删除项目 59 个，最终保留 21 个形容词，最后得到的四因素负荷矩阵见表 5-3。

表 5-3 青少年学生公益心内隐观的四因素负荷矩阵

序号	词条	因素			
		1	2	3	4
1	有爱心的	0.832	0.097	0.084	−0.013
2	乐于助人的	0.788	−0.008	0.131	−0.02
3	善良的	0.719	0.033	0.167	0.105
4	有同情心的	0.635	0.156	0.138	0.243
5	待人友善的	0.620	0.213	0.174	0.255
6	社会责任感强的	0.620	0.253	0.041	−0.016
7	将心比心的	0.542	0.162	0.206	−0.051
8	慷慨大方的	0.533	0.117	0.231	0.261
9	环保意识强烈	0.157	0.784	0.139	0.139
10	保护环境的	0.127	0.726	0.252	0.100
11	不乱扔垃圾	0.153	0.726	0.189	0.196
12	节约用水	0.096	0.686	0.338	0.226
13	勤俭节约的	0.28	0.576	0.22	0.292
14	人际关系和谐	0.228	0.22	0.790	0.151
15	热爱集体的	0.277	0.291	0.735	0.164
16	遵循道德准则	0.237	0.354	0.735	0.026
17	礼貌待人的	0.198	0.248	0.597	0.289
18	激情奔放的	0.047	0.13	−0.098	0.779
19	活泼可爱的	−0.013	0.168	0.176	0.765
20	自信的	0.155	0.197	0.27	0.686
21	乐观开朗的	0.195	0.246	0.365	0.609

另外,通过对第一批数据进行探索性因素分析,我们发现,青少年对公益心的认识包括 4 个因素,然而这 4 个因素具体构成到底是怎样的呢?这就需要进一步通过验证性因素分析来确认。我们利用第二批数据来进行验证性因素分析,选取了卡方(χ^2)、χ^2/df、GFI、AGFI、NFI、CFI 和 RMSEA 等 8 个拟合指数作为判定指标。验证性因素分析的拟合指标结果见表 5-4。

表 5-4 青少年学生公益心四因素模型的拟合指数

χ^2	df	χ^2/df	GFI	AGFI	NFI	CFI	RMESA
404.708	183	2.212	0.900	0.874	0.872	0.925	0.059

根据有关统计理论,只有当卡方值较小,GFI、AGFI、NFI、CFI 值较大,χ^2/df 值在 2.0～3.0,RMSEA 值低于 0.1 时,该理论结构模型的拟合度才是比较好的(侯杰泰,温忠麟,成子娟,2004)。从拟合指标来看,青少年学生公益心内隐观四因素结构模型的拟合度较好,因此研究选择了这个四因素结构模型(见图 5-1)。

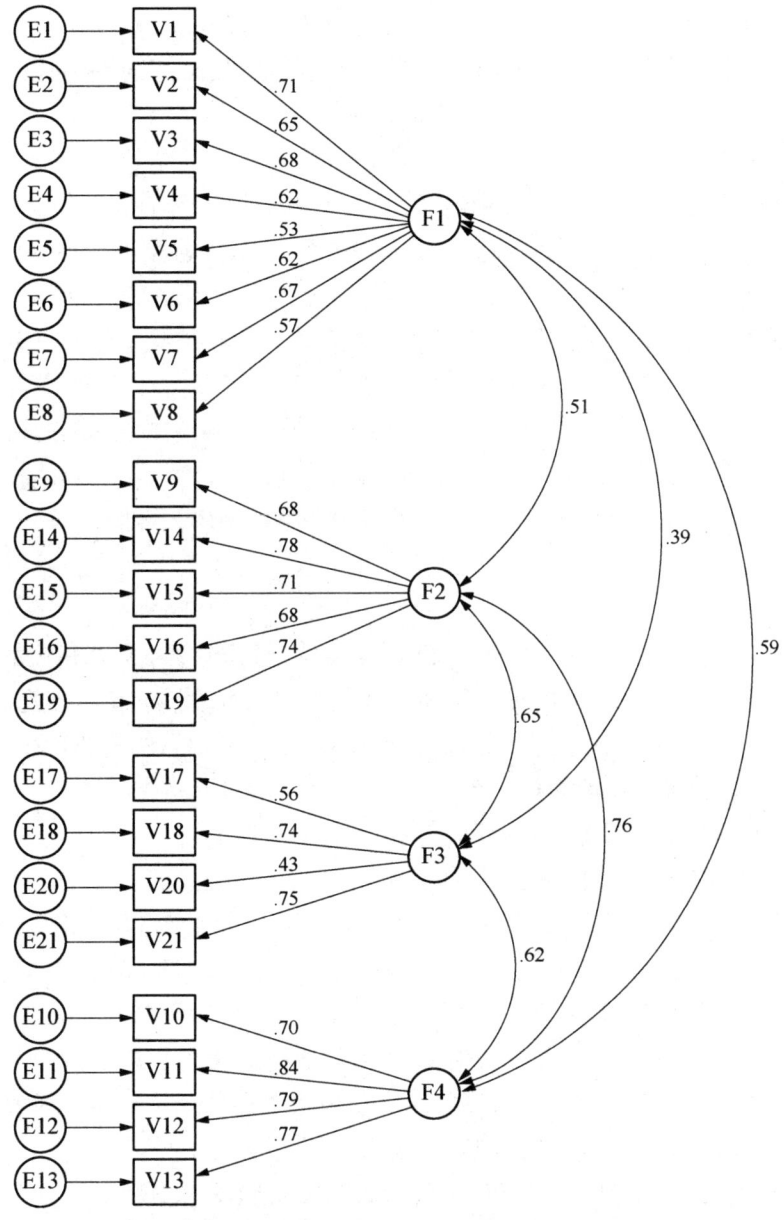

图 5-1 青少年学生公益心内隐观四因素结构模型

(资料来源:胡瑜,郭仁露,范玲霞,2019)

完成某一心理结构的建构一般通过两个步骤来实现：第一步通过对相关的调查数据进行探索性因素分析来实现；第二步则是通过验证性因素分析进行比较和确认来实现（胡瑜等，2008）。在第一步探索性因素分析中，青少年学生的公益心内隐观可以提取4个因素，在此基础上结合有关公益心的文献，我们假设青少年对公益心的认识包括4个因素，而且这4个因素是相关的。这个备择模型得到了第二步验证性因素分析结果的拟合指数的支持。卡方(χ^2)、χ^2/df、GFI、AGFI、NFI、CFI 和 RMSEA 等8个拟合指数都显示青少年学生公益心内隐观的四因素结构模型的拟合度较好，其结果也验证了第一步的探索性因素分析结果。这4个因素的命名和含义如下。

（1）因素一共包含了"有爱心的、乐于助人的、善良的"等8个反映做出公益行为的人所具有的态度特征的形容词，其主要描述了参加公益活动的个体在公益行为中具有的爱心、同情心、善心、责任心和同理心等特点，因此将这个因素命名为"同情友爱"。该因素是青少年学生公益心结构中最为重要的一个因素，因为其贡献率最高，达到了36.430%，这也从另一个侧面说明了同情友爱因子在每个公益者的公益心结构成分中具有核心意义。

（2）因素二共包含了"环保意识强烈的、保护环境的"等5个形容词，主要描述了做出公益行为的人具有主动善待自然、爱护环境，实现人与自然和谐相处等意识，按其含义可以命名为"环境意识"。该因素的贡献率排名第二，为11.332%。环境公益教育的实施有利于青少年环境公益意识的培养，我国公益教育也会涉及环境公益意识培养的一些内容，比如中小学课程中涉及的尊重生命、爱护自然等知识。因此青少年的公益观中包含了此因素。

（3）因素三共包含了"人际关系和谐、热爱集体的、遵循道德准则、礼貌待人的"4个形容词，主要描述了做出公益行为的人在集体人际关系中具有的热爱集体、遵循集体道德准则和礼貌待人等特点，因此我们把它命名为"集体意识"，该因素的贡献率为6.866%。这个因素反映了我国公益活动教育的一个特点，我国公益活动基本上是由学校集体组织的，所以有集体意识的个体会参加公益活动，会有公益心。

（4）因素四共包含了"激情奔放的、活泼可爱的"等4个形容词，其主要描述了公益者公益行为中表现出来的激情奔放、活泼可爱与自信等特点，因此将其命名为"热情自信"。该因素反映的是做出公益行为的人性格中的情绪特征，显然在青少年眼中，大多数经常参与公益活动的人，活泼、自信和乐观开朗，富有激情。该因素的贡献率为4.903%。

内隐观也称作公众观，是人们在日常生活中形成的对某种心理和行为现象的概念和结构的看法和认识。国内外关于内隐观的研究主要集中在公众关于特定现象或该现象的类型性个体的基本特征的认识、个人属性在发展上的固存信念或可变信念以及有关的（影响）因素及其影响表现的认识三个方面（郑信军，2008），而从人格特质的视角分析某种特定现象的类型性个体的基本特征是当前内隐观研究的主要类别。我们认为公众关于个体在公益行为中所具有的人格特征的认识可以采用内隐观调查的研究范式来实现。因此，我们采用内隐观调查的研究范式来揭示青少年学生公益心内隐观的结构和基本特征，为其后续的实践研究打下基础。

青少年的公益心内隐观是指青少年对那些做出公益行为的人所具有的性格特征的认识和看法。在青少年对公益的基本认识中,超过九成青少年认为参与社会公益活动是他们的责任和义务(柴葳,2009)。而本研究更加关注青少年对公益心的认知。探索性因素分析的结果显示,青少年学生对公益心的认识可以先后提取到同情友爱、环境意识、集体意识、热情自信这 4 个因素。在探索性因素分析中,因素的贡献率和被提取的顺序反映了该因素在青少年学生公益心内隐观中的相对重要性。从研究结果来看,贡献率最高的维度是同情友爱,其次是环境意识,再次是集体意识,最后才是热情自信,所以在青少年学生公益心的内隐观结构中,同情友爱是最重要的因素。从公益心的界定来看,公益心属于一种性格特征,而性格的态度特征在性格的结构成分中具有核心意义。同情友爱因子反映的是个体在公益行为过程中表现出来的态度特征,再次说明了同情友爱维度在公益心结构成分中具有核心意义。

另外,从公益本身的角度来看,公益是一种为他人、为社会、为公众谋福祉的事业,公益行为是个体一种自愿、不图报酬与奉献型的行为,耗费个体大量的时间、金钱。公益离不开每个社会成员、团体的参与,而且团体也是由每个社会成员组成的,从这个意义上来说,公益虽然是一种个人行为,但它需要每个社会成员无私、主动的参与,这些个体在长期的公益实践中,逐渐形成了同情友爱、环境意识、集体意识、热情自信这 4 个基本特征,因此,这 4 个维度基本能够较为真实地反映了青少年学生对公益心的内隐态度和看法。

当然,这一模型同时也比较好地回答了"具有什么特征的人更容易做出公益行为"这个问题?我们认为具有同情友爱、环境意识、集体意识、热情自信这 4 个特征的人更容易做公益,更能长久地坚持做公益,因为公益心反映的是个体在公益行为中表现出来的比较稳定的人格特征,按照人格特质论的说法,具有这种稳定人格特征的个体就会表现出更多的公益行为。最后,该研究结果也为教育机构培养青少年公益心提供了指导。要有效培养青少年公益心,应首先了解青少年对公益心的内隐态度,着重从培养同情友爱意识、环境意识、集体意识、热情自信这 4 个方面来有效提高青少年参与公益事业的热情。

总之,通过对青少年被试的开放性和形容词调查,我们认为,在青少年的公益心内隐观结构中,同情友爱、环境意识、集体意识、热情自信是最重要的 4 个因子,而且这 4 个因子之间是相关的。其中,同情友爱在青少年公益心内隐观的结构中最重要。

第二节 青少年公益心的测评

青少年公益心的测评问题是继公益心内隐结构探究之后的另一个重要的课题,因为对青少年公益心的后续深入研究大都建立在公益心的测量上。在人格心理学领域,特质论范式所提供的描述人们之间差异的方法比类型论更加细致。大多数的特质论研究者习惯了通过实证探索得到人格结构,根据结构维度编制相应的问卷量表,通过问卷从人格结构的多个基本维度来描述说明人们之间的行为特点的异同。青少年公益心的结构模型在前一部分研究中已经初步确立,接下来我们可以在此基础上根据公益心结构的多个维度来编制青少年公益心问卷,以便于我们探究青少年公益心的发展特点。

上一节中自编的青少年公益心形容词评定问卷可以实现对公益心结构的简洁明了的测量,但是离成为一个测量青少年公益心结构的工具还有一定的差距,这些差距实际上也是由形容词本身的词性所决定的。这是因为形容词所代表的涵义比较广泛,造成我们很难用一个形容词来准确完整地描述人们公益心结构维度所对应的某一个具体的行为特点,被试在对某一形容词进行具体评判时也很难做出选择,导致问卷的变异因素过多,进而影响测量的信度和准确度。此外,青少年公益心结构的各个维度所对应的形容词的数量是不相等的,这也为后续确定各个维度所包含形容词的数量带来了麻烦。所以在人格心理学中探索人格特质结构的研究中,评定形容词法的研究很少被采用,较多地使用短语或句子的形式,以提升测量的信度和准确度。

通过呈现陈述句给被试让其进行选择的测验称为结构化测验,结构化测验的编制策略可以分为演绎式和实证式。结合前人的研究,如胡瑜采用实证式编制策略对弈棋风格的探究,再加上有关青少年公益心结构的理论探讨的研究比较缺乏,本研究也试着采用实证式编制策略编制青少年公益心问卷。根据前一部分所得到的青少年公益心的结构模型,找出属于各个维度的形容词。根据每个形容词所代表的公益心结构的某一含义,研究者编写2~3个陈述句,以确保该陈述句能准确反映其所对应的形容词所代表的公益心结构的具体行为表现。随后根据青少年公益心每个维度所代表的结构含义,对每个维度下所包含的项目进行修订,使所有的项目能准确反映其所对应的维度所代表的某种含义和特点。

将青少年公益心4个维度包含的项目进行汇总,得到38个项目,包括第一个维度的18个项目、第二个维度的7个项目、第三个维度的6个项目和第四个维度的7个项目,形成青少年公益心的初始问卷。问卷采用5级计分,"1"代表"非常不符合","3"代表"不确定","5"代表"非常符合",从"1"到"5",符合的程度越来越高。

接下来,选取了温州瓯海实验中学的初中生、温州第二职业中专的高中生以及温州大学大一大学生各5名对青少年公益初测问卷进行试测,同时就问卷所表述内容与其代表的公益心结构维度以及问卷的可理解性、可读性等进行修订。另外请教了2名心理学专业的研究生和2名心理测量学的老师分别就问卷项目的合理性和适当性进行评析,最后再次对问卷进行修改。

参加青少年公益心初始问卷测试的被试450人,回收有效问卷的被试共402人,其中男生163人,女生239人,初中阶段,七年级61份、八年级56份、九年级67份,共184份;高中阶段,高一68份、高二50份、高三100份,共218份,有效被试的基本情况见表5-5。

表 5-5 有效被试的基本情况一览表

	年级						独生子女		生源地		学生干部		合计
	七年级	八年级	九年级	高一	高二	高三	否	是	农村	城镇	否	是	
男	39	31	35	17	11	30	72	91	60	103	82	81	163
女	22	25	32	51	39	70	170	69	118	121	75	164	239
合计	61	56	67	68	50	100	242	160	178	224	157	245	402

研究得到以下结果。

一、青少年公益心问卷的项目

项目分析就是根据被试所做的测验结果对组成问卷的每个项目的区分度进行数据分析,进而来评价题目的好坏,以便筛选题目,本研究采用极端分组法和题目相关法两种方法对公益心问卷进行区分度分析。第一种方法是计算每个分量表的总分,然后将总分排序,将得分从高到低排序,前 27% 的部分组成高分组,后 27% 的部分组成低分组,最后对高低分组的平均数进行独立样本 t 检验;第二种方法就是首先求出每个项目与其所在的分量表得分之间的相关系数,然后根据其相关系数是否显著来决定每个项目的去留。两种方法所得结果见表 5-6。

表 5-6 青少年公益心问卷的项目分析表

分量表	题目编号	高低组的 t 检验	题目与各分量表的相关
态度特质	A1	8.366**	0.520**
	A2	6.440**	0.393**
	A3	6.419**	0.417**
	A4	4.895**	0.378**
	A5	6.959**	0.452**
	A6	7.338**	0.479**
	A7	8.541**	0.470**
	A8	7.601**	0.539**
	A9	9.271**	0.596**
	A10	7.952**	0.470**
	A11	8.727**	0.489*
	A12	11.829**	0.596**

续表

分量表	题目编号	高低组的 t 检验	题目与各分量表的相关
	A13	9.266**	0.495**
	A14	7.167**	0.433**
	A15	11.042**	0.633**
	A18	9.507**	0.462**
	A19	8.440**	0.395**
	A37	11.272**	0.504**
环境意识	A16	7.684**	0.550**
	A17	8.771**	0.522**
	A20	13.178**	0.746**
	A21	12.219**	0.706**
	A23	7.846**	0.602**
	A25	10.683**	0.626**
	A26	10.691**	0.679**
集体意识	A30	10.810**	0.647**
	A32	11.523**	0.661**
	A33	13.488**	0.743**
	A34	10.307**	0.661**
	A35	10.983**	0.701**
	A36	11.933**	0.714**
	A38	10.835**	0.583**
热情自信	A22	11.104**	0.745**
	A24	12.443**	0.555**
	A27	8.812**	0.735**
	A28	7.404**	0.668**
	A29	13.164**	0.694**
	A31	9.537**	0.622**

注：** 表示 $p<0.01$。

从表 5-6 中可以看出，所有的题目在高低分组上达到 0.01 水平的显著性差异，而且这些题目与其所在分量表的得分相关也达到 0.01 水平，说明这些题目都达到了心理测量学上的要求。此外，心理学家 Tuker 提出的理论认为，构造健全的项目对该项目与其所在分量表的相关应该在 0.30~0.80。从表中我们发现,项目与其所在分量表之间的相关系数最小的为 A4,其相关系数为 0.378,大于 0.3,进一步表明了青少年公益心问卷的项目区分度高。最终,青少年公益心问卷由 38 个项目组成,分量表一包含有 18 个项目,分量表二个包含有 7 个项目,分量表三包含有 7 个项目,分量表四包含有 6 个项目。

二、青少年公益心问卷的信度

本研究采用同质信度、分半信度和重测信度 3 种方法检验问卷的信度。其中时间间隔一个半月,每个年级抽取了 15 名同学共 90 名同学参与了重测,回收有效问卷 78 份。3 种信度指标系数的结果见表 5-7。

表 5-7 青少年公益心问卷的 3 种信度指标

分量表	同质信度(α 系数)	分半信度	重测信度
同情友爱	0.809	0.786	0.847
环境意识	0.753	0.688	0.786
集体意识	0.801	0.762	0.836
热情自信	0.755	0.709	0.812

从表中发现,青少年公益心问卷的同质信度系数在 0.753~0.809,分半信度系数在 0.688~0.786,重测信度系数在 0.786~0.847,除了环境意识维度的分半信度低于 0.700 外,其他的指标系数都在 0.700 以上,且重测信度都高于 0.750,基本达到了心理测量学上的要求。

三、青少年公益心问卷的效度

测验的内容效度关注测验项目是否适当、有效地代表了所要测量的有关内容或行为范围取样,其评定主要通过经验判断来进行。本研究为了确保编制预测问卷的内容效度遵循以下几点。

(1) 初测问卷所有的题目是根据描述公益心结构成分的形容词来编写的,而且都是根据公益心每个结构具体成分含义,对每个维度下的项目进行了修改。

(2) 我们选取了温州瓯海实验中学的初中生、温州第二职业中专的高中生以及温州大学大一大学生各 5 名对青少年公益初测问卷进行试测,同时就问卷所表述内容与其代表的公益心结构维度以及问卷的可理解性、可读性等进行修订。

(3) 请教了 2 名心理学专业的研究生和 2 名心理测量学的老师分别就问卷项目的合

理性和适当性进行评析。综合上述意见删除评定不好的项目,最后形成了青少年公益心初测问卷。在形成正式问卷后多次请教导师和有关公益研究领域的专家进行审阅和评定,以及课题组其他成员和本人的经验筛选。通过以上措施来保证青少年公益心问卷具有较好的内容效度。

公益心是践行公益的前提,而公益行为属于亲社会行为的一种,表明公益心与亲社会行为在理论推理上有一定的联系,所以本研究采用青少年亲社会行为倾向量表作为效标,对青少年公益心问卷的预测效度进行验证。其中,《亲社会行为倾向量表》(PTM)由Carlo编制,国内学者寇彧以青少年群体为样本,对其进行修订,编制了《青少年亲社会倾向量表》。量表包括公开的、匿名的、利他的、依从的、情绪性和紧急的6个维度,能很好地反映出青少年的亲社会特点(寇彧等,2007)。本研究以青少年公益心各个分量表得分和问卷总分与青少年亲社会行为量表总分之间的相关是否存在差异来确定具有公益心的青少年对其亲社会行为水平的预测作用,具体结果见表5-8。

表5-8 青少年公益心与其亲社会行为的相关矩阵

	同情友爱	环境意识	集体意识	热情自信	青少年公益心总分
青少年亲社会行为总分	0.634**	0.533**	0.592**	0.546**	0.694**

注:**表示$p<0.01$。

从表中可以看出,青少年公益心与青少年亲社会行为之间的相关达到显著性水平($r=0.694$,$p<0.01$),说明具有公益心对青少年亲社会行为水平具有一定的预测作用。而且青少年公益心4个因素的得分都与青少年亲社会行为之间的相关达到显著性水平($p<0.01$)。

此外,研究还考察了青少年公益心问卷的构想效度。问卷区分效度指标选取的是题目与各因子得分的相关,由于公益心问卷的各个因子或维度测量的是青少年公益心结构的不同部分,因此各个因子得分之间的相关应该较低;而问卷的会聚效度指标选取的是问卷总分与各个因子得分以及各个因子得分与该因子所包含的题目得分相关系数,且其相关系数应该很高。各种相关系数见表5-9。从表中我们发现,青少年公益心问卷总分以及4个因子得分情况基本上符合上述特点,表明青少年公益心问卷具有较好地区分效度和会聚效度。

表5-9 青少年公益心问卷的各种相关系数

	总分	同情友爱	环境意识	集体意识	题目与各因子得分的相关
同情友爱	0.903				0.378~0.633
环境意识	0.799	0.601			0.522~0.746

续 表

	总分	同情友爱	环境意识	集体意识	题目与各因子得分的相关
集体意识	0.832	0.625	0.632		0.583~0.743
热情自信	0.781	0.588	0.524	0.627	0.555~0.745

四、青少年公益心问卷编制特点与构成

青少年公益心问卷的编制过程既严格遵循问卷编制一般流程,又呈现出以下几个独特的地方。

(1) 公益心问卷的编制是建立在上一章节中青少年公益心结构研究的基础上,而公益心结构探究是严格按照心理测量学要求,对青少年公益心形容词量表进行探索性、验证性因素分析等实证研究的基础上进行上,主观性、经验性研究在整个研究过程中占用很小的比例。

(2) 问卷项目是根据描述公益心结构成分的形容词来编写的,而且是根据公益心每个结构具体成分含义来编写的,以保证准确反映出具有公益心的青少年在公益活动过程中的具体公益行为表现。

(3) 公益心问卷的因子命名采用的是公益心结构因素的命名,所包含的题目尽可能反映所对应结构因素的含义,从而保证结构因素与问卷测量的一致性。

问卷编制过程中呈现出的这3个特点表明了公益心问卷的原创性,我们将该问卷命名为青少年公益心问卷。

青少年公益心初测问卷经过项目分析、信度分析和效度分析,最终得到的青少年公益心问卷包含有4个因子,分别测量青少年公益心的4个结构维度。第一个因子是同情友爱因子,由18个项目组成,测量的是个体在公益行为中具有的善心、同情心、爱心、责任心和同理心水平的高低,高分表示个体在公益行为中充满善心、同情心、爱心、责任心和同理心,低分则说明其所具有的善心、同情心、爱心、责任心和同理心水平较低,不太热衷于公益活动。同情友爱因子在每个公益者的公益心结构成分中具有核心意义,其水平的高低在一定程度上能够反映出青少年公益心的发展水平。第二个因子为环境意识因子,由7个项目组成,测量的是青少年是否具有善待自然、爱护环境的意识,高分表示青少年爱护和善待自然、尊重生命,低分则表示青少年爱护环境的意识缺乏。这一因子反映了青少年环境意识水平的高低。第三个因子是集体意识因子,由7个项目组成,测量的是青少年集体意识水平的高低,高分表示了青少年有较高的集体意识水平,与他人关系和谐、融洽,低分则表示了青少年集体意识水平不高,人际关系不太理想。第四个因子是热情自信因子,由6个项目组成,测量的是公益者公益行为中表现出来的激情奔放、活泼可爱与自信的水

平高低,高分表示了公益者公益行为中的热情自信水平较高,低分表示了公益者公益行为中的热情自信水平较低。

信度和效度是心理测验问卷编制是否成功的重要指标。信度是指测验结果的可靠性和稳定性程度,本研究主要采用同质信度、分半信度和重测信度3种方法来检验公益心问卷的信度。从结果来看,同质信度和分半信度的系数除了"环境意识"因子的分半信度系数低于0.700,其他因子的系数都在0.700以上,而重测信度的系数都在0.750以上。问卷信度的标准依赖于测验的使用情况(胡瑜,2007)。本研究编制的青少年公益心问卷只是作为一个有效的测量工具来使用,虽然测验得出3种信度指标系数不是很高,但是基本满足了上述要求,符合心理测量学的要求。

问卷编制的首要的、根本的问题是效度问题,效度是衡量问卷是否测到了其所要测量的心理特性以及测量到的程度水平的估计。本研究首先分析了青少年公益心问卷的内容效度,内容效度关注的是测量内容的适当性和相符性。由于公益心问卷的题目是根据公益心结构成分的形容词来编写的,且都是根据公益心每个结构具体成分含义进行了修改;接着抽取被试就问卷所表述内容与其代表的公益心结构维度以及问卷的可理解性、可读性等进行修订;最后,请教了2名心理学专业的研究生和2名心理测量学的老师就问卷项目的合理性和适当性进行评析,所有的这些工作保证了所编制问卷的项目能够真实地反映出公益心结构成分的含义。因此,可以认为该问卷的内容效度较高,比较准确真实地测量出了问卷所要测量的心理特性。

效标效度关注的是测验预测个体在某种情境下行为表现的有效性程度。青少年公益心总分和公益心4个因素的得分都与青少年亲社会行为之间的相关达到显著性水平。总体上来说,青少年公益心问卷总得分与同情友爱、环境意识、集体意识、热情自信4个因子的得分越高,亲社会行为倾向越高,表明在公益心问卷上得分高的青少年亲社会行为倾向越明显。公益心维度得分高的青少年,有爱心、热情、乐观、乐于助人、爱护自然、人际关系和谐、助人行为发生的频率就会提升,从另一个侧面验证了研究所选取的效标尺度的合理性,表明问卷具有较好的效标效度。

另外,问卷考察了问卷各个因子之间的相关以及问卷总分与各个因子、各个因子与其所包含的题目的相关,结果发现,公益心问卷的4个因子之间的相关系数都比较明显地低于各个因子与问卷总分的相关系数以及各个因子与其所包含的题目之间的相关系数中的大多数。这表明青少年公益心问卷具有一定的会聚效度和区分效度。可以看出,青少年公益心问卷的信度和效度指标都基本达到了心理测量学的要求,是可以应用于后续的公益理论与研究中的。虽然有些指标系数不是很完美,这也需要我们在以后的研究中深钻下去,对其做进一步的考察与验证。

最终,我们根据对公益心问卷的项目分析与信效度验证结果的探讨,得出以下结论:①青少年公益心问卷是由4个因子、38个项目组成,可以比较有效地去测量公益心结构的4个因素;②青少年公益心问卷的信度和效度指标都基本达到了心理测量学的要求,可以应用于后续的公益理论与研究中。

第三节 我国青少年公益心的发展特点

进入 21 世纪以来,中国社会正发生着日新月异的变化,以慈善事业和志愿服务等社会公益事业的兴起为代表,预示着政府和市场之外的第三部门的社会功能在社会生活中扮演着越来越重要的角色。以 2003 年的"非典"为起点,到 2008 年的四川汶川地震、南方冰冻灾害与金融风暴,再到 2010 年的西南干旱与玉树地震,到处涌现着青年志愿者的身影,公益志愿、慈善捐赠在稳定人心、战胜灾害面前发挥着不可替代的作用。作为"祖国的未来、民族的希望"的当代青少年群体自然地参与到了社会公益事业中,贡献出自己的一份力量。

青少年一直是参与公益慈善事业的重要力量。据调查显示,我国有 86% 的青少年参加过公益活动,超过九成青少年认为参与社会公益活动是他们的责任和义务(中国关工委,2009)。青少年志愿者已成为我国现代公益慈善事业的重要组成部分,表现出了高涨的公益热情,为公益事业贡献出自己的知识、爱心、热情以及满腔抱负。而且青少年参与公益的方式越来越多样化,"他们青少年捐钱、捐物、扶危济困、支教等,并且集群性和活动性也越来越强"(陆霓,2011),并表现出其特有的时代特色,如依靠互联网的微公益活动(宋爽,2013)。在美国,教育部门将公益教育纳入正常的教学活动中,学校很早就肩负起培养青少年公益行为的重任,学校把学生参与公益慈善活动纳入学分管理,作为其升学考试中的重要指标并规定。伴随着我国教育改革的不断深入,在借助传统德育教育优势基础上,公益教育必将进入我们的中小学课堂教育中,并迎来一个大的发展。而且,未来可以预见的是,必将会有更多的青少年参与到公益慈善事业中去。因此,研究青少年公益慈善,不仅仅是心理学研究的一个崭新的领域,更是青少年群体健康成长、传统德育研究所需的一个紧迫的课题。

目前我国关于青少年公益慈善问题的研究多为思辨探讨,即使是实证研究,也多采用问卷调查法,急需采用具有更高研究效度和信度的技术和手段,比如可以编制并使用科学的心理测量工具、深入公益的内在心理结构去把握青少年公益的研究实践,只有这样才能更好地揭示青少年的公益特点。因此,本研究使用编制比较科学的、信效度也比较合适的青少年公益心问卷,试图去探寻我国青少年群体公益心发展的基本特点与规律。

一、研究方法

调查我国青少年公益心发展的现实状况,并对我国青少年公益心发展的现实状况进行多层次与多维度的分析比较,从总体上和性别、年级、地区等不同角度来把握我国青少年公益心的发展特点,了解当代青少年公益心的发展特点与规律、发展过程中存在的基本问题。

参加青少年公益心初始问卷测试的被试 450 人,回收有效问卷的被试共 402 人,其中男生 165 人,女生 237 人,初中阶段,七年级 61 份、八年级 56 份、九年级 67 份,共 184 份;高中阶段,高一 68 份、高二 50 份、高三 100 份,共 218 份。

研究采用上一节编制的《青少年公益心问卷》,该问卷可以比较有效地测量出青少年公益心发展特点,包括同情友爱、环境意识、集体意识与热情自信 4 个维度,其中同情友爱包含 18 道题目、环境意识包含 7 道题目、集体意识包含 7 道题目、热情自信包含 6 道题目,共 38 个题项,从非常不符合到非常符合,采用 5 点自评计分。本研究所抽取的青少年群体样本中,所测得问卷的各个维度的内部一致性 α 系数分别为 0.809、0.753、0.801、0.755;分半信度系数分别为 0.786、0.688、0.762、0.709;重测信度系数分别为 0.847、0.786、0.836、0.812,说明研究所编制的问卷具有良好的信效度,符合统计学上对问卷信效度的指标要求。

数据处理采用 SPSS17.0 软件进行,使用到的统计分析方法是描述统计、t 检验、方差分析。

二、研究结果

1. 青少年公益心的总体特点

青少年公益心 4 个维度的描述性统计结果见表 5-10,表中数据显示,被试得分最高的因子为同情友爱,得分最低的因子为热情自信。从总体上来看,所抽取的被试群体的公益心的同情友爱维度得分显著高于中间值 27 分,热情自信维度得分略低于中间值 27 分,而环境意识与集体意识两个维度的得分经过四舍五入后等于 27 分。

表 5-10 青少年公益心 4 个维度的描述性统计结果

公益心维度	n	极小值	极大值	M	SD
同情友爱	402	35	87	71.798 5	7.994 8
环境意识	402	12	35	27.136 8	4.183 29
集体意识	402	13	35	27.027 4	4.116 96
热情自信	402	8	30	23.258 7	3.813 32

2. 青少年公益心发展性别差异

青少年公益心发展的性别差异比较见表 5-11。数据显示,在同情友爱、集体意识与公益心总分上,女生的得分都要显著高于男生,其中在同情友爱维度上的差异达到了 0.01 水平,在环境意识与热情自信两个维度上差异不显著。

表 5-11 青少年公益心发展的性别差异比较

	女($n=239$)		男($n=163$)		t	p
	M	SD	M	SD		
同情友爱	72.820 1	7.001 58	70.300 6	9.077 26	2.989**	0.003
环境意识	27.401 7	3.799 29	26.748 5	4.675 05	1.481	0.14
集体意识	27.41	3.813 85	26.466 3	4.478 04	2.268*	0.024
热情自信	23.376 6	3.521 91	23.085 9	4.209 63	0.725	0.469
公益心总分	151.008 4	15.357 09	146.601 2	18.885 14	2.473*	0.014

注: * 表示 $p<0.05$,** 表示 $p<0.01$。

3. 青少年公益心发展的学生干部经历与否差异

青少年公益心发展的是否有学生干部经历差异比较见表 5-12。数据显示,公益心的 4 个维度和总分上,有学生干部经历的学生得分都要显著高于无学生干部经历的学生,其中同情友爱、集体意识、热情自信 3 个维度与公益心总分上的差异达 0.01 水平。

表 5-12 青少年公益心发展的是否有学生干部经历的差异比较

	是($n=245$)		否($n=157$)		t	p
	M	SD	M	SD		
同情友爱	72.795 9	7.554 66	70.242	8.427 98	3.16**	0.002
环境意识	27.551	3.939 4	26.490 4	4.474 45	2.496*	0.013
集体意识	27.449	3.815 74	26.369 4	4.481 14	2.583**	0.01
热情自信	23.746 9	3.484 34	22.496 8	4.175 05	3.12**	0.002
公益心总分	151.542 9	15.770 23	145.598 7	18.209 2	3.361**	0.001

注: * 表示 $p<0.05$,** 表示 $p<0.01$。

4. 青少年公益心发展的年龄阶段差异

青少年公益心发展的年龄阶段差异比较见表 5-13。数据显示,在集体意识、热情自信两个维度与公益心总分上,高中阶段的得分都要显著高于初中阶段,且其显著性差异达到了 0.05 水平,而另外两个维度上差异不显著。

表 5-13　青少年公益心发展的年龄阶段差异比较

	高中阶段($n=218$)		初中阶段($n=184$)		t	p
	M	SD	M	SD		
同情友爱	72.309 8	8.949 57	71.367	7.082 35	1.156	0.249
环境意识	27.478 3	4.695 02	26.848 6	3.683 32	1.476	0.141
集体意识	27.603 3	4.620 01	26.541 3	3.578 05	2.541*	0.012
热情自信	23.744 6	4.226 51	22.848 6	3.381 98	2.317*	0.021
公益心总分	151.135 9	19.272 22	147.605 5	14.650 47	2.037*	0.042

注：* 表示 $p<0.05$。

5. 青少年公益心发展的是否独生子女、生源地的差异

青少年公益心发展的是否独生子女差异比较见表 5-14，数据显示，在公益心的 4 个维度上和总分上的差异均不显著，没有达到心理统计学的要求。

表 5-14　青少年公益心发展的是否独生子女出身的差异比较

	否($n=242$)		是($n=160$)		t	p
	M	SD	M	SD		
同情友爱	72.066 1	7.188 32	71.393 8	9.088 73	0.787	0.432
环境意识	27.128 1	4.329 3	27.150 0	3.965 58	−0.051	0.959
集体意识	27.045 5	4.000 26	27.000 0	4.300 07	0.108	0.914
热情自信	22.979 3	3.735 50	23.681 3	3.901 9	−1.812	0.071
公益心总分	149.219 0	16.492 85	149.225 0	17.774 6	−0.003	0.997

青少年公益心发展的生源地差异比较见表 5-15，数据显示，在公益心的 4 个维度上和总分上的差异均不显著，没有达到心理统计学的要求。

表 5-15　青少年公益心发展的生源地差异比较

	城镇($n=224$)		农村($n=178$)		t	p
	M	SD	M	SD		
同情友爱	72.267 9	8.204 76	71.207 9	7.704 76	1.322	0.187
环境意识	27.379 5	4.324 68	26.831 5	3.989 35	1.306	0.192
集体意识	27.370 5	4.359 54	26.595 5	3.757 39	1.913	0.056
热情自信	23.397 3	4.164 57	23.084 3	3.322 36	0.838	0.402
公益心总分	150.415 2	17.905 63	147.719 1	15.689 78	1.583	0.114

三、讨论

对青少年公益心的人口统计学变量进行探讨和分析,一方面是想了解青少年公益心与这些人口统计学变量关系的密切程度,另一方面是根据青少年公益心问卷从性别、年龄阶段、生源地、是否独生子女和是否有学生干部经历等5个方面来分析青少年公益心发展的现状和特点。本研究得到了青少年公益心发展与这些人口统计学变量关系的结果,接下来我们针对这些结果的原因来做一个详细的探讨。

关于青少年公益心发展的性别差异,已有的研究发现,男女生在人际公益维度上存在显著差异,且男生得分显著高于女生(刘蓉,2013)。然而本研究的结果发现,女生在集体意识维度上的得分显著高于男生($p<0.05$),换句话说,相比于男生,女生对与他人相关的公益更加敏感,可能是因为公益慈善活动是避免不了跟人打交道,而集体意识表达的是与他人相关的公益。社会知觉理论认为,在处理与"他人"相关的公益时,相比于男性,女性更多地注意人,对人际关系的知觉更敏感,而男性只对社会事件、社会性因果关系等物的因素感兴趣(刘彦华,曾宪翠,2007),所以就导致女生在集体意识维度得分高于男生。此外,公益心发展的性别差异还表现在同情友爱维度上,女生在该维度上的得分显著高于男生($p<0.01$),这说明相比男生,女生对待自己、他人、集体、社会,对工作、劳动、学习的态度更多地倾向于积极、正向。这是因为女生在公益活动中比男生更可能重视妥协、善良和宽恕、表达感受、想知道人们的内心是怎样的、取悦他人、与他人相处、有朋友合作和帮助(Claire,2003),所以其公益心结构的同情友爱维度得分要高于男生。最后,青少年公益心发展的性别差异表现在总分上,女生的得分显著高于男生($p<0.05$),说明女生公益心发展水平高于男生,这可能是由于男性和女性社会化的方式不同,女性学习承担起关爱的责任是其女性化的一部分,女性比男性具有更多的亲社会态度,表现出对他人更多的怜悯与关怀(缪其克,威尔逊,2013;郭仁露,卓高生,陈瑞洋,2015)。

关于青少年公益心发展的是否有学生干部经历的差异,表现在同情友爱、环境意识、集体意识、热情自信4个维度和公益心总分上,有学生干部经历的学生得分显著高于没有学生干部经历的($p<0.01$或$p<0.05$),这说明担任过班干部的青少年的公益心总分和环境意识、集体意识、同情友爱与热情自信发展水平上高于没有学生干部经历的青少年。可能是因为,与非学生干部相比,担任过班干部的青少年有更多的接触事务与锻炼机会,处理事情与应对能力较强,更具有责任意识与正义感(卢永兰,2013)。此外,调查发现,学生干部参加志愿服务的积极性要高于非学生干部,好多学生认为,参加志愿者活动与担任学生干部在一定程度上有一定的相似之处,都可以更好地为他人服务、锻炼自我、结交朋友等(鞠彬彬,2013),所以有学生干部经历的学生在公益心发展的各个方面要优于没有学生干部经历的学生。

关于青少年公益心发展的年龄阶段差异,首先表现在热情自信维度上,高中生得分显著高于初中生($p<0.05$),也就是说,高中生的公益心发展的热情自信发展水平高于初中生。这是因为初中生的情绪发展变化比较大,不稳定,激情在其情绪生活中占有一定的地位,而高中生的情绪发展已基本稳定,出现了主导心境,情绪发展带有一定的含蓄性,所以导致上述结果。此外,公益心发展的年龄差异还表现在集体意识维度与公益心总分上,高中阶段的学生得分显著高于初中阶段的学生($p<0.05$),换句话说,高中阶段的集体意识、公益心发展水平均高于初中阶段的学生。可能是因为随着年龄、阅历的增长,与社会接触的机会增多,处事能力提升,更乐于参与公益志愿服务等社会事务,导致其集体意识和公益心发展水平不断上升。

关于青少年公益心发展是否存在独生子女差异,在公益心总分和公益心结构的4个维度上,独生子女与非独生子女之间无显著的差异,这与以往类似主题如亲社会行为的研究结果相一致,王美芳(1997)研究发现,独生子女与非独生子女的亲社会倾向不存在差异。当今社会,随着人们的生活水平不断提高,无论独生子女还是非独生子女的家长,都越来越重视孩子的知识和品德教育,注重孩子的全面发展,使孩子从小接受到良好的家庭教育,从小接触助人、捐款、爱护环境、尊重生命等各种公益知识,而是否独生子女对青少年公益行为的发展没有带来直接的影响。最后,关于青少年公益心发展的生源地差异,在公益心总分上和公益心结构的4个维度上,城镇出身的青少年与农村出身的青少年之间无显著差异,这也与前人的研究结果一致,Eisenberg(2000)研究发现,城市与农村在亲社会倾向总体上并无显著差异。这也可能与被试群体有关,研究的被试是在温州地区抽取的,温州作为我国东部沿海经济发达城市,人民生活水平高,城乡一体化,城乡经济发展差距小,所以可能不存在真正的"城乡差距"。

四、小结

经过对青少年公益心的人口统计学分析,研究发现,我国青少年的公益心有如下特点。

(1) 青少年公益心在同情友爱与集体意识两个维度与公益心总分上达到了统计学意义上的显著水平,表现为女生的得分都要显著高于男生。

(2) 青少年公益心在同情友爱、集体意识、热情自信与环境意识4个维度以及公益心总分上,在是否有学生干部经历的差异上达到了统计学意义上的显著性水平。

(3) 青少年公益心在集体意识、热情自信两个维度与公益心总分上,在年龄阶段维度上达到显著差异,且高中阶段的得分都要显著高于初中阶段。

第六章 青少年公益行为的发展

公益行为的发展包括两个方面,一方面是个体从出生开始的公益行为的发展,另一方面就是公益行为本身的发展。前两节我们分析个体在儿童早期和青少年时期两个不同阶段所表现出来的公益行为,第三节我们重点探讨公益行为本身的发展阶段和发展的关键时期。

第一节 儿童早期的公益行为发展

虽然我们看到公益行为更多是在青少年期和成年期表现出来的,但公益行为也可以在学龄初期的儿童身上表现,甚至可以在更小的年龄找到它的根源,也就是说很可能在婴幼儿期就有所表现。尽管有关儿童早期公益行为这部分内容非常少,但我们在儿童亲社会行为的早期发展中找到了相关内容。现就这两个阶段加以介绍。

一、婴幼儿公益行为的表现

对于婴儿,由于他们的能力和社会活动范围有限,很难将他们的行为与严格意义上的公益行为相匹配。尽管严格意义上的公益行为在婴儿期还没有发生,但研究者还可以通过婴儿的情感反应和有限的行为表现来观察到婴儿的公益行为倾向。皮亚杰认为,8~12个月的婴儿已具有同情行为、利他行为和分享倾向,尽管这些行为特征还不明确,也不够稳定。有研究发现,12个月的婴儿会与别人"分享"他感兴趣的活动,偶尔还会把玩具给同伴玩。12月后,婴儿开始安慰他人,而且帮助行为发生的频率随年龄增多。研究表明,儿童关心他人和试图帮助他人的利他行为也在12个月之后就出现了,他们从这时就感觉到自己对他人负有责任。研究发现,14个月的幼儿能对其兄妹表示关心,并知道如何使他们高兴,使他们喜欢自己,并以特有的方式向他们提供注意、同情、关心、分享和帮助。扎·瓦克斯勒观察发现,12~18个月的儿童开始表现出对他人的积极反应,并且发现这种反应在这个时间段发展很快。Rheigold等(1982)发现,18个月的婴儿已经能够试图帮助成人(母亲、父亲或者陌生人)做一点家务,在18个月的儿童中,将玩具出示和递给不同的成人是常见的行为。18个月以及更大的幼儿,当目击别人的痛苦时,平均有1/3的幼儿会表现出亲社会行为。许多18~24个月的幼儿已经表现得像父母的样子,他们会安慰别人,拥抱对方或者轻拍对方,会说一些表示同情的话,想办法帮助他人。Svetlova等(2010)对18~30个月的幼儿研究发现,行为上的帮助、情感上的支持和将自己的物品无偿地赠与他人这3种不同程度的亲社会行为都会出现。Rheigold等(1982)还发现,与20个月或不足20个月的幼儿相比较,20~30个月的幼儿表现出来的亲社会行为的形式更为多样,有劝慰(你会没事的)、攻击性的利他(攻击欺负人的人)、给予物品或者寻求第三者的帮助等形式。

在很多学者所观察到的许多婴儿和低龄儿童中,可以很明确地判断出这些低龄儿童是在对受害者做出关心的反应,因此他们的许多行为包含了利他的成分,来自很多父母亲的观察也似乎证明了这一点,有很多报告证实了低龄儿童轮流提供帮助的能力和对他人的理解能力。因此扎·瓦克斯勒认为,人们似乎低估了低龄儿童的亲社会行为能力。但他的观点也许很难让多数人接受,严格地说,低龄儿童所表现出来的同情和助人行为,充其量也只能算作是利他行为的萌芽。

到了幼儿期,儿童言语更为熟练,行动更为精细,想象更为丰富,他们的主动性明显增强,他们会更广泛地探索和扩充他的环境。这个阶段,儿童的认知能力和思维水平的发展达到了一个新的阶段。皮亚杰认为这一时期儿童的显著特点是思维的"自我中心性"。然而,Rheigold等(1982)的研究发现,早期的助人行为并没有表明儿童是完全自我中心的,相反,助人行为是由于儿童期望参与一些成人的活动而表现出来的社会互动。因此许多研究者认为,皮亚杰低估了幼儿的认知水平,但从亲社会行为的利益取向这一角度来说明,幼儿区分自我和他人的认知能力是较低的,他们还不能很好地区分"自我—他人"维度,儿童都是根据自己的经验,如给他人自己喜爱的玩具等方式去安慰处于困境中的人们,年幼儿童还不能像年长儿童那样区分出自我和他人的认知状态(Yarrow,1985)。

布里奇斯(1931)在幼儿园观察了两年,结果发现,幼儿已经表现出一系列的亲社会行为,他们会和小伙伴分享糖果和玩具,也会帮助小伙伴脱离危险,从着火的房子里去抢救小伙伴等。瓦希等人(2011)研究了3岁儿童在第三方受到伤害的情境中所表现出来的行为,结果表明,破坏组儿童的抗议行为和向受害者泄密的行为显著多于控制组儿童,他们比控制组儿童表现出更多的亲社会行为;然而在2岁儿童身上,破坏组和控制组儿童都没有出现抗议行为。研究者认为,相比2岁的儿童,3岁儿童不仅能够对他人受到的伤害表现出同情,还出现了打抱不平和出手相助的行为。艾森伯格(1979)观察了学前班的4~5岁儿童,结果发现,平均每隔10~12分钟,幼儿就会表现出分享、助人等行为,而且年龄和性别差异都不显著。

我国学者周敏采用自编故事对3~6岁幼儿的分享观念进行研究,结果发现,在幼儿的分享观念中,选择"均分"的比率最高,特别是在物品和分享人数相等的时候,几乎所有儿童都选择"均分";"慷慨"其次,特别是只有一件物品的时候,选择"慷慨"的比例最高;而且随着年龄的增长,选择"均分"和"慷慨"的人数呈上升趋势。这说明,在幼儿期"均分"观念已占主导地位。吴念阳和徐政援(1992)研究了68名幼儿的分享行为和助人行为,结果发现,幼儿的头脑中有他们自己的行为规则,多数幼儿遵循的是轮流原则、平均原则和成人分配原则,这些原则和规则直接决定了他们的行为表现,这与斯托布(1970)的研究结果是一致的。

早期的研究者还尝试探讨儿童利他行为的原因,盖尔芬德(1975)研究了5~6岁幼儿的捐赠行为,实验结果表明,鼓励和称赞都有效地增加了幼儿的捐赠概率,而且强化的效果还有持续作用。格鲁赛克(1982)考察了4~7岁儿童的助人行为,他要求孩子的母亲在为期4周的时间内用摄像机记录下他们的孩子试图帮助另一个孩子的一切行为,结果见表6-1。可以看出,当母亲看见自己的孩子做出助人行为时,很少有人不对此做出反应。大约一半的孩子的这些行为都获得了母亲的言语"报偿",或被感谢,或受到赞扬,或被报以微笑,或被拥抱。同样,从表中也可以看出,如果母亲认为儿童应该助人,而孩子并没有表现出助人行为时,那么母亲就很少接受孩子的这种行为。一般说来,母亲都鼓励孩子的助人行为,而鼓励的方式有很多种,但是,只有很少的母亲会在孩子缺乏助人行为时对孩子进行"移情训练"向孩子解释不帮助别人可能会给他人造成的影响,或者直接去指导孩子去做出适当的行为。

表6-1 母亲报告的对儿童行为的反应

母亲的反馈	儿童自发助人行为(%)	
	4岁	7岁
承认、感谢、表示赞赏微笑、热情感谢、拥抱赞扬行为或赞扬儿童	33	37
	17	18
	19	16
没有反馈	8	9
道德告诫	26	30
利他要求	22	30
责备、皱眉	18	15
移情训练	6	5
指导或强迫性训练	6	5
接受利他的缺失	8	5

幼儿的助人行为还与移情能力的训练有关,有研究表明,在父母通过为孩子阅读故事书来训练孩子的移情能力的实验中,阅读组的幼儿帮助别人更多更快,而且也更容易与他

人分享(Brownell,2012)。

二、学龄初期儿童公益行为的表现

学龄儿童最显著的特点是进入学校后,儿童社会生活的环境发生了重要改变,特别是同伴交往在时间和数量上增加,亲社会行为的特点和行为方式也相应发生了变化。儿童指向成人的亲社会行为是带有服从、赞同和避免惩罚性质的,而同伴指向的亲社会行为更多的是合作、互惠互利和对他人需要的敏感性。实际上这一阶段,亲社会行为的工具性特点逐渐减少,他人取向的行为动机逐渐发展并占主导地位,具体表现在以下两点:①亲社会行为与观念的一致性逐渐提高,随着年龄的增长,儿童的行为一致性程度逐渐增加,道德行为和道德观念更趋于一致,小学儿童道德认知和判断能力的提高,直接或间接地影响亲社会行为,而且与之有正相关;②从亲社会行为的动机来看,小学阶段儿童对利他行为的自我归因,主要是实用主义的、同情的自我取向和奖励取向,随着奖励取向的动机的降低,他人取向动机逐渐增多,当然,自我报告可能不完全符合实际行为,但至少反映出儿童对亲社会行为的认知存在着年龄差异,亲社会行为的发展越来越符合社会环境的利益取向和行为规范,与幼儿期有本质的差别。

学龄初期的儿童会越来越多地表现出真实的自发利他行为,在进入小学以后,分享、助人大部分其他形式的亲社会行为日益普遍,他们会积极参加学校组织的公益活动,如给灾区捐款和去敬老院照顾老人等。在土耳其开展的一项早期研究中,被试是一组4~12岁的儿童,要求每个人都跟一个不认识的孩子分享数个好东西。如果儿童分给别人的比自己留下的多或者拒绝分剩下的零头,两人平分,就被划分到利他组;如果留下的比分给别人的多,就被划分到自私组。结果发现,分享行为随着年龄的增长而逐渐增多。69%的6~7岁儿童、81%的7~9岁儿童和96%的9~12岁儿童采用了利他性的分配方式,但只有33%的4~6岁儿童选择了利他性的分配方式。为了确定亲社会倾向的各个侧面是否都向分享行为一样随年龄而增长,研究者给一些男孩提供了如下机会:①与同班同学分享糖果,这些同学可以不接受;②帮助突然把一些铅笔掉到地上的实验者;③自愿为造福穷人的事业效力。男孩的亲社会行为百分比见表6-2。

表6-2 4组男孩的亲社会行为百分比

	5~6岁	7~8岁	9~10岁	11~12岁
分给别人糖果	60	92	100	100
帮助别人拾铅笔	48	76	100	96
愿意帮助困难儿童	96	92	100	96

这些数据都表明在学龄期,儿童亲社会行为在增强,尤其是在为他人拾起铅笔这项任务中表现明显。然而,在自愿帮助别人这一项上没有表现出年龄差异,各组儿童都愿意牺牲自己的游戏时间去帮助有需要的人。研究者认为,该项任务上年龄差异的缺乏有可能与年幼儿童不能预测或者理解他们帮助别人需要付出的代价(如放弃游戏时间)有关。

斯托布(1971)研究发现,儿童的助人行为是随着年龄的增长而变化的,5~8岁的儿童其助人行为是随着年龄的增长而增加的,9~12岁的儿童其助人行为却随着年龄的增长而呈下降趋势。研究还发现,他人是否在场是儿童助人行为发生的重要因素,单独在场时仅有31.8%的儿童表现出助人行为,两人在场时这个比例上升到61.8%。研究还表明,与成人的关系和成人有榜样行为与否也都会影响儿童的助人行为,成人的榜样行为会增加儿童对于规范的认知和有目的的模仿,从而增加儿童的助人行为。Lang和Lerner研究了小学四年级儿童的捐赠行为,发现那些能够等待延迟满足的儿童捐出的要多一些。

国内学者也展开了研究。岑国桢和刘京海(1988)对幼儿园小朋友和小学儿童的分享观念进行了探讨,结果发现,物品数量和分享人数相等时,所有的被试都倾向于"均分";两者不相等时倾向于"慷慨",在"慷慨"分享时,儿童对一般物品都倾向于"需要者",这个倾向在9岁时最明显。陈旭(1995)采用自编的助人情境故事对小学生进行训练,结果发现,情境讨论、榜样学习、角色扮演对小学生的助人行为都有即时效应,但情境讨论不能产生长期效应,榜样学习和角色扮演都能对小学生的助人行为有长期影响,榜样学习的效果更好。寇彧和赵章留(2004)采用问卷法对4~6年级的小学生进行调查,探讨小学生对同伴的助人行为、分享行为和安慰行为等的评价,结果发现,小学儿童认为同伴的动机主要是"乐于助人""为他人着想""应该这么做"等,这是出于对他人和集体利益的考虑。

总之,从已有的研究来看,儿童很早就表现出利他行为,这种行为是随着儿童社会规范的习得而逐步发展的,在儿童社会规范习得的过程中,亲子关系质量起着重要的作用,良好的亲子关系有助于儿童利他倾向的发展,从而表现出更多的助人行为。霍夫曼(1975)发现,有利他倾向的儿童,至少有父母一方对其进行过利他价值观的教育并做过示范行为。格鲁赛克等人(1978)让96名8~10岁儿童在校园里观察成人做出的帮助或利他行为,结果发现,大部分孩子在看到成人捐出奖品后,无论之前成人是否劝说过他们,他们都会捐出奖品;反之即使成人曾有劝说,但儿童看到成人没有捐献,他们也不会捐献。这个实验再次证明了,在助人行为方面,"身教"比"言传"更有效果。

第二节 我国青少年公益行为发展现状

各种调查数据显示,青少年已经成为我国现代公益慈善事业的重要组成部分。从2003年的"非典",到2008年的汶川大地震、南方冰冻灾害,到2010年的西南干旱和玉树地震,再到2017年的四川九寨沟地震,到处涌现着青少年志愿者的身影,他们无时无刻不在奉献着自己爱心和高涨的公益热情。他们参与公益的方式越来越多样化,他们从最初的捐钱、捐物等,到扶危济困、支教等,还与时俱进,依靠互联网开展微公益活动。

青少年这个特殊群体作为未来公益事业的主要承载者和支撑力量,其参与公益事业的意义不可忽视。另外青少年期这个特殊时期,由于主体生理和心理发展特点,正是其个性特点、行为习惯、道德价值观等形成的关键时期,青少年公益教育就彰显出巨大的价值。教育必须事先了解青少年的公益行为的特点,因此本节在回顾青少年公益行为发展特点文献的基础上,运用标准化的青少年公益行为问卷对当前青少年展开调查,揭示当前青少年公益行为发展现状。

一、对我国青少年公益行为调查研究的前期文献回顾

最早对我国青少年公益行为展开大规模调查的是陆士桢(2009),我国对于青少年公益行为、志愿服务的研究主要集中在大学生志愿者这一群体,其中《当代中国青少年公益认知与行为调查报告》是我国第一份针对青少年的以公益为主题的全国性调查报告,调查结果显示:①超过九成的青少年认为参与公益活动是其责任和义务;②青少年参与公益活动,年龄越小,积极性越高;③青少年对国家和社会的公益状况有自己的思考;④惯常认为的社会鼓励不足,国家相关公益事业发展的法律、制度、政策不完善等不足,只占10%(陆霓,2011)。概括起来,在公益行为方面,青少年参与社会公益表现较积极,绝大多数青少年都参与过社会公益活动,但参与频度不高;青少年参与公益的领域相对集中,以提供公益服务为主,专业性服务较小,而且主要作为普通参与者,利用课余工余、节假日从事社会公益;青少年在获得公益信息的途径上,不是很理想;所参与的公益活动的公益组织仍是政府主导的组织为主。在公益认知方面,青少年对我国民众参与公益活动的情况较为满意,但认为人们的公益参与意识远远不够。青少年认为爱心是他们参与社会公益的首要因素。参与社会公益是其责任和义务,从中能获得成长和满足,并表示将来会更加积极地参与社会公益。

寇彧和张庆鹏(2011)的大规模调查发现,青少年认同的亲社会行为主要包括四大类,分别是:利他性亲社会行为、特质性亲社会行为、关系性亲社会行为以及遵规公益性亲社会行为。其中遵规公益性亲社会行为特指那些维护公共利益、遵守社会规范与公德的行为,最接近遵规公益性亲社会行为原型的是"亲情行为"(如尊敬长辈、孝敬父母、遵守社会规则等)。

其其格(2011)对青少年公益行为进行调查,发现参加过公益活动的青少年人数为4 055人,其中经常参加公益活动的青少年仅有288人,占7.1%;有时参加的青少年1 712人,占42.2%;偶尔参加的青少年2 055人,占50.7%。此组数据反映出青少年之间参加公益活动的频率十分不同,经常参加的较少,偶尔参加的较多。

然而,李莉(2012)在对青少年公益活动进行调查时发现,青少年对公益活动的认识和

理解不够深入全面,捐款捐物、文化艺术活动、环境保护是大多数青少年通常理解的公益行为,而社会治安、国际合作等都不在公益行为的外延范围之内;青少年参加公益活动的目的和意义是正面的,他们都认为参加公益活动是为了帮助有需要的人,提高社会道德风尚;青少年对公益活动的环境和形式要求符合成长需求,不同年龄阶段的学生对公益活动的环境和形式要求符合其成长需要;青少年参与公益活动的途径和形式相对比较单一,学校是青少年参与公益活动的主要途径,但是以捐款捐物为主要形式;家长和老师对青少年公益活动比较重视,影响很深;相关部门对青少年公益活动重视不够,缺少宣传和监管;青少年相对信任公益活动的举办,寄予高期望(李莉,2012)。

任园和徐圣龙(2015)基于全国十大城市青少年公益活动的实证分析对都市青少年公益参与行为进行了研究。结果表明,都市青少年个人素养与公益行为之间相关性显著,特别是个人收入和受教育程度对青少年参与公益行为的影响。各个公益参与平台所获褒贬不一,共青团与草根组织最受信任。民间组织地位较为弱势,主要表现为民间组织资源获取能力不足、民间组织在公益信息传播能力上存在缺陷、民间组织在组织建设方面存在非正式化现象,其动员能力亟待增强。都市青少年公益认知与公益实践存在一定的差距,主要表现为对于公益内涵理解的狭窄、对公益组织形象理解的定式,以及公益实践受非公益因素的干扰3个方面。此外,研究还表明,所在城市作为外在环境因素也对都市青少年公益意愿和公益行为有着显著影响。最后,针对都市青少年公益认知和公益行为存在的问题,提出凝聚公益共识、协同公益组织、创新公益方式、规范公益行为、评估公益绩效五大措施,以更好地发挥青少年在公益活动中的重要作用(任园,徐圣龙,2015)。

李楠(2015)对大学生微公益参与现状进行研究,结果发现如下。

(1) 多数学生对"微公益"缺乏了解和关注,大学生参与微公益的频度不高,影响微公益参与度的原因在于不了解或不感兴趣。在被调查的大学生中,超五成对"微公益"这个名词或相关活动缺乏了解,一点都不了解或不太了解的比例高达 52.7%,而非常了解的仅占 1.5%。同时,学生上网或玩微博、微信时对微公益的关注度也不高,仅有 1.7% 的学生表示非常关注,而一点不关注或不太关注的学生比例高达 41.6%。通过问卷调查和学生访谈发现,大学生实际参与微公益活动的频度并不高,有 41.5% 的学生从未参与过微公益活动,经常参与的仅占 1.7%。多因素方差分析结果表明,不同性别、户籍、政治面貌的学生,参与微公益的状况均不存在显著差异($p>0.05$)。进一步调查影响大学生微公益参与状况的原因发现,主要是大学生对微公益不了解或不感兴趣,均占 18.2%,其次是由于他们对微公益的可信度有质疑,16.8% 觉得微公益不靠谱。

(2) 多数学生愿意亲身参与或动员周边人参与微公益,大学生参与微公益主要为实现自我价值,而非缘于功利性目的。调查发现,多数学生并不排斥微公益,他们往往有直接或间接参与微公益的意愿,不愿意参与的仅占少数,只有 3.4% 的学生不愿意主动参与微公益活动,仅 4.0% 的学生不愿意呼吁周边的人参与微公益的活动。通过调查大学生参与微公益的原因发现,居于前三位的原因分别是:实现自我价值(占 24.6%)、参与方式简单方便(占 20.5%)、一直热衷传统公益活动(占 16.5%)。

(3) 大学生参与微公益的形式以被动响应为主,参与微公益活动的发起人以公益组织或公益名人为主,涉及的主题以教育支教和帮助贫困孩子为最多。微公益依赖新媒体的特殊性决定了其获取信息来源的多样化和灵活性,在各种依托于网络的媒体资源和平台中,大学生获取微公益信息的主要来源为微博和微信,分别占 31.5%、29.7%。目前大学生参与微公益的形式还比较被动,以响应和配合发起人居多,其中转发信息的最多(占 36.6%),其次为参与捐款捐物、响应微公益平台的活动或讨论(分别占 21.0%、20.9%),而很少作为发起人或志愿者参与活动,主动发起微公益活动或以报名做志愿者的方式参与活动的比例分别仅为 7.4%、9.5%,主动联系发起方帮忙出谋划策的更少,仅占 4.2%。关于大学生选择参与微公益活动的特点,调查发现,他们更倾向于选择发起人为公益组织或公益名人的活动,分别占 27.2%、20.2%,其次是由身边的朋友、明星作为发起人的微公益活动,比例分别为 14.4%、14.2%。学生对微公益活动主题的选择,广泛涉及保护环境、寻人、关爱和帮扶各类群体等,其中尤以教育支教或为贫困孩子捐款最多,达到 25.9%。

杨琳和张秀英(2018)以辽宁省大连地区为例,对我国微时代互联网+公益现状进行了调查,结果表明 65.41%的公众通过社交网站了解微公益信息,微信、微博是大多数公众了解微公益信息的重要渠道。虽然大多数公众是通过微信、微博等社交媒体了解微公益信息,但是他们对这些信息缺乏信任感。微公益信息可以通过微信朋友圈不断扩大传播范围,但是公众在接触到陌生人的求助信息时仍存在不同程度的抵触心理。为此,他们提出改善当前微公益现状的建议如下。

(1) 政府力挺互联网+公益存在的合法性。2018 年国办提出意见,经过三年的努力使社会公益事业建设各领域、各环节实现信息公开,政府可以通过力挺微公益的合法性,从而实现互联网+公益的法制化和透明化。

(2) 微媒体增加身份信息审核与真实性考察的力度。公众在微媒体看到陌生人的求助信息时,未免会对此持质疑态度。因此,微媒体可以增加身份信息审核与真实性考察的力度,提高微媒体的公信力,充分发挥微媒体在微公益中的重要作用。

(3) 微公益助力者积极主动了解救助者情况的后续发展。目前我国互联网+公益仍处于上升发展阶段,助力者在完成捐助之后,要积极主动向平台、微媒体了解求助者的后续发展情况。这是对自己公益行为的负责,也有利于我国微公益事业健康有序发展。

(4) 求助者选择多种媒体联合的方式进行信息发布。求助者在发布信息时除了要确保自己的信息真实、丰富之外,还要注意使用多个权威平台进行发布。

(5) 社会层面增加舆论监督。无论是求助者还是施助者都要仔细审核信息,及时反馈信息,以便公众对平台或媒体的可信度进行评估,提高求助者信息的传播效率和真实性。

综合国内已有的研究,对于青少年公益行为现状的研究多为思辨探讨,即使是实证研究,也多为问卷调查,研究方法单一且缺乏创新,亟待更为高信效度的研究技术和手段,如采用编制的标准化的青少年公益行为量表,深入公益行为发生的内部机制去对公益行为展开理论与实践研究。

二、我国当代青少年公益行为发展现状的心理学实证研究

通过发放编制的青少年公益行为调查量表,结合人口统计学指标(如性别、是否独生、家庭来源、是否有干部经历、年龄阶段等)进行分析,进一步揭示我国青少年公益行为的现状和发展特点、规律,并初步分析当前青少年公益行为发展的现状。

1. 研究方法

1.1 研究对象

采用简单随机整群抽样的方法,选取浙江、河南、陕西、湖南等省的6所中学共500名中学生为被试,回收有效问卷486份。其中初一91人、初二96人、初三71人、高一72人、高二84人、高三72人;男生162人,女生324人。正式调查被试基本情况见表6-3。

表6-3 正式调查被试基本情况一览表

基本信息	类别	预调查	占比(%)	合计
性别	男	162	33.3	—
	女	324	66.7	—
独生与否	是	150	30.9	—
	否	336	69.1	—
家庭所在地	城镇	298	61.3	—
	农村	188	38.7	—
年级	初一	91	18.7	—
	初二	96	19.8	—
	初三	71	14.6	—
	高一	72	14.8	—
	高二	84	17.3	—
	高三	72	14.8	—
合计	—	—	—	486

1.2 研究工具

调查工具采用自编的青少年公益行为量表,该量表总共4个维度,即道德性、情境性、报偿性、盲目性,共27道题目。量表采用五级计分,要求被试根据自己的理解对这些描述公

益行为的陈述句的符合程度进行评价,从"完全不符合"到"完全符合",分别计1~5分。本次测量中,量表的内部一致性α系数为0.829,各维度的内部一致性α系数为0.674~0.825,四周重测信度为0.836,表明该编制的量表具有良好的信效度,符合测量学的要求。

1.3 统计方法

使用SPSS 20.0录入、管理和分析数据,主要采用描述性统计、独立样本t检验、单因素方差分析等。

2. 研究结果

2.1 青少年公益行为的总体特点

青少年公益行为的4个维度的描述性统计结果显示,道德性这一维度的得分最高($M=34.839$),盲目性维度得分最低($M=14.426$),报偿性和情境性维度居中,且情境性维度得分高于报偿性维度,详见表6-4。

表6-4 青少年公益行为的总体特点

	n	极小值	极大值	M	SD
道德性	486	12	40	34.839	4.306
情境性	486	10	32	23.559	4.104
报偿性	486	9	35	25.681	4.920
盲目性	486	5	24	14.426	3.900
公益行为总量表	486	60	128	98.506	12.593

2.2 青少年公益行为的性别差异

青少年公益行为性别差异检验结果表明,除了道德性维度呈现出显著性别差异($t=-2.214$, $p<0.05$),其他3个维度的性别差异均未达到显著($t=1.142$、1.486、1.568,$p>0.05$);公益行为总量表的性别差异也未达到显著性水平($t=0.682$, $p>0.05$),详见表6-5。

表6-5 青少年公益行为的性别差异

	女 ($n=323$)		男 ($n=163$)		t	p
	M	SD	M	SD		
道德性	35.145	4.236	34.233	4.392	-2.214	0.027
情境性	23.408	3.930	23.858	4.426	1.142	0.254
报偿性	25.445	4.976	26.147	4.788	1.486	0.138
盲目性	14.229	3.676	14.816	4.295	1.568	0.117
公益行为总量表	98.229	12.056	99.055	13.615	0.682	0.495

2.3 青少年公益行为生源地、是否独生子女的差异

青少年公益行为的生源地差异结果显示,除了道德性维度的生源地差异未达到显著性水平外($t=0.472$,$p>0.637$),其他3个维度的生源地差异均达到显著性水平($t=2.770$、3.880、4.329,$p<0.01$);公益行为总量表的生源地差异也达到显著性水平($t=3.926$,$p<0.01$),且城镇学生得分显著高于农村,详见表6-6。

表6-6 青少年公益行为的生源地差异

	城镇($n=298$)		农村($n=188$)		t	p
	M	SD	M	SD		
道德性	34.912	4.248 8	34.723	4.404	0.472	0.637
情境性	23.966	4.210	22.914	3.853	2.770	0.006
报偿性	26.359	4.867	24.606	4.823	3.880	0.000
盲目性	15.023	3.800	13.478	3.879	4.329	0.000
公益行为总量表	100.261	12.283	95.723	12.607	3.926	0.000

独生子女和非独生子女公益行为差异显著性检验结果表明,独生子女和非独生子女在盲目性维度呈现出显著差异($t=2.049$,$p<0.05$),且独生子女得分高于非独生子女得分,其他3个维度的差异均未达到显著水平($t=-1.896$、0.312、-0.223,$p>0.05$);独生子女和非独生子女在公益行为总量表上差异显著($t=2.863$,$p<0.05$),非独生子女得分显著高于独生子女,详见表6-7。

表6-7 青少年公益行为是否独生子女的差异

	否($n=336$)		是($n=150$)		t	p
	M	SD	M	SD		
道德性	35.086	4.169	34.286	4.564	-1.896	0.059
情境性	23.520	3.913	23.646	4.514	0.312	0.755
报偿性	25.714	4.788	25.606	5.218	-0.223	0.824
盲目性	14.184	3.899	14.966	3.860	2.049	0.041
公益行为总量表	98.506	13.765	90.728	10.054	2.863	0.037

2.4 青少年公益行为年级阶段差异

青少年公益行为年级阶段差异显著性检验结果表明,除了情境性维度未呈现出显著的年级阶段差异外($t=1.257$,$p>0.05$),公益行为其他3个维度年级阶段差异均达到显著水平($t=2.154$、2.375、2.111,$p<0.05$);公益行为总量表的年级差异达到了显著性

水平($t=2.317$,$p<0.05$),且初中阶段学生在公益行为总量表的得分显著低于高中阶段,详见表6-8。

表6-8 青少年公益行为的年级阶段差异

	高中阶段($n=228$)		初中阶段($n=258$)		t	p
	M	SD	M	SD		
道德性	62.178	6.102	61.324	6.356	2.154	0.031
情境性	37.153	3.154	36.941	3.456	1.257	0.058
报偿性	29.411	2.765	33.025	3.012	2.375	0.010
盲目性	22.123	2.352	24.156	2.425	2.111	0.027
公益行为总量表	155.445	16.792	150.869	17.223	2.317	0.032

2.5 青少年公益行为是否有学生干部经历的差异

青少年公益行为是否有学生干部经历差异显著性检验结果表明,在道德性和报偿性维度,有干部经历和没有干部经历的学生差异显著($t=4.372$、2.713,$p<0.01$),在情境性和盲目性维度差异均未达到显著性水平($t=0.567$、2.713,$p>0.05$);有干部经历和没有干部经历的学生在公益行为总量表上呈现出显著差异($t=2.365$,$p<0.05$),且有干部经历的学生在公益行为总量表的得分高于没有干部经历的学生,详见表6-9。

表6-9 青少年公益行为是否有学生干部经历的差异

	是($n=278$)		否($n=208$)		t	p
	M	SD	M	SD		
道德性	35.5647	4.411	33.8702	4.085	4.372	0.000
情境性	23.6511	4.433	23.4375	3.624	0.567	0.571
报偿性	26.2014	4.983	24.9856	4.757	2.713	0.007
盲目性	14.2518	4.147	14.6587	3.540	1.138	0.256
公益行为总量表	99.6691	13.062	96.9519	11.790	2.365	0.018

3. 讨论

在美国,青少年公益活动开展得有声有色、充满活力和创新。由于公益志愿活动的形式多样、内容丰富,主体性与趣味性更强,因此,学生参加公益志愿活动的积极性与主动性较强(王淑玉,2012),已经把参与公益服务成为当作一种习惯,而如何把公益做出新意,既时尚又有价值,则是青少年最感兴趣的问题。而这所有的一切都源于美国教育系统内部有力的推动以及相对完善的法律和社会保障机制。美国有很多中小学学校,要求学生须具备一定的社会服务能力和经历,有些高中学校把参与公益活动纳入学生毕业的学分管理中;很多大学也会把中学生具有社会公益经历当作是否录取的一条"隐形"标准,比如哈佛大学、耶鲁大学等名校。美国的非营利部门是美国人参与公益服务的渠道,这是因为非营利部门在公共服务和社会管理中发挥着至关重要的作用,号称"第三力量",具有公共权威,充满公益精神,运作专业化。最后,美国通过完善的法律制度、严格的政府审查和监管与来自社会资源的高效舆论监督来促进公益活动的发展。

为了更进一步揭示我国青少年公益行为的发展特点和规律,并初步分析青少年公益行为发展中所存在的问题,本研究结合人口统计学指标,如性别、是否独生、家庭来源、是否有干部经历、年龄阶段等对青少年公益行为进行分析。一方面是为了了解青少年公益行为与这些人口统计学指标的关系,另一方面想要结合这些指标更好更真实地反映当代青少年公益行为发展的实际情况。

青少年公益行为的4个维度的描述性统计结果显示,道德性这一维度的得分最高,盲目性维度得分最低,这与当代青少年完善的道德素质教育体系构建与实施是密切相关的,青少年自身的集体意识、无私奉献意识、责任意识和仁爱意识得到很大提升,道德素质整体较高,他们会自觉自愿从事公益事业,参加公益活动,促发的行为都是最积极、最纯粹的奉献。这也从侧面说明此类行为是青少年公益行为中最为倡导的、认同的,也是青少年公益行为中最为核心的因素,这也是当代青少年道德教育中必须强调和践行的。青少年公益行为各维度中,道德性维度呈现出显著的性别差异,女生得分显著高于男生。社会知觉理论认为在生活中,相比于男生,女生对人际关系的知觉更为敏感,她们的人际交往意识,集体意识更强,她们的亲社会意识更强,对他人会表现出更多的关怀和怜悯。已有研究者在关于公益心的研究中,认为女生的同情意识强于男生,这是因为她们更倾向于去理解和感受他人的处境,在参加公益活动中更加善良,亲他人意识较强,更注重表达感受,这合理解释了本研究所得的结果,也与现有的研究结果一致。

此研究中,青少年公益行为生源地差异显著,城镇学生的得分显著高于农村,这表明城镇的学生比农村的学生更倾向于去参加公益活动,Eisenberg的研究发现,城镇和农村的亲社会倾向差异不显著,这与此研究的研究结果有些出入,可综合以下几个方面对此研究结果进行阐释。①由于城镇学生自身的公益素质更高,他们所接受的道德教育更加全面,所以他们更愿意参加公益活动,而农村学生无论是素质教育体系的完善程度,还是具体的道德教育实施进度,无疑都赶不上城镇的脚步;②城镇学生家庭经济状况普遍要优于农村,所以他们有更多的资金和能力去帮助别人,而农村学生无论是家庭收入还是自身的开销支出都是有限的;③家庭教育的影响,或者说父母受教育的程度也会影响学生的公益行为,城镇学生家长的文化程度普遍比农村要高,父母与孩子之间有着不可替代的血缘关系,他们之间的本能依恋是纯粹的,父母对孩子的教育和影响力具有绝对的影响力,父母的公益意识越强,最终将父母公益意识内化为自己的公益准则与公益素养,也会增加学生参加公益活动几率;④研究被试的选取也会导致这样的结果,本研究被试是选自温州、河南、陕西、湖南、台州等地区，由于经济发展的不均衡性，整体上会出现较大的城乡差异，综合以上几方面的原因，城镇学生较农村户口学生更愿意参加公益活动。

独生子女和非独生子女在公益行为总量表得分差异显著，且非独生子女较独生子女更倾向与去参加公益活动，同时在盲目性维度也表现出显著差异，其他3个维度差异均未达到显著。这与其其格在其硕士论文《当代青少年公益行为影响因素之定量研究》中所得出的研究结果一致。也有研究表明，独生子女和非独生子女的亲社会倾向差异不显著，这可能与研究的对象选择有关系，包括研究对象所在地区、独生与否的人数比例以及作者的研究意图相关。此研究中，独生子女在盲目性维度得分高于非独生子女得分，表明独生子女更倾向于在外部力量或明或暗的强制和逼迫之下去参加公益活动。

青少年公益行为在年级阶段也表现出显著差异，初中阶段学生在公益行为总量表的得分显著低于高中阶段，高中阶段学生更倾向去参加公益活动，青少年公益行为各维度中，除了情境性维度未呈现出显著的年级阶段差异外，公益行为其他3个维度年级阶段差异均达到显著水平，随着年龄的增长和经历的增加，青少年的生理和心理发展日趋成熟，无论是为人处事的能力还是在亲社会倾向上都会有所改善，他们的学习意识、集体意识、人际交往意识和利他意识等逐步发展，相较初中阶段的中学生，他们参加公益活动的倾向性更强。有干部经历和没有干部经历的学生在公益行为总量表上呈现出显著差异，且有干部经历的学生在公益行为总量表的得分高于没有干部经历的学生，在道德性和报偿性维度，有干部经历和没有干部经历的学生差异显著，表现在有干部经历的学生在这些维度上更倾向于积极的方面，这与学生干部平时的能力培养方式等有关系。在学生干部经历中，他们通过做学生工作或者协助教师，培养了其较强的责任感、归属感和较强的人际意识，他们更能够感同身受，这对其共情能力培养具有重要的作用，这些因素也是促使他们积极参加公益活动的最重要的因素，他们更愿意把公益事业当成自己的责任，自觉自愿从事公益事业，参加公益活动，促发的行为都是最积极、最纯粹的奉献。

4. 小结

研究结合人口统计学指标，如性别、是否独生、家庭来源、是否有干部经历、年龄阶段等对青少年公益行为进行分析，结果如下。

(1) 除了道德性维度呈现出显著性别差异，其他3个维度的性别差异均未达到显著；公益行为总量表的性别差异也未达到显著性水平。

(2) 独生子女和非独生子女在盲目性维度呈现出显著的差异，且独生子女得分高于非独生子女得分，其他3个维度的差异均未达到显著水平；独生子女和非独生子女在公益行为总量表上差异显著，非独生子女得分显著高于独生子女。

(3) 除了道德性维度的生源地差异未达到显著性水平外，其他3个维度的生源地差异均达到显著性水平；公益行为总量表的生源地差异也达到的显著性水平，且城镇学生得分显著高于农村。

(4) 除了情境性维度未呈现出显著的年级阶段差异外,公益行为其他 3 个维度年级阶段差异均达到显著;公益行为总量表的年级差异达到了显著性水平,且初中阶段学生在公益行为总量表的得分显著低于高中阶段。

(5) 在道德性和报偿性维度,有干部经历和没有干部经历的学生差异显著,在情境性和盲目性维度差异均未达到显著性水平。

第三节 公益行为的发展阶段及关键期

一、六阶段利他行为发展理论

在大量实验的基础之上,巴·塔尔等人从行为的动机出发,提出了利他行为的六阶段理论。

阶段 1:伴随具体的强化物。这是利他行为的第一阶段,在此阶段,个人之所以表现出助人行为,是因为助人行为会伴随着具体的奖赏,不帮助他人则会出现明显的惩罚,个体根本没有意识到他人的感觉和想法,他们的助人行为是被快乐或痛苦的体验所驱使,而不是被责任和义务所驱动,更没有尊重权威的意思。

阶段 2:顺从权威。这个阶段的个人帮助行为是为了顺从权威,个人只遵守那些在权力和地位优于他们的人的请求或命令,他们并不主动表现出帮助行为。阶段 2 的儿童意识到人们的感觉和想法有可能与其本人不同。此时的助人动机是为了获得肯定,避免惩罚。个体并不需要具体的强化物,因为他们意识到权威的力量。此阶段的儿童表现出帮助行为是因为他们的老师或者母亲让他们去这么做。

阶段 3:自发和具体回报。此阶段中,个体可以自愿、自发地表现帮助行为,但是这种自发性是与接受具体回报相依相随的。儿童能够定义他人的需要,但他们依然是自我中心的,行为的动机是他们的需求能得到回报。在此阶段,只有当个人有机会得到一个即时的回报时,帮助行为才能产生。如一个儿童可能把自己的玩具给别人,但是他要求以冰淇淋作为回报。

阶段 4:规范的行为。在此阶段,个人的帮助行为是为了遵从社会规范。他们了解有些行为是被期望的。若与规范的行为相一致,将会得到肯定的赞许,否则得到的评价将是否定的。社会的需要对个人来说是外在的条件。他们的帮助是被期望的结果,他们想成为他人眼中的好人,帮助他人的动机是为了获得赞许和使他人快乐,所期望的回报不是具体的奖赏。这个阶段的表现已被相当多的心理学家所发现,因为他们提出助人行为由社会规范所引发(如 Berkowiz,1972; Smub,1972)。

阶段 5:普遍的互惠互利。在这个阶段中,个人的帮助行为是由普遍的交换原则所引发的。人们认识到在世界上有一套规范系统控制着人的行为。人们帮助他人,是因为他们相信当有一天他们自己需要帮助时也会得到别人的帮助。这就是建立在抽象契约上的互惠互利的社会共识。帮助的回报是不具体的、未给定的。此阶段中的个人内化了社会规范,他们帮助人是为了避免打破规范。有两位理论家已经明确地提出了普遍的互惠互利原则。戈德(Goulder,1960)主张存在普遍的互惠互利原则:①人们应该帮助那些帮助过他们的人;②人们不能伤害那些帮助过他们的人。根据戈德的理论,这样的原则有一个很重要的功能,就是使社会中的人际关系处于稳定状态,力量的差异有可能导致对他人的利用,但互惠互利原则提供了回报他人的动机,因而防止了有权力的人受到自身优越条件的诱惑。该原则还鼓励和规范了互惠互利的模式,抑制了利用关系的出现。这一原则也可作为人际发展的首发机制,一个首先表现帮助行为的人确信有一天他也会得到帮助。当双方都内化了这个原则,要求首先得到帮助的人应该有回报行为,这也为信任提供了现实的土壤。在这样的环境里,首先与人分享价值的人是会得到回报的(Grouldner,1960)。这样的原则规范了社会交换,为社会稳定作出了贡献。然而戈德补充道:互惠互利的原则不能够充分作用于儿童之间的关系,儿童的行为仍为其他原则所引导。特利弗(Trivers,1971)把阶段5称为"相互利他主义"。个体有时的助人行为对其本人是不利的,但因为被帮助者总有机会在未来某一时刻给助人者提供帮助,所以人们还是伸出了援手。特利弗使用"救助模型"解释:从长远利益看,个体若去助人则会比不助人得到更多的益处,有更大的生存机会。

阶段6:利他行为。在这一阶段,个体的帮助行为是自发、自愿的,对他人有益且不期望外界回报。绝大多数的心理学家同意此阶段的帮助行为是利他的(如 Bar Tal, 1976; Krebs, 1970; Macaulay, Berkowitz, 1970)。个体的帮助行为是自我选择的,建立在道德的基础上。个体关心的是他人利益,能够评估他人的需要,当他人需要帮助时有移情的经验。尽管个体不期望任何利益回报,但他(她)本人已能自我奖励,他(她)可能已经有了自我满足感,获得了自尊。

为证明该理论,巴·塔尔将以上描述的各个阶段分为两个维度。第一个维度分别是:为符合外界权威而产生的帮助行为(A1)和自发的帮助行为(A2)。第二个维度是以强化物区分的,共分为4种强化物:外界的、具体的、给定的强化物(B1);外界的、不具体的、给定的强化物(B2);外界的、不具体的、不给定的强化物(B3);自我强化物(B4)。这样,利他行为的几个阶段就可以表示为:阶段1=A1B1,阶段2=A1B2,阶段3=A2B1,阶段4=A2B2,阶段5=A2B3,阶段6=A2B4。

与皮亚杰的道德判断发展阶段理论、柯尔伯格的道德认知发展阶段理论和艾森伯格的道德推理等理论都不一样,这个理论直接指向行为发展,然后再分析行为背后的动机。这非常有利于我们理解公益行为的发展阶段,尽管并不是所有的实验都支持这一理论,但研究结果都支持了利他行为的阶段性,而且都发现,当个人达到助人行为的高阶段时,他们的确会表现出更多的助人行为。

二、我们对公益行为的年龄差异及发展阶段研究

为了更好地研究个体道德发展的规律,首先要评定个体的道德认知发展水平。皮亚杰选用对偶故事法来探讨儿童的道德认知发展水平,每一对故事中都设了两种道德情境,每种情境各代表一种道德水平。在测试时,先由主试通过口头讲述的方式向被试呈现对偶故事,再让被试判断哪种情境更好,并且要求被试说明原因。主试根据个体的判断以及说明的原因确定其道德认知发展水平。根据儿童是按照行为的动机还是结果进行判断,他将儿童道德认知发展水平分为3个阶段。之后,科尔伯格在皮亚杰的研究的基础上,运用两难故事法来研究儿童的道德认知发展规律。他所采用的每个两难故事都会涉及一个传统的道德哲学问题,比如,人的财产以及生命价值、人们之间的责任与义务、法律的规则和意义等。这些道德故事中都存在着剧烈的冲突,没有特别容易的解决方法,常常让人难以抉择。通过纸笔测验的方式向儿童呈现两难故事以及问题,主试根据个体的判断以及做出这一判断的原因,了解个体的道德观念和思维方式。科尔伯格通过这种方法,将个体的道德认知发展分为3个水平6个阶段。

公益的研究除了通过问卷调查的方法研究青少年公益的发展特点,也可以借鉴道德认知发展阶段传统的研究方法,编制有关公益的故事,根据个体的判断以及做出这一判断的原因,了解个体的公益发展特点,根据其发展特点对青少年公益心的发展阶段做出划分。

基于以往的学者对青少年公益的探索和研究,本研究提出了以下假设:①青少年公益的发展在不同年级之间存在显著差异;②青少年对于公益的对偶故事的判断是由结果判断逐步向动机判断过渡的。

1. 研究方法

1.1 研究对象

采用方便取样的方法,在温州市小学、初中、高中各一所学校进行问卷调查,共发放610份问卷,回收578份。在剔除了无效问卷之后,共计得到543份问卷。问卷的有效率为89.01%。被试的基本情况详见表6-10。

表6-10 被试基本情况一览表

基本信息	类别	人数	占比(%)	合计
性别	男	278	51.20	543
	女	265	48.80	
年级	二年级	16	2.95	543
	三年级	64	11.79	

续表

基本信息	类别	人数	占比(%)	合计
年级	四年级	59	10.87	
	五年级	59	10.87	
	六年级	57	10.50	
	初一	59	10.87	
	初二	51	9.39	
	初三	37	6.81	
	高一	74	13.62	
	高二	67	12.33	
年龄	9 岁	15	2.76	543
	10 岁	79	15.10	
	11 岁	72	13.26	
	12 岁	69	12.70	
	13 岁	53	9.76	
	14 岁	61	11.23	
	15 岁	50	9.20	
	16 岁	78	14.36	
	17 岁	53	9.76	
	18 岁	13	2.39	

1.2 研究工具

本研究采用的问卷是郭仁露(2016)编制的《青少年公益心问卷》。该问卷一共 38 个题目,包括同情友爱、集体意识、热情自信与环境意识 4 个维度。其中同情友爱维度包含 18 道题目、集体意识维度包含 7 道题目、热情自信维度包含 6 道题目、环境意识维度包含 7 道题目,采用 5 点自评计分,从"非常不符合"到"非常符合"分别计 1~5 分。

本研究采用对偶故事法。首先,参考了沈贵鹏、袁盼盼和刘蓉(2016)的研究中提出的青少年公益心的 4 个方面(慈善公益心、环境公益心、科学公益心、人际公益心),以及青少年公益行为四因素结构模型(道德性、报偿性、情境性、盲目性)。同时,请教了 3 位心理学专业的专家,完成了 4 对对偶故事的编制。每对故事中设置代表公益心的其中一个方面的情境,并设置了两个不同的选项,每个选项包含一种青少年公益行为结构的一个维度,要求被试判断哪个更好,并写下其判断的理由。

研究时,首先从二年级至高二年级,每个年级抽取两个班。采用集体施测的方式,由每个班的班主任或者任课老师担任主试。发放问卷后,要求学生看清楚并理解指导语后再做。要求被试按照自己的真实情况进行作答,并且在被试完成后当场回收问卷。回收后,剔除其中作废问卷以及不完整问卷。统计分析时先使用 Excel 进行初步的整理,再运用 SPSS17.0 软件对数据进行分析。

2. 研究结果

2.1 公益发展的年级差异

不同年级的青少年在公益心 4 个维度以及单因素方差分析的结果详见表 6-11,数据显示,不同年级的青少年在公益心的 4 个维度以及公益心总分上均存在非常显著的差异,下面分别对有差异的维度作进一步的多重比较。

表 6-11 不同年级青少年在公益得分的单因素方差分析结果

		SS	df	MS	F	p
集体意识	组间	1 178.882	9	130.987	5.617	0.000
	组内	12 428.425	533	23.318		
	总数	13 607.308	542			
热情自信	组间	1 435.039	9	159.449	8.605	0.000
	组内	9 875.937	533	18.529		
	总数	11 310.976	542			
环境意识	组间	663.728	9	73.748	3.482	0.000
	组内	11 287.922	533	21.178		
	总数	11 951.650	542			
同情友爱	组间	6 348.104	9	705.345	6.308	0.000
	组内	59 596.120	533	111.813		
	总数	65 944.225	542			
总分	组间	26 441.301	9	2 937.922	6.516	0.000
	组内	240 311.329	533	450.866		
	总数	266 752.630	542			

下面是多重比较的结果。首先,在集体意识维度上,七年级至九年级与四年级之间的差异非常显著($p=0.004<0.01$,$p=0.000<0.01$,$p=0.002<0.01$)。八年级与高一年级之间的差异非常显著($p=0.007<0.01$)。八年级与三年级之间的差异显著($p=0.015<0.05$)。四年级与五年级之间的差异非常显著($p=0.002<0.01$)。四年级与六年级之间差异显著($p=0.019<0.05$)。

在热情自信维度上,七年级与三年级、四年级、高一年级之间的差异非常显著($p=0.000<0.01$,$p=0.002<0.01$,$p=0.001<0.01$),七年级与高二年级之间的差异显著

($p=0.042<0.05$)。八年级、九年级与三年级、高一年级、四年级之间的差异非常显著($p=0.000<0.01$，$p=0.000<0.01$，$p=0.001<0.01$，$p=0.000<0.01$，$p=0.000<0.01$，$p=0.001<0.01$)，八年级、九年级与高二年级、二年级之间差异显著($p=0.020<0.05$，$p=0.035<0.05$，$p=0.014<0.05$，$p=0.024<0.05$)。高一年级与五年级、六年级之间的差异非常显著($p=0.000<0.01$，$p=0.002<0.01$)，高一年级与三年级之间的差异显著($p=0.046<0.05$)，高二年级与三年级、五年级之间的差异非常显著($p=0.001<0.01$)。四年级与五年级、六年级之间的差异非常显著($p=0.000<0.01$，$p=0.004<0.01$)，五年级与二年级、三年级之间的差异非常显著($p=0.007<0.01$，$p=0.000<0.01$)，六年级与三年级之间的差异非常显著($p=0.000<0.01$)。

在环境意识维度上，八年级与高一年级、四年级之间的差异显著($p=0.028<0.05$，$p=0.011<0.05$)。八年级与高一年级、高二年级、四年级之间的差异非常显著($p=0.004<0.01$，$p=0.008<0.01$，$p=0.001<0.01$)。九年级与四年级之间的差异显著($p=0.035<0.05$)，高一年级与五年级之间的差异非常显著($p=0.009<0.01$)，高一年级与三年级、五年级、六年级之间的差异非常显著($p=0.003<0.01$，$p=0.004<0.01$，$p=0.009<0.01$)，高一年级与二年级之间的差异显著($p=0.039<0.05$)。高二年级与三年级、五年级之间的差异非常显著($p=0.007<0.01$，$p=0.009<0.01$)，高二年级与六年级之间的差异显著($p=0.019<0.05$)。四年级与三年级、五年级、六年级之间的差异非常显著($p=0.001<0.01$，$p=0.001<0.01$，$p=0.003<0.01$)。

在同情友爱维度上，七年级、八年级以及九年级都与高一年级、四年级之间的差异非常显著($p=0.000<0.01$)。七年级、八年级以及九年级都与三年级之间的差异非常显著($p=0.004<0.01$，$p=0.001<0.01$，$p=0.006<0.01$)。八年级与高二年级之间的差异显著($p=0.037<0.05$)。高一年级与五年级、六年级之间的差异非常显著($p=0.003<0.01$，$p=0.000<0.01$)。高二年级与四年级之间的差异非常显著($p=0.001<0.01$)。高一与高二年级之间的差异显著($p=0.016<0.05$)。四年级与五年级、六年级之间的差异非常显著($p=0.000<0.01$)，五年级与三年级之间的差异显著($p=0.045<0.05$)，六年级与三年级之间的差异非常显著($p=0.004<0.01$)。

在公益总分上，七年级、九年级与三年级、四年级、高一年级之间的差异非常显著($p=0.006<0.01$、$p=0.000<0.01$，$p=0.001<0.01$，$p=0.003<0.01$，$p=0.000<0.01$，$p=0.000<0.01$)。八年级与三年级、高一年级、高二年级、四年级之间的差异非常显著($p=0.000<0.01$，$p=0.000<0.01$，$p=0.006<0.01$，$p=0.000<0.01$)。九年级与高二年级之间的差异显著($p=0.026<0.05$)。高一年级与五年级、六年级之间的差异非常显著($p=0.000<0.01$)。高二年级与四年级之间的差异非常显著($p=0.008<0.01$)，高二年级与五年级之间存在显著差异($p=0.045<0.05$)。四年级与五年级、六年级之间的差异非常显著($p=0.000<0.01$)，四年级与二年级之间存在显著差异($p=0.048<0.05$)，五年级、六年级与三年级之间的差异非常显著($p=0.004<0.01$，$p=0.005<0.01$)。

2.2 青少年公益的年龄差异

不同年龄的青少年在公益心 4 个维度以及总分的单因素方差分析结果详见表 6-12，数据显示，不同年龄的青少年在集体意识、热情自信，以及公益心总分维度上的差异非常显著，在同情友爱维度上存在显著差异，下面对有显著差异的维度作进一步的多重比较。

表 6-12 不同年龄青少年在公益得分的单因素方差分析结果

		SS	df	MS	F	p
集体意识	组间	543.069	9	60.341	2.462	0.009
	组内	13 064.238	533	24.511		
	总数	13 607.308	542			
热情自信	组间	65 089.753	9	7 232.195	34.843	0.000
	组内	110 633.466	533	207.567		
	总数	175 723.219	542			
环境意识	组间	272.805	9	30.312	1.383	0.192
	组内	11 678.845	533	21.912		
	总数	11 951.650	542			
同情友爱	组间	2 258.486	9	250.943	2.100	0.028
	组内	63 685.739	533	119.485		
	总数	65 944.225	542			
总分	组间	98 112.795	9	10 901.422	16.290	0.000
	组内	356 695.116	533	669.222		
	总数	454 807.912	542			

下面是多重比较的结果。首先，在集体意识维度上，10 岁与 14 岁之间的差异非常显著（$p=0.004<0.01$）。

在热情自信维度上，9~12 岁与 13、14 岁之间的差异非常显著（$p=0.000<0.01$）。10、11 岁与 15 岁之间的差异显著（$p=0.033<0.05$，$p=0.044<0.05$）。13 岁与 16~18 岁之间的差异非常显著（$p=0.000<0.01$），14 岁与 15~18 岁之间的差异非常显著（$p=0.004<0.01$，$p=0.000<0.01$，$p=0.000<0.01$，$p=0.000<0.01$），15 岁与 16~18 岁之间的差异显著（$p=0.039<0.05$，$p=0.020<0.05$，$p=0.029<0.05$）。

在同情友爱维度上，10 岁与 12、14 岁之间的差异非常显著（$p=0.006<0.01$，$p=0.006<0.01$），10 岁与 13、16 岁之间的差异显著（$p=0.01<0.05$，$p=0.035<0.05$）。11 岁与 14 岁之间的差异显著（$p=0.035<0.05$）。14 岁与 16、17 岁之间的差异显著（$p=0.045<0.05$，$p=0.017<0.05$）。

在公益总分上,9岁与14岁之间的差异非常显著($p=0.000<0.01$),10、11岁与13、14岁之间的差异非常显著($p=0.003<0.01$, $p=0.000<0.01$, $p=0.000<0.01$, $p=0.000<0.01$)。12岁与13岁之间的差异显著($p=0.020<0.05$),12岁与14岁之间的差异非常显著($p=0.000<0.01$)。13岁与16、17岁之间的差异非常显著($p=0.002<0.01$, $p=0.000<0.01$),13岁与18岁之间的差异显著($p=0.023<0.05$)。14岁与15~18岁之间的差异非常显著($p=0.007<0.01$, $p=0.000<0.01$, $p=0.000<0.01$, $p=0.000<0.01$)。

2.3 各年级学生对4类故事回答的统计结果

下面是不同年级的学生在慈善公益心、环境公益心、科学公益心、人际公益心4类故事上的回答的统计结果。各年级学生对慈善公益对偶故事的回答的统计结果详见图6-1,每个年级按动机判断的人数都大于50%。

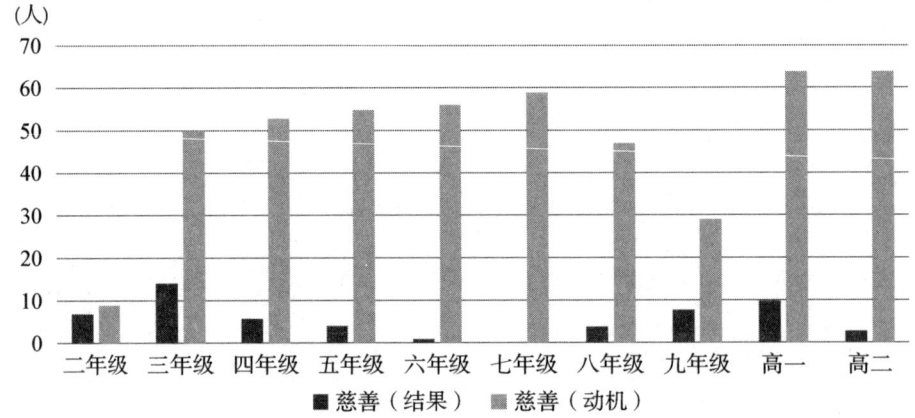

图6-1 各年级学生对慈善公益对偶故事的回答统计

各年级学生对环境公益对偶故事的回答的统计结果详见图表6-2,二年级按结果判

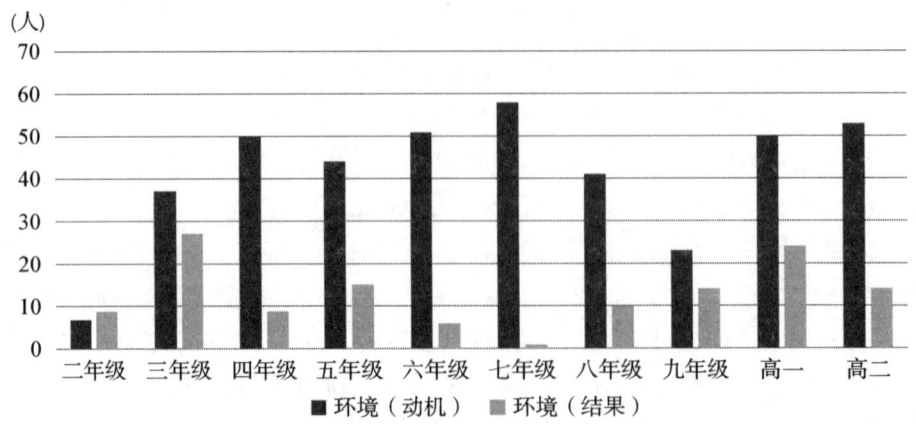

图6-2 各年级学生对环境公益对偶故事的回答统计

断的人数大于50%,其他年级按动机判断的人数大于50%。

各年级学生对人际公益对偶故事的回答的统计结果详见图6-3,二年级按照动机判断的人数与按照结果判断的人数相等,其余年级按动机判断的人数都大于50%。

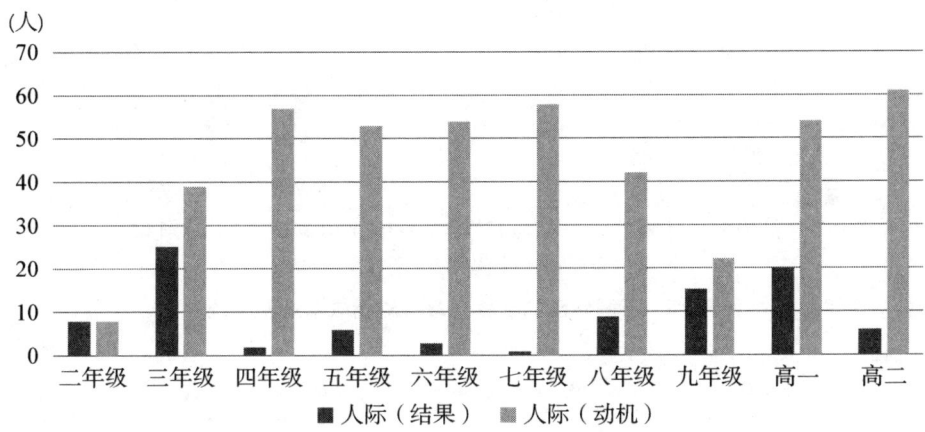

图6-3 各年级学生对人际公益对偶故事的回答统计

各年级学生对科学公益对偶故事的回答的统计结果详见图6-4,每个年级按动机判断的人数都大于50%。

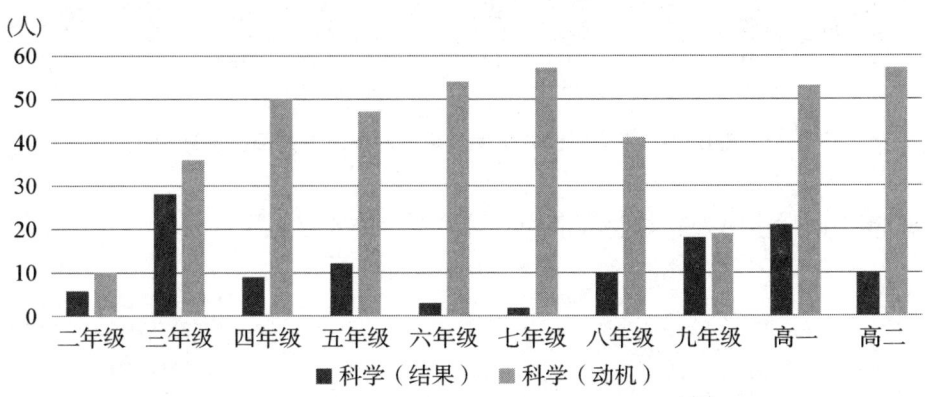

图6-4 各年级学生对科学公益对偶故事的回答统计

2.4 不同年龄的学生对4类故事回答的统计结果

下面是不同年龄的学生在慈善公益心、环境公益心、科学公益心、人际公益心4类故事上的回答的统计结果。不同年龄的学生对慈善对偶故事的回答的统计结果详见图6-5。每个年龄阶段按动机判断的人数都大于50%。

不同年龄的学生对环境对偶故事的回答的统计结果详见图6-6。9岁按结果判断的人数大于50%,其余年龄阶段按动机进行判断的人数大于50%。

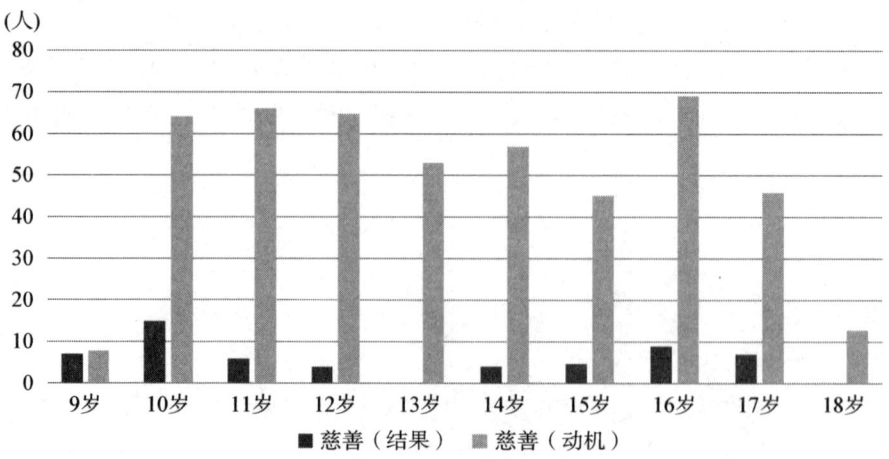

图 6-5　不同年龄的学生对慈善对偶故事的回答统计

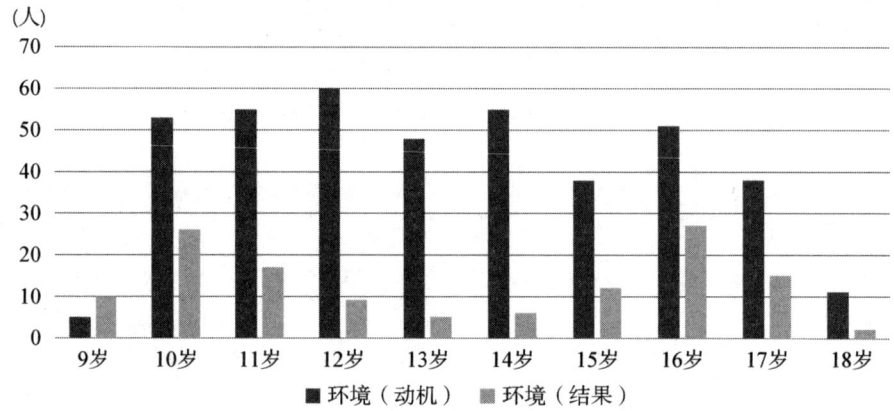

图 6-6　不同年龄的学生对环境对偶故事的回答统计

不同年龄的学生对人际对偶故事的回答的统计结果详见图 6-7。9 岁按结果进行判

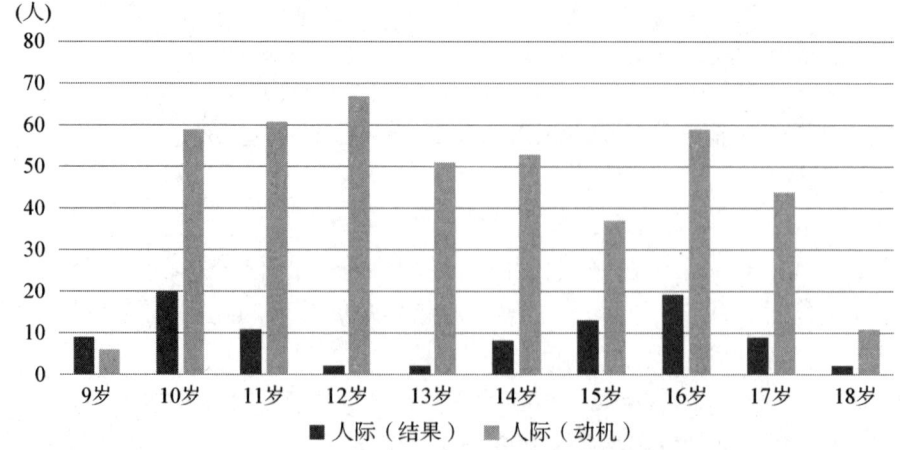

图 6-7　不同年龄的学生对人际对偶故事的回答统计

断的人数大于50%,其余年龄阶段按动机进行判断的人数大于50%。

不同年龄的学生对科学对偶故事的回答的统计结果详见图6-8。每个年龄阶段按动机判断的人数都大于或者等于50%。

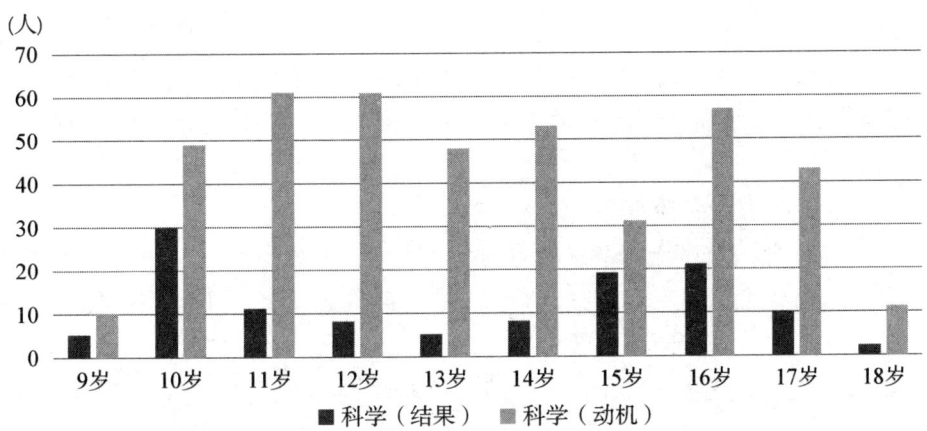

图6-8 不同年龄的学生对科学对偶故事的回答统计

3. 讨论

为了更进一步揭示我国青少年公益心的发展阶段,结合性别、年级、年龄阶段、青少年对4类公益对偶故事的判断结果等进行分析,了解青少年公益心发展的实际情况。

3.1 青少年公益的年级差异

首先,在集体意识维度上,四年级的得分显著低于五年级、六年级。七年级至九年级的得分显著高于四年级。八年级的得分显著高于高一、三年级。小学五年级、六年级和初中阶段的得分显著高于小学二至四年级和高一、高二年级的得分。

在热情自信维度上,七年级至九年级的得分显著高于高一、高二年级以及三年级、四年级。九年级的得分显著高于二年级。四年级、高一年级的得分显著低于五年级、六年级。五年级、六年级、高一与高二年级的得分显著高于三年级。小学五年级、六年级和初中阶段的得分显著高于小学二至四年级和高一、高二年级的得分。

在同情友爱维度上,七至九年级的得分显著高于高一年级、三年级、四年级。八年级的得分还显著高于高二年级。高一年级的得分显著低于高二年级和五年级、六年级。高二年级的得分显著高于四年级。四年级的得分显著低于五年级、六年级,五年级、六年级的得分显著高于三年级。

小学高年级和初中阶段的学生相比小学低年级的学生,他们知识水平更高,与社会的接触机会更多,经验更加丰富,更加愿意参加社会公益活动,而高中阶段的学生相对来说,学业压力较大,平时的空余时间较少,他们把较多的精力放在学业上,所以小学高年级与初中阶段的集体意识、热情自信、同情友爱水平以及公益心的发展的水平较高。

在环境意识维度上,七年级至九年级的得分都显著高于四年级。七年级的得分还显著高于高一年级。八年级的得分显著高于高一、高二年级。四年级、高一与高二年级的得分显著低于二年级、三年级、五年级、六年级。也就是说,二年级、三年级、五年级、六年级以及初中阶段的学生的得分显著高于四年级以及高中阶段的学生。对于小学低年级的学生来说,为了让他们学习和养成良好的习惯,老师可能会更加强调环境或者卫生等的问题;而小学高年级的学生对环境具备一定的感性认识和理性认识,他们会积极地关注环境问题,形成环保意识;而高中阶段的学生把更多的精力放在学业上,对于环境的关注可能较少。

3.2 青少年公益的年龄差异

首先,在集体意识维度上,14岁的得分显著高于10岁的得分。在热情自信维度上,9～12岁的得分显著低于13～15岁,13～15岁的得分显著高于16～18岁。在同情友爱维度上,10岁的得分显著低于12、13、14、16岁,11的得分显著低于14岁,14的得分显著高于16、17岁。在公益心总分维度上,9～12岁的得分显著低于13、14岁,13岁的得分显著高于17、18岁,14岁的得分显著高于15～18岁。

青少年公益心的年龄差异的检验结果与青少年公益心的年级差异检验结果大致相符合。12～15岁的学生相对9～12岁的学生来说,他们随着年龄的增加,认知水平不断提高,与社会的接触机会更多,他们的实践经验更加丰富,更加愿意参加社会公益活动,而15～18岁的学生相对学业压力较大,平时的空余时间较少,他们把较多的精力放在学业上。

3.3 公益对偶故事的选择差异

关于公益对偶故事的选择的年级差异,每个年级按动机判断的人数都大于或者等于50%。在慈善公益故事和环境公益故事上,从小学二年级至七年级,按照动机进行判断的人数的比例呈不断上升的趋势。在人际公益故事上,小学二年级按动机判断与按结果判断的人数相等,从小学二年级至七年级,按照动机进行判断的人数的比例呈不断上升的趋势。在科学公益故事上,六年级、七年级相对于其他年级来说按动机进行判断的人数的比例较高,达到了90%以上。

关于公益对偶故事的选择的年龄差异,在慈善公益故事上,每个年龄阶段按动机判断的人数都大于50%,从9～13岁,按照动机进行判断的人数的比例呈不断上升的趋势;在环境公益故事上,9岁按结果判断的人数大于50%,从9～13岁,按照动机进行判断的人数的比例呈不断上升的趋势;在人际公益故事上,9岁按结果判断的人数都大于50%,从9～13岁,按照动机进行判断的人数的比例呈不断上升的趋势;在科学公益故事上,每个年龄阶段按动机判断的人数都大于50%,从9～13岁,按照动机进行判断的人数的比例呈不断上升的趋势。如此看来,小学二年级至七年级(9～13岁)这个时间段估计是青少年公益行为发展的关键期。

本研究除了运用问卷调查法进行研究外,还运用故事法研究青少年公益心的发展阶段。既有质的研究,又有量的研究,不仅丰富了公益心的理论研究,而且丰富了公益心的研究方法。

4. 小结

在问卷测量的基础上,我们可以得出以下结论。在公益的集体意识维度、热情自信、同情友爱维度上,小学高年级和初中阶段(13～15岁)的得分显著高于高中阶段(16～18岁)和小学低年级(9～12岁)的得分。在环境意识上,四年级以及高中阶段学生的得分显著低于其他年级。

在故事法的基础上,我们可以得出以下结论。在慈善和科学公益故事上,每个年级和年龄阶段按动机判断的人数都大于50%,且从小学二年级至七年级(9～13岁左右)按照动机进行判断的人数的比例呈不断上升的趋势;在环境公益故事和人际公益故事上,二年级(9岁左右)按照结果进行判断的人数大于或者等于按照动机判断的人数,从小学二年级至七年级(9～13岁),按照动机进行判断的人数的比例呈不断上升的趋势。总体来看,小学二年级至七年级(9～13岁)这个时间段估计是青少年公益行为发展的关键期。

第七章 青少年公益行为的影响因素

国外对青少年公益行为的影响因素研究起步较早，Sabrina Oeseterle 的研究发现：更高的社会地位可以提高公益行为发生的概率，并且增加与社会关系中他人的联系所导致的志愿服务机会，但它只解释了参与志愿服务必备的技能与机会，不能解释所有人参与志愿服务的状况。Wilson 和 Musick 将公民道德价值观概念化为"可用的资源"或文化资本，资源的获得需要在自我导向为动机驱使下通过参与各种社会机构而获得，正是这些资源增加了人们参与公益活动的频率和机会。这些研究对国内相关研究具有一定的启发意义。

国内一些学者聚焦社会文化和社会制度层面因素来考察公益行为的影响因素，这涉及传统文化和宗教观念以及政治环境对慈善公益的影响。马丽芳在其研究中指出，亲社会行为是在生物因素和社会因素交互作用下产生和发展的，受自身认知水平的制约，公益行为同属于亲社会行为范畴，这对公益行为的影响因素研究提供了支持和参考。蔡勤禹重视慈善意识的培养，他指出要培养国民的公益慈善意识，需要从不同的角度入手，即从确立符合社会发展的文明与财富观、社会舆论与氛围营造、公益慈善学堂与课程以及榜样的带头示范作用入手来促进公益慈善事业的发展。宗君、夏建中等的研究强调家庭、学校和大众传媒等对公益行为的影响作用，这在其其格等对青少年公益行为因素的研究中有所涉及。陈建在其研究中探讨了参与动机、满意度等对公益服务的影响。李芹从性别、受教育程度和政治身份等因素探讨了其对公民参与公益服务的影响。

在社会工作领域，作为系统理论的一个分支，社会生态系统理论注重考量人与环境的交互作用对人类行为的影响作用，常将个体放在特定的环境中去考量，将个体生存和依附于其中的社会环境看作是一种社会性的生态系统，这种系统对于分析和理解主体的行为具有重要作用。

美国学者查尔斯·扎斯特罗（Charles Zastrow）是社会生态系统理论最著名的代表人物，他在布朗芬布伦纳（Bronfen brennr）等学者的基础上，把人的社会生态系统分为微观系统（micro system）、中观系统（mezzo system）和宏观系统（macro system）3 种基本类型。微观系统是指处在社会生态环境中单个的个人，主要包括个体因素；中观系统是指与个体直接接触的小规模群体，包括家庭、朋辈、职业群体或其他社会群体；宏观系统则是指比小规模群体更大一些的社会系统,包括文化、社区、制度、组织和政府等,主要涉及社会文化、传媒等,人总是在这3种系统的交互作用中完成主体人格和行为模式的塑造。我们按照社会生态系统最新的分类来分析影响青少年公益行为的关键因素。

第一节 影响公益行为的微观系统因素

按照扎斯特罗的社会生态系统理论,微观系统看似处在社会生态环境中单个的个人,其实既是一种生物的、更是一种社会的、还是一种心理的社会系统类型,因此,该层面的因素主要是与个人有关的因素,包括个体的认知因素、情感因素、个性因素等。结合公益行为的组织社会性等特征,我们把这些因素细化为社会认知因素、情绪情感因素和人格因素。

一、影响公益行为的社会认知因素

第二章对公益行为进行理论解释的时候,我们发现,社会认知论的几个模型,如唤醒一代价回报模型、艾森伯格助人模型和助人决策模型等,都非常看重社会认知因素在公益行为产生中所起的重要作用,当然观察学习理论就已开始关注认知过程中的社会认知因素了,因为社会认知因素不仅提供了个体对内外信息的加工,而且导致个体产生了情感和公益行为动机,从而直接引发了个体的公益行为。Shelly, Letitia, David(2005)曾分析了人们在考虑是否帮助他人时可能经历的步骤:第一步,首先要注意到有事情发生了,并判定有人需要帮助;第二步,如果意识到别人需要帮助,个体就会考虑自己对此承担个人责任的程度;第三步,个体还会考虑可能的得失,也就是说,出手相助是否值得? 如果权衡到助人行为的收益大于不帮助的收益,那么继续下一步,即第四步,决定怎样帮助他人并采取行动,在这个环节,个体决定采用哪种形式的助人。从助人的4个步骤来看,无论是注意、判定和考虑,还是权衡、决定,每个步骤都包含着认知成分和社会认知因素。在以往探讨亲社会行为和利他行为的认知因素文献中,有两个因素经常被提及,即观点采择能力和道德判断能力。

(一) 观点采择能力

观点采择能力是指个体推断别人内部心理活动的能力,即能设身处地理解他人的思想、愿望、情感等,其本质特征在于个体认识上的去自我中心化,即能够站在他人的角度,从他人的角度看待问题。从已有的观点采择研究资料来看,观点采择能力一般可以分为认知性的观点采择能力、情感性的观点采择能力和知觉性的观点采择能力等3种,或者分为物理性观点采择能力、社会性观点采择能力和情感性观点采择能力等3类;但也有主张二分法的,奥斯瓦尔德(Oswald)等人将观点采择能力分成两类,即认知的观点采择(Cognitive Perspective Taking,CPT)和情感的观点采择(Affective Perspective Taking,APT),前者就是预见他人的思想、动机、意图和行为的能力,后者就是推断他人的体验和情感反应的能力。那么哪种类型的观点采择能力对亲社会行为起到更重要的作用呢?Underwood和Moore(1982)研究发现,APT是亲社会行为可靠的预测因素,Oswald(1996)再次证明了这个观点,研究者以成年人为被试,并随机分成3组,分别加以CPT引导、APT引导和不引导(控制组)。结果显示:与控制组相比,APT和CPT都能显著增加被试的助人行为,而且APT引导的助人效果要远远高于CPT引导的助人效果,APT组愿意助人的平均时间是3.2小时,而CPT组和控制组则分别为1小时和0.4小时。这些研究表明,在观点采择能力对亲社会行为的关系中,情感的观点采择能力起着主要的作用。观点采择能力可以协助个体感知并确认造成他人悲伤的因素,因此观点采择能力强的人比观点采择能力弱的人更利他是有道理的,很多研究证明了这个结论,青少年的观点采择能力和亲社会行为呈显著正相关(Kumru,2002),观点采择能力并不是直接预测亲社会行为,而是通过共情或道德推理间接影响亲社会行为(艾森伯格,1996;奥斯瓦尔德,1996;孙炳海,2011)。因此,我们认为,道德判断能力才是影响公益行为更为重要的社会认知因素。

(二) 道德判断能力

道德判断能力是指个体判定他人或自己行为善恶的认识能力,又包括道德判断鉴别力、道德判断评价力和道德判断批判力等三大要素,道德判断能力也是个体进行道德选择和道德评价的一个重要环节,因此可以直接影响人的道德行为。我们先看看道德判断与利他行为、亲社会行为的研究。国外学者研究表明,亲社会道德推理水平都可以直接预测亲社会行为水平(Eisenberg,Fabes,Karbon等,1996)。国内的研究结果并不一致,刘建媛研究了中学生道德判断与利他行为的关系,结果表明,中学生的道德判断水平基本在科尔伯格道德发展阶段论的第三、第四阶段,即好孩子定向阶段和服从权威阶段。中学生的道德判断水平随着年龄的增长不断提高,但利他行为没有明显的变化趋势。初一被试的道德判断能力与利他行为之间没有明显一致性,而高一被试的道德判断能力与利他行为之间存在明显的一致性。李丹等人对173名高中生进行问卷调查,发现高中阶段的学生虽然年级不同,但所处的道德推理阶段无显著差异,但性别差异显著,他们的道德推理分数、移情反应分数、被试卷入程度以及提供帮助的意愿等各维度之间的相关较高,都具有显著的意义。寇彧等(2014)在研究不诚实行为时发现,被试的道德自我对其作弊行为有显著的负向预测作用,也就是说,个体的道德自我的确会影响道德行为。这些青少年道德判断对利他行为影响的研究文献,在我们探讨影响公益行为的认知因素时很有借鉴作用。

我们采用林德的道德判断测验(MJT),对浙江宁波、温州、衢州三地的404名青少年进行调查,探讨了道德判断因素对青少年公益行为的影响。结果发现,道德判断与青少年公益行为的相关并不显著,这个结果与我国学者刘志军的研究结果一致,中学生的亲社会行为与道德判断能力之间不存在显著相关。根据道德判断水平的统计结果显示,初高中青少年的道德判断水平大多属于低水平,但各个年级间的差异并不显著。道德判断不显著的原因,第一,可能是因为一些社会规范、道德标准并没有内化到青少年本身的价值观,因此不显著;第二,根据其格等人的研究,宏观因素对青少年公益行为的影响最大,其次是中观因素,而微观因素影响最小,此次结果可以解释为青少年的公益行为更多与学校、家庭等因素带来的外部影响有关,而道德判断不影响他们的公益行为。

有趣的是,在道德推理水平影响亲社会行为的研究中,研究者发现,在道德推理能力和亲社会行为之间,羞愧感和内疚感起着明显的中介作用,也就是说道德推理能力是通过增强青少年的羞愧感和内疚感来促进亲社会行为发生的(McInerney, 1995)。这项研究支持了道德判断能力必须通过道德情感的中介作用才能影响道德行为的观点。如此看来,在影响青少年公益行为方面,情感因素可能要比认知因素作用更大。

二、影响公益行为的情绪情感因素

在心理学中,情绪情感本身就是行为的主要动力因素之一,很多心理学家认为,亲社会行为的形成是以和他人情绪的共鸣反应为基础的,因此,影响公益行为的共情能力较早得到了学者们的高度关注。此外,心境也在该领域得到了比较多的关注。当然还有最新的道德情绪等,也是影响公益行为的关键因素。下面分别来介绍。

(一) 共情能力

共情能力指能设身处地体验他人处境,从而达到感受和理解他人情感的能力,因此共情能构建自己同他人情感体验的普遍联系,是亲社会行为的源泉(Brannnect, 1995)。在国外,研究者发现,共情能力可以直接预测亲社会行为水平(Eisenberg, Fabes, Karbon 等,1996);Vitaglione 等(2003)将共情能力分为状态共情和特质共情,并发现状态共情和亲社会行为呈直接正相关,而特质共情则在状态共情和亲社会行为之间发挥中介作用;还有学者(Marsh, Kozak, Ambaby, 2007)甚至认为,通过共情引发亲社会行为的机制,很可能是人类通过遗传而保留下来的内在固有本性。国内学者研究发现,青少年的共情能力与亲社会行为之间存在显著的相关性,共情能力好的青少年,助人行为也会多(李辽,1990)。朱丹等人讨论了共情能力和亲社会行为之间的关系,发现共情维度的个别成分和亲社会行为有显著相关。青少年的共情、世故性和亲社会行为之间存在一定的关系,世故性通过共情对亲社会行为产生影响(耿耀国,秦贝贝,夏丹,韩啸,2011)。有研究者通过共情能力的训练,来使个体的共情能力增强,从而促进青少年表现出更多的亲社会行为(杨兴鹏,2006)。共情是亲社会行为的重要动机源的论点也得到了众多研究的支持。另外,有学者发现,共情能力不仅仅是亲社会行为的直接动机源,还常常在其他影响亲社会行为的因素和亲社会行为之间起着中介作用(Hackenberg-Culotta, Lynn, 2002)。

虽然公益行为包括在亲社会行为里面,但是还有所区别的,所以在青少年公益行为与共情能力这方面还需要更多的研究。也有学者开始探讨共情能力和公益行为的关系,赫德克(Hudec)指出,共情水平不仅可以预测个体是否愿意参加志愿者活动,还可以预测个体在多大程度上愿意参加志愿者活动。他们对一些大学生(129名女生,83名男生)进行的调查结果支持了他们的论断,那些愿意参加志愿者服务的学生,其共情测验平均得分要显著高于对照组学生的得分(Hudec, 2002)。

(二) 心境

心境是一种微弱、平静而持久的带有渲染性的情绪状态,是个体在某一时间内心理活动的基本背景。心境会对个体的学习、生活等产生重要影响,研究者探讨了心境对青少年亲社会行为的影响。Isen(1973)、Kenrick(1979)和Moore(1973)发现在消极心境下,儿童的帮助行为较少。而Aderman和Berkowitz(1970)以及Aosler(1975)的研究结果相反,研究表明当成人处于消极心境时,会增加帮助行为。Williamson和Clark(1989)的研究表明,当成年人处于内疚、悲伤等其他消极心境时,帮助行为能帮助抵消不良的感受,因此可能会增加帮助行为。Cialdini和Kenrick(1976)发现,当感受到伤心等消极心境时,年纪小的孩子捐赠较少,中间年龄的孩子捐赠较多,而高中生则捐赠显著地多。William Thompson(1980)研究了自我关注的悲伤效应,发现只有被试是关注他人的,才会认为帮助他人有特别的意义。

我们考察了共情和心境这两个情绪情感因素对青少年公益行为的影响。具体研究如下。

1. 研究方法

我们以来自浙江温州、宁波、衢州三地的初高中生为研究对象,采取问卷的方式施测,选取有效样本共404份。被试情况统计见表7-1。

表7-1 被试情况统计表

	性别		地区			年级					
	男	女	温州	宁波	衢州	初一	初二	初三	高一	高二	高三
n	197	207	280	51	73	48	111	51	39	34	121
比例	48.8%	51.2%	69.3%	12.6%	18.1%	11.9%	27.5%	12.6%	9.7%	8.4%	30.0%

我们选用了《中文版人际反应指标(IRI-C)量表》《简明心境量表》《青少年公益问卷》分别测量青少年的共情能力、心境和公益行为。其中《简明心境量表》(Brief Profile Of Mood States, BPOMS)来源于McNair所编写的POMS,由65道题缩减为30道题,有6

个维度,分别是紧张(T)、愤怒(A)、疲劳(F)、抑郁(D)、迷惑(C)和活力(V),每个维度中有5个形容词,其中部分项目反向计分,分数越高,心境越差。BPOMS采用五点计分法,分别计0~4分,在本次研究中的克朗巴赫α系数为0.917,具有很高的信度。《人际反应指数问卷》(IRI-C)由Davis编制,后经台湾学者詹志禹引入并修订为中文版(IRI-C),共有22个题项,从观点采择、想象力、同情心、个人痛苦等4个维度进行测量。量表采用五点计分法,对"不恰当""有一点恰当""还算恰当""恰当""很恰当"分别记0~4分。本次研究的内部一致性α系数为0.787,有良好的信效度。青少年公益问卷由我们自编,问卷由4个因子(环境意识、同情友爱、集体意识、热情自信)、38道问题组成,可以有效地预测公益心的4个因素且信效度符合心理测量标准。问卷采用五点计分法,对"不恰当""有一点恰当""还算恰当""恰当""很恰当"分别记1~5分。本次研究的克朗巴赫α系数为0.821,有满意的信效度。

把上述《简明心境量表》等工具合并为一个调查表,第1部分为被试基本情况,第2部分为《简明心境量表》,第3部分为《中文版人际反应指教(IRI-C)量表》,第4部分为《青少年公益问卷》。所有被试集中在各自的班级,每个班有一名老师维持秩序。由老师发放问卷,被试阅读问卷题目之后,在最符合自身实际情况的选项下面打勾。由1名主试进行指导,集体实施测验。测验完毕后统一回收。共发放问卷500份,回收479份,剔除无效问卷75份,最终回收有效问卷404份。本研究使用SPSS 20.0进行数据统计与分析。

2. 研究结果

2.1 公益行为与共情、心境的相关分析

研究对公益心4个维度和共情和心境几个变量做了相关分析,公益心各个维度与心境、同理心的相关矩阵见表7-2。可以看出同情友爱与观点采择、想象、共情关注、活力呈显著正相关($p<0.01$),与紧张、生气、抑郁呈显著负相关($p<0.01$),与困惑呈显著负相关($p<0.05$);环境意识与观点采择、想象、共情关注和活力呈显著正相关($p<0.01$),与紧张、生气、抑郁呈显著负相关($p<0.01$),与疲劳、困惑呈显著负相关($p<0.05$);集体意识与观点采择、共情关注、想象、活力呈显著正相关($p<0.01$),与紧张、生气、抑郁、疲劳、困惑呈显著负相关($p<0.01$);热情自信与观点采择、想象、共情关注、活力呈显著正相关($p<0.01$),与紧张、生气、抑郁呈显著负相关($p<0.01$),与困惑呈显著负相关($p<0.05$)。

表7-2 公益心各个维度与心境、同理心的相关矩阵

	同情友爱	环境意识	集体意识	热情自信
观点采择	0.427**	0.323**	0.356**	0.321**
想象	0.254**	0.131**	0.165**	0.151**
共情关注	0.469**	0.266**	0.269**	0.335**
个人忧伤	0.091	0.019	−0.021	0.016

续 表

	同情友爱	环境意识	集体意识	热情自信
紧张	−0.197**	−0.158**	−0.216**	−0.233**
生气	−0.205**	−0.168**	−0.304**	−0.211**
抑郁	−0.211**	−0.175**	−0.245**	−0.233**
疲劳	−0.085	−0.118*	−0.148*	−0.155**
活力	0.316**	0.258**	0.306**	0.353**
困惑	−0.125*	−0.103*	−0.200**	−0.125*

注：* 表示 $p<0.05$，** 表示 $p<0.01$。

2.2 共情和心境对公益行为的回归分析

以心境、共情为自变量，公益各个维度为因变量进行分层回归分析，结果见表 7-3。每个分析都分成两个步骤：第一步，将人口学变量放入分层回归分析中，以便对人口学变量的效应进行控制；第二步，将心境、共情各个维度放入分层回归分析程序，观察心境、共情对公益心各个维度的解释率的变化极其显著性，以得知共情、心境对因变量是否存在显著水平的效应。

表 7-3　心境、共情对公益各个维度的回归分析

	热情自信(β)		集体意识(β)		环境意识(β)		同情友爱(β)	
基本变量	第一步	第二步	第一步	第二步	第一步	第二步	第一步	第二步
性别	0.037	−0.034	1.593**	1.400**	1.096*	1.002*	3.428**	2.870**
生气				−0.314				
抑郁		−0.212***				−0.161**		−0.485***
活力		0.340***		−0.283***		−0.230***		0.648***
观点采择				0.261***		0.249***		
共情性关心				0.257***		0.246***		1.153***
R^2	0.006	0.287	0.024	0.298	0.012	0.205	0.023	0.441
R^2_{adj}	−0.002	0.280	0.022	0.289	0.010	0.195	0.021	0.403
F	0.775	40.238	9.998	33.772	4.952	20.498	9.524	55.473

注：* 表示 $p<0.05$，** 表示 $p<0.01$，*** 表示 $p<0.001$。

由表 7-3 可知，在心境、共情各因子对热情自信的逐步回归分析中，性别这一人口学变量解释了热情自信−0.2%的变异，在加入了心境、共情的各个因子之后，抑郁、活力和人口学变量中的性别进入回归模型，解释量为 28.0%，增加了 28.2%，差异达到显著水

平。抑郁对热情自信的回归系数为-0.212,活力对热情自信的回归系数为0.340。

在心境、共情各因子对集体意识的逐步回归分析中,性别这一人口学变量解释了集体意识2.2%的变异,加入心境、共情各因子后,生气、活力、观点采择和共情性关心进入回归模型,解释量为28.9%,增加了26.7%,差异达到显著水平。生气对集体意识的回归系数为-0.314,活力对集体意识的回归系数为-0.283,观点采择对集体意识的回归系数为0.261,共情性关心对集体意识的回归系数为0.257。

在心境、共情各因子对环境意识的逐步回归分析中,性别这一人口学变量解释了环境意识1%的变异,加入心境共情各因子后,抑郁、活力和共情性关心进入回归模型,解释量为19.5%,增加了18.5%,差异达到显著水平。抑郁对环境意识的回归系数为-0.161,活力对环境意识的回归系数为-0.230,观点采择对环境意识的回归系数为0.249,共情性关心对环境意识的回归系数为0.246。

在心境、共情各因子对同情友爱的逐步回归分析中,性别这一人口学变量解释了同情友爱2.1%的变异,加入心境、共情各因子后,抑郁、活力和共情性关心进入回归模型,解释量为40.3%,增加了38.2%,差异达到显著水平。抑郁对同情友爱的回归系数为-0.485,活力对同情友爱的回归系数为-0.648,共情性关心对同情友爱的回归系数为1.153。

综上,共情、心境对公益心各个维度有一定的预测力。

3. 讨论

青少年公益行为与心境存在显著相关,即青少年心境越积极,越容易产生公益行为。紧张、生气、抑郁这3个维度均与同情友爱、环境意识、集体意识、热情自信这4个维度存在显著负相关;而活力这一维度因为计算时使用的是结果的反向计分,得出显著负相关,因此活力应与青少年公益行为存在显著正相关;困惑这一维度也与这4个维度存在显著负相关,但是没有紧张、生气、抑郁和活力显著;疲劳与环境意识、集体意识和热情自信存在显著负相关,但是与同情友爱相关不显著。在心境各个因子对公益心各个维度的逐步回归分析中,心境中的抑郁、生气、活力对公益行为有预测效应,且效应显著。抑郁对热情自信的回归系数为-0.212,对环境意识的回归系数为-0.161,对同情友爱的回归系数为-0.485;活力对热情自信的回归系数为0.340,对集体意识的回归系数为-0.283,对环境意识的回归系数为-0.230,对同情友爱的回归系数为-0.648;生气对集体意识的回归系数为-0.314。综上表明对于青少年而言,有积极心境的青少年更容易产生公益行为,反之亦然。

青少年公益行为与共情存在显著正相关。国内也有研究证实,研究发现青少年的共情能力与亲社会行为之间存在显著的相关性,共情能力好的青少年,也会有更多的助人行为(李辽,1990)。在观点采择、想象、共情关注这3个维度上存在显著正相关($p<0.01$),而在个人忧伤这一维度上相关不显著,这一结果与于萍(2016)研究结果一致。个人忧伤指的是当个体看到他人遭受困境或危机的情况时所产生的不安焦虑的情绪,研究结果表

明个体所产生的这一情绪与公益行为并无显著相关。在共情各个因子对公益心各个维度的逐步回归分析中,共情中的观点采择、共情性关心对公益行为有预测效应,且效应显著。观点采择对集体意识的回归系数为0.261,对环境意识的回归系数为0.249,共情性关心对集体意识的回归系数为0.257,对环境意识的回归系数为0.246,对同情友爱的回归系数为1.153,因此可以通过对青少年共情能力的提高来培养青少年公益行为。

4. 小结

消极心境与青少年公益行为存在显著负相关,共情与青少年公益行为存在显著正相关。抑郁、活力、观点采择、共情性关心这4个因素对青少年公益行为有显著预测作用,其中共情性关心有最高的预测力。

(三) 自尊

自尊亦称"自尊心""自尊感",是个人基于自我评价产生和形成的一种自重、自爱、自我尊重,并要求受到他人、集体和社会尊重的情感体验。我们的实验(胡瑜,黄崇蓉,严婷婷,2019)发现,不同自尊水平的个体在青少年的某些公益行为具有显著性差异。自尊水平高的学生较自尊水平低的学生更容易受启动操作的影响。也就是说,相比于自尊水平低的学生,自尊水平高的学生更偏向于出现助人行为。这与以往对自尊和助人行为之间关系的实证研究结果相似。王丽(2003)经过研究发现,自尊与个体的利他行为有着间接的联系与影响,王丽和王庭照(2005)进一步的研究表明青少年的自尊与亲社会行为之间存在特别显著的正相关。青少年往往会做出一些公益助人行为来获得公众的认可,而自尊水平低的学生对自身能力持消极态度,在公众场合可能会表现得畏首畏尾,得到他人肯定评价相对来说要少一些,而个体从外界反馈获得的支持能量变少,使得个体在一些需要表现自我的场合或活动如助人、合作等中缺乏勇气,个体的助人行为相对就会减少。胡发稳和丁颢(2011)研究得出在负面情绪的环境下,越是低自尊个体,他的利他行为决策越是减少。并且自主性的利他行为趋向会受到青少年自尊水平的影响。高自尊者更倾向于不加区别地做出助人行为决策,而低自尊者倾向于使行为决策与自我评价相一致,从而造成两者的助人行为差异。公益行为当属于亲社会行为的一种表现,高自尊个体更容易觉察并了解他人的求助信息进而产生更多的助人行为。此外,低自尊的个体关注点更多停留在自我身上,心理资源更多消耗在关注个体内心与进行自我调适,进而影响了个体对他人的关注度,削弱了助人动机,减少了助人行为。这就使得自尊水平高的学生更偏向于做出公益行为。

(四) 道德情绪

道德情绪是个体根据道德标准来评价自己和他人的行为时而产生的一种情绪体验。吴鹏、范晶通过不同的视频材料诱发个体的同情和内疚情绪,探究道德情绪对网络捐助行为的影响,研究发现,同情和内疚情绪都可以显著影响个体的网络助人行为。田俊美等也通过诱发积极、消极和中性3种道德情绪,探究道德情绪对外显和内隐亲社会行为的影响,研究发现,积极道德情绪能够激发大学生的外显和内隐亲社会行为,而消极道德情绪则能够激发外显亲社会行为,但不一定激发内隐亲社会行为。Sachdeva(2009)让被试抄写不同特质的词语并要求被试仔细思考每一个词语的含义,以此来诱发道德情绪,从而探究道德情绪对慈善捐赠任务的影响。郑信军、何佳娉(2011)通过视频诱发正负性道德情绪,探究道德情绪对被试倾向性与情境性人际信任的影响。因此,大部分的研究都得出道德情绪的诱发会影响个体的亲社会行为,那么道德情绪的诱发是否也会影响青少年的公益行为呢?

通过对道德情绪的相关实验研究的整理与分析,不难发现,对于道德情绪的研究概况主要有以下几点:①对于道德情绪的诱发大多通过观看视频的方式;②当道德情绪作为自变量时,其水平主要从正负效价或积极和消极维度进行划分,较少以具体的道德情绪或其他的分类标准作为自变量进行研究;③对于特定道德情绪的研究,国内研究较早的是羞愧和内疚等消极情绪,之后研究者们开始关注同情、宽恕以及感戴等道德情绪,但对于道德愤怒、尴尬、道德提升、道德崇高等道德情绪,国内的心理学还未有涉猎。对于道德情绪的划分,Haidt(2003)根据情绪的内在联系提出4类较为典型的道德情绪,分别为他人谴责、自我意识、他人痛苦和他人赞扬的情绪。根据情感指向性可以分为自我指向的情绪和他人指向的情绪,根据道德主题和层次,郑信军(2015)将他人指向的情绪分为公正取向、关爱取向和崇高取向等三大类不同取向的情绪。这一分类相较于传统意义上的分类更加具体和深刻,为道德情绪的研究提供了新的视角和方向。

综上所述,我们旨在通过视频诱发范式诱发不同取向的道德情绪,以此来探究诱发不同道德情绪的状态对于青少年公益行为的影响。此外,共情作为一种理解他人想法,分享他人情感的能力(范明惠,2017),很有可能影响被试的公益行为,但在此研究中,并没有设计为自变量,我们将其作为协变量,以此来控制共情能力对公益行为的影响。基于上述的实证研究,我们的假设如下:道德情绪的诱发会显著影响青少年的公益行为,崇高取向和关爱取向的情绪诱发会促进青少年的公益行为。具体研究如下。

1. **研究方法**

1.1 被试

采用方便取样的方法,从温州市某中学选取4个班级进行团体施测,共122名学生参与正式实验,最终有效被试为112人,其中,男生53名,女生59名,年龄在12~15岁,平均年龄为13.38岁。所有被试的视力或矫正视力均在正常范围内,无脑外伤及身心健康问题史,无人知道实验目的且从未参加过类似的心理学实验。

1.2 研究设计

本实验研究采用单因素协变量的被试间设计,自变量为诱发道德情绪,共分为4个水平,分别为崇高取向情绪、关爱取向情绪、公正取向情绪和控制情绪,其中,崇高取向情绪、关爱取向情绪和公正取向情绪分别通过不同视频材料诱发,控制情绪无视频诱发处理,协变量为被试的共情能力,而因变量是公益行为,即被试在拥有理想收入情况下的捐款比例,具体分为 A(1%或更少)～H(25%以上)8 个级别。

1.3 研究工具

(1) 道德情绪诱发材料。

相比于图片和音乐,视频作为动态的刺激材料,同时综合了听觉和视觉刺激的特点,因此往往能够更为有效地诱发相应的道德情绪,是大多数道德情绪研究者所普遍使用的情绪诱发方式,这对于道德情绪的诱发研究提供了很好的参考价值和借鉴意义,本实验也选择采用视频诱发的范式诱发被试的道德情绪。

考虑到本实验的自变量是诱发崇高、公正和关爱取向的道德情绪,崇高取向的情绪是指个体在社会活动中因遭遇或感知到"高于自我"的人或事物时产生的情绪,公正取向的情绪是个体在遵守和维护公正的社会活动中产生的情绪,而关爱取向的情绪是个体在社会交往中,对他人的需要做出反应时所产生的情绪,因此,根据这 3 种不同的取向查找相关的视频材料。最终,通过文献查找以及他人和自己对大多数的道德相关视频的观看和评定,我们分别选取了 3 段视频作为道德情绪诱发的材料,采用视频处理软件对 3 段视频进行剪辑处理,3 段视频的时长在 6～8 分钟。

崇高取向的情绪诱发视频讲述了 2018 年年度感动中国十佳人物王继才夫妇在极其艰苦的环境下无怨无悔地为国守岛 32 年,为国家的海防安全做出了极大的贡献,王继才最终因为多年在岛上艰苦的条件下生活而身患重病不幸去世,但其对于国家的这种无怨无悔的忠诚和奉献精神深深感动了我们,王继才夫妇的事迹属于为国家的安全甘愿自我牺牲的道德美。关爱取向的情绪诱发视频选取了王崇鉴的微电影《交易》,该视频主要讲述了一个小女孩因妈妈生病,为给妈妈治病而不得不去捡垃圾赚钱,最后因凑不到治病费用只能将自己卖给人贩来换钱的由真实故事改编的故事,吴鹏等曾用该视频诱发大学生的同情情绪并且诱发效果显著。最后,公正取向的情绪诱发视频选取了两段新闻报道并剪辑成一整个视频,分别是乐清男孩母亲因私人情感问题而藏匿孩子并报警谎称孩子失踪,从而浪费了大量的公共资源和消费了人们的爱心。另一段新闻为上海几名男子深夜穿着仿二战日军制服多次在抗战基地合影并上传网络,从而引起了人们的愤慨和谴责。

被试在观看完视频之后需要立刻进行情绪诱发效果评定,对于情绪诱发效果评定工具我们借鉴了 Likert 量表,按照 9 点计分法对情绪诱发效果进行评定,1 表示没有,9 表示非常强烈,被试根据观看视频之后的真实感受对 3 种情绪依次进行评定。

(2) 公益行为测量工具。

一方面,由于以往研究对于探究公益行为影响因素的实证研究还相对较少,因此,对于公益行为作为因变量的观测指标还少有研究;另一方面,公益行为主要包括慈善行为和志愿服务,而这两类行为的观测指标又难以在实验条件下量化。综合这两方面的考虑,我们最终选择了相对较为经典的研究范式,即捐款意愿任务,迟毓凯(2009)和巩彦平(2017)曾分别用此范式来研究道德特质的启动对于大学生和青少年的公益行为的影响,也是用捐款意愿任务作为公益行为的检测指标。此范式根据被试的捐款意愿和选择情况来考察被试的公益行为,大致内容是让被试假设已拥有理想的收入,然后选择愿意将收入的多大比例捐献给公益事业,捐献比例分为 A(1%或更少)~H(25%以上)8 个级别。

(3) 共情能力测量问卷。

由于本实验是以诱发道德情绪为自变量,公益行为为因变量,被试的共情能力极有可能影响被试的公益行为,而我们在研究中并没有对其进行直接控制。因而我们将其作为协变量加以控制,并在统计分析中运用协方差分析的方法排除其对被试公益行为的影响。对于共情能力的测量,我们通过文献查找选择了 Davis 编写的 Interpersonal Reactivity Index-C 量表,台湾学者吴静吉等人将其修订成《中文版人际反应指数(IRI-C)量表》。张凤凤等人(2010)采用该量表对 529 名正常人及 365 例精神分裂症患者进行评估,从而检测该量表的信度和效度,结果表明《中文版人际反应指数(IRI-C)量表》具有较好的信度及效度,可作为共情能力的测量工具应用于中国人群。该量表总共有 22 道题目,分为 4 个分量表,分别为观点采择(PT)、想象力(FS)、共情关注(EC)和个人忧伤(PD)。每个题目采用 Likert 的 5 点式,从 0~4 分别代表从不恰当到很恰当,被试需根据自己的真实情况对每个题目的恰当程度进行评分。最后将所有题目的得分相加,其中 2、5、10、11、14 题需要反向计分,总得分越高则说明共情能力越好。对这次实验的所有共情问卷进行可靠性分析,得出此次测验的内部一致性 α 系数是 0.805,各分量表的内部一致性 α 系数在 0.475~0.712。

1.4 研究程序

此次实验的对象是初中生,实验流程是被试先通过观看视频诱发相应的道德情绪,观看结束对情绪诱发效果进行评定,随后完成捐款意愿任务。综合各方面因素的考虑,我们最终决定采用班级团体施测的方式进行此次实验。因此在实验之前,先与有关班级的任课老师进行了联系,说明了相关情况并取得了老师的同意,在实验正式开始之前先对实验中要使用到的多媒体设备情况进行了检查和确认。到达实验班级之后,先由任课老师向被试说明我们的来意,之后由主试对此次实验流程进行一个基本的介绍,并简要地介绍主试自己的一些情况,最后再说明此次实验的要求,即实验过程中的所有回答都无对错之分,被试需要以认真、真实的原则完成此次实验,在所有被试了解清楚之后开始实验。

正式实验开始,先由主试发布指导语让被试放松并尽量让自己恢复到平静的状态,并给予被试 1 分钟时间进行放松,在此期间由实验助手关闭室内的灯光,控制室内的光线。放松指导语为:"现在请你调整一下自己的状态,尝试着深吸一口气,然后慢慢地呼气,重复这样的呼吸动作,尽量地让自己保持在放松、平静的状态下。"在视频播放前告知被试接下来会呈现一段影片,请仔细观看,随后由主试播放用视频剪辑软件处理过的实验视频材料。待播放结束,立刻由主试和实验助手向被试发放实验材料,实验材料依次为个人信息、情绪主观报告问卷、捐款意愿任务、《中文版人际反应指数(IRI-C)量表》。接下来由主试发布指导语,要求被试按要求填写个人信息,填写完成之后立刻指导被试依据观看影片后的内心感受进行情绪诱发效果评定;确认被试情绪效果评定完毕后,继续指导其完成捐款意愿任务;最后,再指导被试完成《人际反应指数量表》。3 组不同取向道德情绪诱发组都按照此实验程序进行实验,而控制组则没有观看视频和情绪评定这两部分,其余部分与上述程序相同。

1.5 数据处理

待实验结束之后将所有问卷进行整理和编号,按顺序依次将所有被试的情绪诱发评定得分、捐款意愿得分以及《人际反应指数量表》得分录入 Excel 中,之后再计算出每位被试的《人际反应指数量表》总分以及在 4 个分量表上的总分。待所有数据录入完毕,按要求将数据导入 SPSS 17.0 中。先以诱发道德情绪为自变量,公益行为为因变量,共情能力作为协变量加入进行单变量协方差分析,以此来分析在控制被试的共情能力的条件下道德情绪诱发对公益行为的影响。之后按照极端分组将被试根据其共情能力得分分为高共情组和低共情组,与道德情绪诱发一起作为自变量,以公益行为为因变量做单变量方差分析,以此来分析共情能力和道德情绪诱发对被试的公益行为的影响。

2. 研究结果

2.1 视频材料的道德情绪诱发效果评定

将被试的情绪诱发评定得分录入 Excel 中,并通过函数运算计算出不同取向情绪诱发组被试得分的平均数和标准差,结果见表 7-4。

表 7-4 不同视频材料的情绪诱发评定的平均值及标准差

	视频 1(关爱取向)			视频 2(崇高取向)			视频 3(公正取向)		
	同情	崇高	义愤	同情	崇高	义愤	同情	崇高	义愤
M	7.04	4.71	2.89	5.17	7.83	2.03	1.17	1.07	7.45
SD	1.71	2.40	2.10	2.35	1.39	1.61	0.47	0.37	1.82

表 7-4 表明,3 个视频都较高程度地诱发了对应取向的靶情绪,视频 1(关爱取向)在高程度的诱发同情情绪的同时,也在一定程度上诱发了崇高情绪;而视频 2(崇高取向)在高程度的诱发崇高情绪的同时也诱发了一部分被试的同情情绪。

2.2 道德情绪诱发与共情能力对公益行为的影响

将共情能力作为协变量加入进行单变量协方差分析,结果发现,共情对公益行为的协变量效应也显著($F=9.05$, $p<0.05$)。为探究共情能力对于公益行为的具体影响,我们将实验设计的自变量进行重新设计,采用极端分组法,将所有被试的共情能力得分进行排序,筛选出得分最高和最低各 33%。将共情能力和道德情绪诱发一起作为自变量,公益行为作为因变量做单变量方差分析,结果见表 7-5。

表 7-5 不同道德情绪诱发和共情能力的方差分析

变异来源	df	MS	F	p
道德情绪诱发	3	2.782	2.030	0.118
共情能力	1	6.419	6.419	0.014*
道德情绪诱发×共情能力	3	2.656	2.656	0.056

注：*表示 $p<0.05$。

根据表 7-5 可以看出,在重新设计的实验设计中,道德情绪诱发在被试公益行为上的主效应不显著,共情能力高低在被试的公益行为上的主效应显著,而道德情绪诱发和共情能力的交互作用存在边缘显著。以上结果表明,共情能力显著地影响了被试的公益行为,同时也影响着诱发道德情绪对公益行为的影响过程。由于我们通过《人际反应指数量表》测出了被试在 4 个维度上的得分,分别为观点采择、想象力、共情关注和个人忧伤。因此,为了具体分析共情能力对公益行为的影响,我们同样对被试在 4 个维度上的得分通过极端分组,分别比较了这 4 个维度上得分高低对公益行为的影响,结果发现,在共情关注上存在显著效应($p<0.01$),而在观点采择、个人忧伤和想象力上都不显著。此外,对道德情绪诱发组之间进行了多重比较,结果发现,诱发崇高取向和关爱取向情绪组都与诱发公正取向情绪组在公益行为上无显著差异($p>0.05$),诱发崇高取向情绪组和无情绪诱发组在公益行为上存在边缘显著差异($p=0.058$),而诱发关爱取向情绪组和无情绪诱发组在公益行为上存在显著差异($p<0.05$),其余组别之间没有显著差异。

3. 讨论

3.1 视频诱发不同取向道德情绪的有效性

在该实验中,对于自变量的设计我们依据了郑信军(2015)对他人指向的情绪分类,分别诱发公正取向、关爱取向和崇高取向等三大类不同取向的情绪。公正取向的情绪是个体在遵守和维护公正的社会活动中产生的情绪,聚焦社会规则和公义,如义愤、厌恶、轻蔑等;关爱取向的情绪是个体在社会交往中,着眼于人与人之间的相互联系和依赖关系,对他人需要做出反应时产生的情感,如同情、怜悯、感戴等;而崇高取向的情绪是个体在社会活动中因遭遇、感知、效仿"高于自我"的人或事物时产生的情绪,如崇高、敬畏、宽恕、提升等,是建立在理想信仰基础上具有较高精神性的道德情绪。

最终我们选择了义愤、同情和崇高情绪作为靶情绪来代表 3 种取向。义愤(陈甜甜,2018)是当目睹道德规则被违反时,个体作为利益不被影响的第三方产生的愤怒,它能够激发人们恢复道德秩序的直接行为,也能促使犯过者改正错误,它被认为是最接近道德情绪本质的情绪(郑信军,何佳婷,2011);同情是对他人痛苦的关注或感到悲伤的情感反应,源自对他人情绪状态的理解和忧虑(吴鹏,范晶,刘华山,2017),是更容易被人们认同的天然道德情绪,已有许多研究证实同情的诱发会显著提高被试的亲社会行为;道德崇高是当个体注意或感知到他人以非常高尚以至于超乎寻常的方式履行道德行为时而产生的积极情绪体验,在日常生活中最容易被他人的慈善行为和自我牺牲等道德美所诱发的典型道德情绪。

从评定得分的统计结果来看,3个视频都较高程度地诱发了对应取向的靶情绪,并且3个视频的情绪诱发效果的主效应都非常显著。但也存在一定的问题,视频1在高程度的诱发同情情绪的同时,也在一定程度上诱发了崇高情绪,而视频2在高程度的诱发崇高情绪的同时也诱发了一部分被试的同情情绪。究其原因,一方面,视频材料虽然综合了听觉和视觉刺激的特点,能够更为有效地诱发相应的情绪,但视频内容具有不可控性,即很难找到非常符合实验者要求的视频材料,所以被试在观看视频的过程中会诱发出靶情绪,视频中的一些内容可能也会诱发其他情绪,甚至是不同取向的情绪。另一方面,中学生被试对于崇高取向和关爱取向的区别难以区分,郑信军等(2013)对中学生的道德情绪内隐观进行了研究,结果发现,中学生被试没有把对高、强、大、上者的态度和对低、弱、小、下者的态度区分出来,他们把对前者的敬畏、崇高等"恭敬之心"和对后者的怜悯、同情等"恻隐之心"结合在一起,认为其属于道德情绪的同一子群。因此,在关爱取向的视频材料中被试对小女孩的可怜和痛苦感到同情、怜悯也会带来对小女孩的勇敢、孝顺而感到敬佩和崇敬。崇高取向的视频材料亦然。

3.2 道德情绪诱发对于青少年公益行为的影响

Haidt(2003)认为,确定道德情绪关键要看,一方面这些情绪是由与自身利益有关的事物还是由关乎他人的利益和社会的福祉所诱发,越容易被利他的诱因所诱发的情绪越会被视为道德情绪。而另一方面,作为对诱发事件的反应,情绪会使人进入一种动机性的认知状态,在这种状态下,参与某些与目标相关的行动(如报复、从属关系、安慰等)的倾向会增加,因此,越能促进个人亲社会行为的情绪越会被视为道德情绪。Haidt将利他的诱因和亲社会行为归为道德情绪的两大典型特征,所以,道德情绪的诱发会促进被试的亲社会行为。

因此我们假设道德情绪的诱发会显著影响青少年的公益行为,而研究的结果显示,道德情绪的诱发会促进初中生的公益行为。多重比较结果表明,崇高、同情情绪和义愤情绪之间存在显著的诱发后效差异,并且相比较无情绪,崇高、同情情绪也很大程度上促进了被试的公益行为。之后我们将实验设计的自变量进行重新设计,结果显示,同情情绪组和无情绪组在公益行为上差异显著,崇高情绪组相比较无情绪组在公益行为上差异边缘显著,这与前面的结果相似,但崇高和同情情绪组与义愤情绪组无显著差异。这表明,我们的假设成立,即崇高取向和关爱取向的情绪诱发会促进青少年的公益行为,这与前人的相关研究结果一致,即积极道德情绪的诱发会促进被试的亲社会行为(田俊美等,2018)。作为道德情绪中关注他人的情绪,同情源自对他人痛苦状态的理解和感受。它伴随着悲伤或伤心情绪,从而会激发个体通过一定的行为消除此种情绪(Daniel E,Dys S P,Buchmann M等,2014),而此时通过增加公益行为就可以很好地消除此种情绪。崇高情绪是当人们注意或感知到他人以特别高尚以至于超乎寻常的方式履行道德行为时而产生的积极情绪体验,这种情绪体验可能会让我们把这位伟人当作榜样,从而效仿其高尚行为,而同时通过公益行为也能很好地维持这种积极的情绪体验。

此外,我们发现,诱发代表公正取向的义愤情绪组的公益行为和无情绪组并没有显著差异,这表明,义愤情绪的诱发并不能很好地促进初中生的公益行为。这与前人的研究发现,即消极情绪能够激发个体的亲社会行为并不完全一致,相比于其他研究,吴鹏等通过实验发现内疚情绪的诱发会促进被试的网络助人行为,邓华强(2018)的研究发现悲伤情绪可以让被试做更多的助人决策,而愤怒情绪的诱发会使被试做更少的助人决策。相较而言,义愤作为消极情绪中的一种情绪,其对亲社会行为的影响还没有类似的研究。我们认为,义愤是指个体心中的道德规则被他人违背时产生的情绪体验,是对他人做出不公正事件的道德性反应。因此,它往往能够激发人们恢复道德秩序或伸张正义的直接行为,而公益行为是为公共利益或他人利益付出财物和精力的行为,尤其是慈善行为更是为了减轻他人痛苦的行为,这与公正行为不完全相同。换句话说,义愤情绪的诱发可能会激发被试伸张正义的公正行为,而不是公益行为。

3.3 共情对公益行为的影响

共情是一种理解他人想法,分享他人情感的能力。在此研究中,共情能力作为协变量进行数据分析,我们发现,其对于初中生公益行为的协变量效应显著,因此,我们通过极端分组法根据被试共情能力得分划分为高共情能力组和低共情能力组作为自变量分析其对公益行为的影响。通过数据分析发现,共情能力的高低对于被试的公益行为有显著的影响,高共情能力的被试有显著更多的公益行为,这与以往的研究结果一致。高共情能力的个体相比低共情能力个体往往会更能理解、体会到他人的痛苦和需要帮助,因此,往往会有更多的亲社会行为,当然也包括公益行为。

此外,在此次研究中,我们通过《人际反应指数量表》的4个分量表分析了4个维度对公益行为的影响。在这其中,观点采择量表测量个体自发采纳他人观点的倾向;想象力量表测量个体对虚构人物感同身受的反应;共情关注量表测量个体对于处于不幸中的人的同情和关注的反应倾向,是对"他人取向"的情感反应的测量;个人忧伤量表测量的是在紧张的人际场景中,所感受到的焦虑与不适,是一种"自我取向"的情感反应(范明惠,2017)。可以看出,在这4个维度中,只有共情关注是对"他人取向"的情感反应,具有较高共情关注能力的个体对于处于不幸中的人有更高的同情情绪和关注,往往会有更高的亲社会行为倾向。在此研究中,我们发现,具有共情关注能力较高的初中生比共情关注能力较低的初中生表现出显著更多的公益行为,这也表明了共情能力中的共情关注对于公益行为有显著影响。

本实验选取了同情、崇高和义愤3种情绪分别代表了关爱取向、崇高取向和公正取向的道德情绪,而这3种情绪是否可以较大程度的代表3种取向还值得商榷。所以,诱发这3种取向的其他情绪是否也会对公益行为产生相同的影响?道德情绪如何具体影响公益行为,比如对情境的认知以及道德推理是否存在中介作用等都值得后续的研究者继续研究。

4. 小结

本研究发现,诱发道德情绪可以显著影响青少年的公益行为,崇高取向和关爱取向的情绪诱发会促进青少年的公益行为;高共情能力的被试表现出更多的公益行为。

三、影响公益行为的人格因素:我们的实证研究

人格是个体在社会化过程中形成的给人以特色的心身组织,表现为个体适应环境时在能力、情绪、需要、动机、兴趣、态度、价值观、气质、性格和体质等方面的整合,具有动态的一致性和连续性。人格是一个多维度、多层次的复杂心理结构(林崇德,杨治良,黄希庭,2003)。人格也是个体在不同时间和情境中保持的稳定持久的行为倾向,因此人格因素也是影响个人行为的重要因素。有学者把人格区分为个性倾向性与个性心理特征:①个性倾向性主要包括需要、动机、兴趣、理想、信念、世界观等,这些是人进行活动的基本动机,是人格结构中最活跃的因素;②个性心理特征是一个人的特定类型特征的心理品质,主要包括能力、气质、性格。

孙健敏(1992)使用修订过的《奥尔波特价值观类型量表》测量青少年的价值观类型,以参加社会公益劳动的情况作为公益心的指标,探讨了价值观类型与公益心之间的关系,结果表明不同类型的价值观会对公益心产生不同的影响:社会型价值观的人中有绝大多数人会表现出公益心,理论型和宗教型价值观的人中有比较多的人会表现出公益心,审美型和政治型价值观的人中有较少的人会表现出公益心,经济型价值观的人中的大多数人没有表现出公益心;公益心主要受价值观的影响,基本不受年龄影响。李日兰(1996)得出了类似的结论:不同价值观类型的大学生中有不同比例的大学生表现出公益心,依次为社会型89%,宗教型59%,理论型50%,审美型38%,政治型20%,经济型10%。有研究表明,自我超越价值观(慈善和普遍性)能够直接预测公益心,也能够通过自我效能感信念间接预测公益心(Caprara,2007等)。

Bandalos、Harter、樊富珉、付吉元指出自我概念在预测个体的具体成就和调节心理健康方面有着重要作用。王振其和程斌在《自我概念在亲社会行为形成中的作用》中从自我知觉、社会反馈、自我评价和自我关注等四方面来探讨自我概念对亲社会行为形成的重要影响,提出人们的公益行为很大程度取决于他自己认为自己是一个怎样的人,比如说他觉得自己就是一个乐善好施的人,那么他就会去多做善事;还提出当一个人去帮助别人的时候,会得到社会的肯定,那这种社会反馈会内化到自我概念之中。在自我评价方面,可以通过帮助别人来对自己形成较高评价。贝科威茨发现,自我关注的个体也会做出一些利他行为,他们觉得帮助别人能够获得奖赏,所以他们会去助人,因为获得其他奖赏,也是自我得失、自我价值的一种。迟毓凯的《人格与情绪启动对亲社会行为的影响》里通过实验也证明积极的人格特质有助于促进助人行为。

我们从 3 个重要因素(价值观、自我概念、人格特质)入手,探讨人格因素对青少年公益行为的影响。

1. 研究方法

选取浙江地区 5 所中学(初中 3 所,高中 2 所)的被试共 390 人,其中男生 176 人,女生 214 人。初中生 166 人(初一 40 人、初二 90 人、初三 36 人),高中生 224 人(高一 58 人、高二 57 人、高三 109 人)。所有被试均为 14~25 岁,智力正常的学生。

测量工具有 4 个,即《施瓦茨价值观量表》《田纳西的自我概念量表》《大五人格量表》和《青少年公益问卷》。其中《施瓦茨价值观量表》由谢洛姆·施瓦茨(Shalom H. Schwartz)等人编制,采用 5 点计分,用以代表自我超越、自我提高、保守、对变化的开放性态度等 4 个维度的 10 个普遍的价值观动机类型。本次测验各维度内部一致性信度系数在 0.71~0.80。《田纳西的自我概念量表》由美国心理学家费茨(W. H. Fitts)编制,1965 年完成,1988 年修订。采用 5 点计分方式,包含生理自我(PH)、道德理论自我(ME)、心理自我(PER)、家庭自我(FA)、社会自我(SO)自我批评(SC)6 个维度,该量表的内部一致性信度为 0.872,6 个维度的信度在 0.89~0.95;本次测验各维度内部一致性信度系数在 0.64~0.82。《大五人格量表》来自国际人格题库(International Personality Item Pool)。该量表采用 5 点计分法计分。包括外倾性、宜人性、尽责性、神经质、开放性 5 个维度,5 个维度的信度在 0.79~0.93。本次测验各维度内部一致性信度系数在 0.64~0.82。《青少年公益问卷》由郭仁露编制,从同情友爱、环境意识、集体意识、热情自信 4 个维度来考察青少年公益心;4 个维度的信度在 0.75~0.84;本次测验各维度信度系数在 0.72~0.83。

把《青少年公益心问卷》《田纳西的自我概念量表》《施瓦茨价值观量表》和《大五人格量表》合并为一个问卷。首先是被试的基本情况(性别和年级),第 1 部分为《青少年公益心问卷》,第 2 部分为《田纳西的自我概念量表》,第 3 部分为《施瓦茨价值观量表》,第 4 部分为《大五人格量表》。不同问卷有不同的指导语,被试根据指导语的内容完成问卷,保证对被试信息的保密,让被试根据自身情况进行选择,除价值观量表为 9 点计分,其余 3 份量表均为 5 点计分。

所有被试在各自班级进行测验,每个班级至少需要一名老师监督。主试发放问卷,被试完成测验。测验完毕后统一回收。共发放问卷 476 份,其中无效问卷 86 份,全部剔除,最终回收 390 份有效问卷。根据问卷调查收集的数据,运用 SPSS 17.0,采用描述性检验、相关分析和回归分析等统计方法对其进行分析。

2. 研究结果

我们对公益心 4 个维度与青少年自我概念的 6 个维度做了相关分析,结果见表 7-6。可以看出同情友爱与生理自我、道德理论自我、心理自我、家庭自我和社会自我呈显著正相关($p<0.01$),与自我批评呈负相关($p<0.05$);环境意识与生理自我、道德理论自我、心理自我、家庭自我呈显著正相关($p<0.01$),与社会自我呈正相关($p<0.05$),与自我批

评呈负相关($p<0.05$);集体意识与生理自我、道德理论自我、心理自我、家庭自我和社会自我呈显著正相关($p<0.01$),与自我批评呈显著负相关($p<0.01$);热情自信与生理自我、道德理论自我、心理自我、家庭自我和社会自我呈显著正相关($p<0.01$),与自我批评呈负相关($p<0.05$)。

表 7-6 公益心各个维度与自我概念各个维度的相关矩阵

	同情友爱	环境意识	集体意识	热情自信
PH	0.296**	0.220**	0.293**	0.338**
ME	0.496**	0.412**	0.524**	0.445**
PER	0.340**	0.291**	0.257**	0.448**
FA	0.369**	0.299**	0.374**	0.336**
SO	0.240**	0.151*	0.347**	0.344**
SC	−0.173*	−0.166*	−0.230**	−0.173*

注:* 表示 $p<0.05$;** 表示 $p<0.01$。

我们对公益心 4 个维度与青少年价值观的 4 个维度做了相关分析,结果见表 7-7。可以看出同情友爱与自我超越、保守和对变化的开放性态度呈显著正相关($p<0.01$),与自我提高无明显的相关关系;环境意识与自我超越和对变化的开放性态度呈显著正相关($p<0.01$),与保守呈正相关($p<0.05$),与自我提高无明显的相关关系;集体意识与自我超越和对变化的开放性态度呈显著正相关($p<0.01$),与保守呈正相关($p<0.05$),与自我提高无明显的相关关系;热情自信与自我超越和对变化的开放性态度呈显著正相关($p<0.01$),与自我提高和保守无明显的相关关系。

表 7-7 公益心各个维度与价值观各个维度的相关矩阵

	同情友爱	环境意识	集体意识	热情自信
自我超越	0.354**	0.258**	0.224**	0.208**
自我提高	0.061	0.033	−0.008	0.056
保守	0.188**	0.159*	0.108*	0.083
对变化的开放性态度	0.218**	0.221**	0.180**	0.220**

注:* 表示 $p<0.05$;** 表示 $p<0.01$。

我们对公益心 4 个维度与青少年人格特质的 5 个维度做了相关分析,结果见表 7-8。可以看出同情友爱与外倾性、开放性、宜人性和尽责性呈显著正相关($p<0.01$),与神经质呈负相关($p<0.05$);环境意识与外倾性、开放性、宜人性和尽责性呈显著正相关($p<$

0.01),与神经质呈负相关($p<0.05$);集体意识与外倾性、开放性、宜人性和尽责性呈显著正相关($p<0.01$),与神经质呈显著负相关($p<0.01$);热情自信与外倾性、开放性、宜人性和尽责性呈显著正相关($p<0.01$),与神经质呈显著负相关($p<0.01$)。

表7-8 公益心各个维度与人格特质各个维度的相关矩阵

	同情友爱	环境意识	集体意识	热情自信
神经质	−0.143*	−0.101*	−0.231**	−0.280**
外倾性	0.277**	0.146**	0.361**	0.396**
开放性	0.283**	0.266**	0.261**	0.259**
宜人性	0.323**	0.145**	0.285**	0.283**
尽责性	0.345**	0.282**	0.413**	0.356**

注：* 表示 $p<0.05$；** 表示 $p<0.01$。

以人格因素各因子为自变量,公益心为因变量进行分层回归分析,结果见表7-9。分析分成两个步骤：第一步,将已转化成虚拟变量的人口学变量(性别和年级)放入分层回归分析程序,以便对人口学变量的效应进行控制；第二步,将人格因素各因子放入分层回归分析程序,观察人格因素各因子对公益心4个变量是否存在显著水平的效用。

由表7-9可知,在人格因素各因子对同情友爱的逐步回归分析中,性别、年级这两个人口学变量共同解释了同情友爱5.8%的变异,在加入了人格因素各因子之后,ME、自我超越、开放性、FA和宜人性进入回归模型,解释量为35.8%,增加了30.0%,差异达到显著水平；在人格因素各因子对环境意识的逐步回归分析中,性别、年级这两个人口学变量共同解释了环境意识4.4%的变异,在加入了人格因素各因子之后,ME、开放性、自我超越和FA进入回归模型,解释量为24.1%,增加了20.1%,差异达到显著水平；在人格因素各因子对集体意识的逐步回归分析中,性别、年级这两个人口学变量共同解释了集体意识6.0%的变异,在加入了人格因素各因子之后,ME、尽责性和PER进入回归模型,解释量为37.0%,增加了31.0%,差异达到显著水平；在人格因素各因子对热情自信的逐步回归分析中,年级的人口学变量解释了热情自信2.2%的变异,在加入了人格因素各因子之后,ME和外倾性进入回归模型,解释量为26.9%,增加了24.9%,差异达到显著水平。

综上,得到同情友爱维度的回归方程为：同情友爱$=19.476+0.439\times$ME$+0.158\times$自我超越$+0.213\times$开放性$+0.146\times$FA$+0.146\times$宜人性；环境意识回归方程模型：环境意识$=6.960+0.189\times$ME$+0.117\times$开放性$+0.046\times$自我超越$+0.063\times$FA；集体意识回归方程模型：集体意识$=5.349+0.228\times$ME$+0.127\times$尽责性$+0.254\times$PER；热情自信回归方程模型：热情自信$=5.611+0.243\times$ME$+0.154\times$外倾性。

表 7-9　自我概念、价值观和人格特质对公益心各个维度的回归分析

	模型		B	t	p	R 方	调整 R 方
同情友爱	第一步	性别	−2.928	−3.839	0.000	0.063	0.058
		年级	−0.892	−3.518	0.000		
	第二步	(常量)	19.476	4.389	0.000	0.370	0.358
		ME	0.439	5.772	0.000		
		自我超越	0.158	4.099	0.000		
		开放性	0.213	3.772	0.000		
		FA	0.147	2.476	0.014		
		宜人性	0.146	2.097	0.037		
环境意识	第一步	性别	−1.597	−3.969	0.000	0.048	0.044
		年级	−0.243	−2.166	0.031		
	第二步	(常量)	6.960	3.220	0.001	0.253	0.241
		ME	0.189	4.922	0.000		
		开放性	0.117	4.014	0.023		
		自我超越	0.046	2.277	0.041		
		FA	0.063	2.054	0.027		
集体意识	第一步	性别	−0.539	−4.573	0.000	0.065	0.060
		年级	−1.116	−2.642	0.009		
	第二步	(常量)	5.349	3.007	0.003	0.378	0.370
		ME	0.228	5.711	0.000		
		尽责性	0.127	4.231	0.000		
		PER	0.254	3.687	0.000		
热情自信	第一步	年级	−0.348	−3.132	0.002	0.025	0.022
	第二步	(常量)	5.611	3.377	0.001	0.275	0.269
		ME	0.243	7.573	0.000		
		外倾性	0.154	5.509	0.000		

3. 讨论

自我概念与青少年公益心的研究发现,同情友爱、集体意识和热情自信与生理自我、道德理论自我、心理自我、家庭自我和社会自我呈显著正相关($p<0.01$),与自我批评呈负相关($p<0.05$);环境意识与生理自我、道德理论自我、心理自我、家庭自我呈显著正相关($p<0.01$),与和社会自我呈正相关($p<0.05$),与自我批评呈负相关($p<0.05$)。说明

在自我概念的6个维度中,自我批评与青少年的公益心呈负相关,而其他5个维度均与公益心呈正相关。有研究发现,如果一个人觉得自己就是一个乐善好施的人,那么他就会去多做善事(王振其,程斌,2000)。这就与心理自我有关系,一个人的内心觉得他该做善事,那么他便会去做公益活动。贝科威茨发现,自我关注的个体也会做出一些利他行为,他们觉得帮助别人能够获得奖赏,所以他们会去助人,因为获得其他奖赏,也是自我得失、自我价值的一种。说明道德理论自我、家庭自我和社会自我对公益心的影响。越是外界觉得应该做的,个体就越会去做。所以自我概念对于青少年公益心也有显著的影响,特别是对自己有较高自我评价的人,更容易去做公益活动。而在回归分析中,进入方程最多的便是自我概念里的变量,说明自我概念对于青少年的公益心影响十分显著。

价值观与青少年公益心的研究发现,公益心的4个维度均与自我超越和对变化的开放性态度呈显著正相关($p<0.01$),与自我提高无明显的相关关系;同情友爱与保守呈显著正相关($p<0.01$),环境意识和集体意识与保守呈正相关($p<0.05$),热情自信与保守无明显的相关关系。在自我超越里有2个动机类型,一个是普遍性,另一个便是慈善。这就能解释为什么自我超越与公益心存在着显著的正相关。有研究发现,自我超越价值观(慈善和普遍性)能够直接预测公益心,也能够通过自我效能感信念间接预测公益心(Caprara等,2007)。所以本研究的结果也与之前的研究相符。在对变化的开放性态度里有3个动机类型,分别是自我定向、刺激和享乐主义。往往明确自己想要什么的人思想会比较成熟,而懂得享受生活的人更加富有爱心,自己的物质生活得到了满足,会更愿意帮助弱势群体。

人格特质与青少年公益心的研究发现,公益心的4个维度均与神经质呈显著负相关($p<0.05$),而与宜人性、尽责性、外倾性、开放性均呈正相关($p<0.01$)。有实验证明,积极的人格特质有助于促进助人行为(迟毓凯,2005)。人格特质的5个维度中,神经质是属于消极的人格特质,而其他4个则属于积极的人格特质。这一结果也与之相符合。对于青少年而言,开朗、热情、外向的人更容易去帮助别人,他们乐于与外界接触。而敏感的人则喜欢自己一个人待着,所以就会尽量避免与他人的相处。

4. 小结

研究得出如下结论。

(1) 青少年公益心与自我概念存在显著相关,与生理自我、道德理论自我、心理自我、家庭自我和社会自我呈正相关($p<0.05$),与自我批评呈负相关($p<0.05$);青少年公益心与价值观存在显著关系,与自我超越、保守和对变化的开放性态度呈正相关($p<0.05$),与自我提高无明显的相关关系;青少年公益心与人格特质存在显著关系,与神经质呈显著负相关($p<0.05$),而与宜人性、尽责性、外倾性、开放性均呈正相关($p<0.01$)。

(2) 人格因素对青少年公益心存在显著的预测作用,ME、自我超越、开放性、FA和宜人性对同情友爱存在显著预测作用,ME、开放性、自我超越和FA对环境意识存在显著预测作用,ME、尽责性和PER对集体意识存在显著预测作用,ME和外倾性对热情自信存在显著预测作用。

第二节 影响公益行为的中观系统因素

按照扎斯特罗的社会生态系统理论,中观系统是指与个体直接接触的小规模群体,包括家庭、朋辈、职业群体或其他社会群体;对青少年来说,主要是家庭、学校等方面的因素,家庭方面的因素主要有教养方式、父母行为、父母的价值取向、家庭的结构和氛围等,学校方面的因素主要是学校主流价值观、老师行为和评价、同学同伴的行为和反应、班级环境等;从人际关系来说,主要是亲子关系、师生关系和同伴关系。在研究中,我们选取了父母教养方式、父母榜样和班级环境等几个关键因素,来探讨中观系统因素对青少年公益行为的影响。

1. 研究方法

我们选取了温州、宁波、衢州3个城市共5所中学的学生,共发放了530份问卷,回收了504份问卷,有效问卷445份,有效率为88.3%(七年级68人、八年级141人、九年级67人、高一62人、高二39人、高三67人;男生219人、女生226人),被试年龄在13～19岁,平均年龄为16岁,样本情况统计见表7-10。

表7-10 样本情况统计表

人口学变量	类别	人数(比例)
性别	男	219(49.2)
	女	226(50.8)
年级	七年级	68(15.3)
	八年级	141(31.7)
	九年级	76(15.1)
	高一	62(14)
	高二	39(8.8)
	高三	67(15)
是否独生子女	独生子女	166(37.3)
	非独生子女	279(62.7)

研究采用《家庭教养方式量表(EMBU)》《我的班级问卷》和《青少年公益心调查问卷》。其中《家庭教养方式量表(EMBU)》是1980年由瑞典C. Perris等人共同编制的,考虑到中西文化的差异,我国学者岳冬梅于1993年对其进行了修订。量表由父亲量表和母亲量表两个分量表组成,各66个条目,分别测试父亲和母亲的家庭教养方式。其中父亲

量表包括情感温暖与理解、惩罚严厉、过分干涉、偏爱、拒绝否认、过度保护6个因子;母亲量表包括情感温暖与理解、过分干涉与过度保护、拒绝否认、惩罚严厉、偏爱5个因子。量表为4级计分制,从1~4分分别代表从不、偶尔、经常、总是。EMBU适用于中青年被试(15~54岁),经过岳冬梅等人的修订后具有较好的内在信度。本研究中,量表的Cronbach α系数为0.942,父母亲分量表的Cronbach α系数分别为0.891和0.882。

《我的班级问卷》由华中师范大学心理学教授江光荣(2004)编制。问卷共38个条目,包括师生关系、同学关系、秩序和纪律、竞争,以及学习负担5个维度,问卷为5级计分制,经过多个研究证明问卷有良好的信效度。在本研究中,问卷的内部一致性α系数为0.902,各因子间的内部一致性α系数分别为0.946、0.828、0.866、0.815、0.738。

公益心是人们自愿为他人、公众谋利益的心理行为倾向,因此研究采用《青少年公益心调查问卷》来测量青少年的公益行为及公益行为倾向。该问卷是郭仁露(2016)编制的,由同情友爱、环境意识、集体意识、热情自信4个因子组成,共38个条目。问卷采用5级计分法,信效度良好。本研究中,该问卷的内部一致性α系数为0.915,4个因子的内部一致性α系数分别为0.828、0.730、0.735、0.760。

2. 研究结果

2.1 父母教养方式、父母榜样和班级环境与青少年公益行为的相关分析

为了解父母教养方式、父母榜样、班级环境与青少年公益行为的关系,首先对父母教养方式、父母榜样和班级环境3个变量与青少年公益行为进行相关分析,结果见表7-11。

表7-11 青少年公益行为与父母教养方式、父母榜样和班级环境的相关矩阵

		同情友爱	环境意识	集体意识	热情自信	总体公益心
父亲教养方式	父亲情感温暖与理解	0.281**	0.307**	0.254**	0.286**	0.330**
	父亲惩罚严厉	−0.009	−0.066	−0.044	−0.002	−0.030
	父亲过分干涉	0.109*	0.088	0.047	0.118*	0.111*
	父亲偏爱	−0.073	−0.074	−0.129**	−0.057	−0.095*
	父亲拒绝否认	−0.048	−0.103*	−0.089	−0.051	−0.079
	父亲过度保护	0.069	0.031	−0.016	0.058	0.050
母亲教养方式	母亲情感温暖与理解	0.260**	0.255**	0.277**	0.257**	0.306**
	母亲过分干涉与过度保护	0.076	0.041	0.041	0.068	0.071
	母亲拒绝否认	−0.050	−0.118*	−0.089	−0.030	−0.079
	母亲惩罚严厉	−0.033	−0.062	−0.011	−0.051	−0.029
	母亲偏爱	−0.045	−0.057	−0.079	−0.023	−0.058

续 表

		同情友爱	环境意识	集体意识	热情自信	总体公益心
班级环境	师生关系	0.296**	0.288**	0.249**	0.228**	0.319**
	同学关系	0.367**	0.311**	0.358**	0.259**	0.390**
	秩序和纪律	0.279**	0.221**	0.306**	0.248**	0.313**
	竞争	0.216**	0.210**	0.230**	0.199	0.251**
	学习负担	−0.046	−0.034	0.000	0.016	−0.026
父母榜样	父亲榜样作用	0.367**	0.386**	0.318**	0.326**	0.414**
	母亲榜样作用	0.300**	0.294**	0.323**	0.281**	0.351**

注：* 表示 $p<0.05$，** 表示 $p<0.01$。

由表7-11可以看出，青少年公益行为的各个方面与父母的情感温暖与理解均呈非常显著的正相关；父亲偏爱与青少年的集体意识呈非常显著的负相关，与青少年总体公益心呈显著负相关。在班级环境方面，师生关系、同学关系、秩序和纪律与青少年公益行为的各个维度和总体公益心均呈非常显著的正相关。父母榜样示范作用与青少年的公益行为有非常显著的正相关。

2.2 父母教养方式、父母榜样和班级环境对青少年公益行为的回归分析

为进一步探究父母教养方式、父母榜样和班级环境3个因素与青少年公益行为的关系，以父母教养方式、父母榜样和班级环境为自变量，青少年公益行为为因变量进行分层回归分析。鉴于青少年公益行为在性别、年级等人口学变量上呈现显著差异，回归分析要在控制人口学变量影响的基础上来进行考察。即采用分层回归技术，分为两个步骤：第一步，让人口学变量进入方程，考察人口学变量对青少年公益行为的影响；第二步，将父母教养方式、父母榜样和班级环境的各个维度引入回归方程，以考察在人口学变量的基础上，这3个因素对青少年公益行为各因素解释的增量。结果见表7-12。

表7-12 父母教养方式、父母榜样和班级环境对青少年公益行为的分层回归分析结果

	同情友爱(β)		环境意识(β)		集体意识(β)		热情自信(β)	
	第一步	第二步	第一步	第二步	第一步	第二步	第一步	第二步
性别	2.600**	2.295**	0.883*	0.709*				
年级	−0.689***	−0.037	−0.308**	−0.040	−0.475***	−0.240*	−0.312**	−0.124
是否独生子女	−1.869*	−1.453						
父亲拒绝否认				−0.113*				

续 表

	同情友爱(β)		环境意识(β)		集体意识(β)		热情自信(β)	
	第一步	第二步	第一步	第二步	第一步	第二步	第一步	第二步
父亲过度保护								
母亲情感温暖与理解						−0.107*		
母亲过分干涉与过度保护						−0.074**		
同学关系		0.349***		0.127***		0.105**		
秩序和纪律						0.074*		0.098***
父亲榜样作用		0.861***		0.497***				0.327***
母亲榜样作用						0.247**		
R^2	0.055	0.227	0.027	0.208	0.037	0.230	0.016	0.149
R^2_{adj}	0.049	0.218	0.022	0.199	0.035	0.216	0.014	0.141
F	8.567***	25.714***	6.073**	23.022***	17.169***	16.318***	7.132**	19.274***

注：* 表示 $p<0.05$，** 表示 $p<0.01$，*** 表示 $p<0.001$。

结果显示,班级环境中的同学关系和父母榜样示范作用中的父亲榜样作用进入了同情友爱的回归方程,解释的增量为16.9%;父母教养方式中的父亲拒绝否认、班级环境中的同学关系和父母榜样示范作用中的父亲榜样作用进入了环境意识的回归方程,解释的增量为17.7%;父母教养方式中的母亲情感温暖与理解、母亲过分干涉与过度保护,班级环境中的同学关系、秩序和纪律和父母榜样示范作用中的父亲榜样作用进入了集体意识的回归方程,解释的增量为18.1%;班级环境中的秩序和纪律和父母榜样示范作用中的父亲榜样作用进入了热情自信的回归方程,解释的增量为12.7%。

3. 讨论

3.1 父母教养方式和父母榜样作用对青少年公益行为的影响

在对父母教养方式与青少年公益行为的相关分析中可以看出,父亲和母亲的情感温暖与理解因素对青少年公益行为的各个方面都有着非常显著的正相关;父亲的过分干涉与青少年公益行为有着显著的正相关,尤其是影响青少年的同情友爱和热情自信;父亲的偏爱与集体意识有着非常显著的负相关;父亲和母亲的拒绝否认与青少年的环境意识有着显著的负相关;父亲榜样和母亲榜样与青少年公益行为的各个方面都有非常显著的正相关。而由回归分析发现,父亲的拒绝否认对青少年子女的环境意识具有负向预测作用;母亲的情感温暖与理解与母亲的过分干涉与过度保护对青少年子女的集体意识有负向预测作用;父亲榜样示范作用对青少年子女的同情友爱、环境意识和热情自信方面都有非常显著的正向预测作用;而母亲榜样示范作用对青少年子女的集体意识有显著的正向预测作用。从中可以看出,父亲榜样示范作用在青少年公益行为的影响因素中占了很大的比重,影响着青少年公益行为中的同情友爱、环境意识和热情自信。

结果与吴小琴(2009)在研究了父母教养方式对大学生亲社会行为的影响之后所得出的结果类似。关爱孩子,给予孩子温暖与理解的家长能够把设身处地为他人着想、对待他人热情友好的理念传递给孩子;父亲对孩子的过分干涉对孩子而言更可能是一种强烈的积极关注,让孩子在与人交往中更为自信热情。但母亲对孩子的关爱温暖与过分干涉会造成孩子过度依赖母亲,离不开母亲,而减少了与同伴交往的时间和机会,难以融入集体。与母亲的偏爱相比,父亲的偏爱则更容易娇惯孩子,养成具有自我中心,孤立冷漠的孩子,因此在集体意识上的得分较低;而父亲和母亲的拒绝否认易造成孩子反叛的性格,尤其是父亲的拒绝否认会降低青少年子女的环境意识。但在类似的研究中,日本心理学家诧摩武俊研究发现,父母尤其是母亲的拒绝态度会使孩子形成反社会、神经症、粗暴、自我中心、冷漠的性格,影响其亲社会行为和公益行为的发展。

在父母榜样示范作用中,母亲榜样作用对青少年子女的集体意识有显著的正向预测作用,父亲榜样作用对青少年子女的同情友爱、环境意识和热情自信3个方面有非常显著的正向预测作用。这说明母亲对人际关系的处理、母亲与他人的交往互动、母亲是否融入其所在集体(如工作团队)影响着青少年子女的人际交往互动和对集体的态度;而青少年子女在公益活动中表现出来的对待他人的友好行为、对周围环境卫生的关注、对待生活的乐观自信则大多受父亲榜样示范作用的影响。公益行为既包括善待他人,也包括善待自然和社会。在善待他人方面,母亲起着重要的榜样示范作用,在善待自然和社会方面,父亲起着重要的榜样示范作用。由父母教养方式与青少年公益行为的相关研究和回归分析中可以看出,父亲这一角色在青少年的公益行为中扮演着重要的作用。父亲的教养方式和榜样示范作用极大地影响了青少年的公益行为。于海琴(2002)等人的研究发现,父亲在抵御儿童社交焦虑方面的作用超过了母亲,在一些深层次的人际交往变量上,父亲往往起着不可替代的作用。赵娜(2007)对父亲角色对儿童发展的影响展开的阐述中表明,缺失父亲的儿童在教师报告中比拥有父亲的儿童在道德上的得分低;无论父亲处于何种经济地位,缺失父亲的儿童比拥有父亲的儿童表现出更多的反社会行为。

3.2 班级环境对青少年公益行为的影响

在对班级环境的各个维度与青少年公益行为的各个维度的相关分析中可以看出,师生关系、同学关系、秩序和纪律与青少年公益行为的各个维度都有显著的正相关;竞争维度与同情友爱、环境意识、集体意识和总体公益心有着显著的正相关,但与热情自信没有相关关系;学习负担与青少年公益行为没有相关关系。由回归分析看出,同学关系对青少年公益行为中的同情友爱维度、环境意识维度、集体意识维度有着显著的正向预测作用；秩序和纪律维度对青少年公益行为中的集体意识和热情自信维度有着显著的正向预测作用。

良好的同伴关系对青少年的公益行为有着重要的正向促进作用。有研究表明，同伴关系质量高的青少年往往表现出更多的亲社会行为。杨晶(2015)等人通过干预初中生的同伴关系以促进其亲社会行为的研究中发现，通过干预课程改善初中生的同伴关系，能够有效促进其亲社会行为的发展。另一方面，青少年的亲社会行为和利他行为也能够帮助自己更好地融入同伴关系中，不被同伴群体拒绝和排斥。良好的师生关系对青少年的公益行为也有着正向的影响。董奇(2001)对中国1 640名青少年进行抽样调查，研究师生关系对青少年利他行为和问题行为的影响，发现青少年的发展与师生之间的关系有着很高的相关，甚至超过了与亲子关系的相关。班级内部良性的竞争和班级秩序也是影响青少年公益行为的一个重要因素。良好的班级秩序不仅会促进青少年集体意识的提高，也提高了青少年对待人接物的热情自信。学习负担对青少年的公益行为没有显著影响，但在类似的研究中，路静(2013)研究了小学高年级学生的学业压力对攻击性行为的影响，发现学业压力对敌意、愤怒和攻击性有显著的预测作用。

4. 小结

(1) 父母教养方式中的父亲拒绝否认、母亲情感温暖与理解和母亲过分干涉与过度保护对青少年公益行为有显著的负向预测作用。具体表现为父亲拒绝否认对青少年公益中的环境意识有显著的负向预测作用；母亲情感温暖与理解和母亲过分干涉与过度保护对青少年公益行为中的集体意识有显著的负向预测作用。

(2) 父母榜样示范作用对青少年公益行为有显著的正向预测作用。具体表现为母亲榜样示范作用对青少年公益行为中的集体意识有显著的正向预测作用；父亲榜样示范作用对同情友爱、环境意识和热情自信有显著的正向预测作用。

(3) 班级环境中的同学关系和秩序与纪律对青少年公益行为有显著的正向预测作用。具体表现为同学关系对青少年公益行为中的同情友爱、环境意识和集体意识有显著的正向预测作用；秩序和纪律对集体意识和热情自信有显著的正向预测作用。

国外也特别关注父母行为对青少年公益行为的影响。Bakkers(2007)对公益行为的代际关系的研究中发现，父母曾经的公益经历对青少年的公益行为有着重要的影响，父母过去的公益行为增加了子女出现公益行为的可能性，即公益行为能在代际间传递，但受家庭社会地位、宗教和父母受教育水平的影响。这种现象叫代际传递效应。在考察父母对青少年公益行为的影响中，我们发现了公益行为的代际传递效应。具体研究如下。

1. 研究方法

研究被试主要从初一至高三的学生群体中选择，但由于初三、高三年级学业负担较重，最终选择初一、初二、高一、高二学生作为研究的被试群体，从某种程度上说该群体具有身心发展的过渡性与代表性。问卷总共发放300组(一组为青少年一份、父母双方各一份),回收263组,回收率为87.7%,去掉孩子、父母一方或者三方数据缺失或不完整的问卷组,最后留下有效问卷234组,有效率为88.97%。其中,男生112人,女生122人,年龄为13~17岁,平均年龄为15.26±1.182;独生子女105人,非独生子女129人;近三年有学生干部经历的学生133人,近三年无学生干部经历的学生101人;生源地为农村的学生93人,生源地为城镇的学生141人;初中阶段七年级43人,八年级76人,高中阶段高一年级68人,高二年级47人。

研究采用《公益心问卷》,该问卷是在郭仁露编制的《青少年公益心问卷》基础上修订而成的。经修订后,青少年在该公益心问卷上的内部一致性信度为0.834,父母在该公益心问卷上的内部一致性信度为0.794,基本达到了心理测量学上的要求。该问卷共有题目38道,包括同情友爱、环境意识、热情自信与集体意识4个维度。其中包含18道同情友爱题目、7道集体意识题目、6道热情自信题目、7道环境意识题目,采用5点自评计分,1~5分别表示从非常不符合到非常符合。

问卷采用集体施测的方式,由教师在课堂上统一发放,要求学生看清楚并理解指导语,教师对问卷填写中需要注意的地方给予适当的指导,要求学生按照自身真实情况填写学生部分;父母亲问卷由班主任老师发起,由学生带回家中交给父母填写。回收后,剔除其中的无效问卷以及不完整问卷。采用SPSS 17.0软件进行方差分析来探讨青少年公益心在不同人口学变量上的差异,同时对青少年公益心与父母公益心之间的关系进行相关性分析和回归分析。

2. 研究结果

2.1 父母公益心的统计分析

青少年父母公益心的4个维度的描述性统计结果详见表7-13。结果显示,在各维度上及公益心总分上,母亲的平均分均高于父亲,但在公益心的4个维度上和总分上的差异均不显著,没有达到心理统计学的要求。

表7-13 青少年父母公益心各因子的描述性统计结果

		n	极小值	极大值	M	SD	t	p
同情友爱	父亲	234	33	90	72.77	10.042	-1.056	0.962
	母亲	234	40	90	73.75	1.006		
环境意识	父亲	234	16	35	27.42	4.489	-4.354	0.481
	母亲	234	16	35	29.20	4.342		
热情自信	父亲	234	11	30	22.86	4.243	-4.137	0.658
	母亲	234	11	30	24.47	4.181		
集体意识	父亲	234	16	35	29.41	4.182	-0.088	0.988
	母亲	234	12	35	29.44	4.240		

		n	极小值	极大值	M	SD	t	p
总分	父亲	234	79	185	152.47	19.664	−2.363	0.446
	母亲	234	89	190	156.87	20.631		

2.2 父母公益心在收入水平、文化水平上的差异分析

青少年父母公益心4个维度在文化水平、收入水平上的方差检验结果见表7-14。结果显示,在公益心的同情友爱、环境意识、热情自信维度和公益心总分上,不存在文化水平、收入水平的显著差异($p>0.05$);在集体意识维度上,不同收入水平父母在该维度上的得分存在显著差异($p<0.05$),经多重比较发现,收入在6 000～9 000元以上的父母所得分显著高于收入在3 000～6 000元的父母,收入在9 000元以上的父母所得分显著高于收入在3 000～6 000元的父母。文化水平×收入水平的交互作用在4个维度及公益心总分上差异不显著($p>0.05$)。

表7-14 青少年父母公益心在文化水平、收入水平上的方差分析

		SS	df	MS	F	p
同情友爱	文化水平	869.884	6	144.981	1.486	0.181
	收入水平	636.721	3	212.240	2.175	0.090
	文化水平×收入水平	1 573.831	16	98.364	1.008	0.447
环境意识	文化水平	172.444	6	28.741	1.443	0.197
	收入水平	112.548	3	37.516	1.883	0.132
	文化水平×收入水平	344.672	16	21.542	1.081	0.370
热情自信	文化水平	114.330	6	19.055	1.049	0.393
	收入水平	43.151	3	14.384	0.792	0.499
	文化水平×收入水平	326.889	16	20.431	1.125	0.328
集体意识	文化水平	182.081	6	30.347	1.759	0.106
	收入水平	153.471	3	51.157	2.965	0.032*
	文化水平×收入水平	308.44	16	19.253	1.116	0.337
总分	文化水平	4 121.697	6	686.950	1.726	0.113
	收入水平	2 548.509	3	849.503	2.134	0.095
	文化水平×收入水平	7 428.436	16	464.277	1.166	0.292

注:*表示$p<0.05$。

2.3 青少年与其父母公益心各维度之间的关系

对各个变量进行了相关分析,研究结果发现:父亲的同情友爱、环境意识、热情自信、集体意识与子女的同情友爱、环境意识、热情自信、集体意识呈显著正相关($p<0.01$);母亲的同情友爱、环境意识、热情自信、集体意识与子女的同情友爱、环境意识、热情自信、集体意识呈显著正相关($p<0.01$);详细结果见表 7-15。

表 7-15 青少年公益心与父母公益心的相关性检验(r 值)

	子同情有爱	子环境意识	子热情自信	子集体意识
父亲同情友爱	0.549**	0.468**	0.445**	0.446**
父亲环境意识	0.095	0.400**	0.308**	0.306**
父亲热情自信	0.086	0.305	0.441**	0.344**
父亲集体意识	0.355**	0.372**	0.422**	0.465**
母亲同情友爱	0.713**	0.591**	0.541**	0.552**
母亲环境意识	0.438**	0.711**	0.521**	0.503**
母亲热情自信	0.483**	0.498**	0.678**	0.547**
母亲集体意识	0.499**	0.581**	0.581**	0.696**

注:**表示 $p<0.01$。

为了检验父母的公益心总分对子女公益心总分的预测作用,我们采用回归的统计方法来进行分析。结果显示:父亲和母亲的公益心总分对子女的公益心总分有非常显著的正向预测作用,分别见表 7-16 和表 7-17。其中母亲公益心总分对子女公益心总分的预测作用高于父亲公益心总分对子女公益心总分的预测作用。

表 7-16 父亲公益心总分对子女公益心总分的回归分析

	B	SE	β	t	p	R^2	F	p
常数项	75.024	8.991		8.345	0.000	0.246	75.716	0.000
父亲公益心总分	0.509	0.058	0.496	8.701	0.000			

表 7-17 母亲公益心总分对子女公益心总分的回归分析

	B	SE	β	t	p	R^2	F	p
常数项	42.150	7 047		5.981	0.000	0.519	249.954	0.000
母亲公益心总分	0.704	0.045	0.720	15.810	0.000			

3. 讨论

在收集和整理相关数据的基础上，基于人口统计学变量对其进行研究讨论，有助于了解青年少公益心的发展特点，进而探讨青少年公益心与其父母公益心之间的关系。

3.1 青少年父母的公益心特点

通过分析青少年父母的月收入水平、文化水平对其公益心的影响，了解青少年父母公益心的特点，研究结果基本与假设相符。

研究的青少年父母其文化水平主要集中在初中、高中，经过分析发现，在公益心的同情友爱、环境意识、热情自信维度和公益心总分上，文化水平、收入水平的差异不显著（$p>0.05$）；在集体意识维度上，文化水平的差异不显著（$p>0.05$）；在集体意识维度上，不同收入水平父母在该维度上的得分存在显著差异（$p<0.05$），经多重比较发现，收入在 6 000～9 000 元以上的父母所得分显著高于收入在 3 000～6 000 元的父母，收入在 9 000 元以上的父母所得分显著高于收入在 3 000～6 000 元的父母；文化水平×收入水平的交互作用在 4 个维度及公益心总分上差异不显著（$p>0.05$）。

这可能是因为不同文化水平的父母所出生的年代存在差异，其公益心各维度的发展受到一定的社会环境的影响所导致的。集体意识主要是指与他人的关系是否和谐、融洽，是否能与他人友好相处，为共同的目标努力。在月收入水平上存在一定的差异，这可能是因为不同月收入水平的父母在现阶段的生活水平所引起的。收入水平处于中上层的父母在满足基本的生活需求后更注重精神文化等方面的需求，更容易与他人友好、和谐相处。

3.2 父母公益心对其子女公益心的预测：公益心的代际传递效应

通过对青少年及其父母公益心数据分析发现：父母与子女在公益心各维度上的得分呈显著相关，这说明父母与子女的公益心之间是有密切联系的。已有研究证明，在希望、幸福感等积极心理方面存在代际传递效应，此研究结果与其一致。父母是孩子成长过程中的第一任老师，孩子的成长会受到父母各方面的影响，父母在孩子公益心等方面的发展起着至关重要的作用。在亲子互动成长过程中，父母通常为子女首要的、可直接观察到的楷模。在班杜拉提出的社会学习理论中，观察学习是其重要组成部分，社会学习理论主要是通过社会性因素——人与人之间的相互影响过程——来解释人的个性形成，在这一过程中，榜样的个人特征如榜样的权威性、可信任性等就显得尤为重要。同时，Rushton 等人研究发现，通过观看影视节目中的亲社会行为可以提高青少年的亲社会行为倾向，进而增加其在社会生活中的亲社会行为。青少年的成长是一个逐步发展的过程，具有较强的可塑性。在子女成长过程中，家庭环境为孩子成长提供了一个可模仿的空间，父母在其中扮演着重要角色，父母的一言一行都会对子女产生潜移默化的影响。父母的榜样示范作用与青少年公益行为有显著的正向预测作用。国外有研究表明：在价值定向和道德判断方面，父母与子女的相关性为 0.53，而教师与学生之间的相关仅为 0.03。前者相关性远高于过后者。这进一步证明父母在子女成长过程中的关键作用。同时，公益心的外在表现主要为公益心行为或亲社会行为，属于道德判断和价值定向方面。由此可见，家庭教育在道德教育中的特殊作用是其他任何社会组织和机构所不具备的。

研究发现，父母与其子女的公益心存在代际传递效应，在研究父母双方公益心对子女公益心的代际传递效应过程时发现，母亲公益心总分对子女公益心总分的预测作用高于父亲公益心总分对子女公益心总分的预测作用。这说明在公益心方面，父母对子女的作用机制存在一定的差异。进一步探究认为这可能是因为子女与父母之间的依恋关系、父母教养方式所导致的。有研究发现，青少年感知的父母教养投入显著正向预测青少年的亲社会行为，母亲的影响显著大于父亲（侯芬，伍新春等，2018）。依恋理论是由 Bowlby 等人提出的，主要是指孩子与其照料者之间的一种情感联结。在多数社会的发展过程中，特别是由于中国的传统家庭结构模式，父母双方承担不同的社会角色，与父亲相比，母亲更倾向于照顾孩子的饮食起居等方面，与孩子的接触更多，相对于父亲而言，母亲与孩子之间更容易有更多的互动。教养方式是指父母在养育孩子过程中的一种教育方式方法、教育风格，对子女的情感、态度、行为、价值观等方向的内容。研读相关文献发现，初中生家庭教养方式与亲社会行为存在显著相关。父母采取的教养方式不同对初中生利他行为的表现影响很大。在我国家庭教育传统中，有"父母双方一个唱白脸，一个唱红脸"的说法，这可能是由于在教养方式过程中，父亲与母亲采用不同的教养方式引起的。与此同时，也有研究表明，父亲和母亲的教养投入在结构上一致、对儿童的影响相似，但由于母亲花在儿童身上的时间多于父亲，母亲影响的效应值一般会高于父亲影响的效应值。同时，与父亲相比，母亲在家庭生活中更易表露出积极情绪。从这一角度出发，母亲对孩子的影响比父亲对孩子的影响大。尽管有了上述发现，青少年公益心的代际传递过程中的作用机制仍值得进一步探索和研究。

4. 小结

在集体意识维度上，不同收入水平父母在该维度上的得分存在显著差异；同情友爱、环境意识、热情自信、集体意识及公益心总分在文化水平上差异不显著；月收入水平和文化水平在各维度及总分上交互作用不显著。

父亲的同情友爱、集体意识、热情自信、环境意识与子女的同情友爱、集体意识、热情自信、环境意识呈显著正相关；母亲的同情友爱、环境意识、热情自信、集体意识与子女的同情友爱、环境意识、热情自信、集体意识呈显著正相关，可认为父亲和母亲的公益心总分对子女的公益心总分有非常显著的正向预测作用，进一步分析发现母亲公益心总分对子女公益心总分的预测作用高于父亲公益心总分对子女公益心总分的预测作用。因此，公益心存在代际传递效应。

第三节 影响公益行为的宏观系统因素

在扎斯特罗的社会生态系统理论中，宏观系统是指比小规模群体更大一些的社会系统,包括文化、社区、制度、组织和政府等,主要涉及社会核心价值观、社会文化、社会风气、大众传媒等因素。对青少年来说,价值观正在形成,容易受到社会环境的影响。许多研究发现,大众传媒不仅能助长青少年的侵犯行为,也能助长青少年的利他行为和亲社会行为。赫罗德(1979)在进行节目比较中发现,一个观看亲社会节目的个体其亲社会行为和利他行为的百分数位会大幅度提高;许多实验(弗里德里克,1973;冠茨,1976;拉什顿,1980,1981;周强,杨梓,1995;帅琳,熊哲宏,2015)也再次证明了这一结论,而且结论非常一致,即亲社会内容的影视节目,能为青少年学习和模仿亲社会行为提供生动直观的榜样,能使青少年的行为朝亲社会方向转化,可以增加青少年实际生活中亲社会行为出现的频率。但是也有研究指出,这种在传媒偶然情境中观察习得的亲社会行为和助人行为,只有在遇到相同生活情境的时候才能表现出来(Coates,1976)。

大众传媒是人们用来进行信息沟通和交流的重要途径和手段,包括报纸、杂志、图书、电视、广播、电影、网络等,其主要作用就是快速传递一些信息,本次研究中我们不再局限于单一媒体的作用,而且整合各种媒体及其传递传播的信息,即公益广告,探讨公益广告是否对青少年的公益行为产生影响,公益广告是如何对青少年的公益行为产生影响的?另外,学者们逐步发现,无论哪种媒体,大众传媒对青少年施加影响的主要手段和途径就是树立行为榜样,进行间接强化,但榜样到底是如何影响青少年的公益行为却没有深入探讨。因此本节我们将进行两个具体的实证研究。

一、公益广告对青少年公益行为的内隐启动研究

在社会心理学研究领域,自动化社会行为逐渐成为研究热点之一。其实自动化社会行为的思想可以追溯到美国心理学之父詹姆斯1890年提出的"观念运动行为",但真正开创实验研究的还是Bargh及其同事,他们通过一系列自动化社会行为研究,验证了复杂的社会行为也受偶然知识激活的影响。随后研究者们开始从不同的角度来检验各种社会知识的激活对社会行为的影响。Garcia, Weaver, Moskowitz和Darley的研究(2002)还发现,内隐的旁观者会减少个体的助人行为,即让被试在想象单人和多人的场景中进行助人行为,相比于单人情境,多人在场时被试表现出更低的助人水平。这说明亲社会行为也存在启动效应。

启动效应包括同化效应和对比效应,都会对被试后续的社会行为产生影响。同化效应(assimilation effect)促进了随后的相应行为,而对比效应(contrast effect)则引发了个体与启动对象相反特质的相应行为。如Neslon和Norton(2005)在一个实验中,要求被试想象一个标志利他主义的类别——超级英雄或者一个标志利他主义的极端样例——超人,随后进行助人水平的测量,结果显示,类别启动促进了被试的利他行为,表现出同化效应;而样例启动抑制了个体的助人表现,产生对比效应。迟毓凯(2009)以雷锋作为样例启动,道德人作为类别启动,然后让被试对他人的困境做出行为抉择时,也发现了类似的实

验结果：类别启动促进了被试的助人行为，样例启动抑制了被试的助人表现，即出现了类别启动的同化效应和样例启动的对比效应。

公益行为可以看作是亲社会行为的一个下属概念，我们把它界定为个人或群体以公共利益为目标，基于一定的社会责任，面向需要对象或社会共同问题而自愿进行的有计划、有组织的利他行为。一些调查显示，我国当代青少年在抗震救灾、志愿服务等公益活动中表现积极(陆亚男，2013;鲍秀松，王平，2013;邢江伟，2010;朱健强，2009)。学者们进一步探讨了影响青少年公益行为的各种因素，Sabrina, Monica 和 Jeylan 从人力资本和社会资本的角度对青少年公益行为的影响因素进行了分析；其其格(2011)则从生态系统理论的微观系统、中观系统、宏观系统3个层面进行了考察。其中公益广告被看成是引发青少年公益行为一个重要的因素，对青少年的道德认知发展产生影响，具体来说，电视公益广告的影响最大，而剧情生活化的创意对青少年最具有吸引力，公益广告成为青少年进行道德教育的一条新生途径(王丽，王庭照，2005)，因为公益广告有意无意呈现出的行为方式很容易被青少年效仿(陆霓，2011)。

受自动化亲社会行为研究的启发，本研究希望对公益行为的启动效应做进一步的考察。我们想探讨的问题是：对于青少年这一群体而言，不同类型的公益广告启动对青少年们的榜样教育会产生何种影响？是否还会存在类别启动的同化效应和样例启动的对比效应？其次，人格特质也是影响个体亲社会行为的重要因素，本研究将进一步考察公益行为的启动效应与特定人格特质之间的关系。

1. 实验1：公益广告样例启动对青少年公益行为的影响

1.1 方法

我们选取温州市某高校学生136人，其中男75人、女83人，平均年龄19.46岁。被试均为随机分组，他们都曾参加过学校组织的公益活动。

公益广告样例包含公共价值取向、关爱个体生命、公共道德规范、社会热点问题、自然环境问题等8种分类(朱健强，2009)。为了更贴近学生生活，本实验挑选出公共道德规范、关爱个体生命和自然环境保护3种公益广告类型，并选择相应的公益广告片段作为本次实验的公益广告样例启动。为了解公益广告样例对青少年随后的公益行为的影响，设计了相对应的3种助人情境测验。非紧急的助人情境设计更适合大多数的大学生生活，因此本次实验的助人情境测验也将从其中挑选。具体材料如下。

(1) 公共道德规范的公益广告样例及情境测验。呈现的广告情境是在一辆公交车上，两个男女在互相说服对方是否为一位没有座位的老奶奶让座，许久，另一名年轻男子起身给老奶奶让了座。最后，公益广告呼吁了社会成员加入社会公德比赛，倡导社会公共道德规范行为。情境测验采用 Neslon 和 Norton(2005) 的材料，并在其基础上稍作修改，形成关于公车让座可能性选择的助人测验。被试阅读如下的段落："在一个拥挤的公交车上，上来了一位白发苍苍的老奶奶，此时你也在车上，虽然所有位置都坐满了人，但仍有很多人站着，但是当下你却拥有一个位置。现在的问题是，你和大多数的学生相比，你会把座位让给这位老奶奶的可能性有多大呢?"然后要求被试在 1~15 的区间进行选择,其中 1 表示让座的可能性非常低,8 表示让座的可能性与他人相同,而 15 则表示让座的可能性非常高。

(2) 关爱个体生命的公益广告样例及情境测验。广告样例中,一个年轻人因为向朋友们炫耀新买的汽车,在马路上超速开车,因车速过快来不及刹车,把一位刚接孩子下课的父亲撞至重伤。孩子的哭泣与超速开车者的后悔莫及引起观看者强烈的情绪,以起到呼吁社会成员关爱个体生命的作用。情境测验是在 Garcia 等人(2002)研究的基础上依据真实存在的事件和更贴近大学生活的事件修改而成。被试阅读下面的段落:"温州大学数学与信息科学学院大一新生被检查出得了白血病,急需医治,但苦于无力承担医疗费用,因此,该学院学生会决定组织爱心募捐的活动。在这个情况下,你愿意把你这个月生活费的多大比例捐献给这位需要医治的大一新生呢?"然后让被试在 1~15 的区间之间做出选择。

(3) 自然环境保护的公益广告样例及情境测验。呈现的广告情境是小朋友们在日常生活中运用环保物品的宣传视频。情境测验是让被试阅读下面一段文字:"为响应学校爱护环境、保护环境的号召,本周班级活动将组织学生前往大罗山,进行收集废弃的垃圾的活动。本次活动采取自愿报名形式。你的想要参与的意愿是很强呢? 还是一般? 还是很不想呢?"然后让被试在 1~15 的区间进行选择,其中 1 表示非常不想参与,8 表示参与意愿一般,而 15 则表示非常想参加。需要说明的是,公益任务之所以以"收集大山垃圾"作为启动样例,是因为在前期的调查中,50 名大学生一致认为现阶段在大学生中最普遍的可以投身于自然环境保护的活动,是前往学校附近的大罗山进行垃圾收集,以维护自然环境。

实验 1 采用 4×3 混合实验设计,自变量为公益广告样例和助人情境,其中公益广告样例为组内变量,包括 3 种不同类型的公益广告样例和控制组,共 4 个水平;助人情境为组间变量,有 3 个水平。因变量是公益行为,采用助人情境测验的意愿程度作为指标。

首先通过投影仪播放公益广告,进行启动操作。公益广告样例启动之后,采用意愿任务对其公益行为进行测量。最后是意识排查任务,检测被试是否对启动操作和助人测验之间的关系产生怀疑。被试需回答问题:你觉得两个任务之间是否有关联? 你是否对本次研究目的进行猜测? 以排除被试效应。结果表明没有被试能猜出实验目的,也没有被试对两个任务的内在关系进行推测。

1.2 结果

我们收集了 4 种不同公益广告样例启动条件下,被试在 3 种不同情境中所表现出来的行为意愿水平,情况见表 7-18。

表 7-18 不同启动条件下公益行为意愿水平的比较

因变量	关爱个体生命	自然环境保护	公共道德规范	控制组
捐助意愿	3.72±0.97	3.29±1.08	2.88±1.45	2.96±1.31
环保意愿	9.39±3.43	9.90±2.13	8.58±2.98	8.85±3.16
公共规范意识	12.22±2.29	11.32±2.49	12.76±1.86	11.23±2.94

统计结果表明,不同公益广告样例启动条件下被试的助人水平差异显著($F=2.71$, $p=0.002$, $\eta^2=0.06$)。事后检验结果表明,在捐助意愿作为因变量的助人测验当中,关爱个体生命的公益广告样例对捐助意愿程度的影响显著。在环保意愿作为因变量的助人测验中,3组启动公益广告样例与控制组对环保意愿的程度上无明显差异。在公共规范意识作为因变量的助人测验中,公共道德规范的公益广告样例对公共规范意识程度的影响显著。

由数据分析我们可以得出:不同的样例启动会促发被试相应类型的助人行为,即关爱个体生命的公益广告样例启动可以显著提高青少年捐助意愿;公共道德规范的公益广告样例启动可以显著促进青少年公共规范选择意愿;而自然环境保护的公益广告样例启动对青少年的公益行为意愿没有显著影响。

2. 实验2:公益广告类别与样例启动对青少年公益行为的影响

2.1 方法

我们选取温州市某高校学生163人,其中男79人、女84人,平均年龄为19.78岁。被试均为随机分组,他们都曾参加过学校组织的公益活动。另外,按照上下27%的标准把被试分成高自尊组和低自尊组,各组均为44人。

(1) 公益广告的选取。公益广告样例的选择与实验一相同。公益广告类别选取某电视台的综合性公益广告。其中包含团结、友爱、和谐、文明等中华美德思想。

(2) 自尊量表。采用《罗森伯格的自尊量表》(Self-Esteem Scale, SES)。这个量表是通过个体对于自身价值和自我相关的陈述的总体感受来设计评定的,共10个题目,采用4等级计分法:分别是1表示非常同意,2表示同意,3表示不同意,4表示非常不同意。被试总得分表示其自尊水平,分数越高,自尊水平越高;反之,自尊水平越低。该量表信效度良好。国内学者的研究(张文新,1999;汪向东、王希林、马弘,1999)已证实该量表在中国被试之中具有良好的信效度。

实验采取3×2的被试间设计,因素一是启动条件(3个),包括类别启动、样例启动和控制组;另一个因素是自尊水平(2个),包括低自尊和高自尊两个水平。因变量采用3种助人测验的意愿程度为指标,与实验1相同的公益行为测验。实验将先给不同的被试播放公益广告进行启动操作,再让被试完成问卷,问卷内容主要包括自尊测验和助人情境测验。最后是排除被试效应测验,与实验一的意识排查任务相同。

2.2 结果

以3种助人测验的意愿程度为因变量,进行了3(启动类型:广告样例、广告类别、控制组)×2(自尊水平:高自尊、低自尊)多因素方差分析(MANOVOA)。结果发现,在捐助意愿作为因变量的助人测验当中,启动类型的主效应显著,$F(2,162)=13.88$,$p=0.000$,$\eta^2=0.15$。其中,样例启动的助人水平显著高于控制组($p=0.001$),控制组与类别启动组无显著差异($p>0.05$);在公共规范意识作为因变量的助人测验中,启动类型的主效应显著,$F(2,162)=3.38$,$p=0.036$,$\eta^2=0.04$。其中,样例启动的助人水平显著高于控制组($p=0.054$),控制组与类别启动组无显著差异($p>0.05$)。具体见表7-19。在捐助意愿作为因变量的助人测验当中,自尊水平的主效应显著,$F(1,87)=5.14$,$p=0.008$,$\eta^2=0.10$。高自尊水平个体的助人水平($M=3.13$,$SD=1.17$)显著高于低自尊水平个体($M=2.97$,$SD=1.20$)。具体见表7-19。然而,在3种因变量的助人测验中,启动的广告类型与自尊水平之间不存在交互作用,p值均大于0.163。

表7-19 不同因变量下启动类型的主效应分析表($M\pm SD$)

因变量	启动条件			自尊水平	
	样例启动	类别启动	控制组	高自尊组	低自尊组
捐助意愿	3.31±1.06	2.32±1.08	2.40±1.32	3.13±1.17	2.97±1.20
环保意愿	9.43±2.73	9.10±1.89	8.60±2.77	9.48±2.43	9.29±2.44
公共规范意识	12.05±2.17	11.52±1.91	10.92±2.31	12.57±2.43	11.47±2.18

以上结果显示,在3种因变量中,公益类别引发的助人行为水平与控制组无异,表明公益广告类别没有产生同化效应,也就是说,公益广告类别启动对青少年公益行为的影响无显著差异;在捐助意愿上,不同自尊水平的个体启动的助人意愿显著,通过均值差距可以看出,自尊水平高者被启动的公益意愿行为显著多于自尊水平低者的意愿行为。

3. 讨论

3.1 公益广告样例启动对青少年公益行为的影响

实验1的结果表明,被试在受到某种广告类型启动之后,相应类型的助人水平更高。具体表现为,除了自然环境保护的样例启动没有明显针对相应的环保测验选择更高的意愿程度外,关爱个体生命的样例启动对青少年捐助意愿选择的公益行为有相对应的显著影响;公共道德规范的样例启动对青少年公共规范选择的助人行为有相对应的显著影响。也就是说,在关爱个体生命的公益广告启动下,青少年在面对相似的助人测验时会有相较于其他实验组有更强的捐助意愿。按照其其格(2011)的解释,认知和情感变量是影响青少年公益行为的重要因素,这就使得学生在观看关爱生命的公益广告之后,出于生命与生俱来的敬畏,更容易激发起个体的同理心,相对应地,青少年在看到相对应的助人测验时表现出更强的捐助意愿。在公共道德规范的公益广告样例启动下,青少年在相对应的助人测验中表现出比其他实验组学生有更强的让座意愿。关于社会规范的公益广告是较早几年的热门,本次实验选取的是非常具有代表性的情境。由于该广告的指向性十分明确,在广告中具体地示范了让座的情境,而青少年具有较好的模仿学习能力,在做助人测验的时会有意或无意地模仿认同的公益行为。因此,使得学生在观看公共道德规范样例后更偏向于做出让座行为。由此也更加确定了榜样作用在对青少年德育教育的重要影响。

从实验1的结果来看,公益广告的样例启动并没有引起被试心理特质的对比效应,反而引发了同化效应。这个实验结果与以往诸多研究结果(Dijksterhuis, Bargh, 2001; Dijksterhuis, spears, Spears, Lepinasse, 2001)有所不同,之所以产生这个实验结果,可能存在以下两个解释:①在青少年阶段,青少年对自我、他人与社会的认识不够清晰,处于探索状态,主观世界向外,所以他们较少会将自己身上的心理特质与样例启动的心理特质作比较,而是喜欢模仿和学习他人的行为,也以此来更正个人在群体中的不当行为,以更好融入团体,减少同伴压力。②"超人""雷锋"等示范对象让人感觉太完美,难以模仿,缺乏现实的合理性。在今日开放多元的社会,人们对模仿对象倾向于理性的思考,对模仿行为进行理性的采纳或否决,从而减弱了示范作用,产生对比效应,而在本研究中,示范样例本身比较平民化,容易模仿,没有引起被试的批判性评价,青少年们对示范样例具有认同感,所以没有出现与样例本身所含有特质相反的行为。Darley和Batson(1973)在先前研究中也曾发现,使用"好心的撒玛利亚人"作为启动样例时,就没有出现样例启动的对比效应。由此,我们可以预测,样例启动是否会产生对比效应,被试群体和样例性质是两个重要的影响变量。另外,在引发青少年的公益行为方面,我们可以更多地利用样例。

3.2 公益广告类别启动对青少年公益行为的影响

以往的研究(Bargh, Chen, Burrows, 1996; Dijksterhuis, van Knippenberg, 1998;迟毓凯,2009)表明,类别启动一般会引发被试随后相应的行为,也就是说会产生同化效应。但本研究中却没有发现同化效应,实验2探究了公益广告类别对青少年公益行为的影响。实验结果表明,公益广告类别启动和控制组对青少年的公益行为的影响无显著差异。

对于这个实验结果,我们认为可能存在以下几点原因:首先,可能选取的综合性公益广告对学生而言过于熟悉,当再次观看到同样类别的广告时,会显得习惯化,所能启动的公益意识显得不那么明显。再者,在此基础上,类别公益广告内容广泛,重在引发学生的道德情绪,以引起公益行为的同化效应,但是由于被试对综合性公益广告的习惯化,加上没有出现可直接让青少年观看学习的针对性的公益行为,这就使得学生在观看完视频之后,内心情绪波动偏小,且无明确公益行为的启动,导致学生在进行助人任务中与控制组相比没有明显的差异。虽然选取的公益广告作为类别启动的代表是成立的,但有可能由于在启动操作上的安排,导致激活被试的心理特征相差不大,没能很好地表现出与控制组被试的差异性。对于这样的统计结果,我们认为并不一定表示类别启动随后的助人行为不起作用,而有可能是我们的实验控制的敏感性不够,没能将启动后的行为差异探测出来,或者我们还没有对公益广告进行更多更细的分类,以往研究也未曾对公益广告类型启动的材料进行分析,因此有必要在今后的研究中进行进一步的探索。

4. 小结

本实验研究发现,在公益行为的样例启动中,并没有出现对比效应,关爱个体生命和公共道德规范的公益广告启动反而对随后的相应的助人意愿起到促进作用;公益广告类别启动也没有出现同化效应,但不否认公益广告类别对青少年公益行为的影响作用。

二、社会榜样对青少年公益行为的内隐启动研究

榜样作为特殊的角色模型,对个体的角色和行为具有示范作用。西方对榜样的角色模型的研究主要是班杜拉社会学习理论中的观察学习,认为行为的产生从通过个体对观察他人,即榜样的行为习得的。榜样的启动对社会和个人都非常重要。其重要性主要体现在社会功能和个体功能。社会功能引导人们道德实践的榜样,即发挥道德榜样作用。个体功能是指榜样启动将成为个体成长的一种动机。有研究证明,榜样教育和模范作用在大学生中得到普遍的关注度和认可度,说明了榜样启动可以产生一定的作用。电视网络中传递的公益慈善也间接地将行为作为"榜样"内化到观众模仿者的生活习惯中,榜样的强化使模仿者助人行为得到强化属于班杜拉的替代性强化。以李宇春的粉丝"玉米"为研究对象,针对"玉米"为什么跟随李宇春参加公益活动这一问题,将近34%的"玉米"回答是把这种公益行为作为支持李宇春的一种形式。因此,榜样对青少年公益行为能产生影响。

本研究在结合前人的研究基础上,着重对青少年公益行为的榜样启动做进一步的研究。本研究的感兴趣的问题是:榜样行为是否产生对青少年公益行为的影响有无差异?不同的榜样样例对青少年公益行为的影响有无差异?不同的榜样类别对青少年公益行为的影响有无差异?

1. 实验1:榜样行为对青少年公益行为的影响

1.1 方法

本研究被试均取自杭州市滨江区某高中,该实验被试为高一学生76人,共2组。其中实验组40人(男19人,女21人),对照组36人(男20人,女16人)。两组同学的经济情况相似,在之前一次捐款中也相差无几。

该实验使用现场实验的单因素被试间设计。自变量为有榜样行为和无榜样行为两个水平。实验组被试可以观察到主试的榜样行为,对照组被试没有榜样行为的借鉴。

在高一选取两个条件相似的平行班级(以各科授课教师以及班主任的评价为主)作为实验组和对照组。在实验开始之前,根据两个班级的具体情况选择了两个班级的共同授课教师,一位年轻的英语教师作为主试,进行实验。首先,在实验组的班级内主试讲一段指导语鼓励同学为公益活动多多捐款,讲完后,主试自己在实验组被试面前先捐出100元

钱,离开教室,观察 10 分钟内实验组的捐款人数和捐款数量。随后,同一主试在对照组讲相同的指导语,但是讲完后不做出捐款行为,只是口头鼓励同学多多捐款,随后离开教室,观察 10 分钟内对照组的捐款人数和捐款数量。在实验结束后,向被试说明实验缘由并且归还财物。

1.2 结果

实验组和对照组在实验过程中的捐款人数和捐款金额情况见表 7-20,卡方结果显示,虽然榜样行为对捐款人数的多少没有显著影响($\chi^2=2.455$, $p=0.117$),但是榜样行为对捐款金额存在显著影响($\chi^2=109.456$, $p=0.000$)。

表 7-20 不同榜样行为的统计表

组别	实验组	对照组	χ^2	p
捐款人数	21	12	2.455	0.117
捐款金额	489	212	109.456	0.000

2. 实验 2:榜样样例对青少年公益行为的影响

2.1 方法

该实验被试为高一学生 123 人,共 3 组。其中实验组 42 人(男 23 人,女 19 人),非公益榜样样例组 41 人(男 21 人,女 20 人),控制组 40 人(男 17 人,女 23 人)。

实验是单因素被试间设计,自变量为实验组、对照组和控制组 3 个水平。实验组采用公益样例启动,对照组采用非公益样例启动,控制组不接受任何样例启动。

首先从写作任务作为开始任务,在写作要求中告知被试:我们正在研究一项创造性活动的差异,目的在于确保实验的客观性。在调查中,需要你依据题目要求写一篇短文,以此来评价你的想象和创造能力。然后,在公益样例启动条件下,要求被试想象"希望小学从筹资、选址到建设的全过程",然后以"希望小学的建成"为题写一篇 200 字短文。而在非公益样例启动条件下,则要求被试想象"公益捐款会如何被贪污,以及贪污款会被用于哪些用途",然后以"公益捐款如何成为'私房钱'"为题写一篇不少于 200 字的短文。控制组的被试直接进入青少年公益行为的测量。

测量采用的是捐款意愿任务。被试阅读如下的段落:"社会上由于我们的公益行为而有更多人获得了更好的生存状态。现在请想象你已经从大学毕业,并且工作许多年了,你的经济收入处于一个比较理想的水平。你愿意把你每年收入的多大比例捐献给公益事业呢?"然后要求被试在 A(1%或更少)~H(25%以上)做出选择。

2.2 结果

不同样例启动条件下被试公益行为的捐助意愿水平的平均数和标准差见表 7-21,ANOVA 统计结果表明,3 种不同启动条件下被试的捐助意愿主效应显著。我们进一步比较了实验组、对照组和控制组之间的差异,结果发现,实验组中公益样例启动被试的捐助意愿显著高于非公益样例组和控制组($F=25.896$,$p<0.01$);但是非公益样例组非公益样例启动和控制组被试的捐助意愿水平差异($F=25.896$,$p>0.01$)并不显著。因此,从实验2的结果中,我们可以看到公益样例启动对青少年公益行为(捐助意愿)有显著的影响;但是非公益样例对青少年公益行为即捐助意愿没有显著的影响。

表7-21 不同启动条件下捐助水平的差异分析

组别	n	M	SD
正性类别	42	2.6	0.989
中性类别	48	1.71	0.683
负性类别	45	1.56	0.725

3. 实验3:榜样类别对青少年公益行为的影响

3.1 方法

该实验的被试是中学生,共3组。被试取自杭州市滨江区某高中的高二学生135人,其中实验组42人(男20人,女22人),对照组47人(男26人,女21人),控制组45人(男24人,女21人)。

实验是单因素被试间设计,自变量为实验组、对照组和控制组3个水平。实验组采用正性榜样材料,对照组采用负性榜样材料,控制住采用中性榜样材料。

把被试随机分为3组(实验组、对照组和控制组)。在类别启动条件下,要求实验组被试想一想"一个热爱公益、经常参加公益的人在行为举止、聊天内容、价值观和外在表现"上有什么特点,然后将特征描述出来;控制组被试想一想"一个不热衷于公益、不参加公益的人在行为举止、聊天内容、价值观和外在表现"上有什么特点,然后将其特征描述出来;对照组被试想一想"一个抵制公益行为的人在行为举止、聊天内容、价值观和外在表现"上有什么特点,3组被试要求其描述的字数不少于150字。经过启动操纵阶段后3组进入青少年公益行为的测量。

测量同实验2一致,采用的是捐款意愿任务。被试阅读如下的段落:"社会上由于我们的公益行为而有更多人获得了更好的生存状态。现在请想象你已经从大学毕业,并且工作许多年了,你的经济收入处于一个比较理想的水平。你愿意把你每年收入的多大比例捐献给公益事业呢?"然后要求被试在A(1%或更少)~H(25%以上)做出选择。

3.2 结果

不同类别启动条件下被试公益行为的捐助意愿水平的平均数和标准差见表7-22,ANOVA统计结果已经表明,3种不同类别启动条件下被试的捐助意愿主效应显著。进一步地多重比较结果显示,实验组正性类别启动被试的捐助意愿显著高于对照组和控制组($F=21.125$，$p<0.01$)；但是对照组负性类别启动和控制组中性类别启动的被试的捐助意愿水平差异并不显著($F=21.125$，$p>0.01$)。因此，从实验3的结果中，我们可以看到正性类别对青少年公益行为(捐助意愿)有显著的影响；但是同实验2相似的是，中性和负性类别对青少年的公益行为(捐助意愿)没有显著的影响。

表7-22 不同类别启动下捐助水平的统计表

组别	n	M	SD
公益样例组	39	3.10	1.046
非公益样例组	44	1.77	0.859
控制组	40	2.34	0.910

4. 讨论

实验1通过现场实验探讨榜样行为对青少年产生的影响。实验结果显示，榜样行为对青少年捐款的人数没有显著影响。这和董蕊(2012)在《榜样启动对大学生运动员自我损耗的补偿作用》中身边榜样行为会对运动员产生激励作用结果不一致。可能在董蕊的实验设计中，由于运动员的补偿作用，运动员和名人榜样来自同一群体，自我资源不足的时候，启动榜样产生同化。而在本实验的班级中，被试人数较少，实验材料不具有代表性，并且在被试中可能存在一定的从众效应和经济水平差异，但该实验对于捐助金额存在显著影响，说明榜样的启动仍有一定的作用激发公益捐助行为。

实验2研究的是榜样样例对青少年公益行为的影响。结果表明3组被试的主效应显著；这表明公益样例对青少年产生显著影响。但是控制组和非公益样例组没有显著差异。我们并不认为非公益样例对随后的公益行为和不接受启动的公益行为没有差异，而是有可能是我们所控制的实验敏感性不够，没有能将启动后的行为差异探测出来。比如不能控制被试的内隐过程，在《社会创新管理和青少年公益慈善意识的培养》(王淑玉，2012)一文中，指出在社会的转型期中，青少年更加关注自身以及社会存在的矛盾。因此可能是由于青少年更关注于负面消息，所以控制组和对照组没有显著影响。在《亲社会行为启动效应研究》(迟毓凯，2009)一文中也做过类似研究，研究的是样例启动对亲社会行为的影响，研究结果表明没有显著差异。研究者也认为不是榜样启动对随后的行为没有影响，而是实验的敏感性不够。研究中，很多人将写作启动任务中原本想象"雷锋"或者"马加爵"的一天的自由创造的短文写成了"自己的一天"，因此被试的相关心理表征没有很多地被激活。

实验3研究的是榜样类别对青少年公益行为的影响。研究者要求被试通过自由想象来启动被试，在实验结果中，正性类别影响显著，而中性和负性类别差异不明显。这说明了正性榜样类别会对青少年公益行为产生影响，而负性和中性的影响不大。对于本研究的结果,我们可以从先前的研究中得到解释。根据Garcia的研究,大部分的启动类型会产生同化效应,即启动类型和随后行为类型的一致性;如老人刻板印象的启动引发了被试步行速度的减慢,道德特质启动促进了随后的合作行为。而且在经过类别启动后,被试会集中表现自己与类别启动刺激相同的特质(比如热爱公益)或者更加符合社会赞许的特质,进而表现出与热爱公益相一致的行为。此外,根据Brown等人的研究,类别启动也可能因为人格差异而有不同的表现。迟毓凯也做过类似研究,也认为个体的自尊水平会对启动的效果有关系。

5. 小结

本研究得到以下结论。

(1) 榜样行为的产生会对青少年公益行为产生一定的影响。

(2) 公益样例启动对青少年公益行为有显著影响。

(3) 正性类别材料启动对青少年公益行为有显著影响,但是中性类别材料和负性类别材料对青少年公益行为不存在显著影响。

第八章 青少年公益行为的教育功能

上一章我们详细系统地探讨了影响青少年公益行为的若干因素。从研究的角度来讲,考察了青少年公益行为的前因变量,也就是以影响因素为自变量、公益行为为因变量的研究。按照研究的逻辑和思路,我们还应该考察青少年公益行为的后果变量,即以公益行为本身为自变量,探讨公益行为对青少年身心的影响。从实践的角度来看,就是关注那些做出公益行为的青少年又将获得怎样的发展,或者说青少年做过的公益行为又反过来会对青少年产生怎样的影响,或者更通俗地讲,就是青少年做公益行为有什么好处?本章主要关注公益活动对青少年的社会性发展所产生的教育功能和积极作用。

第一节 公益行为具有教育功能的理论探讨

一、公益行为具有教育功能的文献综述

公益活动的受益者不仅仅是受助者,而是多方的。对于社会而言,青少年公益活动促进了社会的和谐发展,传播了道德真善美和社会正能量,能够产生社会正效应,改善人们不良的行为习惯和社会公益现状。对公益活动参与者来说,"赠人玫瑰,手有余香",在参与公益事业的同时也会有所收获。有学者(陆亚男,2013)总结了公益行为和公益活动所具有的功能,发现具有两大功能:①具有对青少年的教育功能;②具有推动社会建设功能。在这里我们更多地关注公益活动的第一种功能,因为青少年参与公益活动是一种体验式的学习活动,也是新课改中"以人为本"教育理念的体现。在公益活动中,青少年既可以通过帮助他人实现自身价值,增强幸福感、道德感;又可以通过与他人的交流、合作,培养自身人际交往的能力。可见参与公益活动对个体的身心发展具有积极的影响。另外,公益活动还可以培养青少年的社会责任和奉献精神,在青少年的思想道德教育中也起到重要作用。

很多国家对青年志愿者活动有着严格的规定和考核标准,并把它作为培养学生的奉

献精神、合作精神、服务他人和丰富自己的主要方式。如韩国规定,初中生每年必须参加志愿服务40个小时以上,且志愿服务活动的分数占到高中成绩的8%;日本大学非常重视志愿服务,多所大学把其纳入正式课程,在工作上日本也会优先考虑志愿工作者;加拿大的大学招新生时,非常重视学生在高中做义工的情况,认为义工活动是学生形成健康人格的重要环节;墨西哥政府规定,每个大学生在校期间至少从事6个月的社会服务活动,否则无法获得毕业文凭;美国也非常重视学生参与公益慈善活动的情况,会定期组织学生到社区参加公益慈善活动,在高校录取新生时,把学生参与公益活动作为重要指标(王淑玉,Michelle Zhang,2012)。

国外研究表明,青少年可以从公益行为中获得社交、情感、认知和道德能力(Shek,2007)。不仅如此,公益行为对青少年的生活满意感、自我评价和职业成就都有着积极的影响(Wilson,2000;Youniss,Yates,1999)。Thoits和Hewitt(2001)的研究也发现,志愿行为能显著增加志愿者的生活满意度,人们参加志愿活动的持续时间越长,心情低落的可能性就越低,他们也越能明确生活的目标并能积极乐观地看待今后的生活;Brown等人(2012)研究发现志愿者与非志愿者相比会报告更高的幸福感。志愿者参与志愿活动的时间越长,他们越能明确生活目标,积极乐观地对待生活(Musick,Wilson,2003);另外,在志愿服务和公益活动过程中,青少年不仅能进一步完善专业技能,还能促进社会交往技能的发展,从而帮助青少年更好地适应社会(Schmidt,Shumow,Kackar,2006;Snyder,Omoto,2008)。United Health Care和Volunteer Match(2010)的调查显示,36%的志愿者生活总体上感到满意,而在非志愿者中这一比例只有26%,同时有92%的志愿者表示志愿行为使其生活更有意义。Carter和Hughes(2001)在调查高中生对残疾人士态度中发现:参与志愿服务者比未参与者有更多的非正式社会交往,而且相比于未参与者,参与者在社会交往的意愿、相关知识和接触上都有明显提高。

在国内,很多学者也开始揭示青少年参加公益活动所产生的积极作用。谭建光(2001)在对深圳市青年志愿者进行访谈后发现,参与志愿服务可以实现心灵的回归,使得志愿者在服务他人、服务社会时得到个性的成熟和乐观的态度。志愿者在服务过程中经常感受到被信任和需要、提高了自身服务能力和沟通能力、增强了社交网络和社交意愿(张网成,2016);大学生通过公益活动,有效促进自身积极心理品质(如责任心、积极乐观、努力上进等)的发展(沈潘艳,郑南柯,王斌,2012),而且在责任认知上增强了对社会责任的理解、在责任情感上满足了自我价值取向、在责任意志上坚定了奉献社会信念、在责任行为上敢于担当(黄金飞,2012);此外,还有学者发现,大学生社会责任感得分与参与青年志愿者活动显著相关(陈志纬,2012)。张兰君和何雯(2013)从思想政治角度出发,提出微公益对青少年的人生观、价值观和道德素养具有积极影响。可以说,青少年参加公益活动不仅能锻炼他们的身体,促进人际交往,丰富社会经验,还能培养社会责任,树立正确的劳动观、价值观和人生观,提升他们的综合素质。

二、公益行为对青少年产生积极作用的总体分析

我们认为,参与公益活动有助于提高青少年的核心素养。核心素养主要指学生应具备的,能够适应终身发展和社会发展需要的必备品格和关键能力。中国学生发展核心素养以培养"全面发展的人"为核心,分为文化基础、自主发展、社会参与3个方面,综合表现为人文底蕴、科学精神、学会学习、健康生活、责任担当、实践创新六大素养。下面从这3个方面、六大素养对公益行为的积极作用进行阐述。

1. 增强青少年的文化基础

青少年的文化基础主要体现在人文底蕴和科学精神两个方面。

(1) 人文底蕴。青少年通过参与公益活动,可以提高自身的人文底蕴,形成正确的情感态度和价值取向。同时也有助于青少年人文情怀的培养,在参与微公益活动的过程中可以提高以人为本的意识,懂得尊重、维护他人的尊严和价值,关切他人的生存、发展和幸福。

(2) 科学精神。公益活动的参与有助于培养青少年的科学精神,促进理性思维的发展,学会运用科学的思维方式认识事物、解决问题、指导行为。同时在参与公益活动的过程中青少年可以形成勇于探究的品质,具有好奇心和想象力,能够不畏困难,拥有坚持不懈的探索精神,大胆尝试,积极寻求有效的问题解决方法。

2. 促进青少年的自主发展

青少年的自主发展主要体现在学会学习和健康生活两个方面。

(1) 学会学习。通过参与公益活动可以促进学生学会学习,如公益活动过程中具体参与形式的学习,培养学生乐学善学的优良品质,正确认识和理解学习的价值,树立自主学习和终身学习的意识和能力。同时也有助于青少年形成一种信息意识,学会自觉、有效地获取、评估、鉴别、使用信息,主动适应互联网时代的社会信息化发展趋势,提高网络道德与信息安全意识。

(2) 健康生活。青少年在参与公益活动的过程中可以更好地认识自我、发展身心,有效地规划人生,促进青少年健康生活。同时通过参与公益有助于青少年形成健全的人格,培养积极的心理品质,自信自爱、坚韧乐观、有自制力,懂得调节和管理自己的情绪,提高青少年的抗挫折能力。

3. 提高青少年的社会参与

社会参与主要体现在责任担当和实践创新两个方面。

(1) 责任担当。青少年通过参与公益活动可以提高他们的责任担当,学会承担社会责任、热心公益和志愿服务、具有团队意识和互助精神,能主动作为、履职尽责,对自我和他人负责,维护社会公平正义,同时参与公益也是一种绿色的生活方式和可持续的发展理念及行动。

(2) 实践创新。青少年在参与公益活动的过程中有助于培养实践创新能力,提高劳动意识,具有积极的劳动态度和良好的劳动习惯,具有动手操作能力,掌握一定的劳动技能,在主动参与公益活动和社会实践中改进和创新劳动方式、提高劳动效率。同时有助于提高青少年问题解决能力,帮助青少年发现和提出问题,增强解决问题的兴趣和热情,依据特定情境和具体条件制订合理的解决方案,具有在复杂环境中行动的能力。

这一节我们回顾了国内外相关研究文献,从理论上探讨了公益活动对青少年发展的积极影响,但这些理论观点需要实证研究来佐证,接下来我们通过心理学的实证研究对部分观点进行验证。

第二节 公益行为具有教育功能的实证研究

从文献综述和理论探讨,我们发现,尽管公益行为所具有的教育功能很多,但主要功能体现在公益行为和公益活动能对青少年的社会性发展起到促进作用这个方面。因此本节特别关注公益行为对青少年社会性发展的影响。由于青少年社会性发展涉及到很多方面,我们开展了两次实证研究。现分别介绍如下。

一、公益行为对青少年生活满意度、心理健康和社会责任感的影响

1. 研究方法

我们选取温州市南浦实验中学、温州九中和温州大学的学生作为被试。共发放问卷500份,收回有效问卷361份。有效被试构成见表8-1:

表8-1 有效被试构成表

		数量	百分比
年级	初一	69	19.1
	初二	111	30.7
	初三	103	28.5
	大三	40	11.1
	大四	38	10.5
	合计	361	100.0
性别	男	182	50.4
	女	179	49.6
	合计	361	100.0

研究采用 3 个单因素被试间设计,其中 3 个单因素分别为被试是否参加过公益活动、被试参加公益活动的频率以及被试参加公益活动的自愿与否,每个研究的因变量都有 3 个方面,分别是生活满意度、心理健康和社会责任感。每个因变量各有一份标准化的量表,被试需完成所有量表。

研究选用《青少年生活满意度量表》《青少年心理健康量表》和《青少年社会责任感量表》等工具。其中《青少年生活满意度量表》由张兴贵和何立国于 2004 年编制,包括友谊满意度、家庭满意度、学业满意度、自由满意度、学校满意度和环境满意度 6 个分量表,共 36 个条目。量表采用 7 级评分,被试的得分越高,表明其生活满意度越高。该量表的内部一致性信度在 0.87~0.93,总量表和各分量表间隔一月的稳定性信度在 0.80~0.85。本研究中,该量表的内部一致性 α 系数为 0.948。《青少年心理健康量表》由苏丹于 2007 年编制,包括生活幸福、乐于学习、人际和谐、考试镇静和情绪稳定 5 个维度,共 25 个条目。量表采用 5 级评分。该量表的内部一致性系数 α 为 0.834,分半信度系数为 0.849。本研究中,该量表的内部一致性 α 系数为 0.867。《青少年社会责任感量表》由程玲红于 2002 年编制,包括集体责任感、家庭责任感、同伴责任感、道德责任感和社会发展责任感 5 个维度,共 23 个条目。量表采用 5 级评分。该量表的内部一致性系数 α 大于 0.6,重测信度大于 0.75。本研究中,该量表的内部一致性 α 系数为 0.932。

施测时以班级为单位,使用统一的指导语对学生进行团体施测。为保证问卷的真实有效,对回收的问卷进行检查:剔除漏答超过 5 题的问卷;剔除对选项有明显作答倾向(如 1、2、3、1、2、3……)的问卷。最后采用 SPSS 19.0 对数据进行处理和分析。

2. 研究结果

2.1 公益活动对青少年生活满意度的影响

以是否参加过公益活动为自变量,以生活满意度量表总分为因变量进行单因素方差分析;再以是否参加过公益活动为自变量,以生活满意度各维度分数为因变量进行多变量方差分析,结果见表 8-2。

表 8-2 生活满意度总分及各维度的方差分析表

是否参加过公益活动	是($n=36$)		否($n=36$)		F	p
	M	SD	M	SD		
总分	139.64	23.805	114.11	45.706	8.834*	0.004
学业满意度	18.39	6.792	18.39	6.792	3.571	0.063
友谊满意度	30.42	5.310	25.42	10.098	1.833	0.180
自由满意度	19.03	5.593	17.11	7.942	0.348	0.557
学校满意度	21.39	6.362	18.75	10.866	3.267	0.075

续 表

是否参加过公益活动	是($n=36$)		否($n=36$)		F	p
	M	SD	M	SD		
家庭满意度	30.50	7.504	22.78	10.159	10.947***	0.001
环境满意度	19.92	4.365	16.42	6.669	6.764*	0.011

注：*表示$p<0.05$；**表示$p<0.01$；***表示$p<0.001$。

结果表明：①参加过公益活动的青少年生活满意度总分显著高于未参加过公益活动的青少年（$p<0.05$）；②是否参加过公益活动在家庭满意度（$p<0.001$）和环境满意度（$p<0.05$）上的得分差异显著，即参加过公益活动的青少年在家庭满意度和环境满意度上的得分显著高于未参加过公益活动的青少年的得分。

以参加公益活动的频率（经常、有时和偶尔）为自变量，以生活满意度量表总分为因变量进行单因素方差分析；再以参加公益活动的频率为自变量，以生活满意度各维度分数为因变量进行多变量方差分析，结果见表8-3。

表8-3 生活满意度总分及各维度的方差分析表

频率	偶尔($n=35$)		有时($n=35$)		经常($n=27$)		F	p
	M	SD	M	SD	M	SD		
总分	128.69	35.540	142.66	35.750	159.19	31.385	5.954**	0.004
学业满意度	18.67	6.604	19.48	7.861	22.30	6.492	1.272	0.286
友谊满意度	29.74	6.407	29.19	8.535	32.89	5.184	1.991	0.143
自由满意度	18.19	6.917	19.41	5.918	22.33	5.226	3.324*	0.041
学校满意度	23.52	7.470	22.15	7.863	26.00	7.468	1.781	0.175
家庭满意度	29.96	7.768	31.59	8.889	33.44	7.334	2.296	0.107
环境满意度	18.30	6.069	19.33	5.526	22.22	5.787	3.340*	0.041

注：*表示$p<0.05$；**表示$p<0.01$。

结果显示：①参加公益活动的频率对生活满意度总分有显著影响（$p<0.01$）；②参加公益活动的不同频率在环境满意度（$p<0.05$）和自由满意度（$p<0.05$）上的得分差异显著，多重比较的结果表明，在环境满意度和自由满意度上，经常参加公益活动的青少年得分均显著高于偶尔参加公益活动的青少年（$p=0.015<0.05$；$p=0.014<0.05$）。

以参加公益活动的自愿与否为自变量，以生活满意度量表总分为因变量进行单因素方差分析；再以参加公益活动的自愿与否为自变量，以生活满意度各维度分数为因变量进行多变量方差分析，结果见表8-4。

表 8-4 生活满意度总分及各维度的方差分析表

是否自愿参加公益活动	是($n=52$)		否($n=52$)		F	p
	M	SD	M	SD		
总分	148.52	39.120	133.60	31.436	4.598*	0.034
学业满意度	19.35	7.786	16.90	7.336	2.710	0.103
友谊满意度	30.35	8.549	29.21	6.852	0.558	0.457
自由满意度	21.04	6.209	18.33	6.459	4.763*	0.031
学校满意度	24.92	7.582	20.56	7.681	8.507*	0.004
家庭满意度	31.23	10.510	29.23	7.702	1.225	0.271
环境满意度	21.63	5.895	19.37	6.029	3.766	0.055

注：* 表示 $p<0.05$。

结果显示：①参加公益活动的自愿与否对青少年生活满意度有显著影响（$p<0.05$），自愿参加公益活动的青少年的生活满意度显著高于非自愿参加公益活动的青少年；②参加公益活动的自愿与否在自由满意度（$p<0.05$）和学校满意度（$p<0.05$）上的得分差异显著，即自愿参加公益活动的青少年的自由满意度显著高于非自愿参加公益活动的青少年。进一步的研究表明，是否参加过公益活动和参加公益活动的自愿与否在青少年生活满意度上交互作用不显著（$p=0.668>0.05$）。

2.2 公益活动对青少年心理健康的影响

以是否参加过公益活动为自变量，以青少年心理健康量表总分为因变量进行单因素方差分析；再以是否参加过公益活动为自变量，以心理健康各维度分数为因变量进行多变量方差分析，结果见表 8-5。

表 8-5 心理健康总分及其各维度的方差分析表

是否参加过公益活动	是($n=36$)		否($n=36$)		F	p
	M	SD	M	SD		
总分	58.03	13.216	50.67	14.398	5.107*	0.027
乐于学习	11.14	4.183	9.42	5.162	2.834	0.097
考试镇静	10.72	4.694	9.86	4.505	2.709	0.104
情绪稳定	8.53	3.996	8.56	4.060	0.066	0.798
生活幸福	15.08	5.107	12.83	5.096	2.530	0.116
人际和谐	12.56	3.676	10.00	4.858	1.573	0.214

注：* 表示 $p<0.05$。

结果表明：①参加过公益活动的青少年心理健康总分显著高于未参加过公益活动的

青少年($p<0.05$);②是否参加过公益活动在心理健康各个维度上的得分差异均不显著($p>0.05$)。

以参加公益活动的频率(经常、有时和偶尔)为自变量,以青少年心理健康量表总分为因变量进行单因素方差分析;再以参加公益活动的频率为自变量,以青少年心理健康各维度分数为因变量进行多变量方差分析,结果见表8-6。

表8-6 心理健康总分及其各维度的方差分析表

频率	偶尔($n=35$)		有时($n=35$)		经常($n=27$)		F	p
	M	SD	M	SD	M	SD		
总分	58.70	16.569	61.70	13.657	65.26	14.239	1.314	0.275
乐于学习	11.89	4.060	12.96	3.380	13.37	4.430	0.998	0.373
考试镇静	10.74	3.859	10.48	4.870	11.11	4.475	0.138	0.871
情绪稳定	8.89	4.126	8.78	3.630	9.41	3.377	0.220	0.803
生活幸福	14.89	5.767	16.56	4.807	16.67	4.836	1.007	0.370
人际和谐	12.30	3.086	12.93	3.452	14.70	2.658	4.429*	0.015

注:*表示$p<0.05$。

结果显示:①参加公益活动的频率对青少年心理健康总分没有显著影响($p>0.05$);②参加公益活动的不同频率在人际和谐上的得分差异显著($p<0.05$)。多重比较的结果表明:在人际和谐上,经常参加公益活动的青少年得分显著高于偶尔($p=0.005<0.05$)和有时($p=0.037<0.05$)参加公益活动的青少年。

以参加公益活动的自愿与否为自变量,以青少年心理健康量表总分为因变量进行单因素方差分析;再以参加公益活动的自愿与否为自变量,以青少年心理健康各维度分数为因变量进行多变量方差分析,结果见表8-7。

表8-7 心理健康总分及其各维度的方差分析表

是否自愿参加公益活动	是($n=52$)		否($n=52$)		F	p
	M	SD	M	SD		
总分	63.87	15.441	58.63	13.892	3.298	0.072
乐于学习	12.56	4.417	10.27	4.602	6.693*	0.011
考试镇静	11.19	4.615	10.83	4.086	0.183	0.670
情绪稳定	9.92	4.158	9.23	3.233	0.898	0.345
生活幸福	16.87	4.871	15.63	5.084	1.589	0.210
人际和谐	13.33	4.255	12.67	4.143	0.630	0.429

注:*表示$p<0.05$。

结果显示：①参加公益活动的自愿与否对青少年心理健康没有显著影响（$p>0.05$）；②参加公益活动的自愿与否在乐于学习上的得分差异显著（$p<0.05$），即自愿参加公益活动的青少年明显比非自愿参加公益活动的青少年乐于学习。进一步的研究表明，是否参加过公益活动和参加公益活动的自愿与否在青少年心理健康上交互作用不显著（$p=0.857>0.05$）。

2.3 公益活动对青少年社会责任感的影响

以是否参加过公益活动为自变量，以青少年社会责任感量表总分为因变量进行独立样本T检验；再以是否参加过公益活动为自变量，以社会责任感各维度分数为因变量进行多变量方差分析，结果见表8-8。

表8-8 社会责任感总分及其各维度的方差分析表

是否参加过公益活动	是（$n=36$）		否（$n=36$）		F	p
	M	SD	M	SD		
总分	67.50	13.059	57.78	20.672	5.692*	0.020
道德责任感	14.08	3.729	12.61	4.993	1.488	0.227
集体责任感	14.33	3.665	11.94	5.636	2.091	0.153
家庭责任感	13.64	2.113	12.19	3.846	0.972	0.328
同伴责任感	14.06	3.898	11.78	5.905	0.332	0.566
社会发展责任感	11.39	2.487	9.25	3.475	3.692	0.059

注：* 表示 $p<0.05$。

结果表明：①参加过公益活动的青少年在社会责任感总分上显著高于未参加过公益活动的青少年（$p<0.05$）；②是否参加过公益活动在社会责任感各个维度上的得分差异均不显著（$p>0.05$）。

以参加公益活动的频率（经常、有时和偶尔）为自变量，以青少年社会责任感量表总分为因变量进行单因素方差分析；再以参加公益活动的频率为自变量，以青少年社会责任感各维度分数为因变量进行多变量方差分析，结果见表8-9。

表8-9 社会责任感总分及其各维度的方差分析表

频率	偶尔（$n=35$）		有时（$n=35$）		经常（$n=27$）		F	p
	M	SD	M	SD	M	SD		
总分	64.07	15.792	72.70	9.302	74.63	10.714	5.679**	0.005
道德责任感	13.89	3.609	15.00	3.000	16.26	2.490	4.036*	0.021
集体责任感	13.96	4.493	16.11	2.501	16.81	2.883	5.144**	0.008

续 表

频率	偶尔($n=35$)		有时($n=35$)		经常($n=27$)		F	p
	M	SD	M	SD	M	SD		
家庭责任感	13.48	2.343	14.26	1.810	14.19	1.981	1.176	0.314
同伴责任感	12.74	4.760	15.26	3.020	15.19	3.476	3.793*	0.027
社会发展责任感	10.00	3.658	12.07	1.817	12.19	2.450	5.408**	0.006

注：＊表示$p<0.05$；＊＊表示$p<0.01$；＊＊＊表示$p<0.001$。

结果表明：①参加公益活动的频率对青少年社会责任感总分有显著影响($p<0.05$)②参加公益活动的不同频率在道德责任感($p<0.05$)、集体责任感($p<0.01$)、同伴责任感($p<0.05$)和社会发展责任感($p<0.01$)上的得分差均有显著差异。多重比较的结果表明：在道德责任感上，经常参加公益活动的青少年得分显著高于偶尔($p=0.006<0.01$)参加公益活动的青少年；在集体责任感、同伴责任感和社会发展责任感上，偶尔参加公益活动的青少年得分均显著低于经常($p=0.003<0.01$，$p=0.021<0.05$，$p=0.005<0.01$)和有时($p=0.023<0.05$，$p=0.018<0.05$，$p=0.007<0.01$)参加公益活动的青少年。

以参加公益活动的自愿与否为自变量，以青少年社会责任感量表总分为因变量进行单因素方差分析；再以参加公益活动的自愿与否为自变量，以青少年社会责任感各维度分数为因变量进行多变量方差分析，结果见表8－10。

表8－10 社会责任感及其各维度的方差分析表

是否自愿参加公益活动	是($n=52$)		否($n=52$)		F	p
	M	SD	M	SD		
总分	70.77	13.976	64.87	13.820	4.692*	0.033
道德责任感	14.92	3.814	14.08	3.435	1.413	0.237
集体责任感	15.60	3.637	13.83	4.153	5.342*	0.023
家庭责任感	14.42	2.061	13.37	2.151	6.553*	0.012
同伴责任感	14.04	4.049	12.98	4.254	1.687	0.197
社会发展责任感	11.79	2.659	10.62	2.958	4.522*	0.036

注：＊表示$p<0.05$。

结果表明：①参加公益活动的自愿与否对青少年社会责任感有显著影响($p<0.05$)；②参加公益活动的自愿与否在社会发展责任感、集体责任感和家庭责任感上的得分差异显著($p<0.05$)，即自愿参加公益活动的青少年明显比非自愿参加公益活动的青少年有更高的社会发展责任感、集体责任感和家庭责任感。进一步的研究表明，是否参加过公益

活动和参加公益活动的自愿与否在青少年社会责任感上交互作用不显著($p=0.855>0.05$)。

3. 讨论

3.1 公益活动对青少年生活满意度影响

在幸福感方面,刘珊、风笑天通过对大学生志愿者的问卷调查,发现大学生在参与志愿服务的过程中收获了尊严和满足感。赵伟在测量的基础上发现服务性学习对综合幸福感有积极的改善作用,董泽松的研究也得出了类似结论,即有志愿服务经历的大学生幸福感得分显著高于无志愿服务经历大学生。牛茜对来自我国北京11所高校的2 200名大学生抽样调查,发现43%的受调查者表示志愿行为使其感到快乐和满足。本研究有如下发现。

(1) 参加过公益活动的青少年生活满意度显著高于未参加过公益活动的青少年,且在家庭满意度和环境满意度上表现尤其明显。这与前人的研究成果相一致(Thoits, Hewitt, 2001),即志愿行为能显著增加志愿者的生活满意度。这可能是因为,公益活动是一种向他人提供帮助的活动,而青少年参加的大多都是学校组织的服务类活动。这既锻炼了他们与人沟通的能力,又提升了他们的自我价值感。

(2) 在参加公益活动的频率上,经常参加的青少年因为参加的次数多,帮助了很多需要帮助的人或事,所以在他们看来,周围的环境可能会因为他们的努力而变得更加美好。于是他们的环境满意度也比偶尔参加的青少年高。

(3) 对于自愿参加公益活动的青少年来说,因为这项活动是他们主动选择而非别人或学校强迫的,所以他们在参加活动时就会有更多的自由和愉悦感,也会更加积极地参与其中。这就不难解释为什么他们会比非自愿参加的青少年有更高的生活满意度,尤其是自由满意度和学校满意度了。

3.2 公益活动对青少年心理健康的影响

在对青少年心理健康的影响方面,本研究有如下发现。

(1) 不论参加公益活动的频率高低和自愿与否,参加过公益活动的青少年在心理健康上的得分都显著高于未参加过公益活动的青少年。这与沈潘艳等(2012)的研究一致,即志愿服务能有效促进大学生积极心理品质的发展。

(2) 经常参加公益活动的青少年在人际和谐维度上的得分要显著高于有时或偶尔参加公益活动的青少年,这与前人的研究基本一致(Schmidt, Shumow, Kackar, 2006; Snyder, Omoto, 2008),即青少年在志愿服务过程中能获得完善专业技能和社会交往技能的机会。

(3) 对于自愿参加公益活动的青少年,他们在乐于学习维度上的得分显著高于非自愿参加的青少年。这与Thoits和Hewitt的研究以及Musick和Wilson(2003)的研究结果基本一致,即青年志愿者参与志愿活动的时间越长,他们越能明确生活目标,积极乐观地对待生活。

3.3 公益活动对青少年社会责任感的影响

在社会责任感方面,黄小玲和马晓君的研究均发现大学生在志愿服务中能提高社会责任意识。杨东华、黄金飞和王欢分别采用了文献分析、深入访谈等方法,通过各自的研究,得出了类似的结论:大学生通过公益活动或志愿服务,在责任认知上增强了对社会责任的理解、在责任情感上满足了自我价值取向、在责任意志上坚定了奉献社会信念、在责任行为上敢于担当。陈志绯则通过问卷调查发现,大学生社会责任感得分与参与青年志愿者活动显著相关,但参加志愿者活动次数的多寡与被试对象的社会责任感并不相关。本研究有如下发现。

(1) 是否参加公益活动会影响青少年社会责任感总分,但对各维度的得分无显著影响。这与陈志绯(2012)的研究结果相类似,即大学生社会责任感得分与参与青年志愿者活动显著相关。

(2) 参加公益活动的频率会对青少年社会责任感总分产生显著影响。具体来说,在集体责任感、同伴责任感和社会发展责任感上,偶尔参加公益活动的青少年得分均显著低于经常参加公益活动的青少年。这与陈志绯(2012)的研究结果,即"参加志愿者活动次数的多寡与青年志愿者的社会责任感并不相关"相矛盾。通过进一步的研究发现,产生这一矛盾的原因可能是:一方面,随着时代的进步,公益活动的组织模式不再局限于由上而下的逐层领导,少了一些行政干预色彩,青少年有了更多的自主选择性,从而能在活动中发展社会责任感;另一方面,陈志绯的研究发现大学生公益活动的形式较为单一,没有很好让他们展现出应有的水准,大学生们难以找到自我认同感,这削弱了公益活动的教育意义。而本次研究所调查的青少年,参与公益活动的形式较为多样,这能更好发挥出他们的能力,从而提升他们的社会责任感。

(3) 大多数自愿参加公益活动的青少年因为能在公益活动中体会到快乐和自豪的情绪,所以他们勇于在集体工作中承担责任,并将责任意识内化,在日常家庭生活中表现出来。这与前人研究相类似(黄金飞等,2012),即大学生通过公益活动,在责任认知上增强了对社会责任的理解、在责任情感上满足了自我价值取向、在责任意志上坚定了奉献社会信念、在责任行为上敢于担当。

4. 小结

参加过公益活动的青少年生活满意度总分显著高于未参加过公益活动的青少年,且在家庭满意度和环境满意度分量表上表现显著;参加公益活动的频率对生活满意度总分有显著影响,且在环境满意度和自由满意度分量表上,经常参加公益活动的青少年得分均显著高于偶尔参加公益活动的青少年;自愿参加公益活动的青少年的生活满意度总分显著高于非自愿参加公益活动的青少年,且在自由满意度和学校满意度分量表上表现明显。

参加过公益活动的青少年心理健康总分显著高于未参加过公益活动的青少年,但是否参加过公益活动在心理健康各个维度上的得分差异均不显著;参加公益活动的频率对青少年心理健康总分没有显著影响,但在人际和谐分量表上,经常参加公益活动的青少年得分显著高于偶尔和有时参加公益活动的青少年;参加公益活动的自愿与否对青少年心理健康总分没有显著影响,但在乐于学习分量表上,自愿参加公益活动的青少年明显比非自愿参加公益活动的青少年得分高。

参加过公益活动的青少年社会责任感总分显著高于未参加过公益活动的青少年,但是否参加过公益活动在社会责任感各个维度上的得分差异均不显著;参加公益活动的频率对青少年社会责任感总分有显著影响,且在道德责任感上,经常参加公益活动的青少年得分显著高于偶尔参加公益活动的青少年,偶尔参加公益活动的青少年在集体责任感、同伴责任感和社会发展责任感上的得分均显著低于经常和有时参加公益活动的青少年;参加公益活动的自愿与否对青少年社会责任感有显著影响,自愿参加公益活动的青少年明显比非自愿参加公益活动的青少年有更高的社会发展责任感、集体责任感和家庭责任感。

二、公益行为对青少年对人际信任、心理和谐和生活取向的影响

1. 研究方法

本研究采用方便取样法,向温州地区3所不同教育阶段的学校,即一所初中、一所高中和一所大学的初一、初二、初三、高一、高二以及大一的6个年级段的学生发放问卷。一共发放问卷657份,回收有效问卷649份,回收率为98.8%。并且在回收到的649份有效问卷中剔除存在极端值的问卷,即低于或高于3个标准差的问卷数据,其中剔除了问卷17份,占有效问卷的2.6%。最后得到632份问卷的数据,其中男生274人、女生358人,初一年级85人、初二年级87人、初三年级80人、高一年级126人、高二年级145人、大一年级108人,年龄为12~19岁,平均年龄为15.50±1.907。

研究选用《人际信任量表》《心理和谐量表》和《生活取向量表》等工具,其中《人际信任量表》由Rotter(1967)编制,用于测查受试者对他人的行为、承诺或(口头和书面)陈述之可靠性的估计。共有25个项目,其内容涉及各种处境下的人际信任,涉及不同社会角色(包括父母、推销员、审判员、一般人群、政治人物以及新闻媒介)。多数项目与社会角色的可信赖程度有关,但也有一些项目与对未来社会的乐观程度有关。采用5分对称评分法,1分为完全同意,5分为完全不同意。其中第6、8、12、14、16、17、18、21、22、23和25题反向计分。量表总分为25分(信赖程度最低)~125分(信赖程度最高),中间值为75分,测查时间为10~15分钟。编制者曾在20世纪60年代用此量表对4 605名大学生进行了测试,其分半信度为0.76,其中男性为0.77,女性为0.75;间隔3个月的重测信度为0.68($n=42$),间隔7个月的重测信度为0.56($p<0.01$, $n=24$)(Rotter J, 1967)。此次该量表的信度勉强接受,其分半信度为0.541,其中男性为0.506,女性为0.567。

《学生心理和谐量表》由吴九君、郑日昌(2011)编制,该量表共有20个项目,包括自我和谐、人际和谐、心理和谐3个维度,其中自我和谐维度包括5个项目、人际和谐维度包括7个项目、人事和谐维度包括8个项目。采用5分对称评分法,1分为完全不符合,5分为

完全符合。其中第 3 题为反向计分。按维度将各个项目分别相加得到各维度得分,各维度得分越高则表示各维度的和谐水平越高;将所有项目相加得到总分,总分越高则表示总体的心理和谐水平越高。据编制者的报告,自我和谐、人际和谐、人事和谐 3 个分量表和心理和谐总量表的内部一致性系数分别为 0.79、0.77、0.74 和 0.76,1 个月之后再测的重测信度分别为 0.89、0.88、0.85 和 0.88,表明该量表有较好的信度;量表的各项拟合指标为:$\chi^2 = 602.21$,$df = 168$,$\chi^2/df = 3.58$、$GFI = 0.98$、$TLI = 0.98$、$CFI = 0.99$、$RMSEA = 0.07$(吴九君,2011),表明该量表具有较好的结构效度。此次该量表的信度较好,心理和谐、自我和谐、人际和谐、人事和谐分半信度分别为 0.914、0.841、0.833、0.721,其中男性分别为 0.910、0.843、0.869、0.713,女性分别为 0.918、0.839、0.895、0.732。

《生活取向量表》(修订版)(LOT-R)由 Scheier 和 Carver(1985)编制,并由 Bridges(1994)修订。该量表共有 10 个项目,其中 3 个项目测量乐观主义,3 个项目测量悲观主义,还有 4 个项目用于掩饰测验目的。采用 5 分对称评分法,1 分表示我非常同意,5 分表示我非常不同意。其中 2、5、6 和 8 题不计分,第 1、4、10 题反向计分。将所有项目的得分加总得到量表的总分,高分意味着乐观。修订者曾用此量表进行施测,其内部一致性信度为 0.78,4 个月后、12 个月后、24 个月后以及 28 个月后的重测信度分别为 0.68($n=96$)、0.60($n=96$)、0.56($n=52$)、0.79($n=21$)。此次该量表的信度可接受,其分半信度为 0.626,其中男性为 0.559,女性为 0.631。

施测时《青少年公益活动调查问卷》由 4 部分组成,第一部分是基本信息调查,第二部分是生活取向量表,第三部分是心理和谐量表,第四部分是人际信任量表。正式施测时,主试由各班的班主任担任。先训练各位主试熟悉此次问卷调查的施测程序,使他们理解此次问卷调查的内容与意义,然后以班级为单位进行集体施测。施测开始时先由主试阅读指导语,"亲爱的同学,您好!非常感谢您在百忙之中填写问卷。该问卷主要是想了解大家公益活动以及人际信任等相关方面,所有信息仅用于学术研究,我们将遵循保密原则。此问卷分为四个部分,请大家认真、耐心、安静地完成,谢谢!"接着主试讲解答题注意事项,特别提醒两点:①强调反面还有题目;②强调作答完毕再检查一下是否有遗漏,避免漏题等对调查结果的影响。所有被试都被要求认真阅读每一部分作答的具体要求,并逐题完成答卷。待全班都完成答卷,最后统一回收问卷。

数据处理先是采用 Excel2007 录入问卷数据;再是采用 SPSS 17.0 对数据进行统计分析,检验青少年是否参与公益活动、公益活动参与频次在不同人口学变量上的差异,并对青少年是否参与公益活动、公益活动参与频次分别和人际信任、心理和谐、生活取向进行相关分析,以及分别对其进行回归分析。

2. 研究结果

2.1 被试是否参与公益活动、公益活动参与频次与人际信任、心理和谐、生活取向之间的相关分析

考察被试是否参与公益活动、公益活动参与频次分别与其人际信任得分,心理和谐总

得分并自我和谐、人际和谐和人事和谐3个维度得分以及生活取向之间的关系,统计结果表明,被试是否参与公益活动与其人际信任、心理和谐、自我和谐、人际和谐、人事和谐均存在非常显著的正相关($p<0.01$),与生活取向存在显著的正相关($p<0.05$);被试公益活动参与频次与其自我和谐人事和谐均存在非常显著的正相关($p<0.01$),与心理和谐、生活取向存在显著的正相关($p<0.05$),而与人际信任、人际和谐之间不存在显著相关关系($p>0.05$)具体见表8-11和表8-12。

表8-11 是否参与公益活动与人际信任、心理和谐、生活取向相关分析结果表

	$M\pm SD$	Eta	p
人际信任	72.55±8.101	0.321	0.004
自我和谐	17.88±4.330	0.244	0.001
人际和谐	25.49±5.309	0.283	0.001
人事和谐	26.41±5.090	0.246	0.000
心理和谐	69.78±13.132	0.408	0.000
生活取向	22.67±3.468	0.234	0.029

表8-12 参与公益活动频次与人际信任、心理和谐、生活取向相关分析结果表

	$M\pm SD$	Eta	p
人际信任	73.30±7.629	0.358	0.297
自我和谐	18.36±4.003	0.252	0.001
人际和谐	26.07±5.024	0.278	0.392
人事和谐	26.99±4.721	0.330	0.009
心理和谐	69.78±13.132	0.441	0.014
生活取向	22.91±3.245	0.193	0.048

2.2 被试是否参与公益活动、公益活动参与频次与人际信任、心理和谐、生活取向之间的回归分析

在相关分析的基础上进行回归分析,以是否参与公益活动、公益活动参与频次为自变量,人际信任、心理和谐、生活取向为因变量。采用分层回归法,第一层进入性别、年级、年龄,第二层进入是否参与公益活动。结果表明有参与过公益活动的被试在人际信任、自我和谐、人际和谐、人事和谐、心理和谐以及生活取向上得分均与从未参与过公益活动的被试之间存在非常显著的差异($p<0.01$);且从B值可知有参与过公益活动的被试在人际

信任、自我和谐、人际和谐、人事和谐、心理和谐以及生活取向的得分均显著高于从未参与过公益活动的被试,具体见表8-13。

继续进行分层回归分析,第一层进入性别、年级、年龄,第二层进入公益活动参与频次。结果表明参与公益活动频次为一年大概3次及以上的被试在自我和谐、人事和谐、心理和谐得分均与参与公益活动频次为一年大概1~2次的被试之间存在非常显著的差异($p<0.01$),生活取向上的得分差异显著($p<0.05$),而人际信任和人际和谐上得分差异不显著($p>0.05$);参与公益活动频次为一年大概3次及以上的被试在自我和谐、人事和谐、心理和谐以及生活取向上得分均显著高于参与公益活动频次为一年大概1~2次的被试,具体见表8-14。

表8-13 是否参与公益活动与人际信任、心理和谐、生活取向回归分析结果表

因变量	自变量	B	$S.E.$	β	t	F	调整R^2
人际信任	常量	76.442	2.647		28.876**	4.119**	0.019
	年级	0.251	0.188	0.055	1.337		
	性别	0.963	0.652	0.059	1.477		
	年龄	−0.420	0.179	−0.099	−2.349*		
	是否	2.089	0.679	0.126	3.076**		
自我和谐	常量	20.984	1.405		14.936**	5.105*	0.025
	年级	0.138	0.100	0.057	1.387		
	性别	−0.220	0.346	−0.025	−0.636		
	年龄	−0.276	0.095	−0.122	−2.912**		
	是否	1.418	0.361	0.161	3.394**		
人际和谐	常量	32.205	1.688		19.078**	9.825**	0.053
	年级	0.205	0.120	0.069	1.712		
	性别	0.656	0.416	0.062	1.577		
	年龄	−0.572	0.114	−0.208	−5.015**		
	是否	1.846	0.433	0.172	4.262**		
人事和谐	常量	30.777	1.626		18.934**	7.753**	0.041
	年级	0.243	0.115	0.086	2.110*		
	性别	−1.108	0.400	−0.109	−2.766**		
	年龄	−0.361	0.110	−0.137	−3.286**		
	是否	1.761	0.417	0.171	4.221**		

续　表

因变量	自变量	B	$S.E.$	β	t	F	调整R^2
心理和谐	常量	83.966	4.188		20.047**	8.444**	0.045
	年级	0.587	0.297	0.080	1.974*		
	性别	-0.672	1.032	-0.026	-0.651		
	年龄	-1.210	0.283	-0.178	-4.274**		
	是否	5.025	1.075	0.189	4.675**		
生活取向	常量	25.311	1.134		22.314**	3.178*	0.014
	年级	0.008	0.080	0.004	0.097		
	性别	0.201	0.279	0.029	0.718		
	年龄	-0.210	0.077	-0.116	-2.744**		
	是否	0.777	0.291	0.110	2.670**		

注：* 表示 $p<0.05$，即在 0.05 水平上（双侧）显著相关；** 表示 $p<0.01$，即在 0.01 水平上（双侧）显著相关。

表 8-14　公益活动参与频次与人际信任、心理和谐、生活取向回归分析结果表

因变量	自变量	B	$S.E.$	β	t	F	调整R^2
人际信任	常量	78.020	3.461		22.546**	1.255	0.003
	年级	0.322	0.224	0.081	1.436		
	性别	0.667	0.808	0.043	0.825		
	年龄	-0.310	0.230	-0.075	-1.351		
	频次	-1.007	0.941	-0.058	-1.071		
自我和谐	常量	20.402	1.615		12.635**	4.769**	0.038
	年级	0.185	0.105	0.098	1.765		
	性别	-0.422	0.377	-0.057	-1.118		
	年龄	-0.255	0.107	-0.131	-2.384*		
	频次	1.466	0.439	0.179	3.340**		
人际和谐	常量	32.563	2.086		15.613**	4.256**	0.033
	年级	0.310	0.135	0.128	2.292*		
	性别	0.102	0.487	0.011	0.210		
	年龄	-0.527	0.138	-0.209	-3.810**		
	频次	0.699	0.567	0.066	1.232		

续 表

因变量	自变量	B	$S.E.$	β	t	F	调整 R^2
人事和谐	常量	3.062 1	2.089		14.656**	4.598**	0.037
	年级	0.121	0.135	0.050	0.894		
	性别	−0.977	0.488	−0.102	−2.002*		
	年龄	−0.362	0.139	−0.143	−2.611**		
	频次	1.795	0.568	0.169	3.159**		
心理和谐	常量	83.586	8.058		16.525**	5.031**	0.041
	年级	0.615	0.328	0.104	1.878		
	性别	−1.296	1.181	−0.056	−1.097		
	年龄	−1.144	0.336	−0.187	−3.410**		
	频次	3.960	1.375	0.154	2.879**		
生活取向	常量	25.181	1.468		17.156**	2.631*	0.017
	年级	0.001	0.094	0.000	0.007		
	性别	0.156	0.340	0.024	0.459		
	年龄	−0.230	0.097	−0.131	−2.370*		
	频次	1.011	0.396	0.138	2.553*		

注：* 表示 $p<0.05$，即在 0.05 水平上(双侧)显著相关；** 表示 $p<0.01$，即在 0.01 水平上(双侧)显著相关。

3. 讨论

青少年作为社会的主体，现已成为社会公益事业一股不可估量的新兴力量。现有较多的研究发现公益活动对青少年社会性发展具有一定积极的影响，比如可以培养青少年的社会责任感和奉献精神(陆亚男，2013)，又比如可以锻炼青少年的社会适应能力等(刘冰源，2010)，还比如对青少年的人生观、价值观、道德素养具有积极影响(陆亚男，2013；张兰君，何雯，2013)。本研究主要探究公益活动对青少年人际信任、心理和谐和生活取向等社会性发展领域的影响。

3.1 公益活动对人际信任的影响

美国心理学家 Rotter(1967)将人际信任看作是个体在人际互动过程中建立起来的对交往对象的言词、承诺以及口头或书面陈述的可靠程度的一种概括化的期望(吴九君，郑日昌，2011)。并据此编制相关的量表，将人际信任的定义量化，操作性更强，便于后续的研究。而我国学者杨中芳、彭泗清基于中国国情的分析，认为人际信任是指人际交往中，双方对双方能够履行他所托付之义务及责任的一种保障感(杨中芳，彭泗清，1999)。田园则是从社会心理学的角度出发，认为人际信任通常是个体对某种人际关系所具有的信心程度，即个体对交往对象所产生的一种预期或信念(田园，2011)。由此可见，人际信任是在人际互动中建立起来的。

而本研究的结果发现,参与过公益活动的被试在人际信任上的得分与从未参与过公益活动的被试之间存在非常显著的差异;且有参与过公益活动的被试在人际信任的得分均显著高于从未参与过公益活动的被试。公益活动具有社会性,而大多数公益活动比如志愿者活动、社团活动等也是一种人际互动的过程,在此过程中通过对他人的帮助、同伴间的合作以及相互间的沟通交流,能提升参与者的人际交往能力并使其产生一定的责任感,从而建立较高的人际信任。这一研究结果与前人研究结果相一致。但也发现参与公益活动频次为一年大概 3 次及以上的被试在人际信任上得分与参与公益活动一年大概 1~2 次的被试之间的差异不显著,这一结果有待深入探究。

3.2 公益活动对心理和谐的影响

基于社会主义和谐社会的构建,中共十六届六中全会上首次提出了"心理和谐"的概念。结合我国国情,"心理和谐"这一概念具有中国特色。中科院心理和谐研究项目组基于个体和谐心理的产生过程,认为心理和谐是指个体处理自我、家庭、人际和社会问题过程中的主观体验和总体感受(心理和谐研究项目组,2008)。同时,项目组还列出心理和谐状态好的人的 10 个典型特征。有些学者从和谐心理的状态的描述出发来定义心理和谐,比如吴九君和郑日昌认为心理和谐是指个体对内能悦纳自己、平衡知情意的失调、解决内部冲突;对外能悦纳他人、调整由挫折与困难引起的情绪与行为反应、解决人与人之间以及人与事之间的矛盾与冲突并良好地适应社会,从而达到一种愉悦的心灵状态(中国心理学会,2007)。

而本研究的结果也发现,参与过公益活动的被试在自我和谐、人际和谐、人事和谐,以及心理和谐的得分均与从未参与过公益活动的被试之间存在非常显著的差异,且参与过公益活动的被试在自我和谐、人际和谐、人事和谐,以及心理和谐的得分均显著高于从未参与过公益活动的被试;参与公益活动频次为一年大概 3 次及以上的被试在自我和谐、人事和谐、心理和谐的得分均与参与公益活动频次为一年大概 1~2 次的被试之间存在非常显著的差异,且参与公益活动频次为一年大概 3 次及以上的被试在自我和谐、人事和谐、心理和谐上的得分均显著高于参与公益活动频次为一年大概 1~2 次的被试。公益活动是一种社会实践活动。青少年参与公益活动的过程也是认识,悦纳,适应自己、他人、事关系的过程。因而积极参与公益活动能促进青少年心理和谐的发展。然而在人际和谐这一维度上的得分,参与公益活动频次为一年大概 1~2 次和参与公益活动频次为一年大概 3 次及以上的被试之间差异不显著,这一结果与本研究中有关人际交往、人际关系的人际信任的研究结果相一致。

3.3 公益活动对生活取向的影响

"生活取向"这一概念是由美国心理学家 Scheier 和 Carver 提出,他们认为生活取向是指个体关于自己未来发展的一种普遍预期,并将个体的生活取向分为乐观主义和悲观主义两种倾向。乐观主义者对未来事物的发展抱有积极的预期,预计会有好结果出现;而悲观主义者与之恰好相反,其往往对未来抱有太多的消极期望,对好结果的出现不抱希望。生活取向这一概念的提出以及相关量表的编制,引起了学术界的广泛关注并展开相关研究。有些研究者在考察了生活取向与人类的生理状况、心理健康、工作成就等方面的关系后,发现乐观主义是个体良好适应的一个重要保护因素,且有助于个体度过严重的疾病和挫折,但悲观主义容易对个体的适应产生消极影响。

本研究的结果发现,参与过公益活动的被试在生活取向上的得分均与从未参与过公益活动的被试之间存在非常显著的差异,且有参与过公益活动的被试在生活取向上的得分显著高于从未参与过公益活动的被试;同时还发现参与公益活动频次为一年大概3次及以上的被试在生活取向上得分与参与公益活动频次为一年大概1～2次的被试之间存在显著的差异,且参与公益活动频次为一年大概3次及以上的被试在生活取向上得分显著高于参与公益活动频次为一年大概1～2次的被试。这也反映了是否参与公益活动和公益参与频次对生活取向具有正向预测作用,这一结果基本与研究假设相符合。公益活动是一个助人的过程,通过参与公益活动青少年可以从中获得成就感、幸福感,并能感受到生活中的美好,因而对未来抱有更乐观的态度。

总的来说,研究结果与假设基本相符,研究结果在一定程度上表明积极参与公益活动对青少年在人际信任、心理和谐和生活取向等方面的社会性发展具有一定积极的影响。这也给社会、学校、家庭对青少年进行公益教育、德育教育提供一定的指导意义,但其内在机制有待进一步研究。

4. 小结

(1) 青少年是否参与公益活动与心理和谐并自我和谐、人际和谐、人事和谐3个维度以及生活取向均存在显著的正相关;公益活动参与频次与心理和谐并自我和谐、人事和谐两个维度以及生活取向均存在显著的正相关,而与人际信任、人际和谐之间不存在显著相关关系;

(2) 青少年是否参与公益活动对人际信任、自我和谐、人际和谐、人事和谐、心理和谐以及生活取向均有显著影响;公益活动参与频次对自我和谐、人际和谐、心理和谐以及生活取向均有显著影响,而对人际信任、人际和谐的影响不显著。

第九章 青少年公益行为的促进和干预

在我们分析青少年的公益行为动机、揭示公益行为的行为倾向和发展特点、探索影响青少年公益行为的关键因素等工作之后，如何培养和促进青少年的公益行为就是一个绕不过去的现实问题，也是本课题研究的一个重要目标，有待探索。如何培养和促进青少年的公益行为这个问题，按照心理学中的问题分类，是结构不良问题，在解决这类问题时要有启发，应该说过去的几十年里，很多心理学、社会学以及教育学工作者做了许多有关亲社会行为和利他行为的促进和干预的实践与研究，特别是寇彧、张庆鹏等学者近十多年来的亲社会行为促进经验，为我们提供了很多有价值并且可行的做法。

当然，培养和促进青少年的公益行为显然要建立在了解青少年公益行为的很多知识的基础上，而且目前为止研究公益行为的文献并不是很多，系统研究就更少。如此说来，我们前面有关青少年公益行为的系统研究就弥足珍贵。在前面青少年公益行为的影响因素研究中，我们发现，宏观系统和中观系统里面考察的几个因素都会对青少年公益行为产生重要影响，而微观系统里面只有部分因素如共情能力等情绪因素和人格因素才对青少年的公益行为产生影响，宏观系统和中观系统更能起到促进作用。因此本章先从宏观系统的角度，然后再从中观系统、微观系统入手寻找促进的策略，最后介绍我们关于青少年公益行为的干预研究。

第一节 营造一个公益的社会氛围

青少年的道德观念和行为往往是在良好的社会氛围中逐步形成的，让青少年在文明、和谐、友善、利他的社会中成长，有助于青少年公益心的培育和公益行为的获得，因此需要创建一个良好的社会氛围。在科尔伯格的道德教育模式中，社会氛围作为一种隐形课程，会对青少年的价值观产生潜移默化的影响；在班杜拉的观察学习理论中，个体的社会行为往往是通过观察榜样的行为而习得的，而这种榜样出现在各种社会媒体中。我们认为，营造青少年公益行为的社会氛围，大致可以从重视道德氛围的社会风气的培养以及重视社会榜样的大众媒体宣传两个重要方面着手。

一、形成良好社会风气

社会风气是指在一定时期和一定社会范围内相仿效和传播流行的观念、爱好、习惯、传统和行为。它是社会经济、政治、文化和道德等状况的综合反映,同时也表现出一个民族的价值观念、风俗习惯与精神面貌。社会风气表现在社会生活的各个方面,渗透在人们的言论和活动中,对人们的思想、心理和情感常起到潜移默化的作用,其中如何处理个人与他人、个人与群体及个人与国家的关系,则是社会风气好坏的最重要的指标。青少年阶段是价值观和人生观形成的关键时期,这时的青少年还比较缺乏辨别力、抑制力和免疫力,很容易受到不良思想文化的侵蚀和网络有害信息的影响,其健康成长就格外需要有高尚的道德氛围。有研究表明,青少年感知到周围情境中的腐败越普遍,就对腐败现象越认同。可见,优化社会风气,引导青少年学会辨别善恶美丑,教育青少年自觉抵制不良风气,对于培养他们的亲社会行为极为重要(白宝玉,余俊宣,寇彧,2014)。

尽管公益的观念蕴含于我国传统文化中已有数千年的历史,儒家、佛家、道家、墨家等传统思想中也都有着自己的公益观念和不同的行善方式。但是,我国传统文化中,"老百姓"的思想根深蒂固,"公民"意识比较淡薄,甚至有学者认为,我国传统政治文化对我国公民意识的形成有消极影响(徐连梅,2009)。到了近现代,我国一直推行"集体主义"的价值导向,但随着市场经济时代的到来,原来为社会所普遍认同的"集体主义"价值体系受到了严重的挑战,出现多元价值观,也出现了个人本位倾向和功利主义,表现为对物质利益的追逐,金钱至上、自私自利,使国家观念、公共利益和集体意识淡化。进入新时代,国际国内形势深刻变化,我国经济社会深刻变革,但由于市场经济规则、政策法规、社会治理还有待坚持、完善,受不良思想文化的侵蚀和网络有害信息的影响,道德领域依然存在不少问题。一些地方、一些领域不同程度存在道德失范现象,拜金主义、享乐主义、极端个人主义仍然比较突出;一些社会成员道德观念模糊甚至缺失,是非、善恶、美丑不分,唯利是图、见利忘义,损人利己、损公肥私;造假欺诈、不讲信用的现象久治不绝,突破公序良俗底线、妨害人民幸福生活的事件时有发生。那么,怎样才能形成有利于公德公益的社会风气呢?

第一,加强公民意识教育,提高公民意识水平。进入 21 世纪,世界上多数国家将公民意识教育作为本国教育的重要组成部分。公民意识教育是指以现代公民的本质特征为基本内容和基本目标而实施的各项教育活动的集合体,其核心是要使受教育者正确地认识、积极而负责地参与国家和社会公共生活,以发展国家和社会为己任。如前所说,我国传统的"老百姓"意识非常厚重,后来所推行的公民教育,强调一种奉献的教育,过于推崇榜样的力量,习惯将一些事迹夸大宣传,舍家卫国、舍己为人的精神受到社会的极度推崇,而作为一个基本的社会人所需要的公民意识却未能得到充分强调。从而导致一些基本的社会伦理规范无法得以传承,个体公民意识水平不高。

从内容来说,公民意识教育应包括主体意识教育、规则意识教育、公德意识教育 3 个基本方面。加强学生的主体意识教育,使学生能从自我发展需求的角度对待各项教育和管理,真正实现德育由他律向自律的转变。规则意识包括社会层面上的法制精神、履约精神和纪律精神,将契约精神规则意识作为基本价值理念,培养出符合现代社会发展需要的合格人才。加强公德意识教育,应引导公民在价值取向、道德选择、行为得失上形成正确判断,不断提高公民自我调节的能力。

第二,加强公民道德建设,提升公民道德素质。2001年,党中央颁布《公民道德建设实施纲要》,对在社会主义市场经济条件下加强道德建设提供了重要指导,有力促进了社会主义精神文明建设。党的十八大以来,以习近平同志为核心的党中央高度重视公民道德建设,立根塑魂、正本清源,作出一系列重要部署,推动思想道德建设取得显著成效。最近,中央宣传部就《新时代公民道德建设实施纲要(征求意见稿)》公开征求意见,在全社会大力弘扬社会主义核心价值观,积极倡导"富强民主文明和谐、自由平等公正法治、爱国敬业诚信友善",全面推进社会公德、职业道德、家庭美德、个人品德建设,持续强化教育引导、实践养成、制度保障,不断提升公民道德素质,促进人的全面发展,培养和造就担当民族复兴大任的时代新人。

新时代公民道德建设以社会公德、职业道德、家庭美德、个人品德作为着力点。推动践行以文明礼貌、助人为乐、爱护公物、保护环境为主要内容的社会公德,鼓励人们在社会上做一个好公民;推动践行以爱岗敬业、诚实守信、办事公道、热情服务、奉献社会为主要内容的职业道德,鼓励人们在工作中做一个好建设者;推动践行以尊老爱幼、男女平等、夫妻和睦、勤俭持家、邻里互助为主要内容的家庭美德,鼓励人们在家庭里做一个好成员。推动践行以爱国奉献、明礼遵规、勤劳善良、宽厚正直、自强自律为主要内容的个人品德,鼓励人们在日常生活中养成好品行。与公德教育有关的重点任务有二:一是培育和践行社会主义核心价值观。社会主义核心价值观是当代中国精神的集中体现,是凝聚中国力量的思想道德基础。要持续深化社会主义核心价值观宣传教育,增进认知认同、树立鲜明导向、强化示范带动,引导人们把社会主义核心价值观作为明德修身、立德树人的根本遵循。坚持贯穿结合融入、落细落小落实,把社会主义核心价值观要求融入日常生活,使之成为人们日用而不觉的道德规范和行为准则。坚持德法兼治,以道德滋养法治精神,以法治体现道德理念,推动社会主义核心价值观融入法治建设,将社会主义核心价值观要求全面体现到中国特色社会主义法律体系,体现到法律法规立改废释、公共政策制定修订、社会治理改进完善之中,为弘扬主流价值提供良好的社会环境和制度保障。二是传承中华传统美德。中华传统美德是中华文化精髓,是道德建设的不竭源泉。要以礼敬自豪的态度对待中华优秀传统文化,充分发掘文化经典、历史遗存、文物古迹承载的丰厚道德资源,弘扬古圣先贤、民族英雄、志士仁人的嘉言懿行,让中华文化基因更好地植根于人们的思想意识和道德观念。深入阐发中华优秀传统文化蕴含的讲仁爱、重民本、守诚信、崇正义、尚和合、求大同等思想理念,深入挖掘自强不息、敬业乐群、扶正扬善、扶危济困、见义勇为、孝老爱亲等传统美德,并结合新的时代条件和实践要求继承创新,充分彰显其时代价值和永恒魅力,使之与现代文化、现实生活相融相通,成为全体人民精神生活、道德实践的鲜明标识。

第三,支持社会公益活动,强化公民公益行为。无论是从资金与场地,还是报道和宣传,对各类社会公益活动要大力支持。如从顶层设计支持深入推进我国的学雷锋志愿服务,去广泛弘扬雷锋精神和奉献、友爱、互助、进步的志愿服务精神,围绕重大活动、扶贫救灾、敬老救孤、恤病助残、法律援助、文化支教、环境保护、健康指导等,广泛开展学雷锋和志愿服务活动,引导人们把学雷锋和志愿服务作为生活方式、生活习惯。推动志愿服务组织发展,完善激励褒奖制度,不断强化公民的公益行为,推进各种志愿服务制度化常态化,使"我为人人、人人为我"蔚然成风。积极践行绿色生产生活方式。绿色发展、生态道德是现代文明的重要标志,是美好生活的基础、人民群众的期盼。要推动全社会共建美丽中国,围绕世界环境日、世界森林日、世界水日、世界海洋日和全国节能周等,广泛开展多种形式的主题宣传实践活动,坚持人与自然和谐共生,引导人们树立尊重自然、顺应自然、保护自然的理念,树立绿水青山就是金山银山的理念,增强节约意识、环保意识和生态意识。开展创建节约型机关、绿色家庭、绿色学校、绿色社区和绿色出行等行动,倡导简约适度、绿色低碳的生活方式,拒绝奢华和浪费,引导人们做生态环境的保护者、建设者。

二、积极引导大众传媒

大众传播媒介是社会传递公益文化和渗透公共道德价值观的主要途径,电影、电视、报纸、杂志、网络等对个体的公益行为的类型和具体表现形式也具有重要的影响。拉什顿等人(1981)分析了42项有关亲社会行为形成的研究,其中包括公益行为形成的实验,结果发现,公益内容的影视节目能使观看者的行为朝公益方向转化,观看电视中的公益行为,可以增加儿童实际生活中公益行为出现的频率。那些反映人与人之间善良关怀、互助互爱、宣扬公益的电影电视,能为儿童学习和巩固公益行为提供直观、生动的示范和观察、模仿的榜样。而榜样对青少年公益行为的促进作用已被证实(张帝,胡益霞,胡瑜,2019)。青少年正处于价值观形成时期,极易受到社会环境的影响。因此,帮助青少年对传媒中的内容进行筛选,多让青少年关注一些公益类新闻和公益类视频,有助于青少年展现出更多的公益行为。在众多的媒体中,我们都要重点加强公益广告宣传和社会榜样的塑造。

(1) 加强公益广告宣传。公益广告被看成是引发青少年公益行为一个重要的因素,对青少年的道德认知发展产生影响。具体来说,电视公益广告的影响最大,而剧情生活化的创意对青少年最具有吸引力,公益广告成为青少年进行道德教育的一条新生途径(王丽,王庭照,2005),因为公益广告有意无意呈现出的行为方式很容易被青少年效仿(陆霓,2011)。在我们的研究中,发现关爱个体生命和公共道德规范的公益广告启动对随后的相应的助人意愿起到促进作用。那么在知道了公益广告样例启动会影响青少年公益行为的实验结论后,在进行公德教育时,如今越来越多主题的公益广告,无论是电影电视,还是网页网络,在选择主题设计公益广告时就要有意识细化公益广告内容,使公益广告内容更有针对性。同时我们也相信,公益广告在未来必将会有更好的发展。

(2)注重社会榜样塑造。在前面我们关于社会榜样对青少年公益行为的内隐启动研究中,得到以下结论:第一,社会榜样行为的产生会对青少年公益行为产生一定的影响;第二,公益样例榜样启动对青少年公益行为有显著影响;第三,正性类别材料启动对青少年公益行为有显著影响。这些结论对促进青少年公益教育有一定启发意义,提示我们在大众传媒进行公益教育时:第一,要注意社会榜样的方向和性质。青少年的行为受到榜样的影响,因此对于社会来说,考虑给受教育者提供一个怎么样的社会榜样是很重要的,在教育青少年时要提供给青少年充满正能量的社会榜样和行为,以此来弘扬正气。第二,榜样启动的针对性问题。班杜拉用实验证明了榜样示范对观察者的影响,但我们要注意到班杜拉的实验群体是有针对性的,实验中榜样是来自身边的普通个体,因此在塑造社会榜样和公益楷模时,这些榜样和楷模要来自基层、来自群众,既可以出在当代,也可以超越时代,但要是可亲可敬可信可学的凡人善举;一个榜样就是一个标杆,一个楷模就是一面旗帜。全国道德模范评选表彰等活动就是树立身边典型形成"榜样群",以"最美系列"人物评选、"文明家庭"创建活动、道德模范评选以及基层"凡人善举"为切入口,广泛宣传身边涌现出来的好人好事,"用百姓语言、夸身边好人、说生活好事",树立可亲可敬可信可学的榜样和楷模,引领居民群众见贤思齐、崇德向善。第三,公益活动者的自身榜样作用。作为一名社会公益活动者,在社会中就要为受教育者起到一个言传身教的作用。因此,公益活动者要注意自己的言行举止是否会给受教育者消极的影响,要以身作则,带头进行公益活动、表现公益行为,这样才能带动大家一起做公益,一起传承公益。

第二节 家庭和学校在青少年公益行为养成中的双核作用

一般说来,青少年的绝大部分时间都是在学校和家庭中度过的,因此,学校和家庭的作用在青少年的发展过程中格外重要,我们除了美化家庭和学校的外在环境之外,还要净化家庭和学校的内在软环境。国外的研究发现,学校组织公益活动对青少年公益行为的影响最大,学校肩负着培养公益行为的重任。比如在美国,学校组织的公益慈善活动的形式内容丰富多彩,主体性、趣味性强,学校定期组织学生到社区参加公益慈善活动,学校对学生参与公益慈善活动有明确的计入学分规定,美国在高校录取新生时,重视学生参与公益慈善活动的情况并将其作为重要指标(王淑玉,张萌园,2012)。在我们的研究中,我们的确也发现学校在青少年公益行为养成中的核心作用,如班级环境中的同学关系和秩序与纪律对青少年公益行为有显著的正向预测作用。我们同样发现了家庭因素在我国青少年公益行为养成中的核心作用,如父母榜样示范作用对青少年公益行为有显著的正向预测作用;父母教养方式中的父亲拒绝否认、母亲情感温暖与理解和母亲过分干涉对青少年公益行为有显著的负向预测作用；而且还发现了公益行为的代际传递效应。因此我们认为，家庭和学校在青少年的公益行为养成中具有双核心作用。按照社会生态系统理论，家庭和学校都属于中观系统因素，因而中观系统因素在青少年公益行为形成中具有核心作用。下面我们分别阐述两者的作用及其建议。

一、特别重视家庭在青少年公益行为养成中的核心作用

尽管家庭因素会影响青少年的公益行为。如李淑莲、吴连涛（2010）对家庭环境对青少年儿童品德发展的研究发现，在良好的家庭气氛环境中成长的孩子会更多地表现出富有同情心、救人于危难中、仁慈同情等心理和行为。Goethem 等人（2014）在其研究中发现，有着强烈的公民意识、开放的交流氛围的家庭，其子女的公益行为出现得更为频繁，青少年参加公益活动的频率，则更多地受家庭公民意识的影响。然而在以往的研究中，研究者并没有提出家庭因素是青少年公益行为养成的核心因素，基于我们团队的研究结论，我们认为，家庭也是核心因素，现分别介绍如下。

首先，父母的榜样在青少年公益行为养成中有重要作用。我们在前面的实证研究中发现，在父母榜样示范作用中，母亲榜样作用对青少年子女的集体意识有显著的正向预测作用，父亲榜样作用在青少年子女的同情友爱、环境意识和热情自信3个方面有非常显著的正向预测作用。这说明母亲对人际关系的处理、母亲与他人的交往互动、母亲是否融入其所在集体（如工作团队）影响着青少年子女的人际交往互动和对集体的态度；而青少年子女在公益活动中表现出来的对待他人的友好行为、对周围环境卫生的关注、对待生活的乐观自信则大多受父亲榜样示范作用的影响。公益行为既包括善待他人，也包括善待自然和社会。在善待他人方面，母亲起着重要的榜样示范作用；在善待自然和社会方面，父亲起着重要的榜样示范作用。由父母教养方式与青少年公益行为的相关研究和回归分析中可以看出，父亲这一角色在青少年的公益行为中扮演着重要的作用。父亲的教养方式和榜样示范作用极大地影响了青少年的公益行为。于海琴（2002）等人的研究发现，父亲在抵御儿童社交焦虑方面的作用超过了母亲，在一些深层次的人际交往变量上，父亲往往起着不可替代的作用。赵娜（2007）对父亲角色对儿童发展的影响展开的阐述中表明，缺失父亲的儿童在教师报告中比拥有父亲的儿童在道德上的得分低；无论父亲处于何种经济地位，缺失父亲的儿童比拥有父亲的儿童表现出更多的反社会行为。陆士桢、李启民等（2009）的调查结果也显示，父母的榜样作用与青少年的公益认知和公益行为均存在较强的正相关关系，父辈做出榜样后，青少年经常参加公益活动的比例达到了37.4%，比父辈未能作出榜样的1.6%高出35.8%。

其次，父母教养方式在青少年公益行为养成中也起着非常重要的作用。在我们前面对父母教养方式与青少年公益行为的相关分析中，可以看出，父亲和母亲的情感温暖与理解因素对青少年公益行为的各个方面都有着非常显著的正相关；父亲的过分干涉与青少

年公益行为有着显著的正相关,尤其影响青少年的同情友爱和热情自信;父亲的偏爱与集体意识有着非常显著的负相关;父亲和母亲的拒绝否认与青少年的环境意识有着显著的负相关;父亲榜样和母亲榜样与青少年公益行为的各个方面都有非常显著的正相关。而由回归分析发现,父亲的拒绝否认对青少年的环境意识具有负向预测作用;母亲的情感温暖与理解和母亲的过分干涉与过度保护对青少年的集体意识有负向预测作用;父亲榜样示范作用对青少年的同情友爱、环境意识和热情自信方面都有非常显著的正向预测作用;而母亲榜样示范作用对青少年的集体意识有显著的预测作用。从中可以看出,父亲榜样示范作用在青少年公益行为的影响因素中占了很大的比重,影响着青少年公益行为中的同情友爱、环境意识和热情自信。我们的研究结果与吴小琴(2009)在研究了父母教养方式对大学生亲社会行为的影响后所得出的结果类似。关爱孩子,给予孩子温暖与理解的家长能够把设身处地为他人着想、对待他人热情友好的理念传递给孩子;父亲对孩子的过分干涉对孩子而言更可能是一种强烈的积极关注,让孩子在与人交往中更为自信热情。但母亲对孩子的情感温暖与理解和过分干涉与过度保护会造成孩子过度依赖母亲,离不开母亲,从而减少了与同伴交往的时间和机会,难以融入集体。与母亲的偏爱相比,父亲的偏爱则更容易娇惯孩子,养成具有自我中心,孤立冷漠的孩子,因此在集体意识上的得分较低;而父亲和母亲的拒绝否认易造成孩子反叛的性格,尤其是父亲的拒绝否认会降低青少年子女的环境意识。但在类似的研究中,日本心理学家诧摩武俊研究发现,父母尤其是母亲的拒绝态度会使孩子形成反社会、神经症、粗暴、自我中心、冷漠的性格,影响其亲社会行为和公益行为的发展。

另外,很多研究发现,亲子关系也是一个重要的因素。在国外,麦金南·凯维斯等人认为,"问题"家庭主要从两个方面影响个体的社会行为。一是强迫,即母亲和子女互相强迫对方停止令彼此厌恶的行为。但这种强迫解决问题的方式不仅加大了亲子间的紧张,而且其本身就是一种负强化,会使子女在以后的交往中也经常采取这种方式,甚至对公益行为产生抗拒和拒绝。二是不良的监督,即家长对于子女的行踪、交友等活动,都采取一种不具爱心或不适当的监督。父母对子女的不信任行为会引发子女对成人的不信任感,并且在与父母出现分歧时,更多地对之进行敌意的诠释。相反,父母如果以温暖、爱护、支持和扶助的方式对待子女,鼓励子女展现更多的公益行为,将更容易使子女形成和发展出利他和助人的倾向(Mackinnon-Lewis, Lamb, Arbuckle 等,1992)。霍夫曼明确指出,父母对子女的爱有助于子女利他行为的发展。斯托布也认为,父母的爱有助于孩子形成对人类积极的看法,用父母的爱来引导子女进行公益行为行动,从而使得公益行为扎根于子女的内心之中。在国内,李丹(2002)和寇彧、张庆鹏(2017)都把亲子关系作为影响青少年亲社会行为的重要因素,认为良好的亲子关系与青少年公益行为之间的关系也应该得到重视。

需要说明的是,家庭方面的因素有很多,我们仅仅分析了父母榜样、父母教养方式和亲子关系等3个因素在青少年公益行为养成中的作用。基于此,我们建议:①在日常生活中,父母要注重自身的榜样示范作用,以身作则,在他人需要帮助时施以援手,勤俭节约,爱护环境,多参与公益活动,并鼓励孩子参加公益;②在养育孩子的过程中,父亲应对青少年子女给予更多的积极关注,多肯定孩子,鼓励孩子,尽量避免直接粗暴地拒绝和否定孩子,母亲应避免对孩子过多干涉,要给予孩子一定的自主权和自由,让孩子有锻炼自己和承担后果的机会,培养孩子独立自主和热情自信的品性;③父母和孩子应该加强亲子沟通,双方进行充分的情感交流,相互理解、体贴和宽容,增进彼此的了解、信任和互爱,从而形成良好的亲子关系。

二、继续发挥学校在青少年公益行为养成中的核心作用

学校作为国家所设立的教育机构,具有计划性、组织性、系统性、强制性等特点,社会主流价值观将通过学校的办学理念等对学生产生重要而持久的影响。陆士桢、李启民等(2009)的调查数据表明,学校组织公益活动的次数越多,青少年参与公益的次数越多,学校组织公益活动频率越高,青少年平常的公益参与意识越强;学校教育对公益精神的培养作用越大,青少年的公益认识越正向。说明学校教育对学生社会公益精神的培养和形成具有重要的作用。其实无论是国外还是国内,对青少年公益行为而言,很多青少年都是从参加学校组织的公益活动开始接触公益事业,学校肩负着培养公益行为的重任,因此要继续发挥学校在青少年公益行为养成中的核心作用。

首先,教师的期待和行为会影响青少年的公益行为。办学理念通常会通过教师行为、各种课程以及学校的各种活动作用于青少年,对青少年产生直接影响的就是教师,因此,学校对学生公益行为的培养和教育都是通过教师的期待和行为来体现的。皮格马利翁效应告诉我们,当教师对某个学生寄予期望时,对他的行为就会更加关注。每当学生出现符合期望的良好公益举动或倾向时,教师通常会不自觉地流露出满意和赞赏的信息,这本身就是一种肯定和鼓励,会强化学生的行为和动机。大量的研究还证明了这一效应的存在,教师的期待的确在学生社会化过程中会发挥很大的作用,它不仅影响学生对公益行为的学习,也影响他们的动机和自我评价,因此,如果教师在公益行为方面对学生提出更高的期望和要求,学生在这种期待的促进下,也必然会有更佳的表现。在实际的教学活动中,教师是否有意识地进行公益行为的培养和训练,对于学生的成长是非常关键的。有研究表明,教师在课堂上是否鼓励合作也是学生亲社会行为发展的重要影响因素之一(Cowie, Sharp, 1996)。许多学生产生对公益行为的认同、模仿和内化都依赖于教师是否为学生设置有效的情境。在教育实践活动中,教师是否组织公益活动,组织得巧妙与否等,都是引导青少年参与公益、喜欢公益、投身公益的主要因素。因此我们不仅要重视思想政治课程,而且要实施课程思想政治,让每一位老师都能成为青少年公益行为的引路人。

其次,师生关系也会影响青少年公益行为的养成。在教育学原理课程中,我们发现,师生关系融洽时,学生乐意接受教师所施加的影响,无论是否正确;而师生关系恶化时,即

使教师所施加的影响是正确的,教师教得也是千真万确的真理,学生也可能会拒绝接受。有学者(芦咏莉,董奇,邹泓,1998)的研究结果表明,师生关系的质量与青少年积极的社会观念和社会行为呈正相关,即师生关系质量高的青少年,其亲社会价值观和利他行为相对较高;陈斌斌等(2008)研究发现教师互动子系统对儿童的亲社会行为有重要的作用,即强调师生关系对儿童亲社会行为的影响。这就意味着师生关系融洽的学生能够在老师的教育引导下展现出更多的公益行为。与亲子关系不一样,青少年更多地从良好的师生关系中体验到那些来自没有亲缘关系的他人的关爱,让青少年感受并形成回报社会的信任,为以后进一步的社会适应奠定良好的基础。同时,良好的师生关系也会促进师生之间的互动,促进青少年观点采择能力、道德判断能力、移情和共情能力的发展,从而有效地促进青少年公益行为的养成。对青少年来说,每位学生的心目中都有一两位最钦佩的教师,青少年所喜爱的教师一般具有以下特点:知识渊博、授课水平高、热情和蔼、关心学生的成长、有朝气等(寇彧,张庆鹏,2017)。好的师生关系通常是建立在爱和尊重的基础上的。因此,教师应该尊重学生的自尊心和上进心,尊重学生的人格,建立良好的师生关系,从而促进青少年公益行为的养成。

  比师生关系更为广义的是班级环境,研究发现,班级环境也会影响青少年公益行为的养成。在陈斌斌等(2009)的研究中,发现班级环境对青少年亲社会行为的影响与青少年的感知能力有关,对班级人际和谐状况的感知存在明显的性别差异,女生往往要比男生感知到更多、更积极的人际和谐;除此之外,能感知到积极的班级人际关系的学生往往会被同伴评价为有更多的亲社会行为且更有可能与同学和老师保持良性的互动,更愿意在同学或老师有需要的时候伸出援手。

  我们在前面的研究中,曾对班级环境的各个维度与青少年公益行为的各个维度作相关分析,可以看出师生关系、同学关系、秩序和纪律与青少年公益行为的各个维度都有显著的正相关;竞争维度与同情友爱、环境意识、集体意识和总体公益心有着显著的正相关,但与热情自信没有相关关系;学习负担与青少年公益行为没有相关关系。由回归分析看出,同学关系对青少年公益行为中的同情友爱维度、环境意识维度、集体意识维度有着显著的正向预测作用;秩序和纪律对青少年公益行为中的集体意识和热情自信维度有着显著的正向预测作用。良好的同伴关系对青少年的公益行为有着重要的正向促进作用。有研究表明,同伴关系质量高的青少年往往表现出更多的亲社会行为。杨晶(2015)等人通过干预初中生的同伴关系以促进其亲社会行为的研究中发现,通过干预课程改善初中生的同伴关系,能够有效促进其亲社会行为的发展。另一方面,青少年的亲社会行为和利他行为也能够帮助自己更好地融入同伴关系中,不被同伴群体拒绝和排斥。良好的师生关系对青少年的公益行为也有着正向的影响。董奇(2001)对中国1 640名青少年进行抽样调查,研究师生关系对青少年利他行为和问题行为的影响,发现青少年的发展与师生之间的关系有着很高的相关,甚至超过了与亲子关系的相关。班级内部良性的竞争和班级秩序也是影响青少年公益行为的一个重要因素。良好的班级秩序不仅促进青少年集体意识的提高,也提高了青少年对待人事物的热情自信。学习负担对青少年的公益行为没有显著影响,但在类似的研究中,路静(2013)研究了小学高年级学生的学业压力对攻击性行为的影响,发现学业压力对敌意、愤怒和攻击性有显著的预测作用。因此,师生关系和同学关系是影响青少年公益行为的重要因素。学校教育应该注重营造良好的班级氛围和校园环境,重视学生的公益教育,组织学生参加公益活动,为青少年公益行为的发展提供有利的外部条件。良好的班级秩序和良性的竞争能促进青少年集体意识的提高,从而提高青少年的公益倾向。教师要引导学生建立团结、自律、向上的班级秩序,管理好学生纪律,并采取适当的方式鼓励学生竞争。

有趣的是,陆士桢、李启民等(2009)在测量学校环境对青少年公益行为和认知的影响时发现,老师和同学并不是对青少年参与公益影响较多的人,然而当被问及"在青少年公益精神培养方面,谁应承担最大的责任"时,青少年认为学校应承担最大的责任,其有效百分比为40.8%,其次为父母(30.2%)、政府(18.2%)、媒体(8.7%)。作为青少年公益活动的重要组织者、引导者,学校在青少年心目中被寄予了很高的期望。

想要让学校继续在青少年公益行为养成中发挥核心作用,以下几点措施不能忽视,其一是继续鼓励和组织有效有趣的学生公益实践,社会公益实践是服务社群的一种方式,也是学生观察和研究社会的途径。公益实践有利于学生把专业知识应用到社会服务之中,拓展了青少年的视野,也为社会公益事业带来了新的动力。在以往组织经验的基础上,加强顶层设计,组织有效有趣的学生公益实践。其二是要在学校开展面向全体学生的公益教育活动和课程。公益教育是将书本知识与社会服务实践整合,通过多元化、体验式的学习经历,采用学习和发展的开放性学习方式,培养学生积极的人生态度和高素养公民意识。公益教育既注重知识学习过程,又注重社会实践服务过程;既关注社会基本价值,又关注社会发展问题,既促进学生的积极社区参与,又促进家庭、学校、社区的互动协作教育。可以说,公益教育是实现人的全面发展的教育的重要途径和方式,学校要努力在校园内创设公益教育的氛围和课程,组织相关的公益活动,让学生们在学中做,在做中学(张志红,2013)。

当然学校还可以根据青少年身心发展的特点和现实条件,针对我国青少年公益行为的特殊性和问题,在继承我国品德教育优良传统的基础上,借鉴国外成功的经验,努力构建"以公益服务为载体的学校德育创新"长效机制,以提升德育的实效性,具体包括4个方面。①德育目标的整合研究,把公民教育的目标纳入德育目标之中。②德育内容的契合研究,在德育内容中,补充培育青少年为家庭、学校、国家乃至世界奉献的精神;引导青少年善待生命,形成生态伦理价值观和环境道德责任感;建立与家庭、邻里和社会的良好关系;培养"科学造福人类"的科学精神等。③德育方式的创新研究,引进服务学习模式、体验学习模式、探究学习模式、问题解决模式等多种德育方式。④德育途径的开发研究,积极探寻反映青少年的呼声、贴合青少年的需要、青少年力所能及的社会公益实践途径,如微公益、网络公益等。

第三节 青少年公益行为养成策略

在本章的前两节,我们分别提出了营造一个公益的社会氛围和重视家庭和学校在青少年公益行为养成中的双核作用两种主要的措施,这分别是从宏观系统和中观系统的角度探讨了青少年公益行为的干预和促进。无论是宏观系统因素还是中观系统因素,最终还得通过青少年个体内因也就是微观系统因素才能起到作用。因此本节侧重微观系统因素的视角,从道德心理的3个主要成分即道德认知、道德情感和道德行为,并结合我们在前面的研究结果,来探讨青少年公益行为的养成策略。

一、加强认知训练,提升公益认知

从品德学习的过程来看,道德认知是道德情感产生的基础,也是道德行为的先导。一方面,青少年要将正确的德育内容吸收消化,晓之以理地将道德价值观念内化于心,才能将道德行为外化于行;另一方面,我们还要避免由于脱离行为养成的道德教育所导致的知行不一问题和青少年在品德发展过程中经常会出现的知行脱节现象。刘蓉(2013)通过对青少年公益现状的调查分析可知,在两难情境或"模棱两可"的情况下,青少年的公益认知存在着一定的混淆、迷茫和偏差问题。一方面是由于青少年正处于人生观、价值观形成的关键时期,此时的青少年正处于自我同一性对角色混乱时期。另一方面,则是因为我国长期以来公益理念的相对滞后,公益教育仍"夹杂"在道德教育与公民教育的许多"夹缝"之中,没有形成清晰的系统化教学。目前我国只有极少数的高校开设有公益课程,公益教学和公益文化的缺失使一些人对公益的认知和理解出现了偏差,导致一些人认为公益是政府部门和富人的事情,跟普通大众无关,或者觉得自己力量弱小、杯水车薪,起不了多大作用而不愿意去做公益。

从公益行为的社会认知理论解释来看,唤醒一代价回报模型、艾森伯格的助人模型和助人决策模型等都非常看重社会认知因素在公益行为产生中所起的重要作用,因为社会认知因素提供了个体对内外信息的加工,从而引发了个体的公益行为。Shelly, Letitia, David(2005)曾分析了人们在考虑是否帮助他人时可能经历的4个步骤,无论是第一步的注意和判定有人需要帮助,第二步的考虑自己对此承担个人责任的程度,还是第三步的个体考虑和权衡可能的得失,第四步的决定怎样帮助他人并采取行动,每个步骤都饱含着认知成分和社会认知因素。因此加强认知训练是很有必要的。那如何进行认知训练呢?在前面的研究中,我们发现,观点采择能力和道德判断能力似乎与公益行为没有显著的关联,反而是价值观和自我概念等个性因素和青少年公益行为存在显著的相关,因此我们可以从这两个方面入手。

1. 进行价值观辨析与澄清

已有研究表明,青少年的亲社会行为在客观上存在的差异主要是由于价值观类型的不同造成的,社会型价值观的学生要比经济型、政治型和审美型的学生有更多的亲社会行为,人道主义价值取向者更可能为处于困难情境中的人提供帮助(李丹,2002)。我们在前面的研究也发现,青少年公益行为与价值观存在显著关系,与价值观的几个维度如自我超越、保守和对变化的开放性态度呈正相关,经过回归分析发现,价值观的自我超越维度能很好地预测同情友爱和环境意识等公益行为。这说明,价值取向可以预期产生不同的公益行为。因此我们要引导青少年进行价值观辨析与澄清,并进行规划。

价值观辨析主要是通过指导青少年在面临众多价值观时进行充分的分析并赋值(即对价值观念给予某种重要程度的值),从而帮助青少年作出价值抉择并形成正确的、具有社会价值的价值观体系。在实践中,一大批热心于价值观教育的工作者致力于开发具体的价值观教育的方法和技术,因此具体的辨析方法有很多,比如:小—大组讨论、个别—团体作业、假定—真实的两难问题情境、排序与选择、敏感训练和倾听技术、游戏、角色扮演、自我分析、文艺活动等。不管运用何种方法或技术,价值观辨析必须经过含有7个子过程的3个阶段。第一阶段是选择阶段,包括:①自由地选择;②从可选择的范围内选择;③对每一可选择途径的后果作充分考虑后作出选择;第二阶段是赞赏阶段,包括:④喜爱这一选择并感到满足;⑤愿意公开承认这一选择;第三阶段是行动阶段,包括:⑥按这一选择去行事;⑦作为一种生活方式去加以重复。个体只有从头至尾完成了上述的7个过程,才能表明他真正具有了某种价值观(岑国桢,2012)。

价值观澄清也能帮助青少年明确自己的核心价值观,寇彧和张庆鹏(2017)把帮助青少年澄清价值观作为促进青少年亲社会行为的一种重要方法,在这种方法运用的过程中,分别通过"价值观大拍卖""我的好朋友""海上总动员""豆豆的烦恼""我的神奇卡""秘密大串烧"等6个以价值观为主题的实践活动,对青少年的价值观进行干预,引导他们认识价值观,了解自己和他人的价值观,修正偏激的价值观,帮助他们形成正确的价值观,树立亲社会价值观,从而促进青少年亲社会行为的发展。

价值观教育得到国际社会的广泛关注和重视,一个针对儿童、青年、难民及父母而设计的国际性的体验性价值观教育计划在全世界各大洲74个国家、7 000多个地区逐步实施,这就是著名的生活价值教育计划(LVEP),它提供给教师和培训主持人一系列经验性的价值观活动和实践方法论,使得学生、儿童和年轻人探究和形成12种关键的普遍价值观:合作、自由、幸福、诚实、谦逊、爱、和平、尊重、责任、简朴、容忍和团结。其宗旨是为完整的个人成长——身体、智力、情感及精神这4个维度提供行为准则和工具。其具体目标是:帮助个人思考和反思各种价值观并将这些价值观应用到自己、他人、社区和世界中去的实践意义;增强有关进行个人或社会抉择的理解、动机及责任感;鼓励个人选择自己的个人的、社会的、道德的、精神的价值观,并了解形成、加深它们的可行方法;鼓励教育者和看护者把教育看作是提供给学生生活的哲学,从而促进他们的整体成长、发展和选择,以便于他们能够自尊、自信、有目的地参与到社区中(韩芳,李维喆,2007)。

2. 进行自我认识提升训练

国外研究表明,自我认识与亲社会行为关系密切,每一项自我评价标准都可以服务于亲社会行为(Wegner,1980);个体的自我意识水平和自我控制能力与他们的亲社会行为呈显著正相关(Carlo,Eisenberg,Troyer 等,1991)。我们的研究结果发现,自我概念对于青少年公益心也有显著的影响,特别是对自己有较高的自我评价的人,更容易去做公益活动。而在回归分析中,进入方程最多的便是自我概念里的变量,说明自我概念对于青少年的公益行为影响十分显著。因此对青少年进行自我概念训练,特别是自我认识的提升训练,可以促进青少年亲社会行为特别是公益行为的发展,因为自我概念训练可以成为实现亲社会价值和态度体系内化的中转环节(寇彧,张庆鹏,2017)。

在作了系统的理论分析之后,寇彧和张庆鹏(2017)在北京市的一些中小学开展了帮助青少年自我认识的主题实践活动,设计了自我回馈训练、自我肯定训练、自我觉察训练、自我认识训练、自我探索训练和自我体验训练等 6 项团体活动计划,不仅有效地促进了青少年的自我认识,而且还促进了青少年亲社会行为的发展。我们团队在温州市一些中学开展的公益行为干预实验中,加入了自我认识环节,也取得了良好的效果,具体结果将在下一节详细介绍。

对于青少年来说,进行价值观辨析和自我认识提升训练,学习相关的公益知识可以加深他们对公益的理解,增强对公益的认同感,有利于青少年树立公益价值观,培育他们的公益情感,并有助于他们更好地践行公益。一些学者(刘树忠,2011;张志红,2013)非常看重公益课程在普及公益知识、培养和提高青少年的公益观念和公益认知等方面的重要作用。中华慈善总会正在与教育部门协商,准备将慈善事业写入教材,走进课堂:"中小学就开始,从思想上把慈善两个字记到青少年的心目当中,就会形成自觉的行为,认为做善事是人生最大的责任,也是义务,是提升自己道德水准的必备事情。"

二、加深情感体验,升华公益情感

道德情感体验是青少年形成品德的重要因素,只有当他们的道德认识渗透着深厚的情感因素时,他们对事物的认识才更深刻,行动起来才更坚持,如看到希望工程"大眼睛"的照片,可以让学生设身处地体验一下对方的情感,从而引发帮助对方的公益行为。因此可以采用情感体验法来对青少年的公益行为进行干预。

情感体验法中最典型的就是共情体验训练,训练的时候可以安排青少年参加一些活动,在活动中引导青少年去考虑他人的想法和情感,并想象自己在类似情境中的感受(Feshbach,1982)。这种在具体活动中设身处地地体验他人情感的方法,可以有效提高青少年的共情能力。共情训练的效果已经在小学生中得到检验,在经过 30 个小时的共情练习后,共情训练的参与者显示出更多的亲社会行为(David Hamburg,1995)。共情训练的效果在青少年群体中也得到证实,通过每周3次、每次15分钟、持续10周的训练,发现青少年的共情能力普遍提高了,亲社会行为增加了(寇彧,王磊,2003)。很多研究都表明共情能力与青少年亲社会、利他行为显著相关,有的学者认为共情在引发个体亲社会行为的过程中扮演的是中介角色(寇彧,张庆鹏,2017);在我们前面的研究结果中,共情与青少年公益行为存在显著正相关,共情性关心等4个因素对青少年公益行为有显著预测作用,其中共情性关心有最高的预测力。我们的实验研究还发现,高共情能力的被试表现出更多的公益行为。因此有研究者认为通过共情体验训练,可以提高青少年体察他人情感的能力,使他们学会从他人的角度和立场去考虑问题,从而促进青少年表现出更多的亲社会行为(杨兴鹏,2006;寇彧,张庆鹏,2017)。

情感体验法中最综合的可能就是情绪胜任力训练,情绪胜任力是在引发情绪的社会互动情境中自我效能的展现(Izard, 2002),主要表现为情绪的觉知能力、情绪的识别能力、情绪的表达能力和情绪的调节能力等4个方面。因此情绪胜任力可以帮助青少年管理自己的情绪、识别他人的感受并作出共情反应。寇彧和张庆鹏(2017)把帮助青少年提高情绪胜任力作为促进青少年公亲社会行为的一种重要方法,这种方法采用有利于同伴互动的团体干预手段,以情绪为焦点,培养青少年在人际情境中的情绪理解能力和情绪调节能力,通过"察言观色""情绪反斗棋""情绪大魔方""情绪变色龙""情绪遥控器"和"情绪减压阀"等6个以情绪为主题的实践活动,分别对青少年进行情绪识别与觉察训练、情绪认知训练、情绪表达训练、情绪调节训练、情绪控制训练、情绪减压训练,对青少年的情绪胜任力进行干预。结果发现,干预活动对提高青少年的情绪胜任力具有明显的效果,这些情绪胜任力提高的青少年表现出了更多的亲社会行为。

还有很多情绪情感与公益行为有关联。心境和亲社会行为的关系比较复杂,以至于不同的研究者得到的结论也不尽相同,甚至出现了相反的结论。我们的研究发现,消极心境与青少年公益行为存在显著负相关。另外我们还发现,诱发道德情绪可以显著影响青少年的公益行为,崇高取向和关爱取向的情绪诱发会促进青少年的公益行为;不同自尊水平的个体在青少年的某些公益行为上具有显著性差异,自尊水平高的青少年更偏向于做出公益行为(胡瑜,黄崇蓉,严婷婷,2019)。因此我们认为,保持并体验良好的心境、体验更多的道德情绪(如崇高取向和关爱取向的情绪)、体验更多的自尊都是帮助青少年形成公益情感、促进青少年公益行为发展的有效策略,这些策略将在我们的教育实验中进行并得到验证。

三、加大奖励力度,强化公益行为

道德行为习惯的养成是道德教育的重要目标,同样我们的目标就是要促进青少年公益行为习惯的养成。对于青少年来说,只是知道公益的意义和价值、产生的公益情感体验是远远不够的,必须引导青少年展现出更多的公益行为,并在此基础上帮助青少年养成展现公益行为的良好习惯。

如何养成公益行为习惯呢？按照前面行为学习论对公益行为的解释,我们认为养成青少年公益行为的主要的策略和方法有 3 种:①条件反射训练法,这种方法是基于经典条件反射的原理,在该原理中,行为是条件化的反应,行为习惯是一种动力定型,是条件反射长期积累的结果。因此我们可以通过对青少年进行长期、反复的训练形成条件反射,比如遇到灾情就出手相助、捐款等。②积极评价强化法,这种方法是基于操作性条件作用,在操作性条件作用中,强化是最为关键的因素。当青少年参加公益活动时得到了老师或父母的表扬,或者得到了他人的称赞,青少年就很可能会表现出更多的公益行为,这是因为老师、父母的表扬和他人的称赞都对青少年的助人行为起到了强化的作用。因此我们可以对青少年表现出来的公益行为进行积极肯定评价,这种积极评价可以对先前的公益行为起到强化的作用,从而提高青少年再次表现出公益行为的概率。③榜样观察学习法,这种方法是根据班杜拉的观察学习理论而提出来的,在观察学习中,学习者只要通过观察他人在一定环境中的行为,并观察他人接受一定的强化便可完成学习。大量的研究也证实了这一原理,让青少年接触利他榜样,有助于青少年利他行为的增加(Rushton, 1975 等),我们在前面的实验研究中,也发现了榜样在青少年公益行为形成的作用(张帝,胡益霞,胡瑜,2019)。因此我们可以给青少年树立公益行为榜样来帮助青少年习得公益行为。在实际的榜样观察学习法实施过程中,我们还要注意两点:①榜样的特点,一般来说可亲、可敬、可信、可学的榜样有助于青少年公益行为的习得,榜样既可以是身边的家长、老师、同学,也可以是"全国十佳中学生""感动中国人物""当代雷锋郭明义""道德模范"等,但都要生动形象、切实可学。②榜样示范的形式,榜样示范主要有现身说法、传媒演示和想象模拟等 3 种形式,其中第一种的效果比较好,另外还发现,在真实生活情境中示范公益行为也特别有效,因此我们可以更多地采用这两种形式来进行榜样示范。

不过无论是哪种方法和策略,有个重要的机制就是强化,无论是直接强化还是替代强化,强化才能保证行为的习得。激励就是一种很好的强化方式,因此可以建立有效的激励机制,来激发青少年参加公益活动的积极性。青少年的公益活动要保持长久生命力,必须最大限度地调动参与者的内在积极性。学校应建立相应的奖励机制,对踏踏实实参与服务、卓有成效的个人和集体要及时进行表彰,以增强志愿者对自身价值的认同,引导青少年参加到公益活动中来。保罗·杰·伊尔斯利在分析美国人参加志愿服务动机时指出:在美国那样个人主义至上的国家,却有那么多的人热心志愿服务事业,原因之一是"志愿者从这些活动中获得了更多的东西"。而这里所谓获得了的更多东西,更多的是指奉献社会的满足感、参与社会的学习机会以及一种被人需要的自我实现的价值感等。因此,适当的表彰对于参加公益活动的青少年志愿者不但具有非常大的激励效应,而且也是社会对公益活动的一种肯定。学校还应建立稳定的参与机制。稳定的参与机制有利于解决公益活动缺乏连续性、持久性的问题。比如说学校可以和社区根据双方情况协调制定稳定的参与机制,以保证社区志愿服务的连续持久性。对于学校自身来说,为了保证青少年公益活动的有序开展,要积极创建有效的组织机构和制度进行规范,做到有专门机构负责组织安排公益活动,努力把社区服务活动的组织和实施工作落到实处。与此同时,学校之间以及学校与企事业单位、社会团体学生会组织也应就社区志愿服务加强相互之间的沟通和联系,加强资源整合,实现相互联合、优势互补、资源共享,创建稳定的多专业、多层次、高素质的社区专题服务队伍,开展多形式、多功能的社区服务活动。政府有关部门应该制定相关政策,引导青少年参加公益活动。

第四节 青少年公益行为的干预研究

前几节是在弄清楚青少年公益行为的形成过程、影响因素之后,对如何促进青少年公益行为作了系统思考。我们可以发现,学校、家庭和社会在青少年公益行为形成中起到重要的作用,整合这些因素对青少年的公益行为进行干预就是我们在实践中要做的事情。本节我们选取了部分高中生为对象,对青少年的公益行为进行干预实验,以期为接下来大规模开展干预提供经验,现介绍如下。

一、对象与方法

本研究选取浙江省内一所高中的部分学生为被试进行干预实验,在干预前后进行有关测试,具体设计如下。

表9-1 实验设计流程

组别	人数	前测	干预	后测
实验组	36	前测	干预	后测
对照组	30	前测	无干预	后测

在干预实验中,自变量是有无公益干预,因变量采用公益心总分以及公益心4个因子(包括同情友爱、环境意识、集体意识、热情自信)的得分为指标。控制变量如年龄、性别、是否独生、是否学生干部等。

干预前后测试采用我们自编的青少年公益心问卷,该问卷可以比较有效地测量出青少年公益心发展特点,包括同情友爱、环境意识、集体意识与热情自信4个维度,其中同情友爱包含18道题目、环境意识包含7道题目、集体意识包含7道题目、热情自信6道题目,共38个题项,从非常不符合到非常符合,采用5点自评计分。本研究所用的问卷的各个维度的内部一致性 α 系数分别为0.809、0.753、0.801、0.755;分半信度系数分别为

0.786、0.688、0.762、0.709；重测信度系数分别为 0.847、0.786、0.836、0.812，说明问卷具有良好的信效度，符合统计学上对问卷信效度的指标要求。数据处理采用 SPSS 17.0 软件进行，使用到的主要统计分析方法是 t 检验。

干预采用课程、活动和文化三位一体的方式，具有很强的综合性，具体有如下特点。

第一，在干预实施前我们制定了与公益心干预密切相关的干预目标，如"社会责任""自我管理"等目标，保证公益行为干预的方向，在目标的选择与制定上与中国学生核心素养接轨，同时也符合高中阶段的心理发展规律。实践研究中开展了一系列的公益活动，如组织学生爱心捐赠、爱心义卖活动、慰问福利院孤寡老人、高三学生将所有旧书和资料变卖后筹集善款资助山区孩子读书、与特殊教育学校开展结对服务等，活动始终围绕培养学生"关怀之心""慈悲之心"以及"社会责任"的目标，帮助学生树立正确的价值观和道德责任感，以促进学生人格的完善。在目标上实现了公益教育与学校德育的有机契合。

第二，实验研究将公益教育的评价内容纳入学生综合素质评价系统，新课改中学生综合素质评价系统对学生的升学有一定的影响力，尤其是自主招生和三位一体的招生，需要审核学生的材料和综合素质评价系统，研究以新课改为契机，将公益行为的发展水平纳入综合素质评价系统，在评价上激励学生去重视和发展自己的公益行为和公益意识，在制度上保证了公益教育与学校德育在培育评价上的有机契合。

第三，在干预实施前，针对前期的公益心调查结果有针对性地制定了"分对象差异化"的培育内容。公益心调查结果显示：高中生公益心的部分维度和总分上，女生要显著高于男生，有学生干部经历的学生得分要显著高于无学生干部经历的学生。实践研究中在德育内容的制定上实现了"分对象差异化"培养，加强对男生与非学生干部的培养，促进他们在热情自信方面的进步。同时在常规的社区服务、公共福利、环境保护、社团活动等公益活动的基础上，合作开展如"微捐赠""微心愿"等结对服务的"微公益"活动。通过从"微公益"着手，将看似微不足道的小爱凝聚成巨大的社会力量，扶贫救济。实践研究中发现"微公益"的培养方式具有"低门槛""多样化""利他性"等特点，是一个较具时代性并贴合学生实际的培养"公益心"的新型内容。实践研究在德育内容上实现了公益教育与学校德育的有机契合。

第四，实验研究开展了"课程、活动和文化"相结合的三位一体培育途径。做有温度的教育是实践研究校的办学理念，在实践研究过程中，实践研究校通过开设公民启航课程和心理健康教育课程，关注对学生的责任担当、健全人格、自我管理等核心素养的培养，包括社会责任（诚信友善、感恩之心、热心公益和志愿服务、对自我和他人负责）、健全人格（移情、同情心、乐观、自律）和自我管理（合理分配和使用时间、精力）等。实践研究发现，学生接受过系统的课程培训后会更易产生"利他"行为，产生更高的社会责任感。实践研究以学校的常规德育活动为载体，如开展以"同伴互助"为主题的心理健康教育活动宣传月、以"志愿服务"为主题的团日活动等，引导学生在活动中积极参与公益。实践研究紧抓学校校园文化建设的契机,在校园内专门开设宣传橱窗区域,张贴表扬发生在学生身边的一些"好人好事"和公益行为。同时,广播站开设"好人好事"的专栏,学校开设主题晨会宣扬正能量,表彰"好人好事"。在培育途径上实现了公益教育与学校德育的有机契合。

第五,实践研究学校大力宣传省级优秀团支部的"爱心帮扶"公益项目。实践研究学校赵老师一直关注留守儿童的爱心帮扶,作为某市骨干班主任,赵老师通过引导学生开展义卖、假期打工、节约零用钱、倡议全段收集废书、废纸出售等多种方式筹集爱心款,长期结对某县某学校和某某小学,通过给帮扶对象送书籍、学习用品,捐款,优秀毕业生给帮扶对象交流学习方法,建立家校联动机制,倡议更多各行各业的家长根据自己的能力和资源帮扶留守儿童。在每次帮扶活动后,赵老师通过主题班会引导学生思考和体验帮扶收获。学生体会到与人为善的快乐,帮助别人会获得"幸福"的体验;当学生听到结对小朋友说"长大后要用自己的双手去帮助别人"时,他们真正理解到了"爱心"会"传递",班主任在亲自带领两届学生参与爱心帮扶的过程中,深刻体会到两年的爱心帮扶活动对学生公益心的培育效果:班级同学更乐于助人,更有责任感,更加团结,更愿意用节约所得去帮助别人。在利他的正能量班级氛围下,同学们的主人翁意识和责任感更强,班级的管理和其他德育工作开展得比同类班级更好更顺利。实践研究学校定期面向高一学生举办该班主任开展的公益实践活动讲座,提升全校学生的公益意识,唤醒全校师生的公益心。

第六,本次实践研究借助社会公共资源,开展如"南塘行动""南塘国际志愿日公益活动""联合义卖""在一起·不孤单"自闭症儿童关爱行动等大型公益活动。这些活动实践研究学校联合网络公益联合会、爱心屋网络公益宣传服务中心共同开展,参与人员众多,社会影响良好。实践证明,更宽广的舞台能充分调动高中生参与公益活动的热情和积极主动性,将公益教育从校内延伸到校外,拓宽了公益教育的实践途径。

第七,实践研究重视开发家庭教育的潜在优势和资源,家校合力促进学生的公益行为发展。具体做法如下:①实践研究开展一系列家校联动的公益活动,如"节约水电""地球一小时""低碳春节倡议"等活动,活动中学生很乐意带动家长一起参与公益活动,家长也非常愿意以公益活动为载体增加亲子交流的机会,提升亲子沟通的质量;②实践研究积极关注"微公益"平台,通过爱心义演等多种方式筹集爱心基金,与贫困地区课外书公益行动合作,活动中家长、学生齐心协力,把课外阅读的快乐带给更多的孩子;③实践研究充分开发家庭教育的资源,安排具备专业知识技能的家长与学生共同参与公益活动,如邀请医生家长进入养老院为孤寡老人普及老年人健康知识,邀请理发师义务给贫困孩子与老人免费理发等。家校联动的公益教育大大增强了公益实践的力量和影响力,学生带动整个家庭的方式壮大了公益实践的队伍,同时丰富了公益实践的内容和形式,多角度多方位渗透公益教育。有力地证明了紧抓校外合作机遇、启动家校联动机制是公益实践途径的重要内容和可行举措。

二、结果与分析

1. 干预前实验组和对照组公益心前测得分的差异比较

干预实验将实验组与对照组被试在公益心培育前公益心总分及其各个因子的前测得分进行独立样本 t 检验,结果见表9-2。实验组和对照组在未进行公益心培育之前,p 值均大于 0.05,公益心总分及其各个因子得分均无显著性差异,也就是说,实验组和对照组在干预实验之前在公益心这方面是差不多的。

表9-2 实验组、对照组公益心前测得分的差异比较

	实验组($n=36$)		对照组($n=30$)		t	p
	M	SD	M	SD		
同情友爱前测	65.5000	8.79773	67.8000	11.26300	−0.93	0.355
环境意识前测	23.8056	3.77071	24.7333	4.96146	−0.86	0.392
集体意识前测	24.1389	3.38191	25.5333	4.53898	−1.43	0.158
热情自信前测	20.3611	3.59486	21.8667	3.98041	−1.61	0.112
公益心总分前测	134.3056	15.74406	139.8333	21.55999	−1.20	0.234

2. 干预前后实验组和对照组公益心的增量差异比较

再对实验组、对照组培育后增量做独立样本 t 检验,结果见表9-3。数据显示,对实验组进行公益心培育之后,实验组和对照组增量在同情友爱、环境意识、集体意识以及公益心总分的得分上出现显著性差异,并表现为实验组增量显著大于对照组组增量;在热情自信得分上未出现显著差异。

表9-3 实验组、对照组干预前后公益心得分增量的差异比较

	实验组($n=36$)		对照组($n=30$)		t	p
	M	SD	M	SD		
同情友爱增量	4.5833	9.11631	−3.6000	6.21233	4.17**	0.000
环境意识增量	2.7500	4.21816	−0.4333	3.34956	3.35**	0.001
集体意识增量	1.7500	3.54058	−0.8000	3.08947	3.09**	0.774
热情自信增量	2.0000	4.97996	−0.1667	3.86927	1.94	0.056
公益心总分增量	11.1944	17.02741	−4.7333	9.23238	4.83**	0.000

注:**表示 $p<0.01$。

三、讨论与结论

在前期的研究中,我们发现:女生同情友爱因子得分显著高于男生($p<0.01$)。从是否有干部经历来说,在热情自信这个维度上,有学生干部经历的学生得分要显著高于无学生干部经历的学生($p<0.05$),在其他4个维度上差异均不显著。关于高中生公益心发展的生源地差异,在同情友爱、环境意识、集体意识与公益心总分上,城镇高中生的得分都要显著高于农村高中生($p<0.05$),在热情自信这个维度上城镇和农村高中生差异不显著。关于高中生公益心发展是否存在独生子女差异,在公益心总分上和公益心结构的4个维度上,独生子女与非独生子女之间无显著的差异。关于高中生公益心发展是否存在年级差异,在公益心总分上和公益心结构的4个维度上无显著的差异。因此我们对性别、有无干部经历、生源地等变量进行了控制,同时也考虑到独生子女和年级的因素,我们也在被试选择上进行控制。

干预研究在公益心培育干预前对实验组和对照组被试的公益心总分及其各个因子的前测得分进行独立样本 t 检验,结果显示实验组和对照组在未进行公益心培育之前,公益心总分及其各个因子得分均无显著性差异。对实验组被试进行公益心培育后,再对实验组、对照组培育后公益心及其各个因子增量做独立样本 t 检验,结果显示,公益心培育之后,实验组和对照组增量在同情友爱、环境意识、集体意识以及公益心总分的得分上出现显著性差异,并表现为实验组增量显著大于对照组组增量。此检验结果说明实践研究的培育方案对高中生公益心的提高具有显著性效果。培育方案能显著提高高中生的公益心可能有两个重要原因:①我们在前面的干预设计时,充分考虑了公益教育在制度、目标、内容、方式、途径和评价等方面与学校德育进行有机契合;②我们采用了校内公益教育和社会、家庭联动的内容与方式来进行。

本次干预研究表明,关注"社会责任""自我管理"等中国学生核心素养的培育目标,"分对象差异化"的培育内容、"课程、活动和文化三位一体"的培育途径的干预策略有利于显著提升学生公益心的发展;紧抓校外合作机遇、启动家校联动机制是公益实践途径的重要内容与可行举措。

根据上述干预实验结论,我们提出如下建议。

(1) 公益教育在制度、目标、内容、方式、途径和评价等方面与学校德育进行有机契合。实践研究证明,公益教育完全能在制度、目标、内容、方式、途径和评价等方面与学校德育进行有机契合。在制度和目标上可以和学校的德育制度、目标同等地位同时制定一起实施;在实施途径和方式选择方面,公益教育完全可以利用学校原有德育系统内的心理健康宣传月、团日活动和社会实践活动教育周等途径和方式融合进行;在评价方面,公益教育的评价制度可以在学生的综合素质评价系统中体现。

(2) 紧抓校外合作机遇,启动家校联动机制。本次实践研究借助社会公共资源,开展大型的公益活动,实践证明紧抓校外合作机遇能拓宽公益教育的实施途径,充分调动高中生参与公益活动的热情。实践研究中注重开发家庭教育的潜在优势和资源,家校合力促进学生的公益心发展的方式能以点带面增强公益服务的影响力,丰富公益心实践的内容和形式。实践研究证明:紧抓校外合作机遇、启动家校联动机制是公益实践途径的重要内容与可行举措。

(3) 在公益教育的实施过程中可结合学生性格能力特点实现公益创新。实践研究中发现部分学生有表演能力特长,同时学生有展示自我的心理需求,通过借助社会公共资源——南塘文化街舞台,开展大型的"南塘行动"公益演出,不仅调动了学生参与公益活动的热情,同时实现了公益教育在形式、内容和方法上的创新。在校内开展"微公益""微心愿认领"等活动也是公益教育在时代发展背景下的创新,"微公益""微心愿认领"等活动具有低门槛、快捷性、多样性、方便性等特点,在高中阶段实施起来可行性、操作性较强,参与面较广,即使没有特殊能力和资源的学生也可以根据自己某一方面的能力技能或者某一种性格特质而选择适合自己的"微公益"和"微心愿"认领,参与公益实践。

需要指出的是,公益教育实施过程中需要关注学生能力、性格特质的不同,因材引导不同学生实施不同形式和内容的公益行动,同时,需要分析所在城市和学校的条件和制约因素,因地制宜去寻求公益教育在形式、内容、方法等方面的创新。

参 考 文 献

[1] ACS, Z. J. , Phillips, R. J. Entrepreneurship and philanthropy in American capitalism. Small Business Economics, 2002,19(03): 189-204.

[2] Bandura, A. Social learning of moral judgments. Journal of Personality and Social Psychology, 1969,11(03): 275-279.

[3] Bandalos, D. L. Effects of math self-concept, perceived self-efficacy, and attributions for failure and success on test anxiety. Journal of Education, 1995,87(04): 611-623.

[4] Barrett, L, Dunbar. R, Lycett. J. Human evolutionary psychology. Princeton, NJ: Princeton University Press, 2002.

[5] Bargh, J. A, Chen. M, Burrows. L. The automaticity of social behavior: Direct effects of trait concept and stereotype activation on action. Journal of Personality and Social Psychology, 1996,49: 1129-1146.

[6] Bargh, J. A, Chartrand, T. L. The mind in the middle. In H. T. Reis, C. M. Judd(Eds.). Handbook of research methods in social and personality psychology. Cambridge: Cambridge University Press, 2000.

[7] Batson, C. D. Prosocial Motivation: Why do we Help Others. Advanced Social Psychology, 1995.

[8] Batson, D. C, Powell, A. Altruiam and prosocial behavior. In T. Milon, M. J. Lerner (Eds). Handbook of psychology. New Jersey: Hoboken, John Wiley, 2003, Sons Inc. 5: 463-484.

[9] Beyan, J. H, Test, M. A. Modelsand helping: naturalistic studies in aiding behavior. Journal of Personality Social Psychology, 1967,6(04): 400-407.

[10] Bones, A. K, Gosling. S. D. Do Social Psychologists cause priming research or does priming research cause Social Psychologists? Poster presented at the Annual Meeting of the Society for Personality and Social Psychology, Tampa, FL, 2009.

[11] Brooks, Arthur. C. Who Really Cares: The Surprising Truth About Compassionate Conservation. New York: Basic Books, 2006.

[12] Brown, William. O, Eric. Helland. Janet. Kiholm. Smith. Corporate Philanth ropic Practices. Journal of Corporate Finance, 2006,12(05): 855-877.

[13] Brownell. C. A. Early development of prosocial behavior: Current perspectives. Infancy, 2013,18(01): 1-9.

[14] Cao, Nanlai. Christian Entrepreneurs and the Post-Mao State: An Eth no graphic Account of

Church-state Relationin China's Economic Transition. Sociology of Religion, 2007,(68): 45 – 66.

[15] Cohen, Mark. Introduction: Poverty and Charity in past Times. Journal of Inter disciplinary History, 2005,35(03): 347 – 360.

[16] Carlo, G, Eisenberg. N, Troyer. D, et al. The altruistic personality: In what contexts is apparent? Journal of Personality and Social Psychology, 1991,61(03): 450 – 458.

[17] Carlo, G, A. Hausmann, S. Christiansen, B A Randall. Sociocognitive and Behavioral Correlates of A Measure of Prosocial Tendencies for Adolescents. Journal of Early Adolescence, 2003,23(01): 107 – 134.

[18] Carlo. G, Randall. B. A. The development of a measure of prosocial behaviors for late adolescents. Journal of Youth Adolescence, 2002,31(01): 31 – 44.

[19] Charles, H. Zastrow, Karen. K. Kirst-Ashman. Understanding Human Behavior and the Social Environment, sixth Edition, Thomson Brooks/Cole, 2004.

[20] Cowie, H, Sharp. S. Peer counselling in schools: A time to listen: David Fulton Pub, 1996.

[21] Daniel, E, Dys, S. P. Buchmann. M, Malti. T. Developmental relations between sympathy, moral emotion. attributions, moral reasoning, and social justice values from childhood to early adolescence. Journal of Adolescence, 2014,37(07): 1201 – 1214.

[22] Davis, M. H. Measuring individual differences in empathy: Evidence for a multi dimensional approach. Journal Of Personality And Social Psychology, 1983,44(01): 113 – 126.

[23] Declerck, C. H, Boone. C, Emonds. G. When do people cooperate? The neuroeconomics of prosocial decision making. Brain and Cognition, 2013,81(01): 95 – 117.

[24] Dickert, S, Sagara. N. , Slovic. P. Affective motivations to help others: A two-stage model of donation decisions. Journal of Behavioral Decision Making, 2011,24(04): 361 – 376.

[25] Doyen, S, Klein. O. , Pichon. C. L. , Cleeremans. A. Behavioral priming: It's all in the mind, but whose mind?. 2012, PLoS One, 7(01).

[26] Eisenberg, N. Emotion. Regulation and Moral Development. Annual Review of Psychology, 2000,(51): 665 – 697.

[27] Gaines, R. L. "CEO Reputation: A Key Factor in Shareholder Value", Corporate Reputation Review, 2000,(04): 366 – 370.

[28] Goethem. Socialising adolescent volunteering: How important are parents and friends? Age dependent effects of parents and friends on adolescents volunteering behaviours. Journal of Applied Developmental Psychology, 2014,35(02): 94 – 101.

[29] Guéguen, N, De. Gail. M A. The effect of smiling on helping behavior: Smiling and good Samaritan behavior. Communication Reports, 2003,16(02),133 – 140.

[30] Forgue, J. P, Bower. G. H. Mood effects on person-perception judgments. Journal of Personality and Social Psychology, 1987,53(01): 53 – 60.

[31] Garcia, Weaver, Moskowitz, Darley. Crowded Minds: The implicit by stander effect. Journal of Personality and Social Psychology, 2002,83(04): 843 – 853.

[32] Gian, Vittorio. Caprara, Claudio. Barbaranelli. R, Chris. Fraley. The simplicity of politicians' personalities across political context: An anomalous replication. Michele Vecchione International Journal of Psychology, 2007,42(06): 393 – 405.

[33] Hackenberg-Culotta, Lynn, S. , Clereland State University. Empathy development and its

relationship with aggressive and delinquent behavior in adolescents, DAI-B 63P03, P. 1551, Sep 2002, PQOD.

[34] Hamilton, W. D. The genetical evolution of social behaviour. II. Journal of Theoretical Biology, 1964,7(01): 17-52.

[35] Harbaugh, William. The Prestige Motive for Making Charitable Transfers. The American Economic Review, 1998,8(02): 277-282.

[36] Herold, E. S. , Goodwin M S. Self-esteem and sexual permissiveness. Journal of clinical psychology, 1979,35(04): 908-912.

[37] Hilbe, C. , Sigmund. K. Incentives and opportunism: From the carrot to the stick. Proceedings of the Royal Society B: Biological Sciences, 2010,277(1693): 2427-2433.

[38] R. J. Davidson. , K. R. Scherer,. H. H. Goldsmith. Handbook of affective sciences. Oxford, England: Oxford University Press, 2010.

[39] Hudec, S. M. Inducing volunteer community service in undergraduates: The relative contributions of prior experience, coursework, and the disposition of empathy and moral development: Dissertation and Thesis 2002,(24).

[40] Jones, Andrew, John. Posnett. Charitable Donations by UK Households: Evidence from the Family Expenditure Survey. Applied Economics, 1991,23(2): 343-351.

[41] Izard, C. E. Translating Emotion Theory and Research into Preventive Interventions. Psychologi-cal Bulletin, 2002,128(05): 796-824.

[42] J. Moll, F. Krueger, R. Zahn, et al. Human Fronto-Mesolimbic Networks Guide Decisions about Charitable Donation. The Proceedings of the National Academy of Sciences, 2006,103 (42): 15623-15628.

[43] Krebs, D, Hesteren. F. V. The Development of Aitruism: Toward an Intergrative Model. Development Review, 1994,14(02): 103-158.

[44] K. J. Arrow. optimal and vol-untary income distribution, Economic Welfare and the Economics of Soviet Socialism: Essays in Honor of Abram Bergson. Cambridge Cambridge University Press, 1981.

[45] Lantane. B, Darley. J. M. Group inhibition of bystander intervention. Journal of Personality and Social Psychology, 1968,8(04): 377-383.

[46] L. Raths. , M. Harmin. , S. Simon. Values and Teaching. Columbus, Ohio: Merrill.

[47] Ma, Dali. , William L. Parish. (2006)To cquevillian Moments: Charitable Contributions by Chinese Private Entrepreneurs, Social Forces, 1966,85(02): 943-964.

[48] Mackinnon-Lewis, C. , Lamb, M. E. Arbuckle, B. , Baradaran, L. P. &-Volling, B. L. The relationship between biased maternal and filial attributions and aggressiveness of their interaction. Developmental Psychopathol, 1992,(04): 403-415.

[49] Mazur, L. Time to Buff the Chief Executive's Global Charisma, Marketing, 1999,(20).

[50] McNair, D. M, Lorr, M. Droppleman. L. F. Revised manual for the profile of mood states. San Diego, CA: Educationaland Industrial Testing Services, 1992.

[51] Miyazaki, Hirokazu. Faith and Its Fulfillment: Agency, Exchange, and the Fijian Aesthetics of Completion. American Ethnologist, 2000,27(01): 31-51.

[52] M, hudson. Managing without Profit: the ART of Managing third Sector Organization. Penguin Group, 1995.

[53] Mussen, P, Eisenberg. N. Roots of Caring, Sharing and Helping. Child Development, 1997, (48): 1503-1511.

[54] Navarro, Peter. Why Do Corporations Give to Charity? The Journal of Business, 1998, 61 (01): 65-93.

[55] Neslon, L. D, Norton, M. I. Frow student to superhero: Situational primes shape future helping. iovimX of Experimental Social Psychology, 2005, 41(01): 423-430.

[56] Nowak, M. A, Sigmund, K. Evolution of Indirect Reciprocity. Nature, 2005, 437(7063): 1291-1298.

[57] Oswald, P. A. The effects of cognitive and affective perspective taking on empathic concern and altruistic helping. The Joural of Social Psychology, 1996, 136(05): 613-623.

[58] Norman, Miller. Personalization and the Promise of Contact Theory. Journal of Social Issues, 2002, 58(02): 387-410.

[59] Paulus, M, Kühn-Popp, N, Licata, M, Sodian, B, Meinhardt, J. Neural correlates of prosocial behavior in infancy: Different neurophysiological mechanisms support the emergence of helping and comforting. NeuroImage, 2012, (66): 522-530.

[60] Perc, M, Szolnoki, A. Coevolutionary games—a mini review. BioSystems, 2010, 99(02): 109-125.

[61] Penner, L. A, Finkelstein, M. A. Dispositional and structural determinants of volunteerism. Journal of Personality andSocial Psychology, 1998, 74(02): 525-537.

[62] Philip, Kotler. Marketing for Non profit Organizations, 2nd Ed. , 1982. G. S. Becker, A theory of social interactions, Journal of Political Economics, 1974.

[63] Philip, Kotler. Marketing for Non profit Organizations, 2nd Ed. , 1982. G. S. Becker, A theory of social interactions, Journal of Political Economics, 1974.

[64] Pipes, Paula. F. , Helen, Rose. Ebaugh. Faith-Based Coalitions, Social Services, and Government Funding. Sociology of Religion, 2002, 63(02): 49-68.

[65] Preston, S. D. A perception-action model for empathy. In T. Farrow, & P. Woodruff (Eds.), Empathy in mental illness. Cambridge, UK: Cambridge University Press, 2007.

[66] Putnam, Robert. D. Bowling Alone: the Collapse and Revival of American Community. New York: Simon & Schuster. 2000.

[67] Rotter, J. B. A new scale for the measurement of interpersonal trust Journal of Personality, 1967, (35): 651-665.

[68] Rushton, J. P. Generosity in chidren: Immediate and long-term effects of modeling, preaching, and moral judgment, Journal of Personality and Social Psychology, 1975, 31(03): 459-466.

[69] Rushton, J. P. , Chrisiohn, R. D. , Fekken, G. C. The altruistic personality and the self-report altruism scale, Personality and individual difference. 1981, 2(04)293-302.

[70] Sabrina, Oesterle. , Monica, Kirkpatrick. Johnson. , Jeylan, T. Mortimer. Volunteerism during the Transition to Adulthood: A Life Course Perspective. Social Forces, 2000, 82(03): 1123-1149.

[71] Sachdeva, S. R. D. L. Sinning Saints and Saintly Sinners: The Paradox of Moral Self-Regulation. Psychological Science (Wiley-Blackwell), 2009, 20(04): 523-528.

[72] Sauerhaft, S. , Atkins. C. Image Wars: Protecting Your CompanyWhen There's No Place to

Hide, New York: Wiley, 1989.
[73] Scheier. M. F, Carver. C. S, Bridges. M. W. Distinguishing optimism from neuroticism (and trait anxiety, self-mastery, and self-esteem): A re-evaluation of the Life Orientation Test. Journal of Personality and Social Psychology, 1994,67(06): 1063-1078.
[74] Schmidt, Shumow, Kackar. Adolescents' Participation in Service Activities and Its Impact on. Journal of Youth and Adolescence. 2007,36(02): 127-140.
[75] Shah, J. Y., Kruglanski, A. W. Priming against your will: How accessible alternatives affect goal pursuit. Journal of Experimental Social Psychology, 2002,38(04): 368-383.
[76] Shek, D. T. L Conceptual framework underlying the development of a Positive Youth Development Program in Hong Kong International Journal of Adolescent Medicine and Health, 2007,(18): 303-314.
[77] Shweder, R. A. Beyond self-constructed Knowledge: The study of clutre and morality. Merrill-Palmer Quarterly, 1982,28(01): 41-69.
[78] Srull, T. K. Wyer. The role of category accessibility in the interpretation of information about persons: some determinants and implications. Journal of personality and social psychology, 1970,(37): 1660-1672.
[79] Staub, E. A Child in Distress: the Influence of Age and Number of Witnesses on Children's Attempts To Help. Journal of Personality, 1970,(14): 130-140.
[80] Sternberg, R. J, Conway. B. E. Ketron. J. L, Bernstein. M. People's conceptions of intelligence. Journal of Personality and Social Psychology, 1981,(41): 37-45.
[81] Snyder, Omoto. Volunteerism: Social Issues Perspectives and Social Policy Implications. Social Issues and Policy Review, 2008,1(02): 1-36.
[82] Thoits, P. A., Hewitt LN. Volunteer work and well-being. J Health Soc Behav, 2001,42 (02): 115-131.
[83] Jane, A. Piliavin, Samuel L. Gaertner. The Arousal: Cost-reward Model and the Process of Interaction, 1991,(12): 86-118.
[84] United HealthCare & VolunteerMatch. (2010) Volunteers Report Improved Physical, Emotional Health.
[85] Vitaglione, Guy. Dante. Empathic anger as a predict or of punishing and helping behaviors, Kansas State University, 2008.
[86] Warneken, F, Tomasello, M. The roots of human altruism. British Journal of Psychology, 2009,100(03): 455-471.
[87] Wedekind, C, Braithwaite, V. A. The long-term benefits of human generosity in indirect reciprocity. Current Biology, 2012,12(12): 1012-1015.
[88] Wegner, D. M. The self in prosocial action In Wegner, D. M. &Vallacher, R, R. The self in social psychology. Oxford University Press, 1980.
[89] Wilson, Bryan. Salvation, Secularization, and De-moralization. The Blackwell Companion to Sociology of Religion, 2003,(02): 38-42.
[90] Wilson, E. O. the war between the words: biologieal vrsus social evolution and some Related issues, Section2: Genetie basis of behavior-expecically of altruism, 1975,(46): 458-468.
[91] Wilson, J. Volunteering. Annual Review of Sociology, 2000,(26): 215-240.
[92] Yingjie Liu, Xiaohua Bian, Yu Hu, Ya-Ting, Xuzhou Li, Baxter Di Fabrizio. The Influence

of intergroup bias on third-party altruistic behaviors: Ingroup relation attenuates altruistic punishment. Social Behavior And Personality, 2018,46(08): 1397-1408.

[93] [美]阿尔伯特·班杜拉. 陈欣银,李伯黍译. 社会学习理论. 北京: 中国人民大学出版社,2014.
[94] [美]艾斯. 李昆,李颖译. 公益之重——富裕阶层如何兼济社会福祉. 大连: 东北财经大学出版社,2014.
[95] [美]戴维·巴斯. 张勇,蒋柯泽. 进化心理学. 北京: 商务印书馆,2015.
[96] [美]弗斯顿伯格. 朱进宁等译. 非营利机构的生财之道. 北京: 科学出版社,1991.
[97] 阿达,阿杰. 灾后重建让公益组织发挥慈善力量. 西部广播电视. 2011.
[98] 巴伦,R. A. 伯恩·D. 杨中芳等译. 社会心理学第十版,上海: 华东师范大学出版社,2003.
[99] 白利刚. 亲社会行为研究中的几个问题. 暨南大学工商管理教育中心,1997.
[100] 白列湖,尚立富. 公益的内涵及其相关概念辨析. 哈尔滨师范大学社会科学学报,2012,(02): 22-28.
[101] 白宝玉,余俊宣,寇彧. 儿童青少年对腐败的认知及其发展. 教育研究与实验,2014,(02): 85-89.
[102] 加里·S·贝克尔. 王业宇,陈琪译. 人类行为的经济分析. 上海: 上海三联书店,1995.
[103] 蔡辰梅,杨玉帝,朱磊. 让公益心成为生命基因. 河北教育(德育版),2015,(02): 7-9.
[104] 蔡继明. 我国当前分配不公的成因和对策. 中共中央党校学报,2010,14(03): 11-15.
[105] 蔡勤禹. 慈善意识论. 天府新论,2006,(02): 101-106.
[106] 岑国桢,刘京海. 5~11岁儿童分享观念发展研究. 心理科学通讯,1988,21-25.
[107] 柴葳. 关工委调查: 超九成青少年认为参与公益是责任. 中国教育报,2009,(10): 4-4.
[108] 陈成文. 论社会慈善事业. 理论与改革,2000,(03): 25-27.
[109] 陈健,梁思影. 志愿者参与志愿服务的影响因素研究. 湖北函授大学学报,2013,26(04): 74-77.
[110] 陈武雄. 志愿服务的理念与实务. 台北: 中华民国志愿服务协会,2011.
[111] 陈武雄. 志愿服务理念与实务. 扬智文化事业股份有限公司,2004: 34-36.
[112] 陈少君. 公众参与社区志愿服务的影响因素与对策——以湖北省H市的15个社区为例. 社会工作,2007,(06): 36-39.
[113] 陈新民. 德国公法学基础理论. 北京: 法律人民出版社,2010.
[114] 陈旭. 情境讨论、榜样学习和角色扮演对儿童助人行为影响的实验研究. 西南师范大学学报(哲学社会科学版),1995.
[115] 陈淑芳. 不同情境下移情训练对幼儿助人行为影响的研究. 天津: 天津师范大学硕士学位论文,2012.
[116] 陈勇,陈建. 以人为本凸显医院公益性. 经营管理者,2012,(15): 384-384.
[117] 程立涛. "社会公德"及其相关概念辨析. 保定学院学报,2009,22(02): 70-73.
[118] 程岭红. 青少年学生责任感问卷的初步编制. 重庆: 西南大学硕士学位论文,2002.
[119] 迟毓凯,人格与情境启动对亲社会行为的影响. 上海: 华东师范大学博士后研究报告. 2005.
[120] 迟毓凯. 亲社会行为的启动效应研究——慈善捐助的社会心理学探索. 广州: 广东人民出版社,2009.
[121] 戴雪梅. 公益心与公德心的养成机制探析——来自晏阳初平民教育活动的启示. 科学经济社会,2009,27(03): 79-83.
[122] 邓华强. 悲伤与愤怒情绪诱发对助人决策的影响: 人际责任归因的作用. 成都: 四川师范大

学硕士学位论文,2018.

[123] 丁芳,郭勇. 儿童心理理论、移情与亲社会行为的关系. 心理科学,2010,33(03),660-662.
[124] 杜雪,位东涛,邱江. 创伤暴露非 PTSD 人群在慈善捐赠中的异常神经机制. 增强心理学服务社会的意识和功能——中国心理学会成立 90 周年纪念大会暨第十四届全国心理学学术会议论文摘,2011.
[125] 定险峰,易晓明. 群体灾难下的慈善捐赠!共情的中介效应. 中国临床心理学杂志,2011,9(03):363-366.
[126] 丁先明."中国梦"离不开公益心. 中国青年报,2013.
[127] 丁元竹,江讯清. 志愿活动:类型、评价与管理. 天津:天津人民出版社,2001.
[128] 董晓楠. 儿童亲社会行为的影响因素及培养方法. 中小学心理健康教育,2018,(27):17-19.
[129] 董蕊,张力为. 榜样启动对大学生运动员自我损耗的补偿作用. 中国体育科技,2012,(12):122-131.
[130] 董泽松,曾晓阳. 有志愿服务经历大学生生命意义感与幸福感的关系. 现代预防医学,2015,42(02):285-287.
[131] 芦咏莉,董奇,邹泓. 社会榜样、社会关系质量与青少年社会观念和社会行为关系的研究. 心理发展与教育,1998,(01):1-6.
[132] 冯莹娇. 微公益——大学生思想政治教育的新载体. 金华:浙江师范大学硕士学位论文,2012.
[133] 佛教象法决疑经. 大智度论卷 27. 台北:新文丰出版公司,1985.
[134] 范斌. 论当代中国民间慈善活动的三种实现方式——以上海市民间慈善组织、慈善项目和自发活动为例. 华东理工大学学报(社会科学版). 2005,(04):14-20.
[135] 范明惠,胡瑜. 青少年共情能力现状及相关因素. 中国心理卫生杂志,2017,(11):879-884.
[136] 樊富珉,付吉元. 大学生自我概念与心理健康的相关研究. 中国心理卫生杂志.,2001,(02):76-77.
[137] 方建移,现代传媒在儿童亲社会行为形成中的促进作用. 山东师范大学学报(人文社会科学版),2005,(02):125-127.
[138] 葛道顺. 我国企业捐赠的现状和政策选择. 学习与实践,2007,(03):120-133.
[139] 耿耀国,秦贝贝,夏丹,韩啸. 青少年世故性移情与亲社会行为的关系. 中国学校卫生. 2011,32(01):44-46.
[140] 巩彦平. 青少年公益行为的结构、测量及其实验研究. 温州:温州大学硕士学位论文,2018.
[141] 郭南. 微公益对中学生德育的影响研究. 哈尔滨:哈尔滨师范大学硕士学位论文,2014.
[142] 郭仁露. 青少年公益心的结构、测量及其发展特点. 温州:温州大学硕士学位论文,2016.
[143] 郭仁露,胡瑜等. 我国心理咨询与治疗领域热点知识图谱研究. 中国心理卫生杂志,2015,29(7):510-515.
[144] 郭仁露,卓高生,陈瑞洋. 人际信任对大学生参与志愿服务活动影响的实证研究. 温州职业技术学院学报,2015,15(04):66-72.
[145] 韩芳,李维喆. 生活价值观教育计划. 上海教育科研,2007,(06).
[146] 何东云,陈晨. 论幼儿早期阅读中移情能力的培养. 语文学刊,2015,(08):108-109.
[147] 何志毅,王广富. 企业家形象与企业品牌形象的关系. 经济管理,2005,(07):47-50.
[148] 胡发稳,张智,崔松,乔粉,廖峻,倪安琪,申建朝. 初中生的自尊、受益者特征与亲社会行为的关系. 社会心理科学,2009,(01):6-11.
[149] 胡发稳,丁颢. 大学生亲社会行为决策中自尊与情绪信息的交互作用. 心理学探新,2011,31

(03):244-248.
[150] 胡荣华.社会转型期青少年公民价值观构建探索.广东青年干部学院学报,2007,21(02):3-7.
[151] 胡瑜.弈的魅力——弈棋风格及其与棋手个性的关系研究.上海:华东师范大学博士学位论文,2007.
[152] 胡瑜,孔克勤,黄和林,徐平,吴纪琴,殷忠伟.弈棋风格的结构研究.心理科学,2008,31(04):780-783.
[153] 胡瑜,郭仁露,范玲霞.青少年学生公益心内隐观研究.心理科学,2019,42(01):202-208.
[154] 胡瑜,黄崇蓉,严婷婷.公益广告对青少年公益行为的内隐启动研究.心理与行为研究,2019,17(03):354-359.
[155] 胡瑜,张帝,徐淑慧.青少年公益的影响因素及其社会功能分析——基于心理学视角的实证研究.西南民族大学学报(社会科学版),2019,40(08):218-225.
[156] 黄智宽,郭尧,石晶.中国公众的公益观调查报告.人民论坛,2017,(06):60-63.
[157] 侯芬,伍新春,邹盛奇,刘畅,黄彬彬.父母教养投入对青少年亲社会行为的影响:亲子依恋的中介作用.心理发展与教育,2018,34(04):417-425.
[158] 侯杰泰,温忠麟,成子娟.结构方程模型及其应用.北京:教育科学出版社,2004.
[159] 侯玉兰,唐忠新.社区志愿服务理论与实务.北京:中国社会出版社,2009.
[160] 洪梦月,胡瑜.中观系统因素对青少年公益行为的影响.淮阴师范学院学报(自然科学版),2018,17(01):71-76.
[161] 慧远.三报论·弘明集(卷5).四部丛刊本.上海:商务印书馆,1922.
[162] 黄金飞.志愿服务活动对大学生责任意识形成的影响研究.广州:广州大学硕士学位论文呢,2012.
[163] 寇彧,张庆鹏.青少年亲社会行为概念表征的研究.社会学研究,2006,(05):169-187.
[164] 寇彧,付艳,张庆鹏.青少年认同的亲社会行为:一项焦点群体访谈研究.社会学研究,2007,(03):157-176+248.
[165] 寇彧,洪慧芳,谭晨,李磊.青少年亲社会倾向量表的修订.心理发展与教育,2007,(01):112-117.
[166] 寇彧,赵章留.小学4~6年级儿童对同伴亲社会行为动机的评价.心理学探,2004,24(02):48-52.
[167] 寇彧,张庆鹏.青少年亲社会行为促进(理论与方法).北京:北京师范大学出版社,2017.
[168] 寇彧,王磊,儿童亲社会行为及其干预研究述评.心理发展与教育,2003,19(04):86-91.
[169] 孔令智等.社会心理学新编.沈阳:辽宁人民出版社,1987.
[170] 金盛华,张杰.当代社会心理学导论.北京:北京师范大学出版社,1995.
[171] 金雪莲,张丽红.儿童亲社会行为研究综述.学术交流,2010,(11):56-57.
[172] 蒋晶.影响我国个人捐赠者捐赠决策过程的心理机制——基于情感适应理论的实证研究.中国软科学,2014,(06):44-57.
[173] 蒋小民,我国个人慈善行为捐赠的影响因素的研究.武汉:武汉科技大学硕士论文,2011.
[174] 江立华,王斌.何以为善:郑杭生慈善社会学思想理论评析.社会学评论,2016,4(02):50-58.
[175] 江光荣.中小学班级环境:结构与测量.心理科学,2004,(04):839-843.
[176] 鞠彬彬.大学生参与志愿服务动机研究——以湖北省十所高校为例.武汉:华中师范大学硕士论文,2013.

[177] 李春成. 公共利益概念的建构评析. 复旦学报(社科版),2003,(01):48-49.
[178] 李丹. 影响儿童亲社会行为的因素的研究. 心理科学,2000,23(03):285-288.
[179] 李洁. 转性期中国政府的善治——基于社会资本在民主制度和治理中的效用. 商业文化(学术版),2010,(08):360-360.
[180] 李骏. 中国企业慈善的发展现状. 社会观察,2005,(09):24-25.
[181] 李莉,青少年公益活动问题研究. 长春:东北师范大学硕士学位论文,2012.
[182] 李辽. 青少年的移情与亲社会行为的关系. 心理学报,1990,(01):72-79.
[183] 李楠. 大学生微公益参与现状的调查研究. 大学(研究版),2015,(06):60-69.
[184] 李芹. 城市社区老年志愿服务研究——以济南为例. 2010,(06):72-80.
[185] 李伟强,郭本禹. 学校道德氛围知觉对道德发展影响的教育干预实验. 心理科学,2013(02):390-394.
[186] 李日兰. 大学生价值观类型与亲社会行为的关系. 雁北师院学报(文科版),1996,(05):57-60.
[187] 李淑莲,吴连涛. 论家庭环境在青少年儿童品德发展中的作用. 和田师范专科学校学报,2010,29(01):65-66.
[188] 李筱婧,万军. 利用公益创投促进公益组织发展. 理论与现代化,2010,(03):70-72.
[189] 李循. 公益心是社会发展不可或缺的资源. 中国城市经济,2006,(10):92.
[190] 李亚平,于海. 第三域的兴起. 上海:复旦大学出版社,1998.
[191] 李占霞. 社会公益行为的伦理审视. 石家庄:河北师范大学硕士学位论文,2009.
[192] 李知遥. 公民道德建设要从青少年抓起. 贵州教育,2002,(04):8.
[193] 林崇德. 发展心理学. 北京:人民教育出版社,2009.
[194] 林崇德,杨治良,黄希庭. 心理学大辞典. 上海:上海教育出版社,2003.
[195] 林崇德. 创造性心理学. 北京:北京师范大学出版社,2018.
[196] 刘冰源. 参加公益活动促进大学生身心健康. 学习刊,2010,(26):95-96.
[197] 刘继亮,孔克勤. 进化人格心理学的概念和理论. 心理科学,2000,23(06):743-744.
[198] 刘敏婵. 论中国政府与慈善组织的关系. 西安:陕西师范大学硕士毕业论文,2006.
[199] 刘明. 促进收入分配公平的财政政策取向. 社会科学家,2007,(06):106-109.
[200] 刘蓉. 青少年公益教育理论与实践. 无锡:江南大学硕士论文,2013.
[201] 刘珊,风笑天. 大学生志愿服务:动机、类型及问题. 陕西青年管理干部学院学报,2005,(02):15-17.
[202] 刘树忠. 大学生公益素养现状及其培育. 南宁:广西师范大学硕士学位论文,2011.
[203] 刘彦华,曾宪翠. 大学生人际交往的差异性研究. 当代青年研究,2007,(10):77-80.
[204] 卢汉龙. 企业捐赠调查报告. 见:公司与社会公益. 北京:华夏出版社,2002.
[205] 陆亚男. 大学生公益活动研究. 哈尔滨:东北林业大学硕士论文,2013.
[206] 罗公利,杨选良,李怀祖. 面向大学的社会捐赠行为的经济学分析. 经济理论与经济管理,2007,(05):37-42.
[207] 路静. 小学高年级学生学业压力与攻击性之间关系的研究. 天津:天津师范大学硕士学位论文,2013.
[208] 陆霓. 我国青少年自主公益行为参与现状. 当代青年研究,2011,(07):49-53.
[209] 陆士桢,王玥. 青少年社会工作. 北京:社会科学文献出版社,2005.
[210] 陆士桢,李启民. 中国青少年公益认知和行为蓝皮书. 北京:团结出版社,2009.
[211] 陆玉林. 中国道家. 北京:宗教文化出版社,1996.

[212] 卢永兰. 大学生道德推脱、移情和亲社会行为的特点及其关系研. 福州：福建师范大学硕士论文,2013.
[213] 彭柏林. 当代中国公益伦理. 北京：人民出版社,2010.
[214] 彭柏林. 公益伦理的界定. 云梦学刊,2007,(06)：57-60.
[215] 彭柏林. 论儒家的公益伦理思想. 东洋伦理与文化——第18次韩中伦理学国际学术大会,2010
[216] 彭柏林. 论道家和道教的公益慈善伦理思想. 云梦学刊,2014,(01)：63-66.
[217] 彭柏林,论墨家的公益伦理思想. 2013,(04)：125-129.
[218] 彭茹静,利他主义行为的理论发展研究. 江西社会科学,2003,(07)：221-223.
[219] 马丽芳. 浅谈青少年亲社会行为及其培养. 科协论坛,2009,(03)：174-175.
[220] 马伊里,杨团. 公司与社会公益. 北京：华夏出版社,2002.
[221] 毛静思. 中学生道德判断能力、内疚与亲社会行为的关系研究. 成都：四川师范大学硕士学位论文,2012.
[222] 孟凡平. 论中国志愿服务发展的趋势. 十堰职业技术学院学报,2012,(03)：13-15.
[223] 南方,罗薇. 社会资本视角下城市居民捐款行为的影响因素分析. 北京师范大学学报(社会科学版),2013,(03)：237.
[224] 牛茜. 大学生参与志愿服务的收获研究. 中国青年政治院硕士学位论文,2008.
[225] 缪其克,威尔逊. 魏娜等译. 志愿者. 北京：中国人民大学出版社,2013.
[226] 倪霞玲,寇彧. 大学生亲社会人格结构与特点的初步研究. 第十一届全国心理学学术会议论文摘要集,2007年.
[227] 其其格. 当代青少年公益行为影响因素之定量研究. 北京：中国青年政治学院硕士学位论文,2011.
[228] 祁刚利. 道德自觉个体人格与公德心. 河北师范大学学报(哲学社会科学版),2013,36(06)：51-54.
[229] 秦晖. 从传统民间公益组织到现代"第三部门"——中西公益事业史比较的若干问题传统十论——本土社会的制度、文化及其变革. 上海：复旦大学出版社,2003.
[230] 秦晖. 政府与企业以外的现代化：中西公益事业史比较研究. 杭州：浙江人民出版社,1999：168-169.
[231] 秦丽楠. 依恋代际传递的内容和机制. 上海：华东师范大学硕士论文,2010.
[232] 青少年政策发展研究的国际背景及其启示"中国青少年政策研究"课题组. 青少年政策发展研究的国际背景及其启示. 中国青年政治学院学报,1999,(04)：23-28.
[233] 全国人大代表常务委员. 中华人民共和国公益事业捐赠法. 中华人民共和国第九届全国人民代表大会常务委员会第十次会,1999.
[234] 沈贵鹏. 公益教育：一个亟待拓展的领域. 思想教育论,2013,(20)：21-22.
[235] 沈贵鹏,袁盼盼,刘蓉. 初中生公益心发展现状及培养建议. 教学与管理,2016.
[236] 沙莲香. 社会心理学. 北京：中国人民大学出版社,2011.
[237] 师海玲,范燕宁. 社会生态系统理论阐释下的人类行为与社会环境——2004年查尔斯·扎斯特罗关于人类行为与社会环境的新探讨. 首都师范大学学报(社会科学版),2005,(04)：94-97.
[238] 沈潘艳,郑南柯,王斌. 大学生志愿者的心理成长——对15名大学生志愿者的深度访谈分析. 学术探索,2012,(12)：84-87.
[239] 施雯. 初中生家庭教养方式与亲社会行为的关系研究. 南昌：南昌大学硕士学位论文,2018.

[240] 苏丹.适应取向中学生心理健康量表的初步编制.重庆：西南大学硕士学位论文,2007.
[241] 孙君临.当代国外的利他主义研究.哲学动态,1999,(08)：42-44.
[242] 孙云晓,刘秀英.应当培养青少年热心公益的习惯.精神文明导刊,2009,(06)：38-40.
[243] 宋爽.青少年网络微公益参与行为分析与引导对策.新闻与写作,2013,(07)：95-97.
[244] 帅琳.电视节目中榜样行为对儿童助人行为影响的实证研究.上海：华东师范大学硕士学位论文,2014.
[245] 谭韵.论税收对收入分配的内在调节机制.贵州财经学院学报,2009,(02)：50-53.
[246] 谭建光.志愿服务与义务工作：两种观念影响下的行为模式——以广东省珠江三角洲为个案的研究.中国青年政治学院学报,2004,(05)：50-56.
[247] 唐杰.北京公众参与志愿服务动机研究.北京社会科学,2008,(03)：57-63.
[248] 唐娟.公民公益行为的理论分析.河南大学学报(社会科学版),2004,44(05)：163-167.
[249] 汤舒俊,舒博,张文渊.利他人格自陈量表在大学生群体中的修订.长江大学学报(社科版),2015,(07)：38.
[250] 田俊美,刘丹丹,卢富荣.道德情绪对大学生亲社会行为的影响.心理技术与应用,2018,(12)：714-721.
[251] 田铭译.进化思想史.南昌：江西教育出版社,1999.
[252] 田园.研究生人际信任、领悟社会支持与亲社会行为倾向的关系研究.杭州：杭州师范大学硕士学位论文,2011.
[253] 途彦萃.网络流行语传播原因及效应.新闻传播与研究,2010,(08)：45.
[254] 任园,徐圣龙.都市青少年公益参与行为研究.山东青年政治学院学报,2015,(06)：48-53.
[255] 王劲颖,沈东亮,屈涛,刘忠祥.美国非营利组织运作和管理的启示与思考——民政部赴美国代表团学习考察报告.社团管理研究,2011,(03)：19-25.
[256] 王美芳,庞维国.艾森伯格的亲社会行为理论模式.心理学动态,1997,(04)：37-42.
[257] 王丽.中小学生亲社会行为与同伴关系、人际信任、社会期望及自尊的关系研究.陕西师范大学硕士学位论文,2003.
[258] 王丽,王庭照.青少年亲社会行为研究.当代青年研究,2005,(11)：51-53.
[259] 王名,陶传进.中国社会组织已成为政府与企业的桥梁与纽带.中国林业产业,2012,(04)：23-25.
[260] 王洪涛.高校公益活动的育人功能探析.改革与开放,2015,(04)：86-87.
[261] 翁宝美.父母癌逝青少年之悲伤历程研究——以正向影响为焦点之探讨.衡阳：南华大学生硕士学位论文,2007.
[262] 王淑玉,张萌园.美国青少年公益慈善意识的培育及其借鉴意义.当代教育科学,2012,(23)：45-48.
[263] 王淑玉.社会管理创新与青少年公益慈善意识的培养.中国青年研究,2012,(08)：98-100.
[264] 王思斌.社会工作概论.北京：高等教育出版社,1999.
[265] 王垚.不同人际关系取向下权力对利他行为的作用.南京：南京师范大学硕士学位论文,2014
[266] 王玉初.有颗公益心叫"老外拦车".求学,2015,(03).
[267] 王振其,程斌.自我概念在亲社会行为形成中的作用.淮南师范学院学报,2000,(04)：60-61.
[268] 魏勇刚,王子鉴,李红.主观价值判断对学前儿童捐赠行为的影响.重庆师范大学学报(哲学社会科学版),2008,(04)：125-128.
[269] 吴江.1994—2007中国志愿服务的文献研究.中国青年研究,2008,(01)：85-89.

[270] 吴俊峰,宋继文. 大学生志愿服务动机维度构成实证研究. 上海管理科学,2010,32(3): 44-47.

[271] 吴九君,郑日昌. 大学生心理和谐量表的编制. 中国健康心理学杂志,2011,19(05): 622-624.

[272] 吴丽纯. 中国民间公益组织现状和发展探讨. 青年文学家,2013,(05):196.

[273] 吴念阳,许政援. 3~6岁幼儿亲社会行为一致性的研究. 心理科学,1992,(05):51-53.

[274] 吴鹏,范晶,刘华山. 道德情绪对网络助人行为的影响——道德推理的中介作用. 心理学报,2017,(12):1559-1569.

[275] 吴小琴. 自尊、父母教养方式与大学生亲社会行为的关系研究. 西安:陕西师范大学硕士学位论文,2009.

[276] 心理和谐研究项目组. 我国民众心理和谐状况研究. 中国科学院院刊,2008,(02):168-174.

[277] 西塞罗. 西塞罗三论. 北京:商务印书馆,1987.

[278] 肖凤秋,郑志伟,陈英和. 亲社会行为产生机制的理论演进. 心理科学,2014,(05): 1263-1270.

[279] 谢晔,周军. 情绪和框架效应对个体捐赠决策影响的实验研究. 心理科学,2012,(04): 951-956.

[280] 谢晔. 利他人格和情境因素对于个体捐赠决策的影响. 心理与行为研究,2013,11(04): 535-540.

[281] 新浪微博数据中心. 2018年度微博用户发展报告,2018.

[282] 邢江伟. 公益广告对青少年的道德影响研究. 郑州:郑州大学硕士学位论文,2010.

[283] 徐连梅. 浅谈传统文化对我国公民意识形成的消极影响. 消费导刊,2009,(11):214-214.

[284] 徐寅杰. 汉服复兴之于公民社会建设的作用. 山东纺织经济,2010,(06):69-70.

[285] 薛小凤. 动画片对幼儿亲社会行为的影响. 呼和浩特:内蒙古师范大学硕士学位论文,2012.

[286] 姚秀娟. 3~6岁幼儿在园助人行为研究. 武汉:华中师范大学硕士学位论文,2015.

[287] 杨超,唐亚阳. "公益"概念辨析. 伦理学研究,2015,(06):115-118.

[288] 杨伯凯译. 实证主义概观. 上海:商务印书馆,1938.

[289] 杨琳,张秀英. 微时代互联网+公益现状调查. 中国报业,2018,(12):30-32.

[290] 杨晶. 干预初中生的同伴关系以促进其亲社会行为. 心理发展与教育,2015,31,(02): 239-245.

[291] 杨敏,黄家亮,邵占鹏. 论中国社会的变迁、治理及中日关系——郑杭生教授与日本公使远藤和也谈话录. 社会学评论,2015,3(01):3-15.

[292] 杨兴鹏. 加强儿童移情训练,促进儿童亲社会行为发展. 黄石教育学院学报,2006,23(01): 67-70.

[293] 杨岳. 我国社会组织发展的历史机遇与模式建构. 社团管理研究,2011,(06):5-7.

[294] 杨偲偲,刘宏宇. 儿童助人行为与任务难度的实验研究. 湖北经济学院学报(人文社会科学版),2008,(01):172-174.

[295] 杨中芳,彭泗清. 中国人人际信任的概念化:一个人际关系的观点. 社会学研究,1999,(02): 3-23.

[296] 杨志强. 初中生亲社会行为动机现状分析. 南京:南京师范大学硕士学位论文,2004.

[297] 宇朝霞,胡瑜. 微公益:学校德育的新途径. 中国德育,2017,(01):20-23.

[298] 于馥颖. 公益行为主体道德权利解析. 齐齐哈尔大学学报(哲学社会科学版),2016,(04): 47-49.

[299] 俞国良.社会心理学.北京:北京师范大学出版社,2006.
[300] 于海琴.小学高年级儿童亲子依恋发展与其与同伴交往关系.心理发展与教育,2002,(04):36-40.
[301] 于萍.初中孤儿共情能力与亲社会行为倾向关系的研究.沈阳:沈阳师范大学硕士论文,2016.
[302] 余宏波,刘桂珍.移情、道德推理、观点采择与亲社会行为关系的研究进展.心理科学与教育,2006,22(01):113-116.
[303] 岳冬梅,李鸣杲,金魁和,丁宝坤.父母教养方式:EMBU 的初步修订及其在神经症患者的应用.中国心理卫生杂志,1993,(03):97-101.
[304] 郑信军.道德敏感性:基于倾向与情境的视角.上海:上海师范大学博士学位论文,2008.
[305] 郑信军,何佳娉.诱发道德情绪对大学生人际信任的影响.中国临床心理学杂志,2011,19(04):508-511.
[306] 郑信军,温小欧,吴琼琼.中学生的道德情绪内隐观研究.心理科学,2013,36(01):122-127.
[307] 张伯晋.法家伦理思想体系的最终构建——以韩非和《韩非子》为研究对象,2010:79-81.
[308] 张春兴.教育心理学:三化取向的理论与实践.修订二版.台北:东华书局股份有限公司,2007.
[309] 张帝,胡益霞,胡瑜.榜样对青少年公益行为的内隐启动.邵阳学院学报(自然科学版),2019,(04):102-107.
[310] 张凤凤,董毅,汪凯,詹志禹,谢伦芳.中文版人际反应指针量表(IRI-C)的信度及效度研究.中国临床心理学杂志,2010,18(02):155-157.
[311] 张进美,刘武.公民慈善捐赠行为研究综述.社会工作(学术版),2011,(10):47-45.
[312] 张兰君,何雯.微公益对青少年身心发展影响研究.当代青年研究,2013,(03):19-23.
[313] 张璐斐,吴培冠,马庆强,张琦光.青少年行为研究新模式的实证探讨.教育探索,2000,(01):38-40.
[314] 张萍.儿童亲社会行为及其培养策略.中小学心理健康教育,2007,(01):83-85.
[315] 张庆鹏,寇彧.青少年亲社会行为测评维度的建立与验证.社会学研究,2011,(04):105-121.
[316] 张文新,儿童社会性发展.北京:北京师范大学出版社,1999.
[317] 张旭昆.试析利他行为的不同类型及其原因.浙江大学学报,2005,35(04):13-21.
[318] 张韧韧.公民社会视域中公益行为客体的道德权利.吉林省教育学院学报,2014,30(10):136-137.
[319] 张月荣.儿童在亲社会两难反应中的判断和情绪归因.沈阳:沈阳师范大学硕士论文,2016.
[320] 张琼,原献学.无意识思维结果浮现的时间目标依赖性.心理科学,2015,38(01):62-67.
[321] 张网成.大学生志愿服务及其对社会信任的作用.青年研究,2016,(03):21-30.
[322] 张兴贵,何立国,郑雪.青少年学生生活满意度的结构和量表编制.心理科学,2004,(05):1257-1260.
[323] 张志红.我国公益教育联动机制的构建.当代教育部与文化,2013,(06):5-12.
[324] 赵丹丹.大学生社会公益实践的问题与对策研究.南京航空航天大学硕士学位论文,2015.
[325] 赵红丽.当代中国独生子女家庭德育问题研究.苏州:苏州大学硕士学位论文,2009.
[326] 赵乐.信仰的魅力与社会资本的实力:浅析美国宗教慈善组织的两大支柱.上海:复旦大学硕士学位论文,2008.
[327] 赵娜.父亲角色对儿童发展的影响.长春:东北师范大学硕士学位论文,2007.

[328] 赵培.幼儿的亲社会行为培养策略研究综述.金华：浙江师范大学硕士学位论文,2015.
[329] 赵伟.道德实践与大学生社会发展：服务性学习的作用.北京：北京化工大学硕士学位论文,2012.
[330] 周秋光、曾桂林.中国慈善简史.北京：人民出版社,2006.
[331] 周强,杨梓.榜样影响儿童利他行为发展的实验研究.陕西师大学报(哲学社会科学版),1995,(01)：156-160.
[332] 中国心理学会.促进心理和谐,构建和谐社会.心理学报,2007,39(01)：1-8.
[333] 朱家成.宗教场所慈善公益行为的影响因素分析——基于2013—2014年中国宗教调查(CRS)数据,2017.
[334] 朱贻庭.中国传统伦理思想史.上海：华东师范大学出版社,2003.
[335] 朱永祥.认知的内隐理论及其分析方法.心理发展与教育,1991,(04)：32-37.
[336] 钟华,郭永玉.利他人格研究述评.华东师范大学学报(教育科学版),2008,26(01)：68-73.
[337] 钟严.从汶川到雅安的启示.今日海南,2013,(05)：24-24.
[338] 卓高生.公益精神概念辨析.理论与现代化,2010,(01)：87-91.
[339] 卓高生.当代国内志愿精神研究回顾与展望.中国特色社会主义研究,2014,(02)：106-109.
[340] 卓高生.现代社会公益精神的价值及本质特征.甘肃社会科学,2012,(04)：58-61.
[341] 卓高生.我国社会公益精神面临的困境及其培育对策.山东社会科学,2011,(03)：167-169.
[342] 卓高生,孔德民,车文君.大学生志愿服务动机功能理论的实证研究.统计与决策,2014,(06)：111-113.
[343] 宗君,夏建忠.青少年公益意识及其影响因素.北京：中国人民大学硕士学位论文,2009.

附录：研究工具和材料

附录1：青少年公益行为量表

下面，请您根据自己对"公益行为"的理解，或者根据自己参与公益活动的实际情况在相应的数字上打"√"。

序号	具 体 描 述	非常符合	比较符合	不确定	比较不符合	非常不符合
1	参加社会公益活动，是做人的责任和义务	1	2	3	4	5
2	帮助别人能给自己带来好的名声	1	2	3	4	5
3	身边人都捐款捐物，我不做不好意思	1	2	3	4	5
4	大部分公益活动是学校组织的，必须参与	1	2	3	4	5
5	帮助他人，可以减轻内心的痛苦	1	2	3	4	5
6	学校或者父母要求，我不得不做	1	2	3	4	5
7	只有身边的同学参与志愿服务时，我才会参加	1	2	3	4	5
8	我只是有太多空闲时间才去参加公益活动	1	2	3	4	5
9	参加公益活动可以为社会、为有困难的人献出一份爱心	1	2	3	4	5
10	参加公益活动可以结交更多的朋友	1	2	3	4	5
11	班上的同学都捐款了，我不好意思不捐款	1	2	3	4	5
12	参加公益活动可以提升自己的影响力	1	2	3	4	5
13	我经常会为那些遇到紧急情况的人提供帮助	1	2	3	4	5
14	积极参与社会公益活动，有利于增强社会责任感	1	2	3	4	5
15	公益能够为那些病危的人们提供紧急救助	1	2	3	4	5

续 表

序号	具体描述	非常符合	比较符合	不确定	比较不符合	非常不符合
16	参加公益活动有利于集体意识、责任意识的形成	1	2	3	4	5
17	我常常因为对方的处境很可怜而去帮助他	1	2	3	4	5
18	扶危济贫是中华民族的传统美德	1	2	3	4	5
19	做公益能够得到社会和他人的认可	1	2	3	4	5
20	参加社会公益活动不是为了索取回报	1	2	3	4	5
21	在父母的要求下,我才会参加社区组织的爱心捐助活动	1	2	3	4	5
22	一些人出于对仁爱思想的信仰,把扶贫救弱当做义不容辞的责任	1	2	3	4	5
23	参加公益活动能够提高我在别人心目中的地位	1	2	3	4	5
24	做公益能够体现出我们的道德素质	1	2	3	4	5
25	在我帮助别人的时候,我希望有一天他们也能帮助我	1	2	3	4	5
26	当有其他同学在场时,我更愿意帮助那些需要帮助的人	1	2	3	4	5
27	我经常在好朋友的要求下参加各种社会公益活动	1	2	3	4	5

附录2：青少年亲社会行为倾向量表

下面,请您根据自己对"亲社会行为"的理解,或者根据自己参与亲社会活动的实际情况在相应的数字上打"√"。

序号	具体描述	非常不像我	比较不像我	一般	比较像我	非常像我
1	有人在场时,我会竭尽全力帮助别人	1	2	3	4	5
2	当我能安慰一个情绪不好的人时,我感觉非常好	1	2	3	4	5
3	当别人请我帮忙时,我很少拒绝	1	2	3	4	5
4	有人围观的情况下,我更愿意帮助别人	1	2	3	4	5
5	我倾向于帮助那些真正遇到麻烦急需帮助的人	1	2	3	4	5
6	在很多公众场合中我更愿意帮助别人	1	2	3	4	5
7	当别人请我帮助时,我会毫不犹豫地帮助他们	1	2	3	4	5

续　表

序号	具体描述	非常不像我	比较不像我	一般	比较像我	非常像我
8	我更愿意在匿名的情况下捐款	1	2	3	4	5
9	我倾向于帮助那些严重受伤或患病的人	1	2	3	4	5
10	我捐钱捐物不是为了能从中有所获益	1	2	3	4	5
11	别人求我帮助时,我会很快放下手头的事去帮助他	1	2	3	4	5
12	我倾向于帮助那些需要帮助的人而不留名	1	2	3	4	5
13	我倾向于帮助别人,尤其是当对方情绪波动的时候	1	2	3	4	5
14	在有人看着的情况下,我会竭尽所能帮助他人	1	2	3	4	5
15	当别人处于饥寒交迫时,我会很自然为他们提供帮助	1	2	3	4	5
16	大多数情况下,我帮助别人不留名	1	2	3	4	5
17	我投身志愿服务付出时间精力,不是为了获得更多回报	1	2	3	4	5
18	我在他人情绪激动的情境中更有可能去尽力帮助他们	1	2	3	4	5
19	当别人要求我帮助他们时,我从不拖延	1	2	3	4	5
20	我认为在当事人不知道的情况下给予帮助是最好的	1	2	3	4	5
21	在让人情绪激动的情境下,我更想去帮助那些需要帮助的人	1	2	3	4	5
22	我常在别人不知道的情况下做些捐助,因为这样让我感觉很好	1	2	3	4	5
23	我帮助别人不是为了将来他们相应地回报我	1	2	3	4	5
24	当别人提出要我帮忙时,我会尽我所能地帮助他们	1	2	3	4	5
25	我经常帮助别人,即使从中得不到任何好处	1	2	3	4	5
26	当别人心情很不好的时候,我常常帮助他们	1	2	3	4	5

附录3：道德特质启动与中性启动实验材料

(1) 道德启动部分(部分)

指导语：请根据下面所给词汇,使用其中的四个词汇组成一个符合语法的句子,并将其写在右边的空格里。例如："他、农村、偏远的、来自、城市"中,被试可形成"他来自偏远的农村"。

序号	词 汇	组 合 句 子
1	学习 通常 是 他 守信的	
2	精美的 这是 哪里 礼物 一个	
3	原则 诚实 邮寄 是 做人的	
4	绵延 雄伟的 大海 长城 万里	
5	这是 婚礼 传统的 一次 假期	
6	气温 招人 孝顺的 孩子 喜欢	
7	负责的 忽略 他 很 平时	
8	真诚的 他们 依靠 交流 进行了	
9	提倡 无助的 礼貌 值得 待人	
10	椭圆的 状态 鸡蛋的 是 形状	
11	朦胧的 遐想 太阳的 夜色 使人	
…	……	……

(2) 控制启动部分（部分）

指导语：请根据下面所给词汇，使用其中的四个词汇组成一个符合语法的句子，并将其写在右边的空格里。

例如："他、农村、偏远的、来自、城市"中，被试可形成"他来自偏远的农村"。

序号	词 汇	组 合 句 子
1	精美的 这是 哪里 礼物 一个	
2	绵延 雄伟的 大海 长城 万里	
3	这是 婚礼 传统的 一次 假期	
4	今天的 下雨 天气 晴朗 很	
5	椭圆的 状态 鸡蛋的 是 形状	
6	悠长 很少 顾客 小巷里 行人	
7	见面 保持 彼此 他们 经常的	
8	朦胧的 遐想 太阳的 夜色 使人	
9	雪地上 胳膊的 脚印 有串 清晰的	
10	远方 笔直的 通向 目前 大路	

序号	词　　汇	组 合 句 子
11	这里　山路　椭圆的　弯曲的　有一条	
…	……	……

(3) 公益行为水平测量任务

现在,想象你已经毕业离开学校,并且你的经济收入处在一个比较理想的状态,现在有一家慈善机构正在募捐善款,你愿意把你每年收入的多大比例捐赠给这个机构呢?请你在1(0%)~8(25%)之间做出你的选择。(直接在相应的选项前打"√")

　　A. 1%或更少　　B. 2%~3%　　C. 4%~5%　　D. 6%~10%
　　E. 11%~15%　　F. 16%~20%　　G. 21%~25%　　H. 25%以上

附录4:青少年公益动机问卷

填答说明:以下陈述均为人们从事公益活动的原因,请您判断这些陈述符合您的实际情况的程度,请在合适的栏中打"√"。

序号	陈　　述	很符合	符合	不清楚	不符合	很不符合
1	我是为了在学校(单位)加分					
2	我是为了学到一些知识					
3	我参加公益是想通过自己的努力,改变这个社会					
4	参加公益是我作为一个公民应该做的					
5	我是不得已,因为别人对我的要求					
6	我参加公益活动是希望交更多朋友,拓宽人际					
7	因为参加公益能在一定程度上实现我的人生价值					
8	我是为了获得一些荣誉称号或者证书					
9	我是因为碍于情面,别人叫我,不去不好					
10	参加公益是因为我向往公益的精神,能坚持公益的人是高尚的					
11	我是为了得到大家的表扬和鼓励					
12	我是为了学到一些技能(如支教可以增强师范技能)					

续 表

序号	陈述	很符合	符合	不清楚	不符合	很不符合
13	我参加公益只是去打个酱油,没什么想法					
14	我主要是受身边的人影响比较多,也没多想,就去参加了					
15	参加公益是因为自己帮助别人解决了困难,会觉得很欣慰					
16	我是为了去体验一些自己没体验过的东西					
17	我参加公益是因为有些公益活动形式很有趣,很好玩					
18	参与公益是因为我觉得从事公益是一种有担当、负责任的表现					
19	我主要是觉得这些活动宣传得比较好,所以就去参加了					
20	我是为了收到感谢信或纪念品					
21	我是为了增强自己对自己的肯定和信心					
22	参与公益就是发自内心的,没什么原因,想做就做					
23	参加公益是因为我觉得如果我们有能力的话就应该去帮助那些需要我们帮助的人					
24	参加公益活动,是因为我想用自己短暂的生命服务更多的人					
25	我是为了获得一些物质报酬					
26	我参加公益活动是为了让自己变得更优秀					

附录5:公益心问卷

下面的38道题是了解你对自己的看法,没有好坏之分,只需要根据你自己的真实情况对每个题目做出回答(在适合你的数字上打"√")。

题目	非常不符合	不太符合	不确定	比较符合	非常符合
1. 学校号召捐款的时候,我总是毫不犹豫地捐钱	1	2	3	4	5
2. 在公交车上我主动给老弱病残孕让座	1	2	3	4	5
3. 同学生病了,我主动地陪着去看医生	1	2	3	4	5

续　表

题　　目	非常 不符合	不太 符合	不确定	比较 符合	非常 符合
4. 我认为人本性是善良的	1	2	3	4	5
5. 我不忍心伤害小动物	1	2	3	4	5
6. 在确保不会被冤枉的情况下,我会扶起摔倒的陌生人	1	2	3	4	5
7. 无论朋友还是陌生人,我都会友好对待	1	2	3	4	5
8. 我会对陌生人的不幸遭遇表示同情	1	2	3	4	5
9. 我为灾区同胞的不幸经历感到悲痛	1	2	3	4	5
10. 看到动物受伤,我心里难过	1	2	3	4	5
11. 我要学会爱自己,爱家人,爱祖国	1	2	3	4	5
12. 我能够设身处地为他人着想	1	2	3	4	5
13. 我能够参加学校组织的打扫马路等活动	1	2	3	4	5
14. 我是个慷慨大方的人	1	2	3	4	5
15. 我能够体谅别人所遭遇的不幸	1	2	3	4	5
16. 看到污染的河水时,我心里感到难受	1	2	3	4	5
17. 我会拧紧滴水的水龙头	1	2	3	4	5
18. 我很乐意与他人分享我的快乐	1	2	3	4	5
19. 我不是个斤斤计较的人	1	2	3	4	5
20. 我能够参加清理卫生死角和白色垃圾之类的活动	1	2	3	4	5
21. 我能够参加学校、社区组织的环保宣传活动	1	2	3	4	5
22. 我是一个活泼可爱的人	1	2	3	4	5
23. 我很少乱扔垃圾	1	2	3	4	5
24. 我对参加公益志愿活动充满激情	1	2	3	4	5
25. 我从小就养成了勤俭节约的习惯	1	2	3	4	5
26. 我会制止乱摘花朵、践踏草坪的行为	1	2	3	4	5
27. 我是一个乐观开朗的人	1	2	3	4	5
28. 我会乐观坦然地面对生活中不幸的事情	1	2	3	4	5
29. 在帮助别人时,我总是能自信地应对期间发生的各种困难	1	2	3	4	5
30. 我和其他人的关系很融洽	1	2	3	4	5
31. 在帮助他人克服困难之后,我会变得更加自信	1	2	3	4	5
32. 每次看到同学违反班级纪律的时候,我总是提醒他们	1	2	3	4	5

续 表

题 目	非常 不符合	不太 符合	不确定	比较 符合	非常 符合
33. 在学习和生活中,我热爱班级、关心同学	1	2	3	4	5
34. 我在各种场合都会遵守道德准则	1	2	3	4	5
35. 我是一个懂礼貌的学生	1	2	3	4	5
36. 我能够礼貌地对待周围的每一个人	1	2	3	4	5
37. 我主动帮助学习上有困难的同学	1	2	3	4	5
38. 我很擅长处理和陌生人的人际关系	1	2	3	4	5

附录 6：公益对偶故事

下面一共有四个故事，请你在阅读完故事后，回答故事下面的问题，回答无好坏之分，请根据自己的真实想法作答。

1. 学校组织对汶川地震中遭受灾难的人捐款献爱心的活动，A、B 两位同学的表现如下：

A 同学认为帮助受灾的人能获得老师、同学或者家长的表扬，给自己带来好的名声，因此他捐了 200 元。

B 同学虽然看到受灾的人的凄惨景象感到难过，想要帮助他们，但他因为家境贫寒只捐了 20 元。

你认为这两位同学哪个更好？为什么？

2. 学校组织元旦联欢晚会的活动，活动结束后，原先的座位留下了很多的垃圾，A、B 两位同学的表现如下：

A 同学虽然看到周围的环境被污染的现象感到难过，但他因为速度慢只清理了小部分的垃圾。

B 同学认为其他很多同学去捡了，自己不好意思不捡，因此他清理了大部分的垃圾。

你认为这两位同学哪个更好？为什么？

3. 学校组织了去敬老院帮助老人的公益活动，A、B两位同学的表现如下：

A同学认为帮助老人能获得其他人的表扬，给自己带来好的名声，因此他帮助老人做了大部分事情。

B同学虽然认为帮助老人是我们应尽的责任，但他因为速度慢只帮助老人做了小部分事情。

你认为这两位同学哪个更好？为什么？

4. 学校经常组织一些"有益于公众的"的课外发明创造活动，A、B两位同学的表现如下：

A同学认为其他人都参加了，他也应该参加，因此他经常参加。

B同学虽然认为发明创造有益于公众的产品是我们应尽的责任，但他因为时间有限只是偶尔参加。

你认为这两位同学哪个更好？为什么？

附录7：林德的道德判断测验（MJT）

下面用26道题，不管你认为下文中的工人或医生做得对与不对，对每一个理由都要认真考虑，然后根据你的判断进行选择，在所选的数字上打"√"。

工厂风波

某个工厂里的一些工人被解雇了，但是他们都觉得原因不明不白。工人们怀疑经理用摄像机非法监视他们的活动。但是经理坚决否认。只有在证据确凿的情况下，工会才可以采取有效措施对付经理的不法行为。于是两个工人撬开经理的办公室，偷走了作为证据的录像带。

		绝对错误	绝对正确
1. 你认为这两个工人做得对吗?		−4 −3 −2 −1 0 1 2 3 4	

假设某个人认为这两个工人做得对,你在多大程度上同意他以下的看法。	绝对不同意	绝对同意
2. 因为他们没有给工厂带来多少损失	−4 −3 −2 −1 0 1 2 3 4	
3. 因为工厂经理漠视法律,为了维护法律的尊严,这两个工人可以这么做	−4 −3 −2 −1 0 1 2 3 4	
4. 因为大多数工人支持他们的行为,而且许多人会很高兴他们这么做	−4 −3 −2 −1 0 1 2 3 4	
5. 因为人与人之间的相互信赖,以及员工的个人尊严,比工厂的法规更重要	−4 −3 −2 −1 0 1 2 3 4	
6. 因为在工厂经理先违法的情况下,两个工人破门入的行为是正当的	−4 −3 −2 −1 0 1 2 3 4	
7. 因为这两个工人找不到揭露工厂经理不法行为的合法途径,因而选择了他们认为不是太坏的做法	−4 −3 −2 −1 0 1 2 3 4	

假设某个人认为这两个工人做得不对,你在多大程度上同意他以下的看法。	绝对不同意	绝对同意
8. 因为如果每个人都像这两个工人这么做,法律的尊严和社会的秩序将受到威胁	−4 −3 −2 −1 0 1 2 3 4	
9. 因为财产所有权是人的最基本的权力之一,任何人都不能把法律玩弄于股掌之间随意践踏,除非有更普遍的道德原则的允许	−4 −3 −2 −1 0 1 2 3 4	
10. 因为由于他人的缘故,而冒被公司解雇的风险是不明智的	−4 −3 −2 −1 0 1 2 3 4	
11. 因为这两个工人应该寻找合法的途径,而不应该做这么严重违反法律的事情	−4 −3 −2 −1 0 1 2 3 4	
12. 因为如果想被看作是一个诚实正派的人,他就不能偷窃	−4 −3 −2 −1 0 1 2 3 4	
13. 因为解雇别人与自己无关,他们没有理由去偷录像带	−4 −3 −2 −1 0 1 2 3 4	

医生的困境

一个妇女得了癌症,没有任何治愈的希望。她浑身疼痛。她已经非常虚弱,一剂大量的止痛药就可以致她死亡。当她稍微有点力气的时候,她恳求医生给她足够多的可以致命的止痛药。她说她再也忍受不了病痛的折磨了,无论如何都会死的。于是医生就满足了她的要求。

	绝对错误　　　绝对正确
14. 你认为这个医生做得对吗?	−4　−3　−2　−1　0　1　2　3　4

假设某个人认为这个医生做得对, 你在多大程度上同意他以下的看法。	绝对不同意　　　绝对同意
15. 因为这个医生是按照自己的良心做事的,这个妇女的特殊情况并不违背医生有延长病人生命的义务	−4　−3　−2　−1　0　1　2　3　4
16. 因为只有医生才能完成这个妇女的心愿,这个医生是为了满足她的心愿才这样做的	−4　−3　−2　−1　0　1　2　3　4
17. 因为医生只是做了这个妇女让他做的事,他不必担心有什么令人不快的后果	−4　−3　−2　−1　0　1　2　3　4
18. 因为这个妇女的病无论如何都不能治愈,多给她开些止痛药也费不了什么事	−4　−3　−2　−1　0　1　2　3　4
19. 因为这个医生没有真正地违反法律,没有人可以挽救她的生命,他只是想缩短她痛苦的时间	−4　−3　−2　−1　0　1　2　3　4
20. 因为大多数医生在这种情况下也会这样做的	−4　−3　−2　−1　0　1　2　3　4

假设某个人认为这个医生做得不对, 你在多大程度上同意他以下的看法?	绝对不同意　　　绝对同意
21. 因为他这样做和同事们的意见相左。如果同事们反对安乐死,他就不应该这样做	−4　−3　−2　−1　0　1　2　3　4
22. 因为救死扶伤、延长病人的生命是医生的天职,病人病痛缠身、病人膏肓不是免责的理由	−4　−3　−2　−1　0　1　2　3　4
23. 因为保护生命是每一个人的最高道德义务。我们没有明确的道德标准来区分是安乐死还是谋杀	−4　−3　−2　−1　0　1　2　3　4
24. 因为这个医生会因此而惹上麻烦。有的医生因为这样做已经受到了处罚	−4　−3　−2　−1　0　1　2　3　4
25. 因为如果他等着而不去干涉这个妇女的死亡过程,这件事对他来讲就容易多了	−4　−3　−2　−1　0　1　2　3　4
26. 因为这个医生违反了法律,如果他认为安乐死是不合法的,他就不应该答应病人的要求	−4　−3　−2　−1　0　1　2　3　4

附录8：简明心境量表（Brief Profile Of Mood States，BPOMS）

指导语：每道题中包含了一个形容词，请根据你自己最近一周内（包括今天）的实际情况或感受，选择相应的选项。答案并没有对/错、好/坏之分。

	一点也不	一点	中等	相当地	非常地
1. 紧张	0	1	2	3	4
2. 生气	0	1	2	3	4
3. 疲惫不堪	0	1	2	3	4
4. 振奋	0	1	2	3	4
5. 困惑	0	1	2	3	4
6. 紧张地发抖	0	1	2	3	4
7. 悲伤	0	1	2	3	4
8. 积极	0	1	2	3	4
9. 有怨气	0	1	2	3	4
10. 精力充沛	0	1	2	3	4
11. 自卑	0	1	2	3	4
12. 不自在	0	1	2	3	4
13. 疲乏	0	1	2	3	4
14. 恼火	0	1	2	3	4
15. 沮丧	0	1	2	3	4
16. 不安	0	1	2	3	4
17. 孤独	0	1	2	3	4
18. 头脑不清楚	0	1	2	3	4
19. 筋疲力尽	0	1	2	3	4
20. 焦虑	0	1	2	3	4
21. 郁闷	0	1	2	3	4
22. 无精打采	0	1	2	3	4
23. 疲惫	0	1	2	3	4
24. 不知所措	0	1	2	3	4
25. 暴怒	0	1	2	3	4

	一点也不	一点	中等	相当地	非常地
26. 做事有效率	0	1	2	3	4
27. 劲头十足	0	1	2	3	4
28. 脾气不好	0	1	2	3	4
29. 爱忘事	0	1	2	3	4
30. 有活力	0	1	2	3	4

附录9：人际反应指数问卷(IRI‑C)

指导语：下面共有22个题目，每个题目用来描述你是否恰当，或每个题目符合你的程度如何。0＝不恰当，1＝有一点恰当，2＝还算恰当，3＝恰当，4＝很恰当，在你认为符合你的那个数字上面打"√"。

题 目	不恰当	有一点恰当	还算恰当	恰当	很恰当
1. 对那些比我不幸的人，我经常有心软和关怀的感觉	0	1	2	3	4
2. 有时候当他人有困难或问题时，我并不为他们感到难过	0	1	2	3	4
3. 我的确会投入小说人物的情感世界	0	1	2	3	4
4. 在紧急状况中，我感到担忧、害怕而难以平静	0	1	2	3	4
5. 在看电影或看戏时，我通常是旁观的，而且不经常全心投入	0	1	2	3	4
6. 在做决定前，我试着从争论中去看每个人的立场	0	1	2	3	4
7. 当我看到有人被别人利用时，我有点感到想要保护他们	0	1	2	3	4
8. 当我处在一个情绪非常激动的情况中时，我往往会感到无依无靠，不知如何是好	0	1	2	3	4
9. 有时候我想象从我的朋友的观点来看事情的样子，以便更了解他们	0	1	2	3	4
10. 对我来说，全心地投入一本好书或一部好电影中，是很少有的事	0	1	2	3	4
11. 其他人的不幸通常不会带给我很大的烦忧	0	1	2	3	4

题　目	不恰当	有一点恰当	还算恰当	恰当	很恰当
12. 看完戏或电影之后,我会觉得自己好像是剧中的某一个角色	0	1	2	3	4
13. 处在紧张情绪的状况中,我会惊慌害怕	0	1	2	3	4
14. 当我看到有人受到不公平的对待时,我有时并不感到非常同情他们	0	1	2	3	4
15. 我相信每个问题都有两面观点,所以我尝试着从不同的观点来看问题	0	1	2	3	4
16. 我认为自己是一个相当软心肠的人	0	1	2	3	4
17. 当我观赏一部好电影时,我很容易站在某个主角的立场去感受他的心情	0	1	2	3	4
18. 在紧急状况中,我紧张得几乎无法控制自己	0	1	2	3	4
19. 当我对一个人生气时,我通常会试着去想一下他的立场	0	1	2	3	4
20. 当我阅读一篇吸引人的故事或小说时,我想象着:如果故事中的事件发生在我身上,我会感觉怎么样	0	1	2	3	4
21. 当我看到有人发生意外而急需要帮助的时候,我紧张得几乎精神崩溃	0	1	2	3	4
22. 在批评别人前,我会试着想象:假如我处在他的情况,我的感受如何	0	1	2	3	4

附录10：道德情绪诱发效果评定

下面请你报告观看影片时感受到(而不是你觉得应该感受到)的情绪。

评定说明：对照标尺所示,数字1表示一点都没有感受到这种情绪,5表示有一些这种情绪的感受,9表示这种情绪的感受非常强烈。

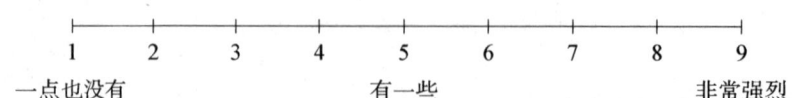

根据你的感受对下列几种情绪进行评定,在相应的数字上打"√"
(1) 同情　　1　　2　　3　　4　　5　　6　　7　　8　　9

| (2) 义愤 | 1 | 2 | 3 | 4 | 5 | 6 | 7 | 8 | 9 |
| (3) 崇高 | 1 | 2 | 3 | 4 | 5 | 6 | 7 | 8 | 9 |

附录11：田纳西的自我概念量表

该部分共70个题目。下面的每一个题目是在描述你的实际情况。请仔阅读每个题目，判断该题目所叙述的内容与你的真实情况是否相同。请在相应的选项上打"√"。

题 目	非常不符合	不太符合	不确定	比较符合	非常符合
1. 我的身体健康	1	2	3	4	5
2. 我喜欢经常保持仪表整洁大方	1	2	3	4	5
3. 我举止端正，行为规矩	1	2	3	4	5
4. 我的品德好	1	2	3	4	5
5. 我是个没有出息的人	1	2	3	4	5
6. 我经常心情愉快	1	2	3	4	5
7. 我的家庭幸福美满	1	2	3	4	5
8. 我的家人并不爱我	1	2	3	4	5
9. 我讨厌这个世界	1	2	3	4	5
10. 我待人亲切友善	1	2	3	4	5
11. 偶尔我会想一些不可告人的坏事	1	2	3	4	5
12. 我有时候会说谎	1	2	3	4	5
13. 我的身体有病	1	2	3	4	5
14. 我全身都是病痛	1	2	3	4	5
15. 我为人诚实	1	2	3	4	5
16. 我的道德不坚强，有时想做坏事	1	2	3	4	5
17. 我的心情平静，不忧不愁	1	2	3	4	5
18. 我经常心怀恨意	1	2	3	4	5
19. 我觉得家人不信任我	1	2	3	4	5

续 表

题 目	非常 不符合	不太 符合	不确定	比较 符合	非常 符合
20. 我的家人朋友对我很器重	1	2	3	4	5
21. 我很受别人欢迎	1	2	3	4	5
22. 我很难交到朋友	1	2	3	4	5
23. 有时候我觉得很想骂人	1	2	3	4	5
24. 我偶尔会因身体不舒服,脾气变得有点暴躁	1	2	3	4	5
25. 我的身体既不胖,也不太瘦	1	2	3	4	5
26. 我对自己的外貌感到满意	1	2	3	4	5
27. 我觉得我不太值得别人信任	1	2	3	4	5
28. 我经常觉得良心不安	1	2	3	4	5
29. 我瞧不起自己	1	2	3	4	5
30. 我对自己现在的情形感到满意	1	2	3	4	5
31. 我已经尽力去孝顺我的父母	1	2	3	4	5
32. 我觉得我对家人不够信任	1	2	3	4	5
33. 我对自己的社交能力感到满意	1	2	3	4	5
34. 我对自己待人的方式感到满意	1	2	3	4	5
35. 偶尔我会在背后说些别人的闲话	1	2	3	4	5
36. 比赛时,我总是希望赢	1	2	3	4	5
37. 我觉得身体不太舒服	1	2	3	4	5
38. 我对自己身体的某些部分不太满意	1	2	3	4	5
39. 我觉得我的行为合乎我自己的良心	1	2	3	4	5
40. 我对自己的道德行为感到满意	1	2	3	4	5
41. 我觉得我这个人还不错	1	2	3	4	5
42. 我对自己感到不满意	1	2	3	4	5
43. 我不太喜欢我的家人	1	2	3	4	5
44. 我目前与家人所保持的良好关系,我感到满意	1	2	3	4	5
45. 我觉得我在社交方面不够理想	1	2	3	4	5

续 表

题 目	非常 不符合	不太 符合	不确定	比较 符合	非常 符合
46. 我觉得我和他人处得不够理想	1	2	3	4	5
47. 听到黄色笑话,我有时会忍不住笑出来	1	2	3	4	5
48. 我有时会把当天该做的事情拖到第二天	1	2	3	4	5
49. 我的动作时常显得很笨拙	1	2	3	4	5
50. 我很少感到身体不舒服	1	2	3	4	5
51. 我在日常生活中常凭着良心做事	1	2	3	4	5
52. 为了胜过别人,有时候我会使用不正当的手段	1	2	3	4	5
53. 在任何情况下,我都能够照顾自己	1	2	3	4	5
54. 我经常不敢面对难题	1	2	3	4	5
55. 我常和家人发生争吵	1	2	3	4	5
56. 我的行为常无法满足家人的期望	1	2	3	4	5
57. 和陌生人谈话,我觉得困难	1	2	3	4	5
58. 我尽量去了解别人对事物的看法	1	2	3	4	5
59. 我偶尔会发脾气	1	2	3	4	5
60. 我很会照顾自己的身体	1	2	3	4	5
61. 我常常睡得不好	1	2	3	4	5
62. 我很少做不正当的事	1	2	3	4	5
63. 对我而言,做正当的事或表现良好的行为是有困难的	1	2	3	4	5
64. 我时常没有经过事先考虑,就贸然行事	1	2	3	4	5
65. 我遭遇到困难时,都能轻而易举地加以解决	1	2	3	4	5
66. 我很关心我的家人	1	2	3	4	5
67. 我尽量公平合理地对待朋友与家人	1	2	3	4	5
68. 我和别人在一起时,常觉得不自在	1	2	3	4	5
69. 我和别人相处得很好	1	2	3	4	5
70. 对于我所认识的人,我并非每个都喜欢	1	2	3	4	5

附录12：施瓦茨价值观量表

这部分请您自主回答,"作为我生活的指导原则,什么样的价值观对我是重要的？什么样的价值观对我是不重要的?"共56题。需要您做的是,对下列价值观按照重要性打分。数值从−1到7,分数越高,表明这一价值观在您生活的指导原则中越为重要。"−1"意为您反对将这一价值观作为您生活的指导原则。"7"意为您认为对您生活的指导原则极其重要的价值观,一般这样的价值观不要超过2个。

在您开始打分前,请阅读所有的价值观。首先,选择一个对您最重要的价值观并对其打分7。然后,选择一个您最反对的价值观,打分为−1。最后,对表中其余的价值观打分。

题 目	与我的价值观相反	非常不重要	不重要	比较不重要	不确定	比较重要	重要	非常重要	及其重要
1. 公平(对每个人机会均等)	−1	0	1	2	3	4	5	6	7
2. 内在融洽(平心静气)	−1	0	1	2	3	4	5	6	7
3. 社会权力(对他人的控制、支配)	−1	0	1	2	3	4	5	6	7
4. 愉快(愿望的满足)	−1	0	1	2	3	4	5	6	7
5. 自由(行动和思想的自由)	−1	0	1	2	3	4	5	6	7
6. 精神生活(看重精神,而不是物质)	−1	0	1	2	3	4	5	6	7
7. 归属感(感到他人关心自己)	−1	0	1	2	3	4	5	6	7
8. 社会秩序(社会的稳定)	−1	0	1	2	3	4	5	6	7
9. 刺激的生活(兴奋的经历)	−1	0	1	2	3	4	5	6	7
10. 生活的意义(生活的目的)	−1	0	1	2	3	4	5	6	7
11. 礼貌(态度友好,讲礼貌)	−1	0	1	2	3	4	5	6	7
12. 财富(财产、金钱)	−1	0	1	2	3	4	5	6	7
13. 国家安全(保卫我的国家,防御外敌)	−1	0	1	2	3	4	5	6	7
14. 自尊(相信自己的价值)	−1	0	1	2	3	4	5	6	7

续 表

题 目	与我的价值观相反	非常不重要	不重要	比较不重要	不确定	比较重要	重要	非常重要	及其重要
15. 相互善意(避免争论)	-1	0	1	2	3	4	5	6	7
16. 创造力(独特性、想象力)	-1	0	1	2	3	4	5	6	7
17. 世界和平(免于战争和冲突)	-1	0	1	2	3	4	5	6	7
18. 尊重传统(保持历史习惯)	-1	0	1	2	3	4	5	6	7
19. 深沉的爱(深深的情感和精神亲密)	-1	0	1	2	3	4	5	6	7
20. 自制(自我控制、不发脾气)	-1	0	1	2	3	4	5	6	7
21. 超脱(从世事中超脱)	-1	0	1	2	3	4	5	6	7
22. 家庭安全(所爱的人的安全)	-1	0	1	2	3	4	5	6	7
23. 社会承认(被他人尊重和认可)	-1	0	1	2	3	4	5	6	7
24. 与自然和谐(适应自然)	-1	0	1	2	3	4	5	6	7
25. 多彩的生活(充满挑战、新鲜和变化)	-1	0	1	2	3	4	5	6	7
26. 智慧(对生活的深刻理解)	-1	0	1	2	3	4	5	6	7
27. 权威性(具有领导或者命令的权力)	-1	0	1	2	3	4	5	6	7
28. 真正的友谊(关系密切、相互支持的朋友)	-1	0	1	2	3	4	5	6	7
29. 美丽的世界(自然之美)	-1	0	1	2	3	4	5	6	7
30. 社会正义(改变不公正、关心弱势)	-1	0	1	2	3	4	5	6	7
31. 独立性(自信、自足)	-1	0	1	2	3	4	5	6	7
32. 温和(避免感情和行为极端化)	-1	0	1	2	3	4	5	6	7
33. 忠诚(对我的朋友和团队信任)	-1	0	1	2	3	4	5	6	7
34. 雄心(努力工作、志向远大)	-1	0	1	2	3	4	5	6	7
35. 宽广胸怀(容忍不同观念和信念)	-1	0	1	2	3	4	5	6	7

续　表

题　目	与我的价值观相反	非常不重要	不重要	比较不重要	不确定	比较重要	重要	非常重要	及其重要
36. 谦逊(温和、低调)	−1	0	1	2	3	4	5	6	7
37. 勇敢(追求冒险和风险)	−1	0	1	2	3	4	5	6	7
38. 保护环境(保护自然)	−1	0	1	2	3	4	5	6	7
39. 影响力(对人和事具有影响力)	−1	0	1	2	3	4	5	6	7
40. 尊敬父母和长者(表现出尊重)	−1	0	1	2	3	4	5	6	7
41. 选择自己的目标(选择自己的目的)	−1	0	1	2	3	4	5	6	7
42. 健康(身体和精神无疾病)	−1	0	1	2	3	4	5	6	7
43. 能力(有竞争力、有效率、有能力)	−1	0	1	2	3	4	5	6	7
44. 接受自己生活的命运(屈服于生活环境)	−1	0	1	2	3	4	5	6	7
45. 诚实(真诚、诚心)	−1	0	1	2	3	4	5	6	7
46. 保持我的公共形象	−1	0	1	2	3	4	5	6	7
47. 服从(有责任、履行义务)	−1	0	1	2	3	4	5	6	7
48. 聪慧(有逻辑性、善思考)	−1	0	1	2	3	4	5	6	7
49. 助人(为他人的福利工作)	−1	0	1	2	3	4	5	6	7
50. 享受生活(享受美食、性、休闲等)	−1	0	1	2	3	4	5	6	7
51. 虔诚(保持宗教信仰)	−1	0	1	2	3	4	5	6	7
52. 责任(可依赖、可信任)	−1	0	1	2	3	4	5	6	7
53. 好奇(对每件事感兴趣、有探索精神)	−1	0	1	2	3	4	5	6	7
54. 谅解(愿意宽恕他人)	−1	0	1	2	3	4	5	6	7
55. 成功(达到目标)	−1	0	1	2	3	4	5	6	7
56. 清洁(干净、整洁)	−1	0	1	2	3	4	5	6	7

附录13：大五人格量表

请仔细阅读以下问题，每个问题从非常不符合到非常符合有5种选择。根据你自身真实情况选择，在相应的数值那打"√"。

题　　目	非常不符合	不太符合	不确定	比较符合	非常符合
1. 我不是一个容易忧虑的人	1	2	3	4	5
2. 我喜欢周围有很多朋友	1	2	3	4	5
3. 我很喜欢沉浸于幻想和白日梦中，去探索、发展所有可能实现的东西	1	2	3	4	5
4. 我尽量对每一个遇到的人彬彬有礼、非常客气	1	2	3	4	5
5. 我让自己的物品经常保持整洁干净	1	2	3	4	5
6. 有时候我感到愤怒，充满怨恨	1	2	3	4	5
7. 我很容易笑	1	2	3	4	5
8. 我喜欢培养和发展新的爱好	1	2	3	4	5
9. 有时候，我会采用威胁和奉承等不同手段，去说服别人按我的意愿去做事	1	2	3	4	5
10. 我比较擅长自己安排好做事进度，以便按时完成任务	1	2	3	4	5
11. 当面对极大的压力时，有时我会感到好像就要垮了似的	1	2	3	4	5
12. 我喜欢那些可以单独做事，不被别人打扰的工作	1	2	3	4	5
13. 我对大自然和艺术中蕴藏的美十分着迷	1	2	3	4	5
14. 有些人觉得我有些自我中心，不太考虑别人的感受	1	2	3	4	5
15. 许多时候，事到临头了，我才发现自己还没做好准备	1	2	3	4	5
16. 我很少感觉孤独和忧郁	1	2	3	4	5
17. 我很喜欢与别人聊天	1	2	3	4	5
18. 我认为让学生接触有争议的学说或言论只会混淆和误导他们的思想	1	2	3	4	5
19. 如果有人挑起争端，我随时准备好反击	1	2	3	4	5

续　表

题　目	非常不符合	不太符合	不确定	比较符合	非常符合
20. 我会尽量认真地完成一切分派给我的任务	1	2	3	4	5
21. 我经常感到紧张而心神不宁	1	2	3	4	5
22. 我喜欢置身于激烈的活动之中	1	2	3	4	5
23. 我对诗词基本上没有什么感觉	1	2	3	4	5
24. 我觉得自己比大多数的人都优秀	1	2	3	4	5
25. 我有一些明确的目标,并能以有条不紊的方式向它迈进	1	2	3	4	5
26. 有时我感到自己完全一文不值	1	2	3	4	5
27. 我通常回避人多的场合	1	2	3	4	5
28. 对我来说,让头脑无拘无束地想象是一件很困难的事情	1	2	3	4	5
29. 受到别人粗暴无礼的对待后,我会尽量原谅他们,让自己忘记这件事	1	2	3	4	5
30. 开始着手学习或工作之前,我会浪费很多时间	1	2	3	4	5
31. 我很少感到恐惧或焦虑	1	2	3	4	5
32. 我常常感到自己精力旺盛,好像充满能量	1	2	3	4	5
33. 我很少留意自己在不同环境下的情绪或感觉变化	1	2	3	4	5
34. 我相信人性是善良的	1	2	3	4	5
35. 我努力做事以达到自己的目标	1	2	3	4	5
36. 别人对待我的方式常使我感到愤怒	1	2	3	4	5
37. 我是一个乐天开朗的人	1	2	3	4	5
38. 我经常体验许多不同的感受或情绪	1	2	3	4	5
39. 很多人觉得我对人有些冷淡,经常和别人保持一定的距离	1	2	3	4	5
40. 一旦做出承诺,我通常会贯彻到底	1	2	3	4	5
41. 很多时候,当事情不顺利时,我会感到泄气,想要放弃	1	2	3	4	5
42. 我不太喜欢和人聊天,很少从中获得太多乐趣	1	2	3	4	5
43. 阅读一首诗或欣赏一件艺术品时,我有时会感到非常兴奋或喜悦	1	2	3	4	5
44. 我是一个固执倔强的人	1	2	3	4	5

续 表

题 目	非常不符合	不太符合	不确定	比较符合	非常符合
45. 有时候,我并不是那么可靠和值得信赖	1	2	3	4	5
46. 我很少感到忧伤或沮丧	1	2	3	4	5
47. 我的生活节奏很快	1	2	3	4	5
48. 我对思考宇宙规律或人类生存状况没有什么兴趣	1	2	3	4	5
49. 我尽量对他人做到体贴周到	1	2	3	4	5
50. 我做事情总是善始善终,是一个很有做事能力的人	1	2	3	4	5
51. 我经常感到无助,希望有人能帮助我解决问题	1	2	3	4	5
52. 我是一个十分积极活跃的人	1	2	3	4	5
53. 我对许多事物都很好奇,充满求知欲	1	2	3	4	5
54. 如果我不喜欢某一个人,我会让他知道	1	2	3	4	5
55. 我好像总不能把事情安排得井井有条	1	2	3	4	5
56. 有时我会感到十分羞愧,以至于只想躲起来,不见任何人	1	2	3	4	5
57. 我宁愿自己独自做事,而不是领导指挥别人	1	2	3	4	5
58. 我喜欢研究理论和抽象的问题	1	2	3	4	5
59. 如果必要的话,我会利用别人来达到自己的目的	1	2	3	4	5
60. 对于每件事,我都力求做到最好	1	2	3	4	5

附录 14：家庭教养方式量表(EMBU)

指导语：父母的教养方式对子女的发展和成长有重要意义。回答这一问卷,就是请您努力回想小的时候留下的这些印象。

问卷有很多题目组,每个题目答案均有四个等级。请您分别在最适合您父亲和您母亲的等级数字上划"√"。每题只准选一个答案。您父母对您的教养方式可能是相同的,也可能是不同的。请您实事求是地分别回答。

如果幼小时父母不全,可以只回答父亲或母亲一栏。如果是独生子女,没有兄弟姐妹,相关的题目可以不答。问卷不记名,请您如实回答。

题 目	父母	从不	偶尔	经常	总是
1. 我觉得父母干涉我所做的每一件事	父	1	2	3	4
	母	1	2	3	4
2. 我能通过父母的言谈、表情感受他(她)很喜欢我	父	1	2	3	4
	母	1	2	3	4
3. 与我的兄弟姐妹比,父母更宠爱我	父	1	2	3	4
	母	1	2	3	4
4. 我能感到父母对我的喜爱	父	1	2	3	4
	母	1	2	3	4
5. 即使是很小的过失,父母也惩罚我	父	1	2	3	4
	母	1	2	3	4
6. 父母总试图潜移默化地影响我,使我成为出类拔萃的人	父	1	2	3	4
	母	1	2	3	4
7. 我觉得父母允许我在某些方面有独到之处	父	1	2	3	4
	母	1	2	3	4
8. 父母能让我得到其他兄弟姐妹得不到的东西	父	1	2	3	4
	母	1	2	3	4
9. 父母对我的惩罚是公平的、恰当的	父	1	2	3	4
	母	1	2	3	4
10. 我觉得父母对我很严厉	父	1	2	3	4
	母	1	2	3	4
11. 父母总是左右我该穿什么衣服或该打扮成什么样子	父	1	2	3	4
	母	1	2	3	4
12. 父母不允许我做一些其他孩子可以做的事情,因为他们害怕我会出事	父	1	2	3	4
	母	1	2	3	4
13. 在我小时候,父母曾当着别人的面打我或训斥我	父	1	2	3	4
	母	1	2	3	4
14. 父母总是很关注我晚上干什么	父	1	2	3	4
	母	1	2	3	4
15. 遇到不顺心的事时,我能感到父母在尽量鼓励我,使我得到一些安慰	父	1	2	3	4
	母	1	2	3	4

续　表

题　目	父母	从不	偶尔	经常	总是
16. 父母总是过分担心我的健康	父	1	2	3	4
	母	1	2	3	4
17. 父母对我的惩罚往往超过我应受的程度	父	1	2	3	4
	母	1	2	3	4
18. 如果我在家里不听吩咐,父母就会发火	父	1	2	3	4
	母	1	2	3	4
19. 如果我做错了什么事,父母总是以一种伤心样子使我有一种犯罪感或负疚感	父	1	2	3	4
	母	1	2	3	4
20. 我觉得父母难以接近	父	1	2	3	4
	母	1	2	3	4
21. 父母曾在别人面前唠叨一些我说过的话或做过的事,这使我感到很难堪	父	1	2	3	4
	母	1	2	3	4
22. 我觉得父母更喜欢我,而不是我的兄弟姐妹	父	1	2	3	4
	母	1	2	3	4
23. 在满足我需要的东西,父母是很小气的	父	1	2	3	4
	母	1	2	3	4
24. 父母常常很在乎我取得的分数	父	1	2	3	4
	母	1	2	3	4
25. 如果面临一项困难的任务,我能感到来自父母的支持	父	1	2	3	4
	母	1	2	3	4
26. 我在家里往往被当做"替罪羊"或"害群之马"	父	1	2	3	4
	母	1	2	3	4
27. 父母总是挑剔我所喜欢的朋友	父	1	2	3	4
	母	1	2	3	4
28. 父母总以为他们的不快是由我引起的	父	1	2	3	4
	母	1	2	3	4
29. 父母总试图鼓励我,使我成为佼佼者	父	1	2	3	4
	母	1	2	3	4
30. 父母总向我表示他们是爱我的	父	1	2	3	4
	母	1	2	3	4

续 表

题 目	父母	从不	偶尔	经常	总是
31. 父母对我很信任且允许我独自完成某些事	父	1	2	3	4
	母	1	2	3	4
32. 我觉得父母很尊重我的观点	父	1	2	3	4
	母	1	2	3	4
33. 我觉得父母很愿意跟我在一起	父	1	2	3	4
	母	1	2	3	4
34. 我觉得父母对我很小气,很吝啬	父	1	2	3	4
	母	1	2	3	4
35. 父母总是向我说类似"如果你这样做我会很伤心"的话	父	1	2	3	4
	母	1	2	3	4
36. 父母要求我回到家里必须得向他们说明我在做的事情	父	1	2	3	4
	母	1	2	3	4
37. 我觉得父母在尽量使我的青春更有意义和丰富多彩(如给我买很多的书,安排我去夏令营或参加俱乐部)	父	1	2	3	4
	母	1	2	3	4
38. 父母经常向我表述类似"这就是我们为你整日操劳而得到的报答吗"的话	父	1	2	3	4
	母	1	2	3	4
39. 父母常以不能娇惯我为借口不满足我的要求	父	1	2	3	4
	母	1	2	3	4
40. 如果不按父母所期望的去做,就会使我在良心上感到不安	父	1	2	3	4
	母	1	2	3	4
41. 我觉得父母对我的学习成绩,体育活动或类似的事情有较高的要求	父	1	2	3	4
	母	1	2	3	4
42. 当我感到伤心的时候可以从父母那儿得到安慰	父	1	2	3	4
	母	1	2	3	4
43. 父母曾无缘无故地惩罚我	父	1	2	3	4
	母	1	2	3	4
44. 父母允许我做一些我的朋友们做的事情	父	1	2	3	4
	母	1	2	3	4
45. 父母经常对我说他们不喜欢我在家里的表现	父	1	2	3	4
	母	1	2	3	4

续　表

题　目	父母	从不	偶尔	经常	总是
46. 每当我吃饭时,父母就劝我或强迫我再多吃一些	父	1	2	3	4
	母	1	2	3	4
47. 父母经常当着别人的面批评我既懒惰,又无用	父	1	2	3	4
	母	1	2	3	4
48. 父母常常关注我交往什么样的朋友	父	1	2	3	4
	母	1	2	3	4
49. 如果发生什么事情,我常常是兄弟姐妹中唯一受责备的一个	父	1	2	3	4
	母	1	2	3	4
50. 父母能让我顺其自然地发展	父	1	2	3	4
	母	1	2	3	4
51. 父母经常对我粗俗无礼	父	1	2	3	4
	母	1	2	3	4
52. 有时甚至为一点儿鸡毛蒜皮的小事,父母也会严厉地惩罚我	父	1	2	3	4
	母	1	2	3	4
53. 父母曾无缘无故地打过我	父	1	2	3	4
	母	1	2	3	4
54. 父母通常会参与我的业余爱好活动	父	1	2	3	4
	母	1	2	3	4
55. 我经常挨父母打	父	1	2	3	4
	母	1	2	3	4
56. 父母常常允许我到我喜欢去的地方,而他们又不会过分担心	父	1	2	3	4
	母	1	2	3	4
57. 父母对我该做什么、不该做什么都有严格的限制而且绝不让步	父	1	2	3	4
	母	1	2	3	4
58. 父母常以一种使我很难堪的方式对待我	父	1	2	3	4
	母	1	2	3	4
59. 我觉得父母对我可能出事的担心是夸大的、过分的	父	1	2	3	4
	母	1	2	3	4
60. 我觉得与父母之间存在一种温暖、体贴和亲热感觉	父	1	2	3	4
	母	1	2	3	4

续　表

题　目	父母	从不	偶尔	经常	总是
61. 父母能容忍我与他们有不同的见解	父	1	2	3	4
	母	1	2	3	4
62. 父母常常在我不知道原因的情况下对我大发脾气	父	1	2	3	4
	母	1	2	3	4
63. 当我所做的事取得成功时,我知道父母很为我自豪	父	1	2	3	4
	母	1	2	3	4
64. 与我的兄弟姐妹相比,父母常常偏爱我	父	1	2	3	4
	母	1	2	3	4
65. 有时即使错误在我,父母也把责任归咎于兄弟姐妹	父	1	2	3	4
	母	1	2	3	4
66. 父母经常拥抱我	父	1	2	3	4
	母	1	2	3	4
67. 我的父母会在他人需要帮助时施以援手	父	1	2	3	4
	母	1	2	3	4
68. 我的父母常常教导我要助人为乐	父	1	2	3	4
	母	1	2	3	4
69. 父母积极参加社会公益给我树立了榜样	父	1	2	3	4
	母	1	2	3	4

附录 15：我的班级问卷

指导语：以下每个句子描述了一种可能在班级里发生的情况或班级的特点。请根据你们班的实际情况,从以下选择项中选择一个符合实际的答案。

题　目	从不如此	偶尔如此	有时如此	经常如此	总是如此
1. 同学们喜欢班主任	0	1	2	3	4
2. 如果谁有心事,别的同学会关心他/她	0	1	2	3	4

续　表

题　　目	从不如此	偶尔如此	有时如此	经常如此	总是如此
3. 我们班的课堂比较乱	0	1	2	3	4
4. 同学之间竞争激烈	0	1	2	3	4
5. 我们的家庭作业不多	0	1	2	3	4
6. 我们的班主任比较通情达理	0	1	2	3	4
7. 同学之间缺乏友爱	0	1	2	3	4
8. 我们班的课堂比较吵闹	0	1	2	3	4
9. 在学习上，大家明里暗里都在跟别人较量	0	1	2	3	4
10. 老师布置很多作业	0	1	2	3	4
11. 我们的班主任亲切和蔼	0	1	2	3	4
12. 我们班比较团结	0	1	2	3	4
13. 老师要花不少时间维持课堂秩序	0	1	2	3	4
14. 我们班上竞争的气氛浓厚	0	1	2	3	4
15. 班上额外增加课或补课	0	1	2	3	4
16. 班主任是个容易亲近的人	0	1	2	3	4
17. 有困难的同学会得到别人的关心和帮助	0	1	2	3	4
18. 我们班的课堂很有秩序	0	1	2	3	4
19. 大家都害怕在学习上落后	0	1	2	3	4
20. 我们有很多考试和测验	0	1	2	3	4
21. 班主任真心地关心同学	0	1	2	3	4
22. 不少人为了自己而损害别人	0	1	2	3	4
23. 同学们能遵守课堂纪律	0	1	2	3	4
24. 为了不被别人超过，在学习上谁也不敢松懈	0	1	2	3	4
25. 我们很少有空闲去玩	0	1	2	3	4
26. 可以信任班主任	0	1	2	3	4
27. 同学之间互相支持和鼓励	0	1	2	3	4
28. 跟别的班比，我们班秩序比较好	0	1	2	3	4

续表

题　目	从不如此	偶尔如此	有时如此	经常如此	总是如此
29. 这个班上似乎每个人都想要胜过别人	0	1	2	3	4
30. 同学们感到学习压力大	0	1	2	3	4
31. 班主任鼓励同学	0	1	2	3	4
32. 同学之间可以说真心话	0	1	2	3	4
33. 我们教室很整齐	0	1	2	3	4
34. 老师们用各种办法使同学互相竞争	0	1	2	3	4
35. 我们班上功课负担相当重	0	1	2	3	4
36. 班主任比较顾及同学的自尊心	0	1	2	3	4
37. 对班上的事情,大家会一起出主意想办法	0	1	2	3	4
38. 上课时同学们很安静,专心听讲	0	1	2	3	4

附录 16：助人测验

1. 阅读情景做出选择

你所乘的公共汽车上坐满了人,很多人没有座位,但是你有一个座位。这时候,上来一位老太太。那么,在这种情况下,和大多数大学生相比较,你把座位让给老太太的可能性比他们大？比他们小？还是和他们差不多？

（请在下面符合你情况的数字上打"√"）

更小		让座的可能性		更大
1——2——3——4	5——6——7	8——9——10——11	12——13——14	15
比他们小很多	比他们小一些	和他们相同	比他们大一些	比他们大很多

2. 阅读情景做出选择

为响应学校爱护环境、保护环境的号召,本周班级活动将组织学生前往大罗山,进行收集废弃的垃圾的活动。本次活动采取自愿报名形式。你的想要参与的意愿是很强呢？还是一般？还是很不想呢？

（请在下面符合你情况的数字上打"√"）

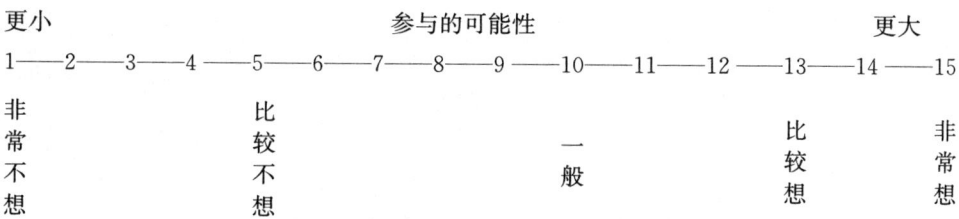

3. 阅读情景做出选择

温州大学数学与信息科学学院大一新生被检查出得了白血病，急需医治，但苦于无力承担医疗费用，因此，该学院学生会决定组织爱心募捐的活动。在这个情况下，你愿意把你这个月生活费的多大比例捐献给这位需要医治的大一新生呢？

下面列出了一些不同的百分比范围，请给出你自己的选择。（　　）

A. 1%或更少　　　B. 2%～3%　　　C. 4%～5%　　　D. 6%～10%
E. 11%～15%　　　F. 16%～20%　　G. 21%～25%　　H. 25%以上

附录17：公益样例调查问卷

填写说明：以下列出的十件事情中，请你按照最代表公益性质的事件依次打分。（分数范围为0～10分，10分为最高分，是指你认为最有公益性的事件；0分则相反。）

公益事件	分数（可以有相同的分数）
1. 网友通过众筹平台救助弱势群体	
2. 学习雷锋精神，助人为乐	
3. 某市社会福利部门开放"婴儿安全岛"接收弃婴	
4. 社会名人成立公益基金（如马云、蔡崇信成立公益信托基金；李连杰成立"壹基金"）	
5. 为渐冻人筹集善款而发起的"冰桶挑战"	
6. 为救助失学儿童而成立的希望小学	
7. 尼泊尔地震中，中国海外救援力量积极参与	

公 益 事 件	分数(可以有相同的分数)
8. 央企被鼓励通过多种途径参与公益事业	
9. 北京"朝阳群众"联合北京警察共同维护社会治安	
10. 为救助失踪儿童而掀起的"微博打拐"事件	

附录 18：榜样样例实验材料

实验组一：我们正在进行一项创造性活动的差异的研究。在本次调查中，需要你按照题目的要求来写作一篇短文，以此来评价你的想象和创造的水平。

(1) 题目：希望小学的建成。

(2) 要求：想象希望小学从筹资、选址到建设的全过程，充分动用你的想象力，把你认为的希望小学建成的整个阶段写出来(字数不少于 200 字)。

实验组二：我们正在进行一项创造性活动的差异的研究。在本次调查中，需要你按照题目的要求来写作一篇短文，以此来评价你的想象和创造的水平。

(1) 题目：公益捐款如何成为"私房钱"。

(2) 要求：想象自己捐献给红十字会的公益捐款在红十字会内部会被如何贪污，以及贪污款会被用于哪些用途(字数不少于 200 字)。

附录 19：榜样类别实验材料

实验组一：我们正在进行一项创造性活动的差异的研究。在本次调查中，需要你按照题目的要求来写作一篇短文，以此来评价你的想象和创造的水平。

(1) 题目：公益者的形象。

(2) 要求：一个热爱公益、经常参加公益的人在行为举止、聊天内容、价值观和外在表现上有什么特点，然后将特征描述出来(字数不少于 200 字)。

实验组二：我们正在进行一项创造性活动的差异的研究。在本次调查中，需要你按照题目的要求来写作一篇短文，以此来评价你的想象和创造的水平。

（1）题目：自私者的形象。

（2）要求：一个自私自利、抵制公益行为的人在聊天内容、价值观和外在表现上有什么特点，然后将特征描述出来（字数不少于200字）。

实验组三：我们正在进行一项创造性活动的差异的研究。在本次调查中，需要你按照题目的要求来写作一篇短文，以此来评价你的想象和创造的水平。

（1）题目：旁观者的形象。

（2）要求：一个没有公益行为的人在行为举止、聊天内容、价值观和外在表现有什么特点，然后将特征描述出来（字数不少于200字）。

附录20：青少年学生生活满意度量表

题 目	完全不符合	不符合	有点不符合	说不定	有点符合	符合	完全符合
1. 我的朋友都很尊重我							
2. 我喜欢和我的父母在一起							
3. 我在学校里感到不舒服							
4. 我希望自己住在别的地方，而不是现在的地方							
5. 基本上没有人强迫我做自己不喜欢做的事							
6. 我在学业上取得了理想的成就							
7. 我有很多朋友							
8. 我的家庭是一个幸福的家庭							
9. 学校的很多事情我都不喜欢							
10. 我生活的环境周围有许多不如意的事情							

续　表

题　　目	完全不符合	不符合	有点不符合	说不定	有点符合	符合	完全符合
11. 基本上我都能按照自己的愿望行事							
12. 我对我的学业状况满意							
13. 如果我需要,我的朋友们都会帮助我							
14. 大多数时候我喜欢家长的教育方式							
15. 我喜欢去学校							
16. 我生活的地方社会治安好							
17. 基本上我有自主选择的自由							
18. 与多数同学相比,我在学校的发展较全面							
19. 我的朋友们对我很好							
20. 我的家人在一起相处很和睦							
21. 我喜欢学校的生活							
22. 我生活的地方社会风气好							
23. 我在课余时间能做自己喜欢做的事							
24. 与我的同学相比,我在学校中得到的荣誉较多							
25. 我在自己的同伴中很有威信							
26. 我的父母能平等地对待我							
27. 我喜欢学校的生活							
28. 我们生存的世界是和平安宁的							
29. 基本上没有人干涉我的生活							
30. 我觉得自己在同伴中很有面子							
31. 我希望结交与现在不同的朋友							
32. 我的家庭成员之间相互讲话很友善							
33. 我在学校的生活很有趣							
34. 我在学业上很有成就感							
35. 我与我的朋友在一起有很多趣事							
36. 我和我的父母在一起能愉快地交谈							

附录21：中学生心理健康量表

序号	题　目	完全不符合	较不符合	难以确定	比较符合	完全符合
1	我觉得学习是件快乐的事情					
2	我感到自己的长处得到了发挥					
3	我会用开玩笑的方式化解争执					
4	我感到生活枯燥乏味					
5	我讨厌自己					
6	我感到孤独					
7	我觉得学习没意思					
8	我感到大家都愿意接近我					
9	我容易发脾气					
10	课堂上，我常常因为紧张而回答不好提问					
11	我能大胆发表自己的看法					
12	一说到考试，我就感到紧张					
13	我经常与人争吵					
14	我能在学习中感到满足					
15	我的生活过得快乐					
16	我对前途感到悲观					
17	我性情多变					
18	我害怕考试					
19	我能从学习中受到激励					
20	我怕见老师					
21	我觉得自己很幸福					
22	我在同学中挺有威信的					
23	我容易激动					
24	考试没考好，我觉得丢人					
25	我对人热情大方					

附录 22：青少年学生责任心问卷

序号	题目	完全不符合	部分不符合	不确定	大部分符合	完全符合
1	我平时注意节约水电					
2	我总是对集体的事尽心尽力					
3	我不喜欢对家庭不负责任的人					
4	如果有环保活动我会很乐意参加					
5	我认为振兴中华是我们历史的使命					
6	我能维护集体的行为规范					
7	我喜欢参加社团活动					
8	我希望能有机会参与班级管理					
9	我关心家人的健康					
10	我是一个孝顺父母的人					
11	班集体的荣誉和我休戚相关					
12	看到同学进步我也感到高兴					
13	我认为家庭的稳定需要家庭成员的共同维护					
14	如果同学在学习上有困难我能主动帮助他(她)					
15	看到别人乱丢垃圾,我能加以制止					
16	看到有同学上课说话,我能加以制止					
17	如果老师在班上组织一个互助小组,我会参加					
18	看见同学发生争执,我能主持正义					
19	在公共汽车上我能主动给老人让座					
20	我举止文明,行为规范					
21	我关心中国未来的发展					
22	在公共场合,我敢于指出别人的偷窃行为					
23	我认为治理环境是国家的事					

附录 23：人际信任量表

请根据你的实际情况在适当的数字上打"√"，答案无对错之分，真实的答案就是最好的答案，该问卷不会对你造成任何影响，请放心作答。

1＝完全同意
2＝部分同意
3＝同意与不同意相等
4＝部分不同意
5＝完全不同意

	1	2	3	4	5
1. 在我们这个社会里虚伪的现象越来越多了。	1	2	3	4	5
2. 与陌生人打交道时，你最好小心，除非他们拿出可以证明其值得信任的依据。	1	2	3	4	5
3. 除非我们吸引更多的人进入政界，否则这个国家的前途将十分黯淡。	1	2	3	4	5
4. 阻止多数人触犯法律的是恐惧、社会廉耻或惩罚，而不是良心。	1	2	3	4	5
5. 考试时老师不到场监考可能会导致更多的人作弊。	1	2	3	4	5
6. 通常父母在遵守诺言方面是可以信赖的。	1	2	3	4	5
7. 联合国永远也不会成为维持世界和平的有效力量。	1	2	3	4	5
8 法院是我们都能受到公正对待的场所。	1	2	3	4	5
9. 如果得知公众听到和看到的新闻有多少已被歪曲，多数人会感到震惊的。	1	2	3	4	5
10. 不管人们怎样表白，最好还是认为多数人主要关心其自身幸福。	1	2	3	4	5
11. 尽管在报纸、收音机和电视中均可看到新闻，但我们很难得到关于公共事件的客观报道。	1	2	3	4	5
12. 未来似乎很有希望。	1	2	3	4	5
13. 如果真正了解到国际上正在发生的政治事件，那么公众有理由比现在更加担心。	1	2	3	4	5
14. 多数获选官员在竞选中的许诺是诚恳的。	1	2	3	4	5
15. 许多重大的全国性体育比赛均受到某种形式的操纵和利用。	1	2	3	4	5
16. 多数专家有关其知识局限性的表白是可信的。	1	2	3	4	5
17. 多数父母关于实施惩罚的威胁是可信的。	1	2	3	4	5
18. 多数人如果说出自己的打算就一定会去实现。	1	2	3	4	5

续　表

19. 在这个竞争的年代里,如果不保持警惕别人就可能占你的便宜。	1	2	3	4	5
20. 多数理想主义者是诚恳的并按照他们自己所宣扬的信条行事。	1	2	3	4	5
21. 多数推销人员在描述他们的产品时是诚实的。	1	2	3	4	5
22. 多数学生即使在有把握不会被发现时也不作弊。	1	2	3	4	5
23. 多数维修人员即使认为你不懂其专业知识也不会多收费。	1	2	3	4	5
24. 对保险公司的控告有相当一部分是假的。	1	2	3	4	5
25. 多数人诚实地回答民意测验中的问题。	1	2	3	4	5

附录 24：学生心理和谐量表

请根据你的实际情况在适当的数字上打"√",答案无对错之分,真实的答案就是最好的答案,该问卷不会对你造成任何影响,请放心作答。

1＝完全不符合
2＝基本不符合
3＝不能确定
4＝基本符合
5＝完全符合

1. 当事情变得很糟糕时,我通常能妥善处理它们。	1	2	3	4	5
2. 我做的大多数事情都做得很好。	1	2	3	4	5
3. 处理问题时我总是抓不住重点。	1	2	3	4	5
4. 我能接受生活中的各种挑战。	1	2	3	4	5
5. 我的人生是有意义的。	1	2	3	4	5
6. 总体来说,我对自己感到满意。	1	2	3	4	5
7. 我能跟价值观与自己不同的人友好相处。	1	2	3	4	5
8. 我能尊重他人的立场与利益。	1	2	3	4	5
9. 我是个有价值的人。	1	2	3	4	5
10. 我能得到周围很多人的关爱。	1	2	3	4	5
11. 我有很多优点。	1	2	3	4	5
12. 我常平心静气化解困难。	1	2	3	4	5

					续 表
13. 看到别人有困难或烦恼时,我能安慰与帮助他(她)。	1	2	3	4	5
14. 周围的人都说我很宽容。	1	2	3	4	5
15. 我能很好地处理学习中的困难和冲突。	1	2	3	4	5
16. 我能很好地处理生活中的困难和冲突。	1	2	3	4	5
17. 我能接纳别人不同的观点。	1	2	3	4	5
18. 我能与大多数人友好相处。	1	2	3	4	5
19. 我生活过得很开心。	1	2	3	4	5
20. 我做事懂得把握分寸,能够做到恰到好处。	1	2	3	4	5

附录 25:生活取向量表(修订版)(LOT-R)

阅读每一道测题,并圈出你的回答。请在整个过程中尽量诚实和准确。尽量不要让一道测项的反应影响你对其他测题的反应。答案无"正确"或"错误"之分。请根据你的真实感受,而不是你认为的"大多数人"的回答来回答。

A=我非常同意
B=我部分同意
C=中立
D=我部分不同意
E=我非常不同意

1. 当前途未定时,我通常会往好的方面想。	A	B	C	D	E
2. 我很容易放松。	A	B	C	D	E
3. 如果有什么坏事会发生在我身上,那么一定会发生。	A	B	C	D	E
4. 我一直对自己的未来很乐观。	A	B	C	D	E
5. 我很喜欢我的朋友们。	A	B	C	D	E
6. 对我来说,保持忙碌很重要。	A	B	C	D	E
7. 我几乎从来不指望事情会按照我的方式发生。	A	B	C	D	E
8. 我不容易沮丧。	A	B	C	D	E
9. 我从来不期望好事会发生在我身上。	A	B	C	D	E
10. 总体而言,我希望发生在我身上的是好事而不是坏事。	A	B	C	D	E

作者介绍

胡瑜,男,华东师范大学心理学博士,温州大学心理学教授(瓯江特聘教授)、硕士研究生导师、美国奥本大学访学学者,入选浙江省中青年学科带头人、浙江省高校优秀青年资助计划、浙江省"之江青年社科学者"、温州市"551人才工程"第二层次等人才计划。曾任温州大学教师教育学院副院长、教务处副处长、创业人才培养学院副院长,现任温州大学人文社科处处长、心理与行为研究所副所长,兼任中国高教学会社会科学科研管理分会理事、浙江省社会心理学会常务理事、浙江省心理学会理事、温州市家庭和谐文化研究会会长、温州市心理学会副理事长、温州市科学技术协会委员、温州市社会科学界联合会理事,教育部霍英东青年教师基金及青年教师奖网络通讯评审专家和教育部科技发展中心评审专家,《心理科学》、《心理科学进展》、《心理与行为研究》等9种期刊的审稿专家。主持国家社会科学基金、全国教育规划课题、浙江省哲学社会科学规划课题、浙江省公益技术研究等项目,参与国家社科重大项目、国家社科基金、教育部人文社科项目等多项课题研究,在 Australian Journal of Psychology、Social Behavior and Personality、《心理科学》、《华东师范大学学报(教育科学版)》、《中国特殊教育》、《心理发展与教育》、《心理与行为研究》、《中国心理卫生杂志》等 SSCI 或 CSSCI 期刊发表论文 90 多篇,其中多篇论文被人大复印资料《心理学》等转载,出版学术专著 3 部,其中专著《弈的魅力:弈棋风格的心理学研究》填补了弈者个性研究的空白。研究成果获得教育部第七届高等学校科学研究优秀成果奖(人文社会科学)三等奖、浙江省第十七届哲学社会科学优秀成果二等奖、浙江省高校科研成果二等奖、浙江省第六届青年社会科学优秀成果二等奖等奖项。

郭仁露,男,硕士研究生,武警海警学院军事心理学教研室教员,主要研究领域:军事心理学、军人心理健康教育。曾主持浙江省新苗计划课题一项,参与国家社会科学基金教育学项目、青年项目等多项课题研究,以第一或通讯作者在《心理科学》《中国心理卫生杂志》等期刊发表论文 4 篇,论文《大学生志愿行为的现状及其与人际信任、主观幸福感的关系研究》荣获浙江省第十四届挑战杯大学生课外学术作品竞赛省级二等奖。

巩彦平,男,硕士研究生,现就职于温州职业技术学院,从事思想政治教育工作,主要研究领域:公益、公益行为、思想政治教育、大学生心理健康教育等。曾主持浙江省新苗计划课题一项、温州职业技术学院党建与思政重点课题一项、参与国家社会科学基金教育学课题、浙江省民政政策理论研究规划课题、浙江省教育厅大学生思想政治教育专项课题、浙江省大学生科技推广成果课题等 6 项,以第一作者发表学术论文 3 篇。

图书在版编目(CIP)数据

青少年公益行为研究 / 胡瑜,郭仁露,巩彦平著 .—上海:上海社会科学院出版社,2020
 ISBN 978-7-5520-3054-9

Ⅰ.①青… Ⅱ.①胡…②郭…③巩… Ⅲ.①青少年—社会行为—研究—中国 Ⅳ.①D669.5

中国版本图书馆 CIP 数据核字(2020)第 037321 号

青少年公益行为研究

著　　者：胡　瑜　郭仁露　巩彦平
责任编辑：杜颖颖　赵秋蕙
封面设计：黄婧昉
出版发行：上海社会科学院出版社
　　　　　上海顺昌路 622 号　邮编 200025
　　　　　电话总机 021-63315947　销售热线 021-53063735
　　　　　http://www.sassp.cn　E-mail:sassp@sassp.cn
照　　排：南京前锦排版服务有限公司
印　　刷：上海天地海设计印刷有限公司
开　　本：787 毫米×1092 毫米　1/16
印　　张：17.5
字　　数：370 千字
版　　次：2020 年 5 月第 1 版　2020 年 5 月第 1 次印刷

ISBN 978-7-5520-3054-9/D·568　　　定价:88.00 元

版权所有　翻印必究